Wir erlebten das Ende der Weimarer Republik

Rolf Italiaander (Hrsg.)

Wir erlebten das Ende der Weimarer Republik

Zeitgenossen berichten

Droste Verlag Düsseldorf

Bildnachweis

Die Autoren der Originalbeiträge haben 93 Bilder aus ihren Familienarchiven zur Verfügung gestellt. Bedauerlicherweise hat eine Anzahl Familien durch Kriegseinwirkung keine Fotos mehr, so daß wir auf neuere Porträts zurückgreifen mußten.

Außerdem stellten Bilder zur Verfügung: AEG-Telefunken (1), Erich Andres, Hamburg (20), Peer Baedecker, Bayreuth (1), Bundesarchiv, Koblenz (2), Bundeskanzleramt, Wien (2), Deutsche Verlagsanstalt, Stuttgart (1), Diogenes Verlag, Zürich (1), Freimaurermuseum, Bayreuth (3), Hamburgische Staatsoper (1), Institut für Auslandsbeziehungen, Stuttgart (1), Rolf Italiaander-Archiv, Hamburg (51), Archiv der deutschen Jugendbewegung, Burg Ludwigstein (2), Presse- und Informationsamt der Bundesrepublik, Bonn (1), Rowohlt-Bildarchiv, Reinbek (1), Ullstein-Bilderdienst, Berlin (31), Zeitgeschichtliches Archiv Dr. Lotsch (5), Zeugen Jehovas (1).

Das Bild von der Ausbildung von Berufsoffizieren im Beitrag von Graf Kielmansegg wurde mit freundlicher Genehmigung des Verlages Bernard & Graefe entnommen dem »Handbuch zur deutschen Militärgeschichte 1648–1939« herausgegeben vom Militärgeschichtlichen Forschungsamt, 4. Lieferung, VI. Abschnitt »Reichswehr und Republik (1918–1933)« von Rainer Wohlfeil und Edgar Graf von Matuschka.

Wir danken für jegliche Mitarbeit.

Einbandfoto:
»Das ist der Aufbruch der Nation! Deutschland ist erwacht.« (Hitlers Propaganda-Trommler Goebbels, NS-Gauleiter von Berlin). Stundenlang marschieren am 30. Januar 1933 SA, SS und Stahlhelm durch das Brandenburger Tor. Wenige Tage später wird der Fackelzug für die Wochenschau nachgedreht.

Foto auf Seite 2:
Ein Foto, das nie hätte erscheinen dürfen, aber schon 1919 erfolgte der Erstdruck. Die Aufnahme zeigt Reichspräsident Friedrich Ebert und Reichswehrminister Gustav Noske während eines Besuches des Seebades Haffkrug bei Travemünde. Es fehlte der Weimarer Republik an überzeugender Selbstdarstellung. Der Betrachter des Bildes darf nicht heutige Maßstäbe anlegen.

CIP-Kurztitelaufnahme der Deutschen Bibliothek

Wir erlebten das Ende der Weimarer Republik:
Zeitgenossen berichten / Rolf Italiaander (Hrsg.).
– Düsseldorf: Droste, 1982.
 (Fotografierte Zeitgeschichte)
 ISBN 3-7700-0609-7

NE: Italiaander, Rolf [Hrsg.]

942160

© 1982 Droste Verlag GmbH, Düsseldorf
Einband- und Buchgestaltung: Helmut Schwanen
(Einbandfoto: Zeitgeschichtliches Archiv Dr. Lotsch)
Lithos: Droste Reprotechnik
Gesamtherstellung: Clausen & Bosse, Leck
ISBN 3-7700-0609-7

Inhalt

Zitate von Zeitgenossen:

Rolf Italiaander
Erinnerungen als Mahnungen

»Die Republik zog Enthaltung vor, sie verfiel fahrlässig der Selbstaufgabe.«

Heinrich Mann: Ein Zeitalter wird besichtigt.

Endlich wollen die Deutschen mehr über ihre Vergangenheit wissen. Es wird Zeit! Lange genug taten die meisten so, als habe in der ersten Hälfte dieses Jahrhunderts deutsche Geschichte nicht stattgefunden. Daher kam es zu keiner »Vergangenheitsbewältigung«. Statt dessen berauschte sich mancher an falschen Vorstellungen. In der Erinnerung an »die goldenen zwanziger Jahre« zur Zeit der Weimarer Republik wurde geschwelgt. Die meisten vergaßen darüber Inflation, Arbeitslosigkeit, Hunger, die politische Konfrontation, die so oft blutig endete. Gegen Hitler waren eigentlich alle gewesen, und von »Holocaust« hatten sie partout nichts gewußt.

Niemand indessen kann mit Verschleierungen glücklich leben. In den letzten Jahren endlich gab mancher Deutsche zu, was er bislang verdrängt oder abgeleugnet hatte. Zunächst wuchs das Interesse an Büchern über Hitler und seine Diktatur. Und nun wurde auch immer häufiger die Frage aufgeworfen: »Ja, wie eigentlich kam das Ende der Weimarer Republik?«

Und mit der Zunahme der berechtigten Sorgen um die Zukunft der Bundesrepublik Deutschland begannen die Älteren zu vergleichen. Ja, Radikalisierung und politische Polarisierung wie in der Gegenwart gab es vor 1933 auch. Und wer litt nicht unter der Arbeitslosigkeit, die jetzt abermals gespenstische Schatten wirft? Schon ehe Hitler sich profilierte, wurden im Staat von Weimar Rufe nach einem »starken Mann« gehört. Und man fragt sich, ob etwa viele Bürger nicht auch heute wieder nach stärkeren Männern verlangen, als es gegenwärtig die »Techniker der Macht« sind.

Nun, der Sieg der NSDAP über die allzu zahlreichen demokratischen Parteien kam nicht von ungefähr. Ja, Demokraten, die noch leben, geben es neuerdings selbst zu: Es wurden seinerzeit auf allen Ebenen Fehler begangen. Vielleicht wäre Hitler doch zu vermeiden gewesen, wenn die Deutschen und die Ausländer wachsamer gewesen wären. Sollte man also nicht doch aus der Geschichte lernen?

Der Mensch lerne nichts aus der Geschichte, heißt es. Das sei eine betrübliche Erfahrung, die man in allen Kulturstaaten mache. Sollte es deshalb etwa aufgegeben werden, die Menschen zu mahnen, gerade wenn die schreckliche Aussicht besteht, daß künftig vielleicht alles noch viel schlimmer kommt als früher? Es droht nicht allein nuklearer Krieg, »ausgelöst von irgendeinem Idioten, der auf den berühmten roten Alarmknopf drückt«. Neutronen-Waffen sollen eingesetzt werden. Von einer neuen Sintflut, einer neuen Eiszeit, von Zusammenstößen der Erdkugel mit anderen Himmelskörpern reden die einen, und ich erinnere mich, daß wir in den dreißiger Jahren davon auch schon – eingeschüchtert und verängstigt, wie wir alle waren – phantasiert haben. Andere dagegen befürchten Katastrophen durch unkontrollierbare Überindustrialisierung, Überbevölkerung, Hungersnöte, die bereits jetzt in den jungen Nationen Millionen Menschen dahinraffen.

Ja, wir sollten uns wirklich mehr mit unserer Geschichte befassen, damit nicht nur wir, die wir in der Bundesrepublik leben, sondern alle Europäer gewarnt werden, zumal wir doch eine Europäische Gemeinschaft bilden.

Also haben wir uns auch mit jenen 14 Jahren zu befassen, die Hitler in fast jeder seiner demagogischen Reden verteufelte. Neuhistoriker haben zahlreiche Werke über die »Republik ohne Republikaner« (Sebastian Haffner) ediert. Allerdings schrieb Joachim Fest, der Autor der erfolgreichsten Hitler-Biographie: »Aber alle wirkliche Geschichtsschreibung ist immer erzählen, alles andere ist nur Material und Schlepperdienst.«

Auch der Droste Verlag hat mehrere Bücher über Weimar veröffentlicht und damit seinerseits zur Aufarbeitung dieses tragischen Abschnittes deutscher Geschichte beigetragen. In Gesprächen zwischen dem Verlagsdirektor, Dr. Manfred Lotsch, und dem Herausgeber, der im selben Verlag u. a. das Buch »Berlins Stunde Null« vorlegte, wurde deutlich, daß eine Textsammlung fehlt, die Erinnerungen unterschiedlichster Persönlichkeiten, Zeitgenossen von damals und heute, an das Ende der Republik zur Lektüre anbietet und damit zugleich warnend darauf verweist, wie es Hitler ermöglicht und gar erleichtert wurde, sich die junge Republik gefügig zu machen. Also wurde der Plan gefaßt, diesen Band zu verwirklichen. Etwa 400 Frauen und Männer aller Berufsgruppen wurden angeschrieben. Da die Ereignisse Anfang der dreißiger Jahre fast fünf Jahrzehnte zurückliegen, mußten wir uns an Ältere wenden. Aufgrund generel-

Novemberrevolution. Der SPD-Politiker Philipp Scheidemann, der am 9. November 1918 die »deutsche Republik« ausrief, im Fenster der Berliner Reichskanzlei: »Das Volk hat auf der ganzen Linie gesiegt.«

Der Regisseur und Theaterleiter Max Reinhardt machte das Deutsche Theater in Berlin zu einem kulturellen Mittelpunkt der Weimarer Republik. Von links nach rechts: die Schauspielerin Helene Thimig, die Frau des Dichters Hugo von Hofmannsthal, Max Reinhardt.

ler Erfahrungen wurde mit 4 bis 5 Prozent Antworten gerechnet. Das erste, was erstaunte, war die Akklamation zu diesem Projekt. Dies könnte ein Buch werden, das man sich schon längst gewünscht hätte, insbesondere, wenn nicht nur ein Autor zu Wort käme, sondern zahlreiche sprächen. So sind in diesem Buch 100 Originalbeiträge zusammengefaßt. Wir danken mit

Nachdruck allen, die sich geäußert haben, vor allem jenen, die hier freimütig bekennen, daß sie sich seinerzeit – durch welche Umstände auch immer – geirrt haben. Man sollte jedem Mitbürger das Recht auf den politischen Irrtum einräumen. Gehört das nicht zu den ungeschriebenen Gesetzen der Demokratie? Viele Deutsche haben ihre Irrtümer schwer genug büßen

Der Dirigent Wilhelm Furtwängler verhalf der Berliner Philharmonie zu Weltruhm.

Der Dichter und Arzt Dr. med. Gottfried Benn war einer der prominenten Autoren der Weimarer Republik; im Oktober 1933 gelobte er mit 87 anderen Autoren dem »Führer und Reichskanzlei« »Gefolgstreue«, wurde 1936 vom Regime angeprangert und ging, um »unterzutauchen«, als Militärarzt in die Wehrmacht: »Innere Emigration.«

müssen. Was den Kommunismus anbetrifft, so war es in jener Ära selbst für junge Bürgerliche durchaus denkbar, mit ihm zu sympathisieren.

Allerdings muß auch erwähnt werden, daß sich nicht wenige Beantworter – trotz ihrer Zustimmung zu dem Projekt selbst – weigerten, für dieses Buch einen Text abzufassen. Ihre Begründungen lauten: »Die Zukunft ist ungewiß, vielleicht wird uns in ein paar Jahren das jetzige Bekenntnis zum Unheil... Die Gemeinheiten, die bei der Entnazifizierung durch das Eingreifen z. B. von Alliierten und »Anti-Faschisten« vorkamen, stekken uns noch heute in den Gliedern... Ich schreibe deshalb nichts nieder, weil ich meinen Landsleuten nicht mehr traue. Zuerst feierten sie den Kaiser und Bismarck wie Halbgötter, danach zerstörten sie die Ansätze zu einer Republik, um zu Millionen begeisterter Nationalsozialisten zu werden. In der DDR sind sie jetzt die eifrigsten Kommunisten, und hier in der Bundesrepublik sind schon wieder viele dabei, eine derzeit noch freie Nation zu zerstören. Ja, wir Deutschen haben zu wenig politischen Instinkt... Ich habe seinerzeit als rassischer ›Mischling‹ sehr gelitten und vergesse nicht, daß es schon in der Weimarer Republik antisemitische Ansätze gab; denn sonst hätten die Behörden das seit 1923 (!) erscheinende Hetzblatt Der Stürmer verboten und den Mörder Julius Streicher eingesperrt. Heute gibt es in aller Welt offenbar noch mehr Antisemitismus (überhaupt Rassismus) als nach dem Ersten Weltkrieg. Ich denke deshalb nicht daran, mich bloßzustellen, um dann eines Tages erneut gemaßregelt zu werden... Wollen Sie wirklich in ein Wespennest greifen? Ich warne!... Die Antworten, die Sie bekommen werden, sind für gewisse Leute doch nur ›Persilscheine‹, um sich jetzt Vorteile zu verschaffen – oder einen Passierschein für die Zukunft.«

Vor allem denjenigen deutschen Bürgern, die zur bürgerlichen Mitte gerechnet werden, scheint es an Zivilcourage zu fehlen, in allen Bereichen des öffentlichen Lebens. Muß das nicht nachdenklich stimmen? Schließlich haben bereits in der Weimarer Republik die Kräfte der Mitte und des Liberalismus weithin versagt und damit den Extremisten rechts und links Möglichkeiten eingeräumt, die sie zeitweise gemeinsam nutzten, um dieser zerbrechlichen jungen Demokratie, die durchaus ihre guten Eigenschaften hatte, den Garaus zu machen. Sollten derartige Rückerinnerungen nicht wirklich unübersehbare Mahnungen an alle sein? Noch ist zwar die Bundesrepublik Deutschland eine führende Wirtschaftsmacht. Immerhin könnte sich das unter dem Druck der Verhältnisse in Westdeutschland selbst, wie auch unter Berücksichtigung der politischen und wirtschaftlichen Vorgänge im Ausland, über Nacht ändern.

Eine Reihe Persönlichkeiten hat sich zum Thema bereits in eigenen Büchern geäußert. Aus diesem Grunde entschlossen sich Herausgeber und Verlag, zusätzlich zu den eigens für dieses Buch geschriebenen Originalbeiträgen Auszüge aus gedruckt vorliegenden Erinnerungen hier einzufügen. Sie stellen gewiß eine willkommene Ergänzung der Originalbeiträge dar. Auch wenn es sich in toto um 175 Textbeiträge handelt, so wird manches Thema leider nicht behandelt. Aber es wäre vermessen gewesen, in diesem Text-Bild-Band eine Vollständigkeit anzustreben. Es geht hier doch nur um Denkanstöße, die allerdings nötig sind bei einem Volk, das so gern mit Brecht intoniert: »Denn wer im Wohlstand lebt, lebt angenehm.« Ja, wann wohl wird diesem Volk schließlich zum Bewußtsein kommen, daß der Wohlstand längst in Frage gestellt, also keineswegs von Dauer ist?

Der Band erscheint in der Droste-Reihe »Fotografierte Zeitgeschichte«. Da versteht es sich von selbst, daß wir die Texte durch Fotos ergänzen. Leider sind viele Familienarchive im Krieg zerbombt worden. Wir freuen uns, trotzdem einige Bilder aus jener Zeit veröffentlichen zu können.

Für alle in den Texten gemachten Aussagen zeichnen allein die Verfasser verantwortlich. Auch gehörte es nicht zu den Aufgaben des Herausgebers, die Texte zu kommentieren. Dies wäre eine Bevormundung der Leser. Daß einige Autoren wünschten, ohne Angaben zur Person auszusagen, muß respektiert werden. Weder ist das Thema des italienischen Faschismus, noch sind die Themen der sexuellen Minderheiten ausdiskutiert. Der Leser sollte die Aufnahme von Texten und Bildern über die Freimaurer, Jehovas Zeugen und über die Romas oder Sintis (»Zigeuner«) gleichfalls als Beweis dafür hinnehmen, daß auch unbequeme Themen nicht ausgeschlossen werden sollten.

Dieses Buch ist jedenfalls ein neuer Versuch, der Vernachlässigung der deutschen Zeitgeschichte ein Ende zu bereiten. Kaum ein anderes Volk in Europa, ja vielleicht sogar auf dem ganzen Erdenrund, hat seine jüngste Geschichte derart negiert wie das deutsche. Verdrossenheit und vor allem Scham wegen der nazistischen Exzesse mögen dabei eine Rolle spielen. Doch jeder muß seine Geschichte akzeptieren; sie ist schließlich ein Teil seiner Identität, auf welche die Heranwachsenden so sehr viel Wert legen.

In den zwanziger Jahren wurden in England die Kommentare, Sachbücher und Romane von Sir Philip Gibbs viel gelesen. Sein Buch »England spricht« kam in Deutschland 1937 heraus, und hier wiederholte Sir Philip, was er mir selber schon zur Erläuterung der deutschen Situation in London gesagt hatte: »Wir täten gut daran, uns zu erinnern, daß aus dem Unglück, der Erniedrigung und der Verzweiflung, in die Deutschland durch das Geschrei nach Reparationen und den französischen Ruhreinfall – an dem wir (Engländer) nicht beteiligt waren – gestürzt wurde, Hitler aufstand. Genau, wie ich vor Jahren einmal sagte: Poincaré war der Vater des Nationalsozialismus, unser Auswärtiges Amt ist die Geburtsstätte der deutschen Luftwaffe.«

Wahrlich, der »Schandvertrag von Versailles« – wie damals fast alle Deutschen sagten – war nicht von staatsmännischer Weitsicht geprägt. Hätten die Sieger des Zweiten Weltkrieges nicht verantwortungsvoller an Versailles und seine Folgen denken müssen, als die Niederlage der Achsenmächte voraussehbar war? Offenbar taten es die wenigsten der berufenen Staatsmänner. Vielleicht Churchill. Vielleicht de Gaulle. Gewiß nicht der amerikanische Präsident F. D. Roosevelt. Er ließ sich von »Onkel Jo«, wie er Stalin hofierte, übertölpeln und stimmte nicht allein der infamen Teilung Deutschlands zu, sondern gleichzeitig lieferte er bislang freie Völker, die auch in Zukunft frei sein wollten, dem Bolschewismus aus.

Jetzt haben wir aufgrund neuer politischer Fehlkalkulation – wobei wie in Versailles der ungezügelte Haß bestimmend war – nicht allein ein geteiltes Deutschland, sondern außerdem ein geteiltes Europa und damit einen permanenten Unruheherd, der auf die gesamte Welt einen unheilvollen Einfluß nimmt. Eine Wiedervereinigung Deutschlands ist im Augenblick kaum denkbar. Aber zumindest in der Gegenwart auch nicht denkbar ist, daß die derzeit vom Bolschewismus beherrschten Länder wieder freie Nationen sein werden. Alfred Polgar schrieb: »Ich glaube an das Gute im Menschen, rate aber, sich auf das Schlechte in ihnen zu verlassen.«

Und es ist nicht allein die kommunistische Bedrohung zu registrieren. Eine vom Bundeskanzleramt in Bonn 1980 in Auftrag gegebene Umfrage beim Meinungsforschungs-Institut SINUS hat ergeben, daß 13 % der Wahlbevölkerung ein ideologisch geschlossenes, rechtsextremes Weltbild haben. Sie seien besessen von Haß und Ablehnung gegen Ausländer, gegen fortschrittlich gesonnene Jugendliche und gegen sexuelle Minderheiten. Die Rechtsradikalen wünschten sich einen neuen »Führer«, womit sie ihr gestörtes Demokratieverständnis unter Beweis stellen würden.

Es kann nicht oft genug betont werden: Zu den Fehlern vieler Deutscher von heute gehört – wie in den Tagen von Weimar –, daß sie selber dabei sind, ihre in harter Arbeit geschaffene Republik zu zerstören, statt sie zu stärken, also gegen die politische Entwicklung blind zu sein. War man hierzulande nicht mit Recht

stolz auf das »Wirtschaftswunder«, um das alle Welt die Deutschen beneidete? Sollte man nicht eingestehen, daß man aus eigenem Übermut einerseits und aus Unvernunft andererseits zu verspielen droht, was man zunächst hinzugewonnen hatte? Wer hätte auf dem deutschen Trümmerfeld von 1945 überhaupt je geahnt, daß Deutschland einmal wieder ein blühendes Land werden würde? Aber, gerade diese ungeahnte Blüte verführte zum Hochmut. Trotz aller Warnungen wurden in Überzahl ausländische Gastarbeiter ins Land geholt, weil sich die Deutschen für gewisse Arbeiten zu gut waren und, wie einer sagte, »nicht genug in den Hals bekommen konnten«. Nun sind Millionen Gastarbeiter und Asylanten im Land, und mit ihnen große, nur schwer zu bewältigende Probleme.

In der Weimarer Republik gerieten zahllose gutwillige Frauen und Männer, weil sie leichtsinnig, leichtgläubig oder verantwortungslos oder jedenfalls ohne entschiedenes Aufbegehren dahinlebten, in den Kreislauf der Gewalt, der schließlich zum Zweiten Weltkrieg führte, zum Tode von über 50 Millionen Menschen. Ja doch, seien wir diesmal wirklich wachsamer, und zwar in jeglichem Bereich unseres Lebens und Wirkens. Falls die Deutschen, die Europäer, alle Menschen in der freien Welt nicht doch noch aus der Geschichte lernen, dann haben wir keine gute Zukunft.

Die Tragödie »Der Untergang der Weimarer Republik« sollte ein Grund mehr sein, alles zu veranlassen und zu tun, was dazu beiträgt, die noch stabilen Reste der westlichen Welt nicht weiterhin zu zerstückeln. Friedrich der Große endete seinen Lebensbericht mit diesen skeptischen Worten: »In der Zukunft ist kein Ding unmöglich. Unsere Augen sind zu kurzsichtig, um die künftigen Zufälle zu durchschauen.« Allerdings wollte Friedrich II. sich in das Schicksal fügen. Nun, er war ein Philosoph. Wir sollten uns nicht in das drohende Schicksal fügen, sondern ein corriger la fortune – eine Korrektur des Glücks – versuchen. Manchmal gelingt das, wie wir tröstlicherweise in den Geschichtsbüchern nachlesen können.

ROLF ITALIAANDER
Geb. 1913 in Leipzig.
1933: Student und Bibliothekar. Heute: Publizist, Zeitgeschichtler, Völkerkundler, Museumsgründer

Lassen wir uns zunächst durch eine Chronik daran erinnern, was in jenem verhängnisvollen Januar des Jahres 1933 geschehen ist.

M. Overesch/F. W. Saal
Was geschah im Januar 1933?

Chronik deutscher Zeitgeschichte: Januar 1933

1. Januar (Sonntag). »Eins nur läßt sich sicher sagen, und das freut uns rundherum: Hitler geht es an den Kragen. Dieses ›Führer‹ Zeit ist um« (Simplicissimus).

Die Deutsche Bergwerkszeitung appelliert »an die Kaufleute der Welt«, den Isolationismus zu überwinden und eine weltumspannende Industrialisierung in Gang zu setzen; sie fordert »Kapital für die Technik – Technik für die Menschheit«.

Die Deutsche Welle bedient unter der Bezeichnung »Deutschlandsender« den Reichssender in Königswusterhausen. · Der Völkische Beobachter bringt erstmalig eine Norddeutsche Ausgabe heraus. Zugleich erscheint er in Berlin als Morgenzeitung. · Das Börsenblatt des deutschen Buchhandels beginnt den 100. Jahrgang. · Im Altenaer Stadttheater wird das Volksstück Die vier Musketiere von Sigmund Graff uraufgeführt.

2. Januar. Die Luftpostlinie Königsberg–Moskau wird eröffnet. · Finanzielle Schwierigkeiten erzwingen die Versteigerung des Berliner Künstlerinnenhauses. · Im ersten Januar-Heft der Zeitschrift Deutscher Arbeitsdienst wird erstmals eine Zusammenstellung von Urteilen aller politischen Organisationen und Fachverbände über die Tätigkeit des Arbeitsdienstes veröffentlicht. Motto: »bisherige Erfahrungen – zukünftige Entwicklung«.

Der Beschluß der Stadt Düsseldorf, Heinrich Heine ein Denkmal zu setzen, findet Beachtung. Die Sektion Dichtkunst der Preußischen Akademie der Künste schließt sich mit einem von Heinrich Mann verfaßten Aufsatz der Initiativ-Bewegung an. Im Ehrenausschuß sitzen u. a. Kultusminister Becker, Max Liebermann, Richard Strauss, Franz Werfel, Selma Lagerlöf und Upton Sinclair.

3. Januar. In Hamburg stirbt der frühere Reichskanzler Geheimrat Wilhelm Cuno (*1876 Suhl), Vorsitzender des Vorstandes der Hamburg–Amerika–Linie, im 57. Lebensjahr an einem Schlaganfall. · Der Völkische Beobachter veröffentlicht einen Befehl des Bannführers der Berliner Hitlerjugend, daß wegen der Ermordung eines Berliner Hitlerjungen »sämtliche Fahnen und Wimpel so lange mit Trauerflor zu versehen sind, bis Adolf Hitler Führer des Reiches ist«.

4. Januar. Der Ältestenrat beschließt den Zusammentritt des Reichstags am 24. 1. · Im Kölner Haus des Bankiers Kurt von Schröder findet eine Unterredung Hitlers mit Papen statt. Angeregt hatte Papen dieses Gespräch. In seiner Konsequenz schlägt Papen Hindenburg Hitlers Ernennung zum Reichskanzler eines Koalitionskabinetts vor. Zwischen Papen und Schleicher beginnt ein offenes Zerwürfnis.

Der in Münster lebende junge Geiger Siegfried Borries wird von Wilhelm Furtwängler zum neuen Konzertmeister der Berliner Philharmoniker berufen. · Im Berliner Schiller-Theater wird der Schwank Die Männer sind mal so von Walter Kollo uraufgeführt.

5. Januar. Das Deutsche Reich stellt den Antrag auf Zahlungsaufschub der am 31. 3. fällig werdenden Gelder für Kriegsschäden und Besatzungskosten.

Der Kölner Polizeipräsident kündigt scharfe Preisüberwachungsmaßnahmen für die Herabsetzung des Brotpreises um 10 % gegenüber dem Stand vom 31. 8. 1932 an; 1 kg Schwarzbrot kostet jetzt 31,97 Pf, 1 kg Graubrot 43,04 Pf.

Der Roman Horst Wessel von Hanns Heinz Ewers (Ersterscheinung 14. 10. 1932) erscheint im 30. Tsd.

6. Januar. Die Richtlinien des vom Reichskommissar für Arbeitsbeschaffung aufgestellten Sofortprogramms werden veröffentlicht. Sie sehen vor allem eine Intensivierung des Straßenbaus vor. · In Breslau werden Universität und Techn. Hochschule zusammengelegt. · Der Industrielle Ernst von Borsig (*1869 Berlin) stirbt im Alter von 63 Jahren auf seinem Gut Groß-Behnitz in der Mark. Ernst war der ältere der beiden Brüder, die in der 3. Generation eines der bedeutendsten Werke der deutschen Maschinenindustrie leiteten.

Nach einer Umfrage der Zeitschrift Lichtbühne nach dem »interessantesten Filmstar des Jahres 1932« steht Lilian Harvey an der Spitze; ihr folgen Willy Fritsch, Gustav Fröhlich, Greta Garbo, Hans Albers, Renate Müller, Magda Schneider, Dolly Haas, Marlene Dietrich, Willy Forst, Brigitte Helm, Rudolf Forster, Elisabeth Bergner, Hermann Thimig, Anny Ondra, Richard Tauber, Gustaf Gründgens, Emil Jannings, Heinz Rühmann u. a.

7. Januar. Die arbeitstägliche Kohleförderung liegt bei 257 993 t; die Zahl der Feierschichten ist mit 28 048

»Im Felde unbesiegt!« Mit dieser Parole wurden die heimkehrenden Soldaten in der jungen Republik begrüßt. Selbst Sozialdemokraten taten es, wie Heinrich Mann berichtet. In den meisten Wohnungen standen auf Bücherborden und Vertikos oder hingen an den Zimmerwänden die Bilder der gefallenen oder heimgekehrten Frontkämpfer. Daß sie geehrt wurden, war rechtens. Nur, daß sie als »unbesiegt« bezeichnet wurden, gaukelte dem unerfahrenen Republikaner ein falsches Bild von der Realität vor. Zugleich wurde der stets schwelende Nationalismus neu angefacht.

Die Deutschen der Weimarer Republik waren sehr arbeitsam. Kleinbürger, Bürger, Arbeiter, Angestellte, Beamte hatten trotz aller Nöte jetzt mehr Aufstiegsmöglichkeiten als im Kaiserreich. Es entwickelte sich eine neue Bourgeoisie, die zwar fleißig und tüchtig, freilich politisch unerfahren war. Darum war sie verführbar von jedem, der geschickter schwätzte und agierte als andere. Intellektuelle forderten Intelligenz vom ganzen Volk. »Man hat se oder hat se nich«, klagte Tucholsky.

(= ¾ pro 1 Mann in einer Woche) hoch. · Das deutsche Kapitalfluchtgesetz und das Ausfuhrverbot für Kunstwerke werden bis zum 31. 12. 1934 verlängert.
Die Schallplattenfirma Electrola bringt in ihrem Januar-Programm die einzig existierende Aufnahme von Caruso heraus. · Franz Mehrings Gesammelte Schriften und Aufsätze werden von Eduard Fuchs herausgegeben.

8. Januar (Sonntag). Die Ausstellung »Ostpreußen, was es leidet, was es kostet« wird über den Deutschlandsender eröffnet.
Das Weimarer Nationaltheater feiert sein 25jähriges Bestehen. Es wurde 1908 vom Münchener Architekten Max Littmann als 3. Theatergebäude Weimars gebaut. Wie damals wird auch diese Festaufführung mit dem Vorspiel auf dem Theater aus Faust, Wallensteins Lager und der Festwiese aus den Meistersingern gestaltet.

9. Januar. Reichskanzler Schleicher und Papen führen eine Unterredung, nach der sie von der Presse herausgestellte Gegensätzlichkeiten zwischen ihnen öffentlich zurückweisen.
Berlin ist nach der Flächenausdehnung die größte Stadt der Welt. Sie hat eine Gesamtfläche von 87 000 Hektar und zählt 4,29 Mill. Einwohner.
Das Altenaer Stadttheater bringt die Uraufführung des Schauspiels Die Expedition nach San Domingo von Karl Otten. Otten, mit Erich Mühsam, Heinrich Mann, Carl Sternheim und Franz Blei befreundet, idealistischer Kommunist, 1914 als Kriegsgegner im Gefängnis, 1918 Herausgeber der in Wien erscheinenden Zeitschrift Der Friede, seit 1924 Redakteur und Schriftsteller in Berlin, hat als Lyriker und Erzähler bereits einen bedeutenden Namen. · In Berlin wird der Film Die Herren vom Maxim uraufgeführt. Die moderne Filmoperette ist von Oscar Straus und Franz Grothe. Unter der Regie von Carl Boese spielen Lee Parry, Johannes Riemann, Oskar Karlweis, Leo Slezak u. a. · Die Schauspielerin Elisabeth Bergner heiratet in London den Filmregisseur Paul Czinner.

10. Januar. Über den Zug der Zeit urteilt Ossietzky in der Weltbühne: »Deutschland nimmt die Diktatur als selbstverständlich hin, demokratische Prinzipien zählen nicht mehr.« · Die Reichsregierung beschließt, ab 1. 4. Militärattachés nach Paris, London, Rom, Prag, Warschau, Moskau und Washington zu entsenden, zusätzlich Marineattachés nach Paris, London und Rom. · Das Panzerschiff »Deutschland«, der sog. Westentaschenkreuzer mit 6 Drillingsgeschützen, startet zur Probefahrt. · Aus Anlaß des 13. Jahrestages der Abtrennung Danzigs vom Deutschen Reich findet dort eine Großkundgebung unter dem Leitwort »Danzig bleibt deutsch« statt.
Der Schnellwagen der Reichsbahn »Fliegender Hamburger« wird in- und ausländischen Experten vorgeführt. Er soll auf den Strecken Berlin–Hamburg, Berlin–Leipzig und Dortmund–Duisburg–Düsseldorf–Köln–Frankfurt im Herbst des Jahres planmäßig eingesetzt werden.

11. Januar. Zum 10. Jahrestag des französischen (und belgischen) Ruhreinmarsches stellt die Presse fest: »Hat sich seitdem für Deutschland etwas grundlegend geändert? Wir stehen nicht an, diese Frage mit einem runden, glatten nein! zu beantworten. Wir sind in der Gemeinschaft der Völker nach wie vor minderen Rechts.« · Reichskanzler Schleicher erörtert mit dem Vorsitzenden der DVP Dingeldey die politische Lage. Der Reichslandbund protestiert in einer Annonce in mehr als 100 Zeitungen gegen die Verelendung der Landwirtschaft und die – vermeintliche – Untätigkeit der Reichsregierung. · In Gelsenkirchen werden die Werke des Malers Hermann Peters ausgestellt, der als Altmeister des Industriegebietes gilt. · Lion Feuchtwangers Roman Der jüdische Krieg erreicht nach 8 Wochen das 50. Tsd.

12. Januar. Der Dichter Thomas Mann schreibt an den preußischen Kultusminister Adolf Grimme: »Das soziale und demokratische Deutschland, ich bin tief überzeugt davon, darf vertrauen, daß die gegenwärtige Konstellation vorübergehend ist und daß die Zukunft, trotz allem, ihm gehört.« · Hitler und Gregor Strasser suchen in einem Gespräch in Lippe ihr Zerwürfnis zu bereinigen. Der Erfolg bleibt aus. · In Mittelfranken kommt es durch die Enthebung des Gruppenführers Stegmann zu einem SA-Konflikt.

13. Januar. Reichskanzler Schleicher spricht mit dem Vorsitzenden der DNVP Hugenberg über die politische Lage. Hugenberg erklärt seine Bereitschaft, als »Wirtschaftsdiktator« in das Reichskabinett einzutreten. Schleicher lehnt dies ab. Am folgenden Tag trägt Hugenberg die gleichen Gedanken Hindenburg vor.
Im Krefelder Stadttheater wird die Komödie Die Laus im Pelz von Hans Müller-Schlösser uraufgeführt. · Das Berliner Thalia-Theater wird aus wirtschaftlichen Gründen geschlossen.

14. Januar. Die französische Zeitschrift Illustration beginnt mit dem Abdruck von Auszügen aus dem 3. Band der Stresemann-Erinnerungen (zuerst Thoiry). · Im Hamburger Thalia-Theater wird das Drama Der dreizehnte Juni (Die letzten Lebensstunden Ludwig II.) von Fred Angermayer uraufgeführt. · Das

Mannheimer Nationaltheater bringt Die Marne-schlacht von Paul Joseph Cremers zur Uraufführung.

15. Januar (Sonntag). Landtagswahlen in Lippe: SPD 7, KPD 2, DVP 1, DNVP 1, NSDAP 9, Ev. Volksdienst 1 Sitz. Der von der NSDAP mit großem Aufwand betriebene Wahlkampf bringt der Partei nicht den erwarteten Erfolg. Die Tendenz der Wahlen in Lippe ergibt folgendes Bild:

des Henkell-Vertreters Ribbentrop über eine Regierungsbildung. Anwesend ist auch der Sohn des Reichspräsidenten, Oskar von Hindenburg. · Gemäß den Richtlinien des neuen Kuratoriums für Jugendtüchtigung werden jetzt auch in den deutschen Jugendverbänden Geländesportübungen durchgeführt.

19. Januar. Der preußische Landtag wird bis zum 15. 2. vertagt.

Parteien	Landtagswahl 6. 1. 1929		Reichstagswahl 14. 9. 1930		Reichstagswahl 31. 7. 1930		Reichstagswahl 6. 11. 1932		Landtagswahl 15. 1. 1933	
	abs.	in %	abs.	in %	abs.	in %	abs.	in %	abs.	in %
SPD	31 540	41,9	30 149	32,9	30 399	29,6	25 782	27,1	29 735	30,2
Staatspartei	4 495	6,0	4 401	4,8	849	0,8	558	0,6	828	0,8
Zentrum	2 313	3,1	2 648	2,9	3 402	3,3	2 459	2,6	2 531	2,6
DVP	10 054	13,4	6 627	7,2	2 250	2,2	3 628	3,8	4 352	4,4
CSVD		–	4 970	5,4	3 659	3,6	4 079	4,3	4 510	4,6
Landvolk	6 412	8,5	2 651	2,9	173	0,2	510	0,5	700	0,7
DNVP	9 576	12,7	7 485	8,2	8 674	8,4	9 414	9,9	5 923	6,0
NSDAP	2 713	3,6	20 490	22,4	42 280	41,1	33 038	31,7	38 844	39,5
KPD	4 987	6,6	5 861	6,4	10 017	9,7	14 601	15,4	11 026	11,2
Sonstige	3 169	4,2	6 262	6,9	1 111	1,1	1 029	1,1	–	–
Wahlbeteiligung in %	69,6		80,9		85,3		82,2		84,8	

Reichsgründungsfeier des Kyffhäuserbundes im Berliner Sportpalast.
Die Reichspost führt das Postgut zu ermäßigter Gebühr ein. · Die Zahl der Arbeitslosen ist weiter auf 5 966 000 gestiegen.

16. Januar. Das Reichskabinett beschließt die Ausdehnung des Vollstreckungsschutzes über das ganze Reich. · Reichskanzler Schleicher sucht in Gesprächen mit dem Zentrumsführer Kaas nach Möglichkeiten einer neuen Regierungsbildung. · Hitler sucht in Gesprächen mit Strasser in Weimar eine Basis neuer Zusammenarbeit.
Im Breslauer Schauspielhaus wird die Operette Die Fahrt ins Abenteuer von Will Tanta uraufgeführt. · Der Geigenvirtuose Willy Burmester (*1869 Hamburg) stirbt 64jährig an einem Herzleiden.

17. Januar. Hitler und Hugenberg konferieren in Berlin über die Möglichkeiten einer gemeinsamen Regierung.
Der Sozialpolitische Ausschuß des Reichstags lehnt die Arbeitsdienstpflicht ab. · Reichsarbeitsminister Syrup gibt im Sozialpolitischen Ausschuß des Reichstags bekannt, daß es rund 1 Million männliche und 400 000 weibliche Arbeitslose unter 25 Jahren gibt, also »ganze Altersklassen« betroffen sind.

18. Januar. Hitler spricht mit Papen im Berliner Haus

Unter dem Motto »111 Jahre rheinischer Karneval« beginnt eine populäre Ausstellung im Kölner Kunstgewerbemuseum.

20. Januar. Der Ältestenrat verschiebt die für den 24. 1. vorgesehene Sitzung des Reichstags auf den 31. 1. · Über die Vielzahl der politischen Gespräche schreibt der sozialdemokratische Vorwärts: »Hitler bei Papen, Strasser bei Schleicher, Hugenberg bei Hitler, Papen bei Hugenberg, Hugenberg bei Hindenburg, Alvensleben schiebt vorne, Thyssen schiebt hinten... Wer findet sich noch zurecht in der Geheimpolitik, die ohne das deutsche Volk getrieben wird?« · Die KPD droht mit einer großen Gegendemonstration gegen den Berliner SA-Aufmarsch. · Am Abend spricht Hitler im Berliner Sportpalast. Anlaß ist eine Amtswaltertagung. Er fordert seine Ernennung zum Reichskanzler.
In Berlin tritt der Internationale Verband der Varieté-, Theater- und Zirkusdirektoren zu seiner 25. Tagung zusammen. Allgemein wird festgestellt, daß die Einnahmen im letzten Jahr in fast allen Betrieben bis zu 45 % zurückgegangen sind und daß die steuerlichen Belastungen fast 40 % der Einnahmen ausmachen.
In Berlin wird der Film So ein Mädel vergißt man nicht uraufgeführt. Das Drehbuch dieser deutsch-österreichischen Gemeinschaftsproduktion ist von Fritz Kortner. Unter der Regie von Fritz Kortner spielen Dolly Haas, Willi Forst, Paul Hörbiger u. a.

21. Januar. Die Reichstagsfraktion der DNVP kündigt dem Kabinett Schleicher offene Opposition an. Goebbels notiert in seinem Tagebuch: »Die Vorarbeiten für den Sturz Schleichers sind in vollem Gange.« Nach jüngsten Zählungen über die Arbeitslosigkeit entfallen auf 1000 Einwohner in Berlin 140,4 Arbeitslose, in Breslau 140,3, in Köln 112,8, in München 101,5, in Leipzig 136,6, in Dortmund 137,4, in Duisburg 145,0, in Hamburg 147, in Solingen 162,8 und in Chemnitz 163,3.

Gustaf Gründgens erreicht am Deutschen Theater in Berlin in der Rolle des Mephisto in Goethes Faust seinen schauspielerischen Durchbruch. · In Berlin wird der Film Eine Stadt steht Kopf uraufgeführt. Unter der Regie von Gustaf Gründgens spielen Jenny Jugo, Hermann Thimig, Heinrich Schroth u. a.; Willy Schmidt-Gentner und Mischa Spoliansky schrieben die Musik.

22. Januar (Sonntag). Ein erneuter SA-Aufmarsch am Berliner Bülowplatz verläuft ohne Zwischenfälle. Hitler spricht wieder bei Ribbentrop mit Papen und Oskar von Hindenburg über die Regierungsbildung. Währenddessen greift Reichstagspräsident Hermann Göring in einer Rede in Dresden scharf Reichskanzler Schleicher an.

In Deutschland wird das Sekuritglas, ein Sicherheitsglas ohne Zwischenschicht, erfunden.

Am Staatlichen Schauspielhaus Berlin wird unter der Regie von Gustav Lindemann, Düsseldorf, Goethes Faust II. Teil aufgeführt. Es ist der letzte große Theatererfolg in der Republik.

23. Januar. Reichskanzler Schleicher hält Hindenburg Vortrag über die politische Lage. Der Reichspräsident verweigert dem Kanzler die von diesem geforderte erneute Auflösung des Reichstags. · Ernst Thälmann fordert auf dem 14. Bezirks-Parteitag der KPD – Ruhrgebiet, »die Wut des Ruhrproletariats in organisierte Bahnen zu lenken«, um durch außerparlamentarische Betriebsräteaktionen »zur Eroberung der Macht« zu gelangen.

Alfred Kerr schreibt im Berliner Tageblatt seine letzte große Theaterkritik (über die Inszenierung Goethes Faust II. Teil). Bald darauf geht er ins Exil.

24. Januar. Reichskanzler Schleicher dementiert durch die Reichspressestelle die von den Nationalsozialisten vertretene Theorie des »staatlichen Notstandes«. · Bis auf weiteres verbietet der Kölner Regierungspräsident alle Umzüge und Versammlungen unter freiem Himmel für das Gebiet der Stadt Köln, der Stadt Bergisch-Gladbach, der Gemeinden Bensberg, Rösrath und Porz.

Das Organisationskomitee für die Olympischen Spiele von Berlin (1936) wird gegründet. Emblem und olympische Glocke – mit dem Spruch »Ich rufe die Jugend der Welt« – werden entworfen. · In Berlin wird der Film Kaiserwalzer (anderer Titel Heut macht die Welt Sonntag für mich) uraufgeführt. In dem musikalischen Lustspiel nach Motiven von Nico Dostal, Johann Strauss, Millöcker und Suppé spielen unter der Regie von Friedrich Zelnik Martha Eggerth, Willi Eichberger, Paul Hörbiger, Hansi Niese u. a. · In Mannheim und Hamburg wird die Tragödie Vertrauenskrise von Paul Altenberg uraufgeführt.

25. Januar. In Dresden kommt es zu schweren Zusammenstößen von Anhängern des kommunistischen Rotfrontkämpferbundes und der Polizei.

Das Deutsche Theater in Berlin wird von Dr. Duisberg-Achaz und Max Reinhardt übernommen. Der Duisberg-Konzern soll die finanzielle Lage absichern. · Der Gesamtsenat der Preußischen Akademie der Künste wählt erneut den Architekten Hans Poelzig zum Vizepräsidenten. Dabei wird u. a. mitgeteilt, daß Gerhart Hauptmann den Auftrag angenommen hat, für die Olympischen Spiele in Berlin eine Hymne zu verfassen. · Im Bremer Schauspielhaus wird Der Verrat des Hauptmanns Grisel von Hans J. Rehfisch uraufgeführt.

26. Januar. Papen erläutert Hugenberg, Seldte und Duesterberg »die zwingende Notwendigkeit einer neuen Regierung unter Hitler als Reichskanzler«. Bedenken »vor der Dynamik der Hitlerischen Natur und seiner fanatischen Massenbewegungen« räumt Hugenberg beiseite: »Wir rahmen ... Hitler ein.« Die Annäherung der DNVP und der NSDAP läßt das Gerücht von der bevorstehenden Demission der Reichsregierung aufkommen.

Die Berliner Handels-Gesellschaft gibt als erste Großbank ihren Jahresabschluß 1932 bekannt; bei einem Nettogewinn von 2,09 Mill. RM wird eine Dividende von 5 % (Vorjahr 4 %) ausgeschüttet. · In Bremen wird Marius Böger (*1869) als Nachfolger des verstorbenen Wilhelm Cuno zum Vorsitzenden der Hapag gewählt.

Im Stadttheater St. Gallen wird das musikalische Lustspiel Überlistet von Gustav Baldamus uraufgeführt.

27. Januar. Hindenburg beruhigt den Chef der Heeresleitung, General von Hammerstein: »Sie werden mir doch nicht zutrauen, daß ich diesen österreichischen Gefreiten zum Reichskanzler berufe.« · Hitler kommt nach Berlin. Vom Hotel Kaiserhof aus führt er die letzten vorbereitenden Gespräche. · Die Führer

der katholischen Arbeitervereine fordern den Reichspräsidenten auf, die verfassungsmäßige Rechtsgrundlage des Staates zu wahren und Anschläge darauf zu verhindern.

28. Januar. Das Kabinett Schleicher tritt zurück. Über die letzte Unterredung Schleichers mit Hindenburg wird folgendes Kommuniqué herausgegeben: »Reichskanzler von Schleicher erstattete heute dem Herrn Reichspräsidenten Bericht über die Lage und erklärte, daß die gegenwärtige Reichsregierung, ihrem Charakter als Präsidialregierung entsprechend, im Reichstag ihr Programm und ihre Auffassung nur dann zu vertreten in der Lage wäre, wenn der Herr Reichspräsident ihr die Auflösungsorder zur Verfügung stelle. Reichspräsident von Hindenburg erklärte, diesem Vorschlag bei der zur Zeit gegebenen Lage nicht entsprechen zu können. Reichskanzler von Schleicher erklärte hierauf den Gesamtrücktritt der Reichsregierung, den der Herr Reichspräsident unter Beauftragung des Kabinetts mit der einstweiligen Fortführung der Geschäfte entgegennahm. Der Herr Reichspräsident sprach dem Reichskanzler wie den Mitgliedern der Reichsregierung seinen Dank für die dem Vaterlande in schwerer Zeit geleisteten treuen Dienste aus.« Damit spricht Hindenburg die Schlußworte der Weimarer Republik. Goebbels notiert in seinem Tagebuch: »Schleicher ist endgültig erledigt. Jetzt bleibt nichts mehr übrig, als daß der Führer betraut wird. Wir sind alle noch sehr skeptisch und freuen uns nicht zu früh.« · Die gewerkschaftlichen Spitzenorganisationen telegrafieren an Hindenburg, »daß die Berufung einer sozialreaktionären und arbeiterfeindlichen Regierung von der gesamten deutschen Arbeiterschaft als eine Herausforderung empfunden werden müßte«.

29. Januar (Sonntag). Die für den 31. 1. vorgesehene Sitzung des Reichstags wird verschoben. · In Berlin verbreitet sich das Gerücht, Schleicher und Hammerstein hätten die Potsdamer Garnison alarmiert, um den Reichspräsidenten zu verhaften. Das Gerücht fördert die Bemühungen Papens, Oskar von Hindenburgs und Staatssekretär Meissners, den Reichspräsidenten dazu zu bewegen, Hitler zum Reichskanzler zu ernennen. Hitler versetzt die SA in Alarmbereitschaft. · Die satirische Wochenzeitschrift Kladderadatsch, ein Produkt der 48er Revolution (die 1. Nummer erschien am 7. 5. 1848), sucht die Situation zu karikieren: »Wo steckt Hitler? gellt die Frage. Was treibt, wenn gefrühstückt habend, vormittags der Nazigrande? Was nach Tisch? Verfließt sein Abend zwischen Lipp und Kelchesrande? Oder Lipp und Köln? Bereichert er so die Partei an Zaster? Oder papert er und schleichert schlau auf dem Berliner Pflaster?« · Goebbels notiert zur gleichen Stunde: »Die große Stunde ist da!« Am Abend wird das neue Kabinett der »Einrahmung« des Reichskanzlers Hitler zusammengestellt.
Im Kölner Schauspielhaus wird die Seeräuberballade Das Glück des Filibustier uraufgeführt. · Das Berliner Hebbel-Theater feiert sein 25jähriges Bestehen.

30. Januar. Der Völkische Beobachter schreibt am Morgen: »Unsere Forderung nach Schleichers Sturz: Kanzlerschaft Hitlers.« · Reichspräsident Paul von Hindenburg ernennt kurz nach 11.00 Uhr Adolf Hitler zum Reichskanzler; dieser leistet den Eid auf die Verfassung. Hindenburg reagiert mit dem Wort: »Und nun, meine Herren, vorwärts mit Gott.« Das 24. Reichskabinett der Weimarer Republik wird anschließend der Presse vorgestellt. Hindenburg bekennt: »Nun Sie sich einig geworden sind, geht es mir gut.« Goebbels jubelt: »Es ist fast wie ein Traum. Die Wilhelmstraße gehört uns ... Der Führer ist zum Kanzler berufen ... Deutschland steht vor seiner historischen Wende.« Der sozialdemokratische Vorwärts urteilt: »Hitler-Papen-Kabinett: ›Feine Leute‹ und drei Nazis – Kabinett des Großkapitals: Der Reichspräsident hat mit der Ernennung dieser Regierung die furchtbarste Verantwortung übernommen, die jemals ein Staatsoberhaupt übernommen hat.« · An Stelle des zurückgetretenen Reichskanzlers Schleicher wird der neue Vizekanzler Papen Reichskommissar für Preußen. · Am Nachmittag fährt Hitler in die Reichskanzlei; beim Eintritt erklärt er: »Keine Macht der Welt wird mich jemals lebend hier wieder herausbringen.« Um 17.00 Uhr leitet er die 1. Kabinettssitzung. Dabei führt er aus, »daß Millionen von Menschen in Deutschland den heutigen Tag, an dem ein unter meiner Führung stehendes Reichskabinett vom Herrn Reichspräsidenten ernannt worden ist, mit Jubel begrüßen werden«. Das Protokoll vermerkt: »Das Reichskabinett nahm hiervon Kenntnis. Einwendungen ... werden nicht erhoben.« · Prof. Erwin von Osen, Sprecher des Deutschen Avantgarde Künstlerkollektivs, gratuliert Hitler zur Ernennung zum Reichskanzler und schlägt ihm ein »gigantisches Tonfilmwerk« vor: »Dieses Tonfilmwerk als monumentales Denkmal und Dokument für alle Zeiten soll in allen Sprachen der Welt erscheinen.« · Am Abend kommt es zu einem großen Fackelzug in Berlin. Über die Szene vor der Reichskanzlei urteilt Goebbels: »Es herrscht ein unbeschreiblicher Jubel... Hunderttausende und Hunderttausende ziehen im ewigen Gleichschritt unten an den Fenstern vorbei. Das ist der Aufbruch der Nation! Deutschland ist erwacht.«
In der Hamburger Staatsoper werden Die Banditen gespielt, Operette von Jacques Offenbach.

31. Januar. Ludendorff schreibt an Hindenburg: »Ich prophezeie Ihnen feierlich, daß dieser unselige Mann unser Reich in den Abgrund stürzen und unsere Nation in unfaßbares Elend bringen wird. Kommende Geschlechter werden Sie wegen dieser Handlung in Ihrem Grabe verfluchen.« · Hugenberg bekennt, die größte Dummheit seines Lebens begangen zu haben. · Der Vorwärts schreibt: »Sonntag wieder Lustgarten! Das rote Berlin antwortet Adolf Hitler. Nun erst recht!« · Die Frankfurter Zeitung schreibt: »Diese Regierung ist die kurioseste Regierung, die Deutschland je hatte.« Sie fügt im Rückblick hinzu: »Es ist uns unmöglich, jenes Telegramm zu vergessen, mit dem Herr Hitler sich mit den Mördern von Potempa solidarisch erklärt hat.« · Die Kreuzzeitung schreibt: »Welche bessere Regierung hätte ein Volk in unserer Lage sich wünschen und finden können?« · Alfred Rosenberg schreibt im Völkischen Beobachter: »Der 30. Januar 1933 wird einmal eingehen in die Geschichtsschreibung als ein Tag, der einen historischen Um-schwung der deutschen Entwicklung darstellt«, an dem »Ströme deutscher Sehnsüchte zusammenliefen, weit aus vergangenen Jahrhunderten.« · Carl von Ossietzky schreibt in der Weltbühne: »Der Acheron schäumt.« · Der große politische Publizist Theodor Wolff schreibt unter der Überschrift »Es ist erreicht« im Berliner Tageblatt: »Ja, man hat an einem Tage viel erreicht, man wird gewiß noch mehr erreichen, aber man wird nicht verhindern, daß in einem großen Volke seelischer und geistiger Widerstand wächst und wartet, seinem eigenen Tage entgegenschwebt.«

In Essen wird der Film Morgenrot uraufgeführt. Unter der Regie von Gustav Ucicky spielen in diesem Seekriegsdrama Rudolf Forster, Adele Sandrock u. a. Der Film wird als »künstlerisch« ausgezeichnet.

Aus: Droste Geschichts-Kalendarium. Chronik deutscher Zeitgeschichte. Band 1: Overesch/Saal: Die Weimarer Republik. Düsseldorf: Droste Verlag 1981

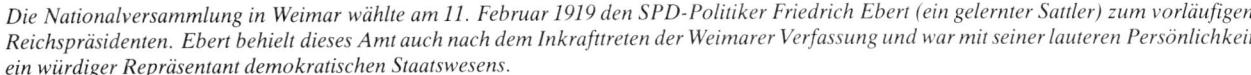

Die Nationalversammlung in Weimar wählte am 11. Februar 1919 den SPD-Politiker Friedrich Ebert (ein gelernter Sattler) zum vorläufigen Reichspräsidenten. Ebert behielt dieses Amt auch nach dem Inkrafttreten der Weimarer Verfassung und war mit seiner lauteren Persönlichkeit ein würdiger Repräsentant demokratischen Staatswesens.

Herbert Weichmann
Lehren für die Gegenwart

Herbert Weichmann, heute

Professor Dr. Herbert Weichmann, Bürgermeister i. R. der Freien und Hansestadt Hamburg, ist einer der letzten »elder statesman« in der Bundesrepublik Deutschland, der vor 1933 schon im Staatsdienst gewesen ist. 1928 wurde er durch den preußischen Ministerpräsidenten Otto Braun in das Preußische Staatsministerium berufen, 1932 wurde er Ministerialrat und Persönlicher Referent von Otto Braun. Professor Weichmann, jetzt 86 Jahre alt, schrieb in einem Aufsatz Reflexionen über seinen Freund, die er freundlicherweise für dieses Buch als Einstimmung in das Thema zur Verfügung gestellt hat.

In unserer, der Überlebenden Erfahrung, ist noch immer der Schmerz über die leidvolle Geschichte von Weimar, über das tragische Schicksal Preußens und Otto Brauns und über das Warum überhaupt lebendig. Dieser Schmerz ist aber nicht nur retrospektiv, er ist vor allem verknüpft mit der Sorge, daß unsere zweite Demokratie in der deutschen Bundesrepublik gewisse Fehler der Weimarer Zeit wiederholen und sich auf diese oder jene Weise in der Verfassungswirklichkeit von der Weisheit der Väter des Grundgesetzes absetzen und auf Irrwege begeben könnte, welche die Funktionsfähigkeit auch dieser Regierung kompromittieren.

Geschichte als Lehre der Vergangenheit für die Gegenwart und für die Zukunft – ist sie wirklich hierzu fähig, ist sie fähig, diese Rolle zu spielen, und sind besonders in diesem Zeitalter einer pluralistischen, antagonistischen und durch eine verwirrende Kommunikationsvielfalt gekennzeichneten Gesellschaft die Menschen noch willig, aufnahmefähig überhaupt, den Blick zurückzuwenden und über die Geschichte nachzudenken? Ich wage nicht, diese Frage eindeutig mit ja oder mit nein zu beantworten.

Zu einem Ja bin ich geneigt, wenn ich an gewisse spezielle Probleme denke, die in der Weimarer Zeit den Staatsmännern zu schaffen gemacht haben und die, wie ich – zum Teil aus eigener leidvoller Erfahrung in dieser Republik – glaube, auch gegenwärtig bei uns wieder virulent geworden sind.

Ich denke dabei an Dinge wie Macht und Ohnmacht des Staatsmannes in der repräsentativen Demokratie, die ihm zwar alle Verantwortung zuweist, zugleich aber durch das System der Gewaltenteilung die tatsächliche Handlungsfreiheit beschränkt.

Ich denke noch mehr an die Erosion ebendieser Verfassungsstruktur, auch unserer konstitutionellen Verfassungsstruktur, bei der die klassische Gewaltenteilung ihrerseits aufgeweicht wird, in Weimar durch das Volksbegehren und Volksentscheide, die sich häuften, aber nun eben auch bei uns durch nicht nur gewaltlose Bürgerinitiativen, durch rücksichtslose Wahrnehmung bestimmter Interessen, die auch erpresserischen Druck nicht vermeiden, oder gar durch die Renaissance der Methode der unmittelbaren Volksbefragung, die ja wieder Anhänger findet.

Ich denke an Parteiegoismen oder imperatives Mandat, das in Wirklichkeit die Vertreter der Exekutive und Legislative nur zu Briefträgern oder Befehlsempfängern machen würde; ich denke an das Problem des angemessenen Staatsschutzes gegen politisch motivierte Gewalttäter, an die Abschirmung der Verwaltung gegen die Infiltration verfassungsfeindlicher Elemente, an die lautstarken Ideologien mit ihrem »Exzeß in den Irrationalismus«, um einen Begriff von Karl Raimund Popper zu gebrauchen.

Ich denke an die Verwirrung gewisser intellektueller Kreise, die damals wie heute in den Repräsentanten der Staatsgewalt nur die Verkörperung böser Mächte sehen, weil sie die Macht an sich als böse betrachten.

Ich denke aber auch gerade in diesen Tagen an das wieder akut gewordene Problem der Arbeitslosigkeit mit der bangen Sorge, ob von hier aus erneut unserem demokratischen Staat Gefahren erwachsen.

HERBERT WEICHMANN
Geb. 1896 in Landsberg. Jüdisch. Dr. jur., Professor. 1933–1945: Exil. 1957–1965: Finanzsenator in Hamburg. 1965–1971: Erster Bürgermeister von Hamburg.
Aus: Herbert Weichmann. Der Gesellschaft und dem Staat verpflichtet. Einfache und schwierige Wahrheiten.
Vorwort: Helmut Schmidt. A. Knaus Verlag. Hamburg o. J.

Am 10. Januar 1920 tritt um 4.15 Uhr der Versailler Vertrag in Kraft. Vergeblich hatten am 23. März 1919 über 70000 und am 25. März 1919 über 100000 Danziger gegen die Abtrennung vom Deutschen Reich demonstriert. Danzig wird Freie Stadt unter dem Schute des Volksbundes.

Karl Dietrich Bracher
»Das Weimarer Syndrom«

Diese Verflechtung von Notwendigkeit und Zufall (Meinecke) im Schicksal der Weimarer Republik verbietet jede einlinige Analyse und widerspricht jeder monokausalen Erklärung, ob diese nun (marxistisch) die Rolle der Wirtschaft oder (historisch) das Handeln einzelner Personen zum Angelpunkt des Geschehens machen möchte. Das gilt für alle Ableitungen, die auf einer einzigen Hauptursache oder Ursachenformel beruhen: für die ökonomische Erklärung (Wirtschaftskrise) wie für die institutionelle (Verfassungsmängel), für die soziologische Erklärung (Kleinbürgertum) wie für die ideologische (autoritäre Tradition), für die politökonomische wie für die sozialpsychologische oder die personalistische Erklärung. Solche Erklärungsmuster enthalten wichtige Ansätze und sind jeweils im historisch-politischen Zusammenhang zu würdigen. Ihr tatsächliches Gewicht wird aber erst in jenem entscheidenden Stadium der Krise im Jahre 1932 bestimmbar, das hier mit dem Begriff des Machtvakuums bezeichnet wird.

Mit diesem Begriff soll die Situation eines politischen »deadlock« charakterisiert sein, einer Selbstblockade des Staates und der Gesellschaft – ein Zustand, in dem die politischen Kräfte sich gegenseitig neutralisieren und das Funktionieren der parlamentarischen Institutionen lähmen. Extreme Polarisierung und Radikalisierung des politischen Lebens stören die Konsens- und Mehrheitsbildung, und schließlich öffnet sich der Weg zur Macht für Antisystem-Parteien, die das Vakuum mit neuem Inhalt zu füllen versprechen. Legitimitätsverfall der Demokratie und wachsender Einfluß militanter Diktaturbewegungen sind zwei Seiten derselben Erscheinung, die man als »Weimarer Syndrom« bezeichnen könnte. Das ist auch mit den warnenden und beschwörenden Formeln gemeint, die heute sagen, Bonn sei nicht Weimar oder Italien dürfe nicht Weimar werden.

KARL DIETRICH BRACHER
Geb. 1922 in Stuttgart. Ordentlicher Professor für politische Wissenschaft und Zeitgeschichte an der Universität Bonn.
Aus: Karl Dietrich Bracher: Geschichte und Gewalt. Zur Politik im 20. Jahrhundert. Verlag Severin und Siedler, Berlin 1981

Liselott Diem
Mit der Rheinland-Besetzung fing das Elend an

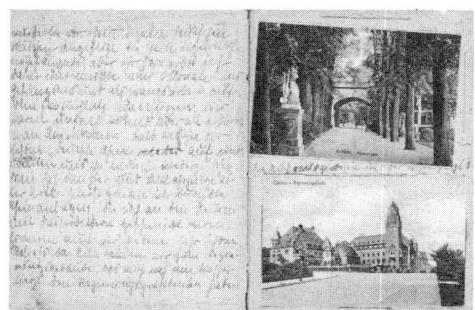

Zwei Probeseiten aus dem Tagebuch der Schülerin Liselott Diem

Als ich über das gestellte Thema nachdachte, griff ich zu meinen Tagebüchern, die ich als 14jährige Schülerin schrieb. Ich besuchte 1920 meine Großmutter im Rheinland und erlebte die Amerikaner und Franzosen als Besatzer – Eindrücke, die ich nie vergessen habe. In der Rückschau und mit den inzwischen gesammelten Erfahrungen möchte ich sagen, daß damals in der »Besatzungszeit« die Basis für den neuen deutschen Nationalismus gelegt wurde, der schließlich die Weimarer Republik nicht zu einer wahren Demokratie werden ließ und damit dem Nationalsozialismus die Chance gab, sich zu entwickeln. Aus dem Verhalten der Besatzer und der Reaktion der Besetzten damals scheinen die Völker nichts gelernt zu haben; denn mancherlei, was nach dem Ersten Weltkrieg geschah, wurde nach dem Zweiten Weltkrieg wiederholt.

Und nun also ein Auszug aus meinem Tagebuch von 1920, Tatsachen, die in Vergessenheit geraten sind.

Koblenz, 21. 7. 20
Um ½ 8 waren wir glücklich in Koblenz angekommen, wo Tante Ottilie uns abholte. Wir wollten jetzt erst frühstücken, und nachher wollte sie uns die Sehenswürdigkeiten, den Rhein und die Mosel zeigen. Auf jedem Schritt begegnete man den Amerikanern oder Zulukaffern, wie wir sie nannten. Hier in Gruppen tabakrauchend, dort auf eine Bank hingeschlakst, da mit einem deutschen Mädchen scherzend. Tante Ottilie klagte auch sehr über ihre Amerikaner. Die Amerikaner bewohnten ihren ganzen ersten Stock und noch Eßzimmer und Küche. Sie haben unten nur zwei Zimmer und müssen auf dem Dachboden schlafen. Empörend ist doch so was. Neulich hatten ihr die Amerikaner, ohne vorher etwas zu sagen, das Klavier weggeholt. Sie war einfach machtlos dagegen.

Nachdem wir uns genügend gelabt hatten, gingen wir mit Tante Ottilie, die ich sehr gern mag, in die Stadt. Zuerst wollten wir an den Rhein gehen. Dabei kamen wir an einem wunderschönen großen Haus mit Riesengarten und Pavillon vorbei. Dort hatten die Amerikaner die Familie ganz rausgeschmissen, und als die Frau heimlich nur zwei ihrer besten Vorhänge mitnehmen wollte, wurde sie von ihren eigenen deutschen Mädchen angezeigt. Sie sollte eigentlich ins Gefängnis, aber ihr Sohn erbot sich dafür und mußte nun drei Monate ins Gefängnis und als Zwangsarbeit auf dem Exerzierplatz schneeschippen. Wir waren einfach wütend.

Überall erblickte man Amerikaner. Bald tauchte der schöne deutsche Rhein auf, und wir freuten uns, ihn endlich wiederzusehen. Man sah Dampfer und Lastfahrzeuge aller Art. Zuerst gingen wir durch die Rheinanlagen, die noch an den Seiten mit Kaiserbildern geschmückt waren. Es waren auch verschiedene sehr schöne Reliefs da. Nun kamen wir zum Regierungsgebäude, das auch nah am Wasser liegt. Den Regierungspräsidenten haben sie auch rausgeworfen, und der wohnt jetzt 3–4 Stunden entfernt. Wenn er geschäftliche Sachen in Koblenz zu erledigen hat, muß er erst den langen Weg machen.

Auf dem Regierungsgebäude waren die amerikanische, italienische und englische und französische Fahne gehißt. Neben dem Regierungsgebäude liegen zwei sehr große Hotels (Riesenfürstenhof und Koblenzer Hof). Eigentlich hieß der Koblenzer Hof früher Hotel Bellevue, aber die Koblenzer wollen jetzt nicht französische Namen haben. Das finde ich fein. Überall waren amerikanische Flaggen. Immerzu tuteten diese schrecklichen Autos durch die Straßen. Man wurde ganz verrückt, und ich war froh, als ich wieder den Rhein zu sehen bekam ...

Jetzt gingen wir mehr in das Innere der Stadt und begegneten auch wieder sehr vielen Amerikanern. Dann kamen wir zu dem Schloß, was wir uns aber nur von außen besahen. Es ist auch sehr hübsch angelegt, aber jetzt weht auch dort, wie auf allen Gebäuden, die feindliche Fahne. Kurz darauf besahen wir uns ein amerikanisches Geschäft, das alle Artikel herrlich in großer Auswahl und Güte hatte, aber das Geschäft durfte kein Deutscher betreten ...

Auf dem Rückweg erzählte uns Tante Ottilie noch etwas, wenn nämlich abends die amerikanische Fahne eingebracht wird, müssen alle den Hut abnehmen, sonst bekommen sie Gefängnis oder eine andere schwere Strafe. Marliese und ich waren beide froh, nicht unter diesen Kaffern leben zu brauchen.

LISELOTT DIEM
Geb. 1906 in Wiesbaden.
1927: Diplomsportlehrer. 1933: entlassen: 1947: Neuaufbau Deutsche Sporthochschule Köln. 1965: Ernennung zum ordentlichen Professor. 1967–1969: Rektor der Deutschen Sporthochschule Köln. 1974: Emeritierung.

Max Fürst
Demokratie ist, wo es politische Kultur gibt

Mir scheint, ich sollte, ehe das organisierte Chaos ausbricht, noch einmal die Auswirkung der Jugendbewegung preisen. Viele sind sich einig darüber. Jugendbewegung und Nationalsozialismus seien gleichzusetzen oder versuchen wenigstens einen Zusammenhang zwischen beiden zu konstruieren. Übersehen wird dabei die Arbeiterjugendbewegung, die gerade die von der großen Arbeitslosigkeit besonders hart betroffene Jugend zusammengehalten hat. Tatsächlich sind die Jugendorganisationen mit ihren Parteien niemals ganz gleichzusetzen, schon aus dem Grunde, weil sie sich mit ihren Mitgliedern viel persönlicher befassen, als es einer Partei je möglich wäre; Wanderungen, Zeltlager, Lehrzirkel spielten eine große Rolle. Brecht ließ in seinem Film ›Kuhle Wampe‹ singen: »... und es liegt nun auf der Wiese, was sonst auf der Straße lag«, aber es war doch eine große Sache, daß auf der Wiese auch Solidarität gelernt wurde. Ich kenne viele, die nur einmal in der Woche in die Stadt kamen, um sich beim Arbeitsamt zu melden. Wenn nicht mehr Jugend zur SA abfiel, so ist dies das Verdienst der Arbeiter-Jugend, der Naturfreunde, der Kommunistischen Jugend und vieler kleiner Bünde, deren Namen ich vergessen habe ...

MAX FÜRST
1905–1978. Gelernter Tischler, Gründer der Jugendberatungsstelle in Berlin. Lehrer an der Odenwaldschule.
Aus: Max Fürst. Talismann Scheherezade. Die schwierigen zwanziger Jahre. Carl Hanser Verlag, München 1976.

Friedrich Wilhelm Hopf
Eine Handgranaten-Revolution?

Friedrich Wilhelm Hopf, 1950

Als Erlanger Theologiestudent berichtete ich am 15. November 1930 meiner Mutter: »Hitlers Vortrag gestern vor uns Studenten hat einen großen, aber nicht befriedigenden Eindruck auf mich gemacht. Sympathisch war Ruhe, Ernst und Ordnung der Versammlung, vor allem auch der Braunhemden. Sympathisch war der Ernst, die phrasenlose Würde, das Auftreten ohne Eitelkeit, das aus allem sprechende Leben für eine Idee – bei Hitler. Er legte dar, daß unser Volk im Innern nur eins werden könne, wenn der alles in zwei Welten aufteilende Gegensatz Nationalismus/Sozialismus überwunden werden könne. Er führte das im einzelnen sehr gut durch und nannte dann seine und des ihm folgenden ›jungen Deutschland‹ Lösung: den Nationalsozialismus als einzigen Weg. Die Rede war keineswegs agitatorisch, sondern überzeugte den Überzeugungsfähigen von innen her. Eindrucksvoll war der starke und edle Wille zum Volk, den Begriff vom Blut her verstanden. Aber der Krafteinsatz, zu dem Hitler aufrief, wo kommt er her? Wer gibt denn Blut und Leben? Und auf der andern Seite: Hitler hat den Idealismus als einzige letzte Realität bezeichnet. Sein Idealismus ist natürlich ethisch im besten Sinn. Aber, daß Gott, der lebendige Herr, Volk und Blut und Lebenswille gibt, und: daß das Kreuz Christi das Ende aller humanen, auch der idealistischen Ethik ist – davon wußte Hitler nichts. Der deutsche Wille dieser Jugend ist herzbeweglich. So stürmisch und gewaltig wie in der Burschenschaft nach den Freiheitskriegen. Aber unsere Väter, die alle damals mitgestürmt haben, haben unter tausend Schmerzen umgelernt und doch das Deutschtum dieser Frühzeit sich und uns bewahrt. Wenn es gelänge, diese nationalsozialistische Bewegung in die lutherische Erfahrung von Sünde und Gnade, von der Buße, die Reue und Glaube ist, zu führen – würde sie in vielem anders werden und doch ihr Bestes vollenden. Aber – das kann nur Gott selbst.« – Am 25. Juni 1931 erlebten wir Hitler vor einer großen Volksversammlung. Mein Eindruck war diesmal wesentlich anders. Was er sagte und wie er mit überschrieener Stimme sprach, wirkte agitatorisch, demagogisch, aufreizend, alles psychologisch gezielt auf breite Massenwirkung.

Ich schrieb meiner Mutter: »Zum Inhalt muß ich sagen, daß die Kluft zwischen uns und jenen mir wieder sehr klar geworden ist ... Ihr Prinzip des Herrenmenschentums, bzw. Übermenschentums ist geradezu greulich.«

Das bürgerlich-deutschnationale Kleinstadtklima unserer doch nur scheinbar heilen Erlanger Umwelt, in der wir uns wohl fühlten, ließ uns das erschütternde Zeitgeschehen nur aus der Ferne wahrnehmen und diente dazu, daß Ungezählten die Dämonie des hemmungslos wachsenden Nationalismus verborgen blieb, während die Angst vor der »Gefahr aus dem Osten« die Gemüter in ihren Bann schlug.

Daß ich selbst gegenüber jeglichem Nationalismus immun blieb, verdanke ich ausschließlich der geistigen und geistlichen Lebensluft meines Elternhauses. Seit meiner Kindheit hat mich das kirchliche und politische Zeugnis der hessischen Renitenz für mein ganzes Leben entscheidend geprägt. Mein hochbetagter Vater Wilhelm Hopf (1842–1921), Neffe und Biograph August Vilmars, hatte seit 1866 und 1870/71 als Politiker und Historiker unermüdlich die rechtsverachtende preußisch-deutsche Gewaltpolitik Bismarcks und ihre Folgen bekämpft. Sein Maßstab waren Gottes Gebote in konkreter Anwendung auch auf die Politik. Der Kriegsausbruch 1914 und der Zusammenbruch 1918 bestätigten seine warnenden Vorhersagen. Ein Neuanfang erschien ihm nur möglich nach demütiger Beugung unter Gottes gerechtes Gericht über unser Volk und seine Fürsten, sowie in äußerster Wachsamkeit gegenüber jeglicher Versuchung zu nationaler Unbußfertigkeit.

Dieses sehr eindeutige wie gewiß auch einseitige Vorurteil blieb für mich stets ein zuverlässiger Kompaß. Als Hitlers Reichstag am 21. März 1933 in der Potsdamer Garnisonkirche eröffnet worden war, predigte ich abends vor einer großen fränkischen Landgemeinde: »Gerechtigkeit erhöht ein Volk, aber die Sünde ist der Leute Verderben« (Spr. Sal. 14,34) ... »... Haß und Wutgeschrei und Vernichtungswille gegen alle Volksverderber gehört heute zu dem Ton, der die öffentliche Meinung bestimmt. Aber nun schneidet heute Abend das Wort Gottes diese entrüsteten Reden ab mit der einfachen Feststellung einer erschütternden Tatsache: Die Sünde ist der Leute Verderben! Sünde aber ist immer eine ganz zu uns gehörende Tat, von

uns allein angerichtet. Denkt aber jetzt nicht nur an die letzten 14 Jahre! Da ist nur reif geworden, was gesät war, längst zuvor. Denn Gott der Herr sucht die Sünden der Väter heim an den Kindern ... Es sind im Hinblick auf die neue Zeit in unserm Volk Worte gesprochen worden von einem Glauben an die eigene Kraft, von einer Siegeszuversicht auf die unsterbliche Lebenskraft unseres Volkes. Dem können wir nur das klare Zeugnis des Wortes Gottes entgegenstellen: Irret euch nicht, Gott läßt sich nicht spotten! ... Wenn unser Volk heute seine Zukunft baut im Glauben an seine eigene Kraft, dann ist das eine entsetzliche Loslösung von dem, der allein unsere Zukunft in seiner Hand hält. Sünde, die ganz gewiß in ein neues Strafgericht hineinführen muß ... Nicht die Lebenskraft unseres Volkes kann uns retten, nicht der Glaube an uns selbst, nicht der Glaube an menschliche Führer. Das sind Irrwege eines betrüglichen Götzendienstes, der neues Verderben bringen muß ... Die falschen Götzen macht zu Spott, der Herr ist Gott, der Herr ist Gott, gebt unserm Gott die Ehre! ...« –

Summa summarum: Das Ende der Weimarer Republik zeigte mir, daß die Katastrophe von 1918 in ihrer Notwendigkeit nicht erkannt und als große Möglichkeit eines radikalen Neuanfangs verpaßt worden ist. Schon 1919 urteilte Friedrich Wilhelm Foerster, »daß niemals eine große Revolution mit weniger Vorbereitung verwirklicht worden sei als die Beseitigung des alten deutschen Systems im November 1918. Es war eine bloße Handgranaten-Revolution – und darum ist im wesentlichen auch alles unverändert geblieben.« Er denkt dabei an den Abfall des deutschen Volkes von seinem wahren Beruf, »ein Asyl der Menschlichkeit, ein Gegengewicht gegen den Staatsgeist zu sein« und gegen die Nachahmung fremder Vorbilder: »des politischen Großmachtwillens, des Nationalwesens und des mechanischen Einheitsstrebens«.

Die Frage nach dem Erkennen dieser völkerverbindenden Berufung des deutschen Volkes stand am Anfang der Weimarer Republik wie an ihrem Ende. Sie ist uns auch heute gestellt.

FRIEDRICH WILHELM HOPF
Geb. 1910 in Melsungen (Kurhessen)
Evangelisch-Lutherisch. 1932 Vikar, 1936 Pfarrer in Bayern, 1951 Leitung der Mission Evangelisch-Lutherischer Freikirchen und ihres Seminars in Bleckmar (Kreis Celle), Missionsdirektor.

Werner Dollinger
Sie marschierten schon 1923

Werner Dollinger, 1931

Meine sonst so ruhige kleine Heimatstadt Neustadt a. d. Aisch (4900 Einwohner) war an einem strahlenden Sommertag 1923 voll von Menschen und von marschierenden und singenden Kolonnen. Diese Begebenheit blieb mir im Gedächtnis haften. Meine Eltern erklärten mir später, daß Hitler zu einer Großkundgebung auf den Sportplatz nach Neustadt gekommen war.

Das Marschieren von SA-Gruppen durch die Stadt wurde immer häufiger. Ein Spielmannszug und der Gesang machten auf diese Kampforganisation der NSDAP aufmerksam. Es gab kaum Störungen.

Der Zulauf zur NSDAP hatte Konsequenzen für die Gemeindepolitik. Die Bayerische Verfassung kannte Volksbegehren und Volksentscheid. Die Nationalsozialisten wollten einen anderen Stadtrat. Ich hörte in meinem Elternhaus viele Diskussionen, denn mein Vater war ehrenamtlich zweiter Bürgermeister; er gehörte dem sogenannten Wirtschaftsblock, einer lokalen bürgerlichen Vereinigung an. Außerdem gab es noch Fraktionen von SPD und NSDAP. Das Volksbegehren und der Volksentscheid waren für die NSDAP erfolgreich. Im neuen Stadtrat hatten die Nationalsozialisten ab 19. Juli 1931 die Mehrheit (mit 12 von 20 Mandaten). Mein Vater kandidierte nicht mehr. Am 7. März 1932 beschloß dieser Stadtrat, an Adolf Hitler das Ehrenbürgerrecht zu verleihen.

In der Stadt wurde die Arbeitslosigkeit immer größer. Beim Heimweg von der Schule standen an den Straßen und Plätzen Arbeitslose. Im Winter waren viele davon auf dem kleinen Stadtweiher und vertrieben sich die Zeit mit Eiskegeln. Die SA bekam immer mehr Zulauf. Sie gab den Arbeitslosen manchen Zeitvertreib im SA-Dienst. Die Sorgen der Bürger mehrten sich. Schulentlassene fanden keine Lehrstelle, Abiturienten wurden nirgends angenommen, manche

gingen zum freiwilligen Arbeitsdienst. Im Pro-Gymnasium mit Realschule erfolgten Abmeldungen, weil Eltern das Schulgeld nicht bezahlen konnten; es bildete sich eine Notgemeinschaft, die Gelder sammelte, um finanziell Bedrängten Zuschüsse zum Schulgeld geben zu können.

Viele der kleinen Landwirte kamen in große Bedrängnis; sie boten zunehmend ihre Erzeugnisse selbst an den Haustüren an und waren froh, wenn sie auch nur eine kleine Menge verkaufen konnten. Arbeitslose kamen an die Haustüre und baten um Essen oder um eine Gabe. Handwerk und Handel gerieten in wirtschaftliche Schwierigkeiten. Aus dem sogenannten bürgerlichen Bereich wandten sich zunehmend mehr Leute dem Nationalsozialismus zu.

Ich erinnere mich an einen Samstagnachmittag im Jahre 1932: Viele Häuser waren wegen eines SA-Sportfestes beflaggt. Ein alter Bäckermeister sagte auf der Straße zu meinem Vater: »Sieh, dort wo die Fahnen hängen, wird auch die Forderung nach ›Brechung der Zinsknechtschaft‹ vertreten.«

Die Eiserne Front, eine Kampforganisation der SPD, versuchte in Erscheinung zu treten.

Die Kinder der Volksschule zogen wie alle Jahre am Maifest durch die Straßen der Stadt, sie sangen am Marktplatz und spielten am Sportplatz. Da setzten sich überraschend zwei uniformierte Sozialdemokraten mit ihren Fahnen an die Spitze des Zuges. Darauf spaltete sich der Zug je nach politischer Einstellung der Lehrer, aber auch Eltern nahmen ihre Kinder aus dem Festzug.

Die Deutsche Demokratische Partei hielt mit dem Nürnberger Oberbürgermeister Dr. Luppe eine Versammlung ab, allerdings nur noch mit geladenen Gästen. Wenige Tage später spöttelte die NSDAP darüber in einem Zeitungsinserat. Die bürgerlichen Parteien existierten weitgehend nicht mehr.

Die NSDAP kämpfte verstärkt um die Wähler. Ich erinnere mich noch gut an eine Großveranstaltung an einem Sonntag. Stundenlang warteten Tausende auf den Hauptredner, Prinz August Wilhelm von Preußen. Nach Worten der Entschuldigung für die Verspätung mit dem Hinweis, »die Straßen seien ebenso schlecht wie das Regime«, war schon die entsprechende Stimmung geschaffen!

Eine jüdische Mitbürgerin – Klassenkameradin meines Vaters – sagte: »Mein Mann ist der Meinung, laßt die Nationalsozialisten an die Regierung! In einem halben Jahr werden wir sie dann endgültig los haben, denn sie werden versagen.« (Im Jahre 1956 habe ich die Dame, die nach dramatischen Irrwegen in die USA kam, in New York wiedergesehen.)

Am Samstag, dem 29. Januar 1933, ging ich in der Dämmerung vom Eislaufplatz nach Hause. Unterwegs sah ich, wie eine Telegramm-Tafel aufgehängt wurde. Es war zu lesen: »Regierung Schleicher zurückgetreten«. Der Ortsgruppenleiter der NSDAP stand hinter mir, las und kommentierte laut: »Dieses Mal wird ein anderer Wind wehen.«

30. Januar 1933: Am Nachmittag hingen an vielen Häusern die Hakenkreuz-Fahnen. Die NSDAP veranstaltete am Abend einen Fackelzug. Auf dem Marktplatz sagte ein Redner: »Niemand kann jetzt mehr gegen den Strom schwimmen!«

Hitlers Geburtstag am 20. April 1933 gab Anlaß, eine Allee nach seinem Namen umzubenennen. Nach der Feier und dem Aufmarsch fand ein Konzert einer Reichswehr-Kapelle aus Nürnberg in der Turnhalle statt. Alte Melodien brachten eine gute Stimmung. Die Veranstaltung wurde mit dem Deutschland- und Horst-Wessel-Lied geschlossen. Alle Teilnehmer erhoben sich und ich erlebte, wie während des Absingens – wenn zum Teil auch zaghaft – immer mehr Arme sich zum Hitlergruß erhoben.

Am 1. Mai 1933 marschierten alle Vereine. Die Betriebe führten Betriebsfahnen mit. Die Schwerbeschädigten des Ersten Weltkrieges wurden in 2 Bussen gefahren. Alles war auf Volksgemeinschaft abgestimmt. Der Tag stimmte noch Zögernde positiv für die neue Regierung.

Wenige Tage später protestierte am Abend eine Gruppe vor dem Wohnhaus eines jüdischen Mitbürgers. Der Bedrohte flüchtete zur Polizei; er wurde in Schutzhaft genommen.

WERNER DOLLINGER
Geb. 1918 in Neustadt/Aich.
Evangelisch. Mitglied der Bekennenden Kirche. 1933: Schüler. Heute: Dr. rer. pol., Bundesminister a. D., Mitglied des Bundestages. Stellvertretender Vorsitzender der CSU.

Immer wieder fanden Parteiauseinandersetzungen in den Gastwirtschaften statt. »Die Nazis, die demonstrierten, bestanden zum größten Teil aus halbwüchsigem Lumpenproletariat, das johlend auskniff, sobald die Schupo mit dem Gummiknüppel vorging. Nie habe ich soviel richtiges Lumpenproletariat dieser Gegend gesehen.« Harry Graf Kessler (»Tagebücher«)
Kleines Bild: Viele Bürger sorgten sich nicht um die politischen Vorgänge in der jungen Republik ...

Walter Böhm
Als die Rolläden fielen

Walter Böhm, heute

Es war ein schöner Sonntag im Mai 1928. Obwohl es viele Jahrzehnte zurückliegt, kann ich mich an diesen Sonntag noch heute gut erinnern, denn an diesem Tage kamen mir zum erstenmal Zweifel an der Aufrichtigkeit meiner Eltern. Ich war kurze Zeit zuvor Sextaner am hiesigen Gymnasium geworden und durfte nunmehr die blaue Schulmütze tragen.

Trotz meiner neuen Gymnasiastenwürde mußte ich auch an diesem Sonntag – wie eh und je – den blauen Matrosenanzug anziehen: damals eine Art Statussymbol für Kinder des mittelständischen Bürgertums. Wir gingen zum Mittagessen zu Tante Luise und Onkel Heinrich, einem gutsituierten Fuhrunternehmer in unserer Stadt, der, wie damals üblich, seinen Fuhrbetrieb mit Pferden besorgte.

Das Haus meines Onkels lag an der Kreuzung zweier Hauptstraßen, die eine führte zum Markt, die andere zum Töpferberg. Gegenüber stand die alte Weberkirche.

Im guten Zimmer hatten wir an einem großen festen Eichentisch Platz genommen. Noch ein anderes Ehepaar war anwesend. Der Mann besaß ein gutgehendes Textilgeschäft in der Stadt. Sehr bald drehte sich das Gespräch der Erwachsenen nur noch um die Politik. Wir Kinder, meine Schwester, ich und Herbert, der Sohn von Tante Luise und Onkel Heinrich, mußten schweigend zuhören.

Für den heutigen Tag sei eine große Demonstration angesagt. Man sprach von den roten Horden, von den Bolschewisten und als das Gespräch erregter wurde, von den Bolschewikis. Reichswehr müßte man gegen sie einsetzen, erschießen sei die einzige Antwort. Das habe man von der angeblichen Demokratie, zu Kaisers Zeiten sei dies unmöglich gewesen. Das war die Meinung der anwesenden Männer, die Frauen nickten nur zustimmend.

Besonders unerbittlich war Onkel Heinrich, ein überzeugter Stahlhelmer. Als mein Vater einwarf, Ursache seien doch die Arbeitslosigkeit und die geringen Verdienste, wurde ihm entgegnet, daß Auflehnung gegen die Obrigkeit Revolution und Anarchie bedeute, und das alles sei nur die Folge von Weimar. Auch während des Mittagessens konnte man sich nicht beruhigen und besprach, was man dagegen einsetzen könne.

Nach dem Essen durften wir Kinder in den Garten gehen, während die Erwachsenen ihren Kaffee tranken. Wir beiden Jungen kletterten schnell über den Zaun und rannten den Töpferberg hinauf; denn hier – so wußten wir – versammelte sich der Demonstrationszug. Wir fühlten uns wie Abenteurer; ich glaube, wir hatten sogar etwas Angst. Eine große Menschenmenge hatte sich bereits versammelt. Man beachtete uns überhaupt nicht. Da sahen wir ganz unerwartet zwei uns gut bekannte Männer. Der eine war Kuschinsky, der alte Kutscher von Onkel Heinrich, der uns so oft die Pferde gezeigt und so viel Schönes über die Tiere erzählt hatte. Er winkte uns zu und sagte: »Geht nach Hause, sonst gibt es Ärger!« Der andere war Herr Vogel, der Mann unserer Bedienerin, die schon so lange zu uns kam, so lange ich mich erinnern konnte. Diesen Mann hatte ich stets bewundert. Im Kriege hatte man ihm den rechten Arm abgeschossen. Einmal hatte er mir den rot entzündeten Stumpfen gezeigt und Schlimmes von Verdun erzählt. Als gelernter Tischler bekam er keine Arbeit. Herr Vogel sah uns nicht.

Da kamen mir die ersten Zweifel: diese beiden, für mich ehrbaren Männer sollten »rotes Gesindel«, sollten »Bolschewisten« sein? Das kann doch nicht stimmen! Das sind doch keine schlechten Menschen!

Wir eilten nach Hause und hatten ein wenig ein schlechtes Gewissen. Doch niemand fragte uns nach unserem Aufenthalt. Nach etwa einer halben Stunde hörte man näherkommendes lautes Rufen und dann wieder lautes Singen. Der Demonstrationszug! Das Gespräch verstummte. »Die Bolschewisten kommen«, sagte Onkel Heinrich, »laßt die Rolläden herunter!« Die Tante eilte ans Fenster. Rutsch, rutsch! Im Zimmer war Halbdunkel. Der Zug zog in Richtung Markt vorbei, man verstand die lauten Parolen und hörte die Arbeiterlieder. Die Rolläden blieben noch lange geschlossen.

1944 waren die Rolläden in diesem Zimmer auch heruntergezogen, doch sowjetische Granaten zerfetzten sie und rissen tiefe Löcher in die Wände.

WALTER BÖHM
Geb. 1918 in Josefsthal.
1933: Schüler. Heute: Stellvertretender Generalsekretär des Deutschen Rates der Europäischen Bewegung. Journalist.

Albrecht Haushofer
Der Berliner Sumpf

Albrecht Haushofer
als Schüler, mit seinem
Bruder Heinz.

Dr. Wilhelm Marx, Führer des
Zentrums, als Nachfolger
Stresemanns Reichskanzler
von November 1923 bis Januar 1925

Brief vom 26. Oktober 1929 aus Berlin an den Vater
(Auszug)

... Der Berliner Sumpf stinkt zum Himmel. Gut. Demokratie ist Sumpf, und ein Volk muß wohl hinein, bis es halb erstickt daran. Man kann sich das Waten darin leisten in einer nach außen gesicherten Situation. Aber heute? Auf der andern Seite dieses irrsinnige Volksbegehren, das alle vernünftigen Menschen der Mitte und der Rechten lähmt, in einem Augenblick, wo das ganze Fahrwasser nach außen voller Klippen steckt. Der neueste Streich ist folgender: Das Auswärtige Amt völlig führerlos, Curtius untätig, hochfahrend und dumm – diese Situation mußte ausgenutzt werden. Nun hat man seit Jahren Westpolitik mit Verzicht auf Verzicht gemacht, um einmal im Osten freie Hände zu bekommen – jetzt hat man in den wenigen Wochen seit Stresemanns Tod unsere letzten Druckmittel in den Polen-Verhandlungen über Bord geworfen ...

Sie haben nun die Polen-Verhandlungen zu einem »Abschluß« gebracht, die Reichspräsidenten-Mumie ist umgefallen, und im Lauf der nächsten Woche wird die Bombe platzen, wenn es nicht im Augenblick noch gelingt, das Unheil zu bannen. Ich glaube nicht daran – aber es muß mit allen Mitteln versucht werden; ... Wir haben versucht, auf dem Weg über Koch, ... über das rechte Zentrum zu intervenieren. Alles, was unter direkter Flagge der Rechten segelt, wird ja dank der Angstpsychose, in die Hugenberg und Hitler die Leute versetzt haben, nicht einmal angehört. Ich fürchte, es wird alles vergeblich sein, und wir werden in kürzester Frist den Verlust der letzten außerpolitischen Operationsbasis zu quittieren haben. Das A. A. flattert wie ein Unterrock im Wind ... Ich muß gestehen, daß ich es vor vier Wochen noch für unmöglich gehalten hätte, wie sehr man sich Stresemann zurückwünschen muß. Er war gewiß kein großer Mann – aber unter den Blinden war er gewiß der Einäugige ...

Im Zusammenhang mit alledem eine Frage: Es ist uns hier einigermaßen wichtig zu erfahren, was die Nazi-Sozi nach dem Mißerfolg des Volksbegehrens tun wollen. Für sie als Partei war es ja ein Erfolg, da ihnen Hugenberg seine radikalisierten Schafe selber zutrieb. Weißt Du vielleicht zufällig von (Rudolf) Heß Dinge, die nicht vertraulich, aber doch interessant wären und weitergegeben werden dürfen? Bitte nicht erwähnen, daß ich gefragt habe ...

Brief vom 17. November 1929 aus Berlin an den Vater
(Auszug)

... Zum Polen-Thema noch Folgendes: Natürlich wäre die Behandlung dieser Sache Aufgabe einer vernünftigen nationalen Opposition. Da Hugenberg aber völlig blind ist und Hitler gänzlich unzurechnungsfähig, bleibt uns nichts anderes übrig, als zu versuchen, den Vertrag mit Hilfe des Zentrums und der Demokraten zu Fall zu bringen. ... Ich komme mir etwas sonderbar vor in der Kooperation mit Zentrum und Demokraten, aber in der Not frißt der Teufel Fliegen, und wenn die Rechte völlig versagt, muß man mit der Mitte und den Linken arbeiten, wenn es außenpolitisch um die Wurst geht. Ob's hilft, ist mir sehr zweifelhaft – aber versuchen muß man's ...

Brief vom 25. Februar 1930 aus Berlin an die Mutter
(Auszug)

... Deutsche Politik hat heute so wenig Sinn wie griechische zur Zeit des Philopoimen. Unsere historische Stunde ist von der Generation unserer Großväter und Väter vertan – sie kommt nicht wieder. Das weiß ich alles. Sinnlos. Erledigt.

ALBRECHT HAUSHOFER
Geb. 1903 in München. Seit 1940 Professor für politische Geographie in Berlin. Bis 1941 Mitarbeiter des Auswärtigen Amtes. Lyriker und Dramatiker. Nach dem 20. Juli 1944 wegen seiner Verbindung zur Widerstandsbewegung verhaftet. Am 23. April 1945 in Berlin-Moabit von der Gestapo erschossen.
Aus: Ursula Laack-Michel. Albrecht Haushofer und der Nationalsozialismus. Ernst Klett Verlag. Stuttgart 1974.

Gustav Stolper
Was ist zu tun?

Gustav Stolper, 1930

Krisen entstehen nicht von ungefähr. Und keine Krise gleicht der andern. Das macht den wissenschaftlich Ungeschulten die Krisenerklärung so schwierig. Daß die Krise, die heute die Welt in ihren Grundfesten erschüttert, in Ausmaß und Intensität alle früheren Wirtschaftskrisen übertrifft, ist der Reflex des ungeheuersten geschichtlichen Vorgangs, der zu ihr getrieben hat: des Weltkriegs. Krisen entstehen allemal aus Veränderungen in der Struktur der Wirtschaft. Und diese Veränderungen haben sich niemals in solchem Ausmaß und solchem Tempo vollzogen wie unter dem Zwang des Krieges und seiner Folgen.

Deutschland ist in diesem Geschehen Objekt, nicht Subjekt, ist mehr Opfer als Träger des Entwicklungsprozesses, der die Welt beherrscht. Es ist politisch und finanziell gleich ohnmächtig, den Schwerpunkt der wirtschaftlichen Macht hat der Krieg von Europa nach Amerika verlegt. Die Weltkrise ist vor allem die Krise der Vereinigten Staaten. Was dort vor sich gegangen ist, hat man lange genug nicht begriffen. Bis zum Herbst 1929 stand die Welt unter der Hypnose des amerikanischen »Wirschaftswunders«. Aber im Bereich der Wirtschaft gibt es keine Wunder. Im Bereich der Wirtschaft gibt es eherne Entwicklungsgesetze, die die politische Gewalt eine Zeitlang nur unterdrücken kann, um sie schließlich um so elementarer hervorbrechen zu lassen. Das amerikanische Wirtschaftswunder war nichts anderes als ein zur äußersten Entfaltung gesteigerter Versuch, allen Segen und Reichtum, den Natur und Geschichte verschwenderisch über ein einziges Land ausgeschüttet hatten, egoistisch der Wohlfahrt dieses Landes zu erhalten, aus ihm, unbekümmert um die Not der übrigen Welt, eine Insel der materiellen Wohlfahrt zu machen. Amerika hatte sich fast drei Jahre aus dem Krieg gehalten ...

Aber der maßlose Optimismus, den dieses »Wunder« züchtete, wurde dem Land zum Verderben. Auch in Amerika wuchsen die Bäume nicht in den Himmel. Stiegen Absatz und Umsatz sprunghaft, so nahm die spekulative Phantasie des Unternehmertums eine ferne Zukunft vorweg, richtete seine Produktionsanlagen auf nochmals vielfach gesteigerten Absatz ein, nahm künftige Ersparnisse durch »Konsumfinanzierung« vorweg. So entstand auch in Amerika jenes typische Mißverhältnis zwischen Spartätigkeit und Investitionsaufwand, jene Kapitalknappheit, die das Ende jedes Aufschwungs ist. Das reiche Amerika konnte 1929 bis zum Herbst seine Hochkonjunktur nur weitertreiben, indem es aus dem armen Europa durch hohe Zinsen Hunderte von Millionen Dollar an sich zog, bis schließlich im Herbst 1929 in New York 20 vH für Taggeld gezahlt wurden und das Kapital nicht aufzutreiben war, um die begonnenen Investitionen weiterzuführen.

Der amerikanische Krach mußte die ganze Welt mit Trümmern bedecken ... Der Börsenkrach in New York wurde zum Beginn einer Lebenskrise aller Rohstoff- und Agrarländer der Welt ... Die Isolierung der amerikanischen »Insel« war eine verhängnisvolle Selbsttäuschung gewesen. Mit abertausend Fäden erwies sich Amerika mit der Wirtschaft der außeramerikanischen Welt verflochten.

Deutschland hat zur Weltkrise noch seine Sonderkrise. Der Umschwung der deutschen Konjunktur hat anderthalb Jahre vor dem New-Yorker Börsenkrach begonnen. Ein Teil des deutschen Elends ist deutsches Sonderschicksal. Und fragen wir in Deutschland, was zu tun sei, so kann sich die Frage, soweit sie sich an den deutschen Willen richtet, nur auf den Teil der Krisenursachen beziehen, der dem deutschen Willen unterworfen ist ...

Was zu tun ist? Die Antwort liegt klar zutage:

1. Soweit die Krise erzeugt ist durch die Unterbindung der Freizügigkeit von Menschen, Waren und Kapital, muß die Freizügigkeit wiederhergestellt werden. Die Weltkrise ist an dem Tag zu Ende, da die überhohen Zollmauern fallen und die kapitalreichen Länder den kapitalarmen von ihrem Überfluß ausreichende Kredite gewähren.

2. Soweit die Krise eine Krise des Vertrauens ist, kann sie nur geheilt werden durch die Wiederherstellung des Vertrauens: International durch eine Politik der Aufrichtigkeit und der Verständigung, national durch leidenschaftliche Abwehr aller auf eine Katastrophe hinzielenden politischen Kräfte rechts und links, durch die Sicherung eines Regimes der Freiheit und Demokratie.

3. Soweit die Krise verschärft ist durch Fehlmaßnahmen der Wirtschafts- und Finanzpolitik, muß diese ihre Schuldigkeit tun. Dazu gehört vor allem unbedingt und um jeden Preis die Verhütung eines Defizits, die Sicherung der öffentlichen Haushalte in Reich, Ländern und Gemeinden. Das ist ein Problem, mit dem in diesen Wochen nicht nur Deutschland, sondern fast alle Länder ringen. Dazu gehört weiter eine Reform der öffentlichen Finanzen, die den aufgeblähten öffentlichen Apparat auf ein dauernd erträgliches, vernünftiges Maß zurückführt und ein Steuersystem schafft, das Einkommensbildung und Ersparnisbildung begünstigt und entbehrlichen Verbrauch erschwert.

4. Soweit die Krise eine Krise der Deflation, d. h. der Krediteinschränkung und des Preisdrucks ist, muß ein Zusammenwirken der großen Notenbanken versuchen, den Preisdruck durch gemeinsame Kreditausweitung zu beheben. Die Forderung hängt zum Teil mit der ersten zusammen, der Wiederherstellung der freien Kommunikation der Kapitalmärkte ...

Man sieht, die entscheidenden Aufgaben der deutschen Selbsthilfe liegen auf dem Feld der Außenpolitik, der Handelspolitik, der Finanzpolitik. Aber die Wirksamkeit der deutschen Selbsthilfe hängt davon ab, ob dieselben Tendenzen sich gleichzeitig in den großen Ländern des Westens durchsetzen.

GUSTAV STOLPER
1888–1947. Wirschaftspublizist. 1911: Redakteur. 1913: Mitherausgeber des Österreichischen Volkswirt. 1925: Redakteur beim Berliner Börsen-Courier. 1926: Gründer von Der deutsche Volkswirt. 1930–1932: Mitglied des Reichstages. 1933: Emigration in die USA.
Aus: Der Querschnitt. XI. Jahrgang, Heft 10. Oktober 1930.

Heinrich Mann
Die Republik gegen sich selbst

Der Schriftsteller Heinrich Mann mit seiner Frau und seiner Tochter Leonie im Ostseebad Travemünde.

Erstaunlich ist nicht das Ende der deutschen Republik. Vorzeitig kann es nicht genannt werden, wahrhaftig hatte die Republik beizeiten mit ihrem Ende den Anfang gemacht: ihr Beginn ist gleich der Schluß. Da erblickt man einen Reichspräsidenten, Vorsitzenden im Rat der Volksbeauftragten, oder welchen irreführenden Titel der Arme sich beilegen muß. Unter dem Brandenburger Tor empfängt er Truppen, die aus dem verlorenen Krieg zurückkehren. »Im Felde unbesiegt«, redet er sie an. Er weiß nicht, daß sein Wort sie mit Schmach bedeckt, die Republik und ihn selbst mit Schmach und Schande bedeckt. Unbesiegt ziehen sie ein wie die Sieger (und knüppeln alsbald die Revolution nieder?). Hätten noch kämpfen können und tun es nicht? Sind lieber risikolose Heimkämpfer? Was für erbärmliche Truppen! Welch ein unwürdiges erstes Auftreten des Staates, der neu sein sollte!

Die französische Dritte Republik hat siebzig Jahre gedauert, weil sie weiterkämpfte, als das Kaiserreich geschlagen war, – und weil sie nicht log: im Felde unbesiegt. Ehrlichkeit mildert eine erlittene Niederlage. Der Endkampf eines Besiegten, der ihm nicht ausgewichen ist, erwirbt Achtung, die lange nachhält. Sie rechtfertigt seine Selbstachtung, – auch wenn eine Commune niedergeschlagen wird, was 1871 eher im Gesetz des Augenblickes lag als 1919. Die deutsche Republik hat sich niemals geachtet. Daher hat sie niemand begeistert – womit auch? Mit der Lüge: unbesiegt? Einzig ihre Verlogenheit war unbesiegbar. Niemand hat sie geliebt – wofür wohl? Weil sie in Versailles anstandslos unterschrieb? Clémenceau saß da, er warf keinen Blick auf die armen Hunde, die in Vertretung hereinschlichen, während Hindenburg, Ludendorff und der Kronprinz sich drückten. Gleichviel, den Augenblick hatte der Alte sein Leben lang erwartet. Jeden Deutschen, der sein Diktat entgegennahm – und es verdiente –, hätte er genau so verachtet wie diese Namenlosen.

Die Republik ist sich Zeit ihres Bestehens bewußt geblieben, daß sie Verachtung verdiente. Sie hat sich nicht geschämt zu winseln, das Mitleid in Anspruch zu nehmen, es zu organisieren, als sie schon heimlich den nächsten Krieg organisierte. Ihre vierzehn Jahre sind vierzehn Jahre Schmach – in einer Bedeutung, die kein Hitler versteht. Dieser Machtergreifer hat die vierzehn Jahre der Schmach viertausend Mal ausgespielt gegen die Republik. Seine eigenen Jahre – das vierzehnte ist nicht erreicht – sind ausgefüllt mit derselben Verlogenheit, aber technisch vervollkommnet: eine Propaganda der Lüge, die der matten Republik nicht beigefallen war ...

Ihre Würdenträger wurden dann auch erdrückt von dem, was sie trugen. Ich war dabei, als im Münchener Rathaus der kranke, von niemandem geschonte Ebert einen unwillkommenen Besuch machte. Draußen hatten sogenannte Nationalsozialisten, der Komiker-Name Nazi war ihnen noch nicht beigelegt – den ungeschützten Touristen ausgejohlt. Allein, ohne einen Begleiter (mit Orden) betrat er den Saal, der leer war. An der entfernten Schmalwand genügte ein einziger Tisch dem kleinen Dutzend Personen, die sich nicht zu gut gefunden hatten, den Reichspräsidenten zu empfangen. Man blieb sitzen, man holte ihn von drüben nicht ab. Die gleichgültigste Begrüßung an der Tür von seiten eines Beamten (ich war keiner und war nur im Notfall zugezogen) – hätte dem Gedemütigten seinen Weg erleichtert.

Er mußte ihn machen wie er war, in einer Art verlegener Hypnose unter den Blicken, die ihn herbeikommen ließen, und das geschah langsam, es wollte nicht aufhören. Der Saal wurde noch einmal so lang. Die kurze, dickliche Figur nahm kleine Schritte, mehrmals verdrehte sie die Hüften, ein aussichtsloser, übrigens unbewußter Versuch umzukehren ... Endlich langt er an; wird man sich nunmehr von den Sitzen erheben – wenn nicht anders, dann wenigstens in Anerkennung seines gelungenen Ganges? Weit gefehlt, im Panoptikum die Wachspuppen starrten einstmals nicht gläserner drein. Der Unglückliche ist dennoch gerettet: er hat einen General entdeckt. Ein leibhaftiger General hat sich um seinetwillen herbequemt! Sogar ein Stühlchen ist frei, das Stühlchen daneben. Bitte sehr, bitte gleich, der Reichspräsident läßt sich nieder, jetzt folgt tatsächlich das Händereiben. Das anwesende Dutzend wird ihm nicht vorgestellt, aber er bekommt Bier.

So hat die Republik gelebt, ihr amtliches Dasein war dieses. Sie ist dem Kaiserreich nachgehinkt, dem Nationalsozialismus hat sie im Maß ihrer Kräfte vorgegriffen. Sie hat den »Dolchstoß« des Volkes in den Rücken der alten Armee weder selbst erfunden, noch brachte sie ihn zum Schweigen.

HEINRICH MANN
1871–1950. Schriftsteller.
Aus: Heinrich Mann. Ein Zeitalter wird besichtigt. Aufbau-Verlag, Berlin und Weimar, 1973.

Kurt Tucholsky
November-Umsturz

Kurt Tucholsky

Die deutsche Revolution hat im Jahre 1918 im Saale stattgefunden.

Das, was sich damals abgespielt hat, ist keine Revolution gewesen: keine geistige Vorbereitung war da, keine Führer standen sprungbereit im Dunkel; keine revolutionären Ziele sind vorhanden gewesen. Die Mutter dieser Revolution war die Sehnsucht der Soldaten, zu Weihnachten nach Hause zu kommen. Und Müdigkeit, Ekel und Müdigkeit.

Die Möglichkeiten, die trotzdem auf der Straße gelegen haben, sind von Ebert und den Seinen verraten worden. Fritz Ebert, den man nicht dadurch zu einer Persönlichkeit steigern kann, daß man ihn Friedrich nennt, ist solange gegen die Errichtung einer Republik gewesen, als er nicht merkte, daß hier ein Posten als Vorsitzender zu holen war; der Genosse Scheidemann è

29

tutti quanti sind verhinderte Regierungsräte gewesen.

Weisen wir auf diesen Verrat an der eigenen Klasse hin, so wird uns ununterbrochen versichert, Ebert habe keine silbernen Löffel gestohlen. Wenn man so unbegabt ist, hat man ehrlich zu sein – das wäre ja noch schöner!

Es ist auch nicht richtig, daß damals nichts zu machen gewesen ist. Die SPD hat nicht gewollt, weil sie keinen Mut, keine Charakterstärke, keine Tradition mehr hatte – wer vier Jahre hindurch Kriegskredite bewilligen mußte, konnte das freilich nicht mehr haben.

Folgende Möglichkeiten sind damals ausgelassen worden:

Zerschlagung der Bundesstaaten;

Aufteilung des Großgrundbesitzes;

Revolutionäre Sozialisierung der Industrie;

Personalreform der Verwaltung und der Justiz.

Eine republikanische Verfassung, die in jedem Satz den nächsten aufhebt, eine Revolution, die von wohlerworbenen Rechten des Beamten des alten Regimes spricht, sind wert, daß sie ausgelacht werden.

Die deutsche Revolution steht noch aus.

Der streitbare Kurt Tucholsky schrieb außer unter seinem Familiennamen außerdem unter den Pseudonymen: Peter Panter, Kaspar Hauser, Theobald Tiger, Ignaz Wrobel. Unter jedem Namen war er ein anderer Typ Schriftsteller. 1929 sprach der Herausgeber dieses Buches Tucholsky nach einem Leseabend. Der Gymnasiast bat den berühmten Autor, sein Autographenbuch mit den fünf Namen zu signieren. Kurt Tucholsky meinte, er habe das bisher noch nicht getan, aber jetzt würde er es »ausnahmsweise« einmal tun.

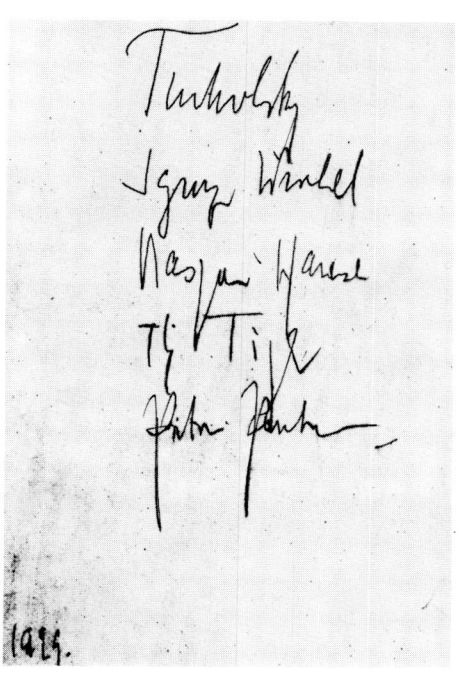

Bereiten wir sie gegen alle jene Parteien vor, die ein wirtschaftliches oder ideologisches Interesse haben, sie zu verhindern – die gefährlicheren unter ihnen sind die, die so tun als ob – und die unter alten Flaggen neue, aber verfaulte Ware verkaufen; überaltert, feige, verlogen und seelisch korrupt.

Gesetze fallen nicht vom Himmel. Erst, wenn dem Deutschen die revolutionäre Idee über das Gesetz, über die Bestimmung und über seine eigene Wichtigkeit geht, werden wir einen 9. November erleben, der keinen Noske, keinen Ludendorff und keinen Otto Wels übrig läßt. Nieder mit den lebenden Leichnamen!

Es lebe die Revolution

(1928)

Was würden Sie tun, wenn Sie die Macht hätten?

Für wen habe ich die Macht –?

Eine persönliche Diktatur gibt es nicht; sie ist ein Bürgertraum.

Hätte ich die Macht mit den kommunistischen Arbeitern und für sie, so scheinen mir dies die Hauptarbeiten einer solchen Regierung zu sein:

Sozialisierung der Bergwerke;

Sozialisierung der Schwerindustrie;

Aufteilung des Großgrundbesitzes;

Absetzung der Länderbürokratie;

radikale Personalreform in der Justizverwaltung;

Personalreform auf Schulen und Universitäten;

Abschaffung der Reichswehr;

Schaffung eines sittlichen Strafgesetzes an Stelle jenes in Vorbereitung befindlichen kulturfeindlichen Entwurfs;

Steuerliche Erfassung der Bauern.

Ich glaube, daß im Volk viele Kräfte schlummern, die heute von den Juristen und den uns regierenden Bürovorstehern abgetötet und in der Entwicklung gehemmt werden – mit diesen unverbrauchten Kräften ist auch dann viel zu erreichen, wenn sie die ›Bestimmungen nicht kennen‹, was ihre Kraft ausmacht.

Die von mir genannten Ziele, die heute verlacht werden, weil sie die Wahrheiten von morgen sind, lassen sich nicht auf evolutionärem Wege erreichen – nötig wäre dazu die Revolution, deren Terminologie heute kompromittiert sein mag.

Ihre Idee ist unbesiegbar.

(1928)

KURT TUCHOLSKY

1890–1935. Schriftsteller.

Aus: Kurt Tucholsky. Gesammelte Werke. Bd. II.

1925–1928. Herausgeber von Mary Gerold – Tucholsky und Fritz Raddatz. Rowohlt Verlag, Hamburg 1961.

Hans-Joachim Schoeps
Jugend und Nationalsozialismus

Hans-Joachim Schoeps

Der beispiellose Aufschwung der Nationalsozialisten, die binnen zweier Jahre ihre Stimmenzahl um fast 6 Millionen vermehren konnten und von 12 auf 107 Reichstagsvertreter stiegen, drückt einen außerordentlichen Stimmungsumschlag aus, der seine tiefsten Gründe hat ...

Es unterliegt keinem Zweifel – ein Blick in nationalsozialistische Veranstaltungen bestätigt es –, daß ein großes Kontingent der Wählerschaft von den gerade erst wahlfähig Gewordenen gestellt wird, die der Partei ihr Gesicht geben ... Warum steht diese Jugend nicht zur Republik? ... Diese Jugend sucht nach Ideen und Symbolen, für die wieder opfervoller Einsatz möglich ist, und ihr Instinkt sagt ihr nur zu deutlich, daß der republikanische Staat von heute beziehungsweise die ihn repräsentierende Führerschicht kein Verständnis für vitalen Heroismus hat, sondern daß das ihn beherrschende Lebensgefühl das der risikolosen Versicherung und Versorgung ist. Die seelische Ausrichtung auf den Geldsack aber wird von dieser Jugend aus tiefstem Grunde verabscheut, genauso wie das Schrebergartenideal sozialistischer Gewerkschaftssekretäre.

Was in dieser Jugend lebt und zum Ausdruck gelangt, mag oft unendlich primitiv sein. Die bisherigen konkreten Vorschläge der Nationalsozialisten zu politischem Neuaufbau mögen sich als unmöglich widerlegen und ad absurdum führen lassen. Aber es kommt darauf gar nicht an! Denn wer glaubt, diese Kräfte und ihren Lebenswillen durch verstandesgemäße Widerlegung abtun zu können, mag zwar von sich aus Recht haben, den Gegner trifft er aber in Wirklichkeit gar nicht – ja er beweist nur, daß er gar nicht weiß, wer dieser Gegner ist und welches Anliegen er eigentlich hat. – Denn die nationalsozialistische Jugend protestiert ja gerade gegen die Übermacht der Ratio, gegen die zu große »Vernünftigkeit« unseres Lebens, gegen die Rechenhaftigkeit und Händlergesinnung des heutigen Wirtschaftssystems ...

Hier scheint der tiefste Grund des nationalsozialistischen Auftriebs zu liegen, daß sich wieder tiefere Schichten im Menschen gegen die bedrohlich amerikanisierte Wirklichkeit unseres Daseins auflehnen und daß gestaute Triebenergien am falschen Orte durchbrechen, wo sie vermutlich nutzlos verpuffen werden. Denn hier wartet die Aufgabe, an der sich die Nationalsozialisten vor ihren denkenden Anhängern nicht werden bewähren können, wie sie denn die Spannungen zwischen der jedem spürbaren Sinnentleerung und der in den Bünden der Jugend und der Krieger neu gespürten und als lebenswichtig erfahrenen Symbolik von Führertum und Gefolgschaft konkret lösen werden, wenn man weiß, daß die Rechenhaftigkeit unseres Lebens, die sich ausdrückt in Technik, durchrationalisierter Arbeitsorganisation, weltwirtschaftlicher Verflochtenheit usw., eine ebenso wirkliche wie unentrinnbare Mächtigkeit der heutigen Welt ist. Die Rebellion der Jugend ist insofern berechtigt, als sie gegen die Lösung aller Fragen, wie der Staat aussehen soll, auf welche Weise die Wirtschaft in den Dienst des Staates gebracht werden kann usw. protestiert, wenn sie auf die übliche Weise gestellt werden. – Der Protest der Nationalsozialisten aber wird, weil er nur vom Blut herkommt, an der

Hitlers braune Kolonnen. Meist war die Straße der Ort des Kampfes um die Republik und um die Machtergreifung. Propagandafahrt der SA (Sturmabteilung) der NSDAP nach Prenzlau 1928.

tät zur Führung legitimiert sind. – Ihr Vorhandensein freilich ist eine offene Frage.

HANS-JOACHIM SCHOEPS

1909–1980. Jüdisch. Dr. phil., Professor für Religions- und Geistesgeschichte.
Zuerst abgedruckt in: Der Nationale Jude. Herausgegeben von Max Naumann. 1930.
Aus: Hans-Joachim Schoeps. Rückblicke. Die letzten dreißig Jahre (1925–1955) und danach. Haude & Spenersche Verlagsbuchhandlung. Berlin 1963.

machtvollen Wirklichkeit der kapitalistischen Gesinnung zerschellen müssen . . .
Der demokratischen Republik aber gibt das Aufbranden der nationalsozialistischen Welle ein ernstes Warnungszeichen. Will man die republikanische Form bewahren, wird man in Bälde die Positionen des alten Liberalismus verlassen müssen. Den Jungen geht es heut nicht mehr in erster Linie um die Geltung des Einzelmenschen und die Freiheit des Meinungsaustausches, sondern um die Geltung und Würde des Staates und um die persönliche Legitimierung durch gliedhafte Einordnung. – Darin nämlich wurzelt das heute so vielberufene bündische Lebensgefühl . . .
Wie aber soll die Republik diesem in der Jugend bereits vollzogenen Stimmungsumschwung in Zukunft wirksam begegnen? Ein Entgegenkommen mit technischen Korrekturen am parlamentarischen System durch Wahlrechtsreform usw. wird, so muß befürchtet werden, kaum mehr genügen . . . Die demokratische Republik wird sich nur dann halten und die Herzen der Jugend gewinnen können, wenn sie endlich autoritär wird. Es hängt heute alles davon ab, ob die Republik es in letzter Stunde noch versteht, nachdem elf Jahre vergeblich darauf gewartet worden ist, eine repräsentative Führerschicht herauszustellen, der man vertrauensvoll Gefolgschaft leisten kann. – Für ein derartiges »Präsidialkabinett« würden freilich nur solche Männer in Frage kommen, die vorbehaltlos zum sozialen Volksstaat stehen und die durch Charakter wie geistige Quali-

Schoeps schrieb an Hitler

Der jüdische Historiker Hans-Joachim Schoeps schrieb an Hitler persönlich und Philipp W. Fabry notiert darüber in »Mutmaßungen über Hitler«: *Er (Schoeps) berichtet, daß er mit einigen Freunden eine Denkschrift über »Rechtsstand und Verfassung der deutschen Juden« ausgearbeitet habe mit dem Ziel, ». . . die Judenschaft als Korporation in einen ständischen Reichsaufbau« einzugliedern. Es scheint als habe das Reichsinnenministerium diesen, nach heutiger Kenntnis zugegebenermaßen absurden Vorschlag ernsthaft diskutiert und eine solche Möglichkeit tatsächlich in Erwägung gezogen. Der Leiter des »Vortrupps« (Schoeps) ging noch weiter: er reichte diese Denkschrift Hitler ein und bat um eine persönliche Unterredung, um seine Vorschläge erläutern zu können. Schoeps wurde von Hitler nicht nur einer Antwort gewürdigt; sie fiel auch formal so aus, daß der junge Gelehrte hoffen durfte, der »Führer« werde vielleicht noch einmal auf sein Angebot zurückkommen: »Der Reichskanzler bedauert derzeit, den Führer des ›deutschen Vortrupps‹ wegen Arbeitsüberlastung zu der gewünschten Besprechung nicht empfangen zu können.«*

Hubertus Prinz zu Löwenstein
Einer der anständigsten Staaten der Geschichte

Hubertus Prinz zu Löwenstein, 1950

Mit all ihren Fehlern und Schwächen war die Weimarer Republik einer der anständigsten Staaten der Geschichte, mit einer Gesetzgebung, die vielen Völkern zum Vorbild wurde. An geistigen Leistungen zählen die Weimarer Jahre zu den fruchtbarsten der deutschen Ge-

schichte. Die Dichter Stefan George und Rainer Maria Rilke, die großen Schriftsteller wie die Brüder Mann, Franz Werfel, Stefan Zweig, Robert Musil, Regisseure, Musiker, Schauspieler, Forscher und Erzieher, Journalisten und Verleger – sie alle reiften heran oder fanden ihre Vollendung während jener Jahre. Das gilt selbst noch für Talente wie Bert Brecht und Arnold Zweig, die später den Ungeist von Pankow dem Geiste von Weimar vorzogen. Von diesem Erbe zehrt heute noch die Bundesrepublik, auch in der Außen- und Sozialpolitik. Es gäbe sie vielleicht gar nicht ohne die Leistungen Friedrich Eberts, Walther Rathenaus und Stresemanns und ohne die verantwortungsbewußten Führer der deutschen Arbeiterschaft. Auch die deutsche Widerstandsbewegung, die schon 1933 begann, ist aus dem freiheitlichen Geiste von Weimar geboren und nicht minder die politische Emigration.
Am Abend jenes 30. Januar, während siegestrunkene

Der Stahlhelm marschiert. Der rechtsgerichte Bund der Frontsoldaten, im November 1918 gegründet, war neben den Gewerkschaften die größte außerparteiliche Organisation in der Weimarer Republik

Horden fackelschwingend zum Palais des Reichsverräters zogen, fanden in anderen Stadtteilen Reichsbannerversammlungen statt. In meinem Ortsverein Charlottenburg kamen 2000 Menschen zusammen, viel Jugend darunter. Ich meldete mich zu Worte, nur um zu sagen: »Kameraden, habt ihr begriffen, daß heute der Zweite Weltkrieg begonnen hat?« ...

Am 2. Februar wurde der Reichstag aufgelöst, Neuwahlen wurden zum 5. März ausgeschrieben. Sofort ergoß sich ein Mahlstrom nazistischer Propaganda über Deutschland. Der Rundfunk, bislang unpolitisch und überparteiisch, wurde in braune Regie übernommen. Die Zeitungen der Opposition wurden der Reihe nach verboten, erst die kommunistischen, dann die sozialdemokratischen, schließlich alle, die sich der Propaganda für die »nationale Erhebung« versagten. Wenn sie nicht verboten wurden, dann wurden sie »gleichgeschaltet« – ein neues Wort im deutschen Sprach»schatz«.

Unter dem Datum vom 14. Februar finde ich in meinem Tagebuch die folgende Eintragung: »Ich spreche täglich in Wahlversammlungen, als ob der 5. März ein ganz normaler Wahltag wäre. Aber immer ist Polizei anwesend, und kaum daß ich die Regierung angreife, werde ich unterbrochen. Wenn ich Besuch bekomme, steht der Hausmeister im Flur und merkt sich, wer es ist und wie lange die Gäste bleiben ... Es kriecht heran wie eine Krake, schleimig, und streckt seine Greifer aus ...«

Am 19. Februar fand im Lustgarten die letzte Massenkundgebung des Reichsbanners statt. Vor der Rednertribüne am Seiteneingang des Schlosses hatte ich 1000 Vortruppjungen aufgestellt. Jedesmal, wenn das Wort »Freiheit!« fiel, brachen die Menschenmengen in Beifallsstürme aus. Viele Jahre später, im geteilten Berlin, traf ich immer wieder Teilnehmer an jener Kundgebung – für die Freiheit, in einem Volke, das nicht mehr frei war. Als sich die Massen verliefen, zog ich mit meinen 1000 Vortruppjungen, in geschlossenen Reihen, zum Gendarmen-Markt. Vor dem Staatlichen Schauspielhaus nahmen sie Aufstellung. Nach den Aufzeichnungen in meinem Tagebuch sagte ich: »Die Gespenster der Sklaverei sind aus ihren Gräbern herausgekommen, und es gibt nichts, was sie nicht bringen können. Militärdienst, Jahre Eures Lebens in Kasernen, Tod und Gefängnis für alle, die ihren Idealen treu bleiben. Nie dürft Ihr aber die Erinnerung an die Deutsche Republik in Euch erlöschen lassen – selbst wenn alles, was wir gemeinsam erlebten, Euch nur noch vorkommen wird wie ein Traum. Dann wird die Sehnsucht so groß werden und das Land Eurer Jugend wird Euch rufen – so gewaltig, daß die Kerker der Sklaverei aufbrechen werden, gesprengt durch einen mächtigen Strom.« Volkmar von Zühlsdorff reichte mir die schwarzrotgoldene Adlerfahne – die gleiche, die jetzt über meinem Schreibtisch in Bad Godesberg hängt – ich nahm sie in die Arme wie ein Kind. Dann, zum letzten Male, erklang durch die Straßen von Berlin aus tausend jungen Kehlen der Ruf: »Es lebe die deutsche Republik!«

HUBERTUS PRINZ ZU LÖWENSTEIN
Geb. 1906 bei Kufstein. Katholisch. 1933: Journalist. 1953: Abgeordneter im Bundestag. Heute: Historiker und Schriftsteller, Präsident des Freien Deutschen Autorenverbands (FDA).
Aus: Hubertus Prinz zu Löwenstein. Botschafter ohne Auftrag. Lebensbericht. Droste Verlag. Düsseldorf 1972.

Schmählied

Verhaßt war den Nazis der jüdische Polizeipräsident in Berlin. Schon 1928 zog die SA der NSDAP mit einem Schmählied durch die Straßen Berlins:

> »Der mächtigste König in Groß-Berlin
> Das ist der Isidor Weiß.
> Doch Dr. Goebbels, der »Oberbandit«,
> Der macht ihm die Hölle schon heiß.
> Die eigene Schupo nimmt ihn sich vor,
> Man hört's bis zum Brandenburger Tor:
> Er nennt sich Herr Doktor Bernhard Weiß
> Und bleibt doch der Isidor.«

Wieder ließ man die Volksverhetzer gewähren.

Nach Dietz Bering (Isidor – Geschichte einer Hetzjagd. »Die Zeit«, 14. August 1981)

Lotte Simon-Eckener
Mein Vater wollte gegen die NSDAP mobil machen

Eckener für Brüning

GESCHÄFTS-RÜCKSICHTEN

„Der Wind, der Wind, das himmlische Kind,
Wird treu mir bleiben, wenn Brüning gewinnt."

In seinen »Mutmaßungen über Hitler« schreibt W. Fabry: »Tucholsky wurde nicht müde, darauf hinzuweisen, daß Hitler ein ausgesprochener Hohlkopf sei.« Tucholsky selbst schrieb noch 1932: »Man lasse ihn (Hitler) mit seiner Staatenvergötterung allein, lache ihn aus und gehe zur Tagesordnung über ... Den Mann (Hitler) gibt es gar nicht; er ist nur der Lärm, den er verursacht.«

Dagegen hat mein Vater, Hugo Eckener, Hitler sehr ernst genommen. Als Luftschiffpionier mußte er sich auch mit Politik befassen. Wenn er es 1924 durchsetzte, für die Nordamerikaner das »Reparationsluftschiff« zu bauen, so war das eine nationale Tat. Während andere über Deutschland nörgelten, sogar ihr eigenes Nest beschmutzten, sorgte er dafür, daß Deutschland wieder Ansehen genoß. Er wurde als erster Deutscher auf dem Broadway mit einer Konfettiparade geehrt. Auch mit den Luftschiffen »Graf Zeppelin« und »Hindenburg« leistete er Friedenspolitik.

Hugo Eckener mißtraute den meisten Politikern und Staatsmännern der Weimarer Republik. Aber im Gegensatz zu anderen Kritikern des »Systems« engagierte er sich, um die Situation für das darbende Deutschland zu verbessern. So setzte er sich für die Völkerverständigung in der All Peoples Association (APA) ein, deren Ehrenpräsident er war. Er forderte in den internationalen Medien die deutsch-französische Verständigung in einer Zeit, wo andere auf Frankreich nur schimpften.

Mein Vater wurde im Januar 1932 von Reichskanzler Heinrich Brüning gefragt, ob er auf der »Deutschen Welle« eine Rede zu Gunsten seiner Regierung halten würde. Er tat es am 23. Januar 1932. Ich möchte einiges aus jener Rede zitieren, und zwar eben deshalb, weil mein Vater die demokratischen Kräfte zu stützen suchte, um Hitler möglichst den Weg zur Macht zu verbauen. Hugo Eckener sagte u. a.:

»Man sollte meinen, daß es in einem solchen Augenblick als einfachste gebieterische Pflicht allerseits empfunden würde, sich dem Gebot der Stunde zu beugen, d. h.: Alle, die ihr Vaterland lieben, haben sich unter Hintansetzung alles dessen, was sie sonst politisch trennen mag, geschlossen hinter die Regierung zu stellen, um ihr zu ermöglichen, mit dem ganzen Gewicht und der vollen Autorität, die der Wille eines einigen Volkes ihr zu geben vermag, vor ihre Gegenspieler auf der Reparationskonferenz zu treten. Denn nie würde sie Glauben für die unbeirrbare Festigkeit ihrer Erklärungen finden können, wenn große Teile ihres Volkes ihr das Mandat verweigerten! Wohl in jedem anderen Lande, das sich in gleicher Lage befände, würde man das fühlen und so handeln. Wir glauben es anders machen zu sollen. Wir halten eine solche Zeit und Gelegenheit für günstig, dem Kanzler aus offensichtlich parteipolitischen Gründen ein Bein zu stellen und wir bereiten ihm eine formelle Niederlage, und zwar in einer Aktion, deren Erfolg er als wesentlich für seine Stellung auf der Konferenz mit gutem Grunde ansehen mußte. Wir schlagen ihm die Wiederwahl unseres Reichspräsidenten durch eine qualifizierte Parlamentsmehrheit ab. Das, was der Kanzler sachlich wollte (die Wiederwahl Hindenburgs) mag bis zu einem gewissen Grade wiedergutzumachen sein, wenn auch spät und umständlich, was aber nicht wieder gutzumachen ist, das ist die Schwächung der Autorität unseres Kanzlers vor dem Auslande, darüber müssen wir uns klar sein.«

Obwohl Eckener damals große Popularität genoß, nahm man ihm seine Parteinahme für die Regierung Brüning in weitesten Kreisen des deutschen Volkes sehr übel. Die Massen waren schon Anfang 1932 auf die NSDAP eingeschworen. Wie allerdings die Meinungen auseinander gingen, sollen einige Stellungnahmen bezeugen. Zunächst ein Zitat aus einer Berliner Zeitung: »Wir streiten Herrn Dr. Eckener keineswegs die Fähigkeiten ab, ein Luftschiff zu führen, aber wir bezweifeln sehr stark, ob er die richtigen Vorstellungen davon hat, wie ein Staatsschiff zu führen ist. Aus diesem Grunde hätte er schon besser daran getan, im Interesse seines eigenen Ansehens ein weniger verfängliches Thema zu seinem Rundfunkvortrag zu wählen.«

Der SPD-Politiker Karl Mierendorf verstand ihn. Er schrieb in den Sozialistischen Monatsheften (Berlin, 8. Februar 1932) den Aufsatz »Primat der Innenpolitik« und ging zum Schluß auf Eckeners Appell ein: »Beharrt man in Deutschland bei dem Primat der Innenpolitik, so geht das deutsche Volk in diesem Jahr einer Katastrophe entgegen. Noch ist es nicht zu spät ... Man sage nicht, Heinrich Brüning werde weggefegt, wenn er das allein Vernünftige zu tun versucht ... Die tapfere Rede, die kein anderer als Hugo Eckener am 23. Januar im Rundfunk gehalten hat, und die in der Forderung nach deutsch-französischer Zusammenarbeit gipfelt, mag ihm (Brüning) als Beweis dafür gelten. Wie sehr, erklärte Eckener, vermöchte die französische Politik aus dieser innenpolitischen deutschen Situation Nutzen zu ziehen! Es sei aber nicht klug zu sagen, Frankreich wolle uns ruinieren. Richtig sei vielmehr, im Gegensatz zu dieser gefährlichen Vernichtungsthese, eine deutsch-französische Verständigung wirklich anzubahnen, ihre Möglichkeiten zu studieren, ihre Notwendigkeit einzusehen.«

Ich darf daran erinnern, daß mein Vater 1932 neben Hindenburg und Thälmann (KPD) als Kandidat für den Posten des Reichspräsidenten vorgeschlagen wurde, worauf einige Zuschriften eingingen. Ein Stettiner Kaufmann schrieb: »Sie (die Rede) gibt mir Anlaß zu der Anfrage, ob Sie evtl. den Posten des Reichspräsidenten annehmen würden ... Wen brauchen wir als zukünftigen Reichspräsidenten? Einen Mann, der das Vertrauen des deutschen Volkes ohne Unterschied der Parteien besitzt ... Es gibt nur einen, der diese Eigenschaften in sich heute vereint, deswegen für den höchsten Posten, den des Reichspräsidenten, berufen ist: Dr. Hugo Eckener.« Aber aus Pforzheim meldete sich ein Uhrenfabrikant: »Ich habe einmal auf zwei deutsche Männer große Hoffnungen gesetzt. Der eine war der Reichspräsident von Hindenburg und der andere Sie, Herr Dr. Eckener. Diese beiden haben mich sowie das deutsche Volk ganz gewaltig getäuscht ...

Mit dem armen abgeplagten, durch Steuern ausgesaugten schaffenden deutschen Volk haben Sie es durch Ihre Rundfunkrede ganz gewaltig verdorben.«

Ein Anonymus wetterte: »Dr. Eckener ist anerkannt als bewährter Luftschifführer und wird als solcher in der Geschichte weiterleben. Er wird aber bestimmt seinen guten Namen verlieren, wenn er sich noch weiter an den mehr als zusammengefahrenen Judenkarren – Staatspartei – einspannen läßt.«

Genau das wollte mein Vater: Gegen die NSDAP mobil machen. Für sein mutiges Unternehmen hatte er bald die Folgen zu tragen. Schon 1933 wäre er ins KZ verschleppt worden, wenn sich nicht Hindenburg für ihn eingesetzt hätte. Goebbels hinderte das jedoch nicht, über Hugo Eckener zu sagen, er habe sich »außerhalb der Volksgemeinschaft gestellt«. Aus vielen Gesprächen mit meinem Vater weiß ich, daß er den Grund für den Untergang der Weimarer Republik darin sah, daß zu viel herumkritisiert wurde und zu wenig praktikable Vorschläge gemacht wurden, wie die vielerlei Notstände mit Erfolg zu beseitigen seien.

LOTTE SIMON-ECKENER
Geb. 1906 in Friedrichshafen.
Evangelisch. Fotografin und Verlegerin.

Höhepunkt überschritten...?

Über Georg Bernhard, Chefredakteur der »Vossischen Zeitung«, schrieb Graf Kessler in seinen »Tagebüchern« am 6. April 1932: *Bernhard meint, daß die Hitler-Bewegung ihren Höhenpunkt überschritten habe und schon rückläufig sei.«*

Johannes Bröhl
Verhindert Hitler, wählt Hindenburg

Im Jahre 1932 verbreiteten Lautsprecherwagen in Berlin Hindenburgs Kandidaturrede.

Als 25jähriger kam ich im September 1931 als Kaplan in die Vorstadtpfarre St. Bruno, Düsseldorf-Unterrath. Es war meine erste Stelle nach der Priesterweihe. Neben dem Mittelstand gab es dort zahlreiche Arbeiter. Die Katholische Arbeiterbewegung war ziemlich stark. Außerdem gab es in einer ehemaligen Franzosenkaserne, die zu Wohnungen umgebaut war, viele Kommunisten. Nationalsozialisten traten überhaupt noch nicht hervor. Ich kümmerte mich um die katholische Jugend der Pfarre. Darunter gab es verschiedene Gruppierungen. Der Schwerpunkt der Arbeit war religiös bestimmt.

Besonders erschütternd war die große Arbeitslosigkeit, auch unter den Jugendlichen. Wir bemühten uns soweit wie möglich, den Jugendlichen zu helfen. Es gab einen katholischen freiwilligen Arbeitsdienst. Außerdem hatten wir in unserer Pfarre ein Jugendbildungswerk eingerichtet. An ihm nahmen auch Nichtkatholiken teil, darunter auch zwei Kommunisten, die in ihrer »Rotfrontkämpfer«-Uniform erschienen. Ich erinnere mich, daß einer von ihnen von der »braunen Pest« sprach, aber kurz nach der »Machtergreifung« Hitlers selbst die SA-Uniform trug. Weiter erinnere ich mich, daß damals das Buch eines Amerikaners erschien, auf dessen Schutzumschlag man den Sowjet-Stern und das Hakenkreuz sah. Der Titel des Buches lautete: »Deutschland so oder so?« Wir Demokraten hofften, daß weder das eine noch das andere kommen würde.

Um so mehr waren wir erschüttert, als am 30. Januar 1933 Hitler von Reichspräsident Hindenburg zum Reichskanzler ernannt wurde. Bei der ersten Präsidentenwahl nach dem Tode Eberts hatten die demokratischen Parteien zur Wahl des ehemaligen Reichs-

kanzlers Wilhelm Marx aufgerufen, der der Zentrumspartei angehörte. Ich war damals erst 20 Jahre alt und konnte noch nicht wählen. Ich war sehr betroffen, daß Hindenburg gewählt war. Durch die nachfolgenden Ereignisse kam es dann dazu, daß bei der nächsten Wahl Hitler und Hindenburg Kandidaten waren. Die demokratischen Parteien standen nun vor einer schweren Frage. Unter der Parole »Verhindert Hitler, wählt Hindenburg« wählten nun auch die Sozialdemokraten, die Anhänger der Zentrumspartei und andere Demokraten Hindenburg. Um so mehr waren alle Demokraten enttäuscht darüber, daß Hindenburg Hitler ernannt hatte.

Die Arbeit mit der Jugend ging zunächst weiter. Nur konnten die Pfadfinder nicht mehr ihre Uniform tragen. Auch der katholische Arbeiterverein konnte seine Bildungsarbeit fortsetzen. Aber wir wurden immer mehr behindert, bis eines Tages die katholischen Jugendverbände aufgelöst wurden. Ich erinnere mich, daß die Gestapo zu mir kam und mein Studierzimmer durchsuchte. Da wir aber auf eine Auflösung vorbereitet waren, hatte ich keinen Pfennig Geld mehr in der Kasse. Wir Geistlichen durften aber zunächst noch in der Schule Religionsunterricht geben.

Eines Tages bekamen wir ein Schreiben, daß der Unterricht jetzt von Lehrern gegeben werden könne. Man bedankte sich für unsere bisherige Mitarbeit. Man konnte nun die Schule nicht mehr betreten. Die Kirche richtete daraufhin Seelsorgestunden in kircheneigenen Räumen ein. Einen gewissen Rückhalt bot uns das Reichskonkordat vom 20. Juli 1933. Es ist später sehr angegriffen worden, aber wir konnten uns immer wieder auf einige Stellen berufen, z. B. für unsere Jugendarbeit.

In den ersten Jahren hofften wir, das Regime werde zusammenbrechen, weil so viele Dilettanten in der Regierung saßen. Doch regierten sie leider bis zum bitteren Ende. Es gab damals den »deutschen Blick«, d. h. ehe man etwas gegen die Nationalsozialisten erzählte, schaute man nach links und rechts, ob auch kein ungebetener Zuhörer in der Nähe war, der einen bei der Gestapo anzeigen könnte.

JOHANNES BRÖHL
Geb. 1906 in Essen.
Katholisch. 1933: Kaplan. Heute: Pfarrer an der Kirche St. Mariä-Himmelfahrt in Düsseldorf.

Walter Dirks
Aus der Sicht eines politischen Redakteurs

Walter Dirks, in den dreißiger Jahren

Meine Erfahrungen in den kritischen Jahren waren sehr untypisch. Als politischer Redakteur an der »Rhein-Mainischen Volkszeitung« in Frankfurt hatte ich mich selbst eindeutig festgelegt, und unter meinen Freunden konnte es sich nur darum handeln, ob einer als Linksliberaler oder als ganzer oder halber Marxist gegen das drohende Übel stand; auch die Spielart »religiöser Sozialismus« war vertreten.

Was die Erkenntnis des Kommenden betraf, so waren wir priviligiert: Wir hatten den italienischen Faschismus studiert und sahen in ihm einen peinlichen Abfall von der politischen Kultur Europas und von seiner progressiven politischen Bewegung, der des Sozialismus. Lange haben wir den Nationalsozialismus als pöbelhafte bayerische Spezialität nicht recht ernst nehmen können, was in dem geistigen Klima der guten Stadt Frankfurt vielleicht entschuldbar ist: da gab es in unserem Lebenskreis keine Nazis.

Um so mehr kämpften wir als Republikaner, Demokraten, Sozialisten, Christen gegen das Kartell der Schwarzweißroten, die vor unseren Augen in der zunächst offenbar stabilisierten Republik ständig an Boden gewannen: auf den Universitäten, in der Wirtschaft, in der Justiz, in der Reichswehr; in Hugenberg sahen wir einen Hauptgegner, in Seeckt und Hindenburg unsichere Kantonisten. Joseph Wirth und die Real-Soziologie marxistischer Prägung hatten uns darüber belehrt, daß die demokratisch-soziale Zukunft der Republik nicht vom Buchstaben der besten Verfassung abhing, sondern vom Bewußtsein und der Aktivität gesellschaftlicher Kräfte, und diese Kräfte, deren stärkste die sozialistische Arbeiterbewegung war, verloren von Jahr zu Jahr an Einfluß.

Durch kleinere Erfolge der Nazis vorgewarnt, wurden wir hellwach, als die September-Wahlen 1930 der NSDAP 107 Abgeordnete im Reichstag brachten. Unser Aha-Erlebnis, das von nun an unser Denken,

Fühlen und – hauptsächlich leider nur publizistisch – Handeln bestimmte, war dies: Verbünden sich die alt-antidemokratischen Schwarzweißroten mit der »Volksbewegung« Hitlers, so haben wir den deutschen Faschismus. Wir haben ihn damals gründlich studiert und wir haben kommen sehen, was dann kam – den Krieg eingeschlossen.

Natürlich lebten wir – als Intellektuelle, als Linke, auch als unruhige und zur Rebellion geneigte Christen – ein wenig isoliert von »normalen« Zeitgenossen. Wie ich mir meiner Nachbarn Haltung vorzustellen habe, weiß ich kaum.

Auch erschien uns die faschistische »Neuordnung« als so total und so schrecklich, daß wir sie zwar in unseren Analysen, Appellen, Wahlreden bekämpften, aber keine speziellen Vorbereitungen für den Ernstfall trafen. (In einer befreundeten Ehe entschied sich dann 1933 die Frau für den kommunistischen Untergrund, der Mann für die SA, um in dieser für die »zweite Revolution« der Brüder Strasser zu arbeiten.)

Wir hofften zu überleben, machten uns aber auf ein langes faschistisches Regiment gefaßt, wobei es noch offenblieb, welche von den Teilkräften am Ende den Boß stellen würde. Würde er ein General sein? Ein hoher Bürokrat? Adolf Hitler? An einen kurzen Übergang, am Ende dessen Leute wie Papen oder Schleicher mit dem Gefreiten fertigwerden und eine Art autoritären Normalstaates sichern würden, haben wir nicht geglaubt.

Die erhebliche Festigkeit unserer analytischen und produktiven Vorstellungen, die leider nicht mit einer entsprechenden persönlichen Tapferkeit gepaart war, war wohl auch darin begründet, daß sich in unserem Kreis die politische Option, mit der religiösen, der christlichen eng verband. Zwölf schreckliche Jahre später, im Sommer 1945, hat mir Eugen Kogon berichtet, daß man im KZ entweder eine starke politische Überzeugung oder einen starken religiösen Glauben hätte haben müssen, um überleben zu können – am besten aber beides.

WALTER DIRKS
Geb. 1901 in Dortmund-Hörde.
Führend in der katholischen Jugendbewegung. 1923–1933: Kulturredakteur der Rhein-Mainischen Volkszeitung. 1935–1945: Feuilletonredakteur der Frankfurter Zeitung. 1956–1967: Leiter Hauptabteilung Kultur des Westdeutschen Rundfunks. Publizist.

Wilhelm Emrich
Im Irrenhaus der Weltgeschichte

Wilhelm Emrich, 1935

Was ich erlebte, war leibhaftige Wirklichkeit, aber es war auch ein makabrer surrealistischer Witz, gezeugt im Irrenhaus der Weltgeschichte, das realer ist als alles, was wir für real halten.

Mitte Dezember 1932 im großen Versammlungsraum einer Gaststätte in Frankfurt a. M.-Bockenheim: ca. 200 Studenten, Mitglieder der Roten Studentengruppe (RSG) der Universität Frankfurt a. M., halten eine ihrer üblichen Mitgliederversammlungen ab unter Leitung des Genossen Dünner, der es verstanden hatte, alle antifaschistischen Kräfte an der Universität zu sammeln: Kommunisten, Sozialdemokraten, Mitglieder der SAP (Sozialistischen Arbeiterpartei), Nationalbolschewisten, die sowohl das Deutschlandlied als auch die Internationale sangen, Trotzkisten – darunter ein Neffe Trotzkis –, aber auch »bürgerliche« Studenten aller möglichen demokratischen Couleurs, die nicht parteilich fixiert waren, aber die Gefahr des heraufkommenden Nazismus erkannten und sich daher unserem antifaschistischen Kampf angeschlossen hatten. Wir waren – aufgrund dieser vereinigten antifaschistischen Front – die stärkste Studentengruppe an der Frankfurter Universität und daher von den Nazis gefürchtet, die es nach einem von uns abgewehrten Sturm auf die Universitätsräume nicht mehr wagten, uns offen entgegenzutreten.

In dieser Mitgliederversammlung Mitte Dezember 1932 geschah jedoch etwas Irres: Eine Delegation aus der Berliner Zentrale der RSG, die von Moskau gelenkt wurde, erschien und verdammte total unsere Politik, erklärte uns samt und sonders für »Sozialfaschisten«, für einen »diskutierenden Sauhaufen«, enthob den Genossen Dünner seines Amtes und löste die Frankfurter RSG auf. Wir waren wie vor den Kopf geschlagen. Erst sehr viel später ging mir auf, daß der Hitler-Stalin-Pakt von 1939 bereits 1932 – jedenfalls

unter Stalins Blickpunkt – geschlossen war, da Stalin seinen »Erzfeind« nicht in Hitler, sondern in der SPD, der Partei der »Sozialfaschisten« sah und Hitler an die Macht bringen wollte, da er, genau wie die Deutschnationalen à la Hugenberg, wähnte, Hitler werde an den wirtschaftlichen Problemen scheitern und dann werde die KPD – nach Hugenberg die Deutschnationalen – die Macht übernehmen. Es war dies übrigens ein Glaube, dem fast alle Intellektuellen huldigten. Ich erinnere mich an eine öffentliche Diskussion der Frankfurter Universität im Herbst 1932, in der Männer wie Karl Mannheim, Paul Tillich, Max Horkheimer, Theodor Wiesengrund (später Adorno genannt) u. a. unisono erklärten, Hitler werde bald abwirtschaften, da er bei weitem nicht das Format eines Mussolini besitze. Auch dies gehört zum Irrenhaus der Weltgeschichte: der Wahn, politische Führung habe irgendetwas mit Intelligenz oder gar »Geistigkeit« oder Genie zu tun.

Dann ereignete sich der 30. Januar 1933. Ich hatte kurz zuvor eine große demonstrative Kundgebung der SPD in meiner Heimatstadt Mainz besucht, wo mit gewaltigen Worten der »braune Spuk« von den Straßen vertrieben und der Generalstreik angekündigt wurde, falls Hitler zur Macht kommen sollte.

Im naiven Vertrauen auf solche kühnen zukunftsträchtigen Visionen traf ich mich daher am 31. Januar 1933 mit meinen Genossen von der zerschlagenen RSG – diesmal in einer, wie man heute so linguistisch treffend sagt, »konspirativen Wohnung« (seit wann können sogar Wohnungen »konspirieren«?) – und besprach mit ihnen den Plan eines Aufrufs zum Generalstreik. Denn das Thema »Generalstreik« war damals virulent: Alle Antifa-Kräfte waren angeblich entschlossen, einen »Generalstreik« zu inszenieren: die Gewerkschaften, die KPD, die SPD, ja sogar, wie man munkelte, Teile der Reichswehr (auf die wir allerdings nicht setzten). Was war also natürlicher, als daß wir rührend klugen, marxistisch »geschulten« Klassenkämpfer als »Speerspitze der Revolution« aufmarschierten und den Aufstand der Massen inszenierten? Tatsächlich: wir gingen auf die Straßen Frankfurts und verteilten Flugblätter, die der Machtergreifung Hitlers durch den Aufruf zum Generalstreik contra geben wollten. Es war das Groteskeste, was ich jemals erlebte: Einige Genossen wurden sofort auf der Zeil verhaftet. Der Rest – darunter ich – eilte zur »konspirativen Wohnung« am Mainufer und diskutierte uferlos und sinnlos die Absurdität der ganzen Aktion. So wurde bereits damals – wie heute – die junge Generation von ihren politisch ach so »klugen« Vätern verraten. Es ist immer das alte Irrsinnslied der »realen« Weltgeschichte. Als dann die »Realitäten« der Machtergreifung Hitlers sichtbar wurden, verschlug es auch diesen »pragmatisch« denkenden Vätern den Atem. Aber es war endgültig zu spät.

In der Anlage gebe ich Fotos zur Bücherverbrennung. Eins zeigt einen Ochsenwagen, auf dem die Bücher gestapelt wurden. Das Horn eines Ochsen trägt die Inschrift: »Was ist Marxismus?« Ich empfand dies damals als Selbstentlarvung der Nazis. Zur Bücherverbrennung auf dem Römer hat uns Paul Tillich getrieben mit der Bemerkung, dieses Schauspiel müßten wir uns unbedingt ansehen, denn es sei ein geistesgeschichtliches Ereignis ersten Ranges. So »distanziert« konnte nur ein »Vater« sprechen. Wir »Söhne« waren nur ratlos und entsetzt.

Was sich dann später abspielte, gab diesem Entsetzen recht. Als ich 1938/41 in Frankfurt a. M.-Riederwald, einer reinen Arbeitergegend mit alten KPD- und SPD-Wählern, wohnte, waren alle begeisterte Nazis, besonders am 20. April 1939, als die ganze Welt, vom Papst bis zur Sowjetunion, Adolf Hitler zu seinem 50. Geburtstag huldigte und der Führer des inzwischen großdeutsch gewordenen Reiches erklärte, er werde einen Staat der Arbeiter und Bauern schaffen und allen reaktionären Bürgern ihre Kanapees auf die Straße setzen.

WILHELM EMRICH
Geb. 1909 in Nieder-Jeutz bei Diedenhofen (Lothringen).
Mitglied der SAP. 1933: Student. Nach 1945: Professor der Germanistik an der Freien Universität Berlin.

Großes Aufsehen erregte 1933 in Frankfurt a. M. ein Bauern-Wagen vor der Universität, der von zwei Ochsen gezogen wurde. Auf den beiden Hörnern des linken Ochsen steht geschrieben: »Was ist Marxismus?«

Stephen Spender
Ein britischer Augenzeuge

Berlin, die Reichshauptstadt, lockte wegen ihrer vielseitigen kulturellen Aktivitäten viele Ausländer an. Im Mittelpunkt der Vergnügungen stand das Revue-Theater »Scala«. Mehrere ausländische Dichter lebten damals in Berlin. Dazu gehörte der englische Lyriker und Essayist Stephen Spender. (Collage aus der Zeitschrift »Querschnitt«)

Deutschland, der Hintergrund dieses Lebens, fiel unterdessen in Stücke. Über Berlin lag Untergangsstimmung. Jahrelang hatten die Zeitungen fast nur von wachsender Arbeitslosigkeit berichtet, von höheren Steuern für Reparationen und Arbeitslosenfürsorge. Die Nationalsozialisten an einem Ende, die Kommunisten am anderen, beide mit ihren Versammlungen, ihrer marktschreierischen Presse, ihren uniformierten Jungscharen, ihren Ausschreitungen gegen die Republik und ihren Schlägereien untereinander, trugen nach Kräften bei, die Lage zu verschärfen ...
Das Gefühl der Unruhe ging in Berlin tiefer als alles andere, eine dauernde Unruhe, weil nichts in Ordnung gebracht, nichts gelöst und erledigt war. Die Regierung Brüning war weder Demokratie noch Diktatur, weder sozialistisch noch konservativ; sie vertrat keine Gruppe und keine Klasse; aus ihr sprach nur die Angst vor dem Chaos, die die Verstörten zusammenhielt. Es war die Weimardämmerung. Spielball widerstreitender Kräfte innen und außen, ausländischer Mächte, ausländischer Kreditgeber, zettelnder Industrieller und verbitterter Generale, verarmter Junker und angehender Diktatoren ...
Ganz Deutschland war in einer Weise politisiert, daß es sich selbst gegen sich selber stellte. Der verarmte Mittelstand schrieb die Schuld an seiner Lage den Juden und den polnischen Flüchtlingen zu, die 1918 nach Berlin geströmt waren. Der Adel und die Generale betrachteten sich als Verteidiger der besten deutschen Traditionen gegen Proletarisierung und Verausländerung. Die Juden und die Intellektuellen, von den Nationalsozialisten und den Deutschnationalen angegriffen, suchten sich zu behaupten, so gut es ging. Die Arbeiter wurden von Kommunisten und Nationalsozialisten umworben: viele blieben aber unentwegte Sozialdemokraten. Die jungen Leute, in diese Welt der Arbeitslosigkeit geworfen, traten den Parteien bei, die ihnen für die Zukunft Arbeit und gutes Leben versprachen und ihnen in der Gegenwart die Möglichkeit boten, in Uniformen herumzulaufen und sich wichtig zu machen.

STEPHEN SPENDER
Geb. 1909 in London. Englischer Schriftsteller. 1953–1966: Mitherausgeber der Zeitschrift Encounter.
Aus: Stephen Spender. Welt zwischen Welten. Ein Buch Lebens- und Zeitgeschichte. Verlag der Parma-Edition. Frankfurt a. Main. o. J.

Brigitte B. Fischer
Auswanderung war für Vater unvorstellbar!

Der Verleger Samuel Fischer mit seiner Tochter Brigitte, in der Welt der Literatur als »Tutti« bekannt.

Die tägliche und nächtliche Bedrohung durch die 1933 zur Macht gekommenen Nazis, in der wir in diesen unseren letzten Berliner Jahren bis zu unserer Auswanderung Ende 1935 leben mußten, war nur schwer zu ertragen. Oft, mitten in der Nacht, packte uns die Angst, die braune Mörderbande Hitlers bräche bei uns ein, wie man es schon von vielen Seiten gehört hatte. Dann nahmen wir unser Bettzeug unter den Arm und übernachteten bei Freunden. Wir hatten uns natürlich täglich damit beschäftigt herauszufinden, auf welche Weise wir so bald als möglich diesen Hexenkessel verlassen könnten. So lange mein Vater noch lebte, war es unmöglich, an Emigration zu denken. Er wollte nicht einmal etwas davon wissen – so lange es überhaupt noch möglich war – wenigstens einen Teil seines Vermögens ins Ausland verbringen zu lassen, und gar dem Verlag und Deutschland den Rücken zu kehren, war unvorstellbar für ihn. So mußten wir vorläufig ausharren.

BRIGITTE B. FISCHER
Geb. 1905 in Berlin. Tochter des Berliner Verlegers S. Fischer.
Aus: Brigitte B. Fischer. Sie schrieben mir oder was aus meinem Poesiealbum wurde. Werner Classen Verlag. Zürich und Stuttgart 1978.

Konrad Adenauer
Hindenburg war keine politische Leuchte

Konrad Adenauer bei der Eröffnung der Kölner Messe im Jahre 1924 gemeinsam mit Reichspräsident Friedrich Ebert.

Aus einem unveröffentlichten Interview (22. Dezember 1965)

Frage: Dürfen wir jetzt zu Hindenburg kommen, Herr Bundeskanzler? Sie sollen über ihn einmal gesagt haben: »Dieser Mann war nun wirklich keine politische Leuchte.« Würden Sie uns von Hindenburg erzählen?

Dr. A.: Hindenburg hatte mit der Politik wirklich nichts zu tun. Woher auch? Ich schelte ihn nicht, er war Soldat. Er dachte militärisch. Hindenburg war sicher ein Ehrenmann. Er ließ sich aber von den Hochkonservativen in seinen politischen Ansichten außerordentlich beeinflussen. Er zeigte auch einen Mangel an Energie. Hätte er diesen Mangel nicht gehabt, Hitler wäre nie hochgekommen.

Frage: Hier schließt schnell die nächste Frage an. Und zwar über die Zeit der Kanzlerschaft Brünings. Sie sollen einmal gesagt haben: »Wenn ich anstelle Brünings Reichskanzler gewesen wäre, dann hätte es das Hitlerregime nie gegeben.« Meine Frage: Hätten Sie, wenn es notwendig geworden wäre, schießen lassen?

Dr. A.: Ich hätte die Machtmittel des Staates rechtzeitig angewendet. Man konnte die Gefahren schon lange vorher erkennen. Ich habe gewarnt. Den preußischen Ministerpräsidenten habe ich gewarnt. Es hat nichts geholfen. Sie waren wie ein Vogel vor der Schlange, sie waren gelähmt.

Frage: Sie waren nicht von Hitler fasziniert?

Dr. A.: Aber von der Macht! Sie dürfen nicht vergessen, wir hatten die Reichswehr, das Hunderttausend-Mann-Heer. Das war eine gute Armee. Darüber hinaus gab es in Berlin eine ausgezeichnete Polizei. Sie war auf Straßenkampf eingerichtet. Diese Polizei allein hätte schon in Berlin für Ordnung gesorgt. Man hätte ihr nur den Befehl dazu geben müssen. Ich mag davon gar nicht mehr sprechen.

Frage: Nun waren Sie ja nach dem Sturz von Reichskanzler Luther im Jahre 1926 dicht davor, Ihren Kölner Amtssitz mit dem Schreibtisch in der Berliner Reichskanzlei zu vertauschen. Weshalb kam es eigentlich damals nicht dazu?

Dr. A.: Ich wurde plötzlich von meiner Partei nach Berlin gerufen. Als ich am Morgen dort ankam, wurde mir gesagt: Sie sollen Reichskanzler werden, um 12 Uhr erwartet Sie der Reichspräsident, um Ihnen die Ernennungsurkunde zu überreichen.

Frage: Soweit war es schon?

Dr. A.: Ja. Es hieß, es sei alles fix und fertig. Ich habe geantwortet: Mal langsam! Welche Mehrheit soll die Regierung haben? Die Antwort: Diese Regierung soll von den Sozialdemokraten, den Demokraten und dem Zentrum getragen werden. Ich habe erklärt, das sei mir eine zu schwache Mehrheit. Die deutsche Volkspartei müsse noch mit in die Regierung. Der Vorsitzende der deutschen Volkspartei im Reichstag war der frühere Charlottenburger Oberbürgermeister Scholz. Ich kannte ihn sehr gut. Also bat ich ihn an diesem Morgen zu mir und sagte ihm: Die Volkspartei muß mit dazukommen. Erst dann haben wir eine so starke Mehrheit, daß wir der Rechten Widerstand leisten können.

Herr Scholz hat mir erklärt: Wir haben die Sache geprüft. Wir können nicht in die Regierung gehen. Wir wollen uns heraushalten. Nach dieser Unterredung habe ich meiner Partei gesagt, ich sähe keine Möglichkeit für eine erfolgreiche Arbeit und bin mit einem Nachtzug nach Köln zurückgekehrt. Zu Hindenburg bin ich nicht gegangen.

Wenn Sie mich nun rückschauend fragen: ob ich diesen Entschluß bedauert habe, so muß ich sagen: Sicher ist mir dann und wann der Gedanke gekommen, hättest du es getan, es wäre dir vielleicht gelungen, die ganze Sache zu unterdrücken, nämlich die Ernennung Hitlers zum Reichskanzler. Aber das war sehr unwahrscheinlich. Die von mir zu bildende Regierung wäre im Reichstag zu schwach gewesen.

Frage: 1933, Herr Bundeskanzler, mußten Sie Ihren Schreibtisch im Kölner Rathaus räumen. Hat es davor nicht einen Flaggenstreit gegeben? Sie sollen sich geweigert haben, die Naziflaggen an den Rheinbrücken zu hissen.

Dr. A.: Hitler hatte seinen Besuch in Köln angesagt. Er kam als Parteimann. Ich habe ihn selbstverständlich nicht am Flughafen in Empfang genommen. Die Nazis hatten über Nacht die Rheinbrücke mit Naziflaggen geschmückt, weil auf der anderen Rheinseite die Versammlungsstätte war, die Messehalle. Ich habe angeordnet, daß die Flaggen auf der Rheinbrücke wieder heruntergezogen werden. Die Nazis haben sich geweigert. Die Brücke gehörte der Stadt Köln. Ich hatte nicht die Erlaubnis gegeben, dort die Naziflagge zu hissen. Meine Leute mußten um polizeilichen Schutz vor den Nazis bitten, um die Fahnen herunterziehen zu können. Sie bekamen diesen Polizeischutz. Den Nationalsozialisten ließ ich sagen: Sie haben die Messehalle. In den Hallen und davor können Sie Ihre Flaggen aufziehen, aber nicht auf der Brücke. In Berlin hat der Vorfall großes Aufsehen erregt, wie ich später von Göring hörte.

Frage: Und offenbar hat man sich später sofort an diese Flaggengeschichte erinnert?
Dr. A.: Ja!
Frage: Sind Sie Hitler irgendwann einmal selbst begegnet?
Dr. A.: Nein, ich wollte ihn überhaupt nicht sehen.

KONRAD ADENAUER
1876–1967. Jurist. 1917–1933: Oberbürgermeister von Köln. 1917–1918: Mitglied des preußischen Herrenhauses. 1921–1933: Präsident des preußischen Staatsrates. 1933: Entlassung aus dem Oberbürgermeisteramt durch die Nationalsozialisten. 1945: Mitbegründer der CDU im Rheinland. Ab 1950: Vorsitzender der Gesamtpartei. 1948–1949: Als Präsident des Parlamentarischen Rates wirkte er maßgeblich an der Schaffung des Grundgesetzes und der Bundesrepublik Deutschland mit. 1949–1963: Bundeskanzler.

Hans Otto Meißner
Mein Vater korrespondierte mit Hitler

*Als Hitler zwei Tage später (21. November 1932) erneut vom Präsidenten empfangen wird, übergibt er Hindenburg sofort ein langes Schreiben. Darin wird in Redewendungen, die stark propagandistisch gehalten sind, betont, daß er durchaus zu würdigen wisse, mit der Kabinettsbildung beauftragt zu werden, aber es sei bitter, daß ihm nicht gegeben werde, was man Brüning und Papen gegeben habe. Im Gegensatz zu diesen beiden Politikern, die außer sich selbst niemanden gebracht hätten, werfe er, Adolf Hitler, immerhin die größte Partei des Reiches als Stütze einer Regierung in die Waagschale. Er lehnt in dem Schreiben den Versuch nicht ab, eine Mehrheitsregierung zu bilden, doch gibt er zu verstehen, daß er sie dann nur als Übergangslösung betrachten könne, die ihm herzlich unsympathisch sei.
Nicht nur Hitler, auch Hindenburg hat eine schriftliche Erklärung vorbereitet. Sie ist bedeutend kürzer. Unter anderem heißt es darin: »Sie haben erklärt, daß Sie Ihre Bewegung nur für ein Kabinett zur Verfügung stellen könnten, an dessen Spitze Sie, der Parteiführer, stehen würden. Wenn ich auf diesen Ihren Gedanken eingehe, so muß ich verlangen, daß ein solches Kabinett eine Mehrheit im Reichstag hat ...«
Nach stundenlangen Verhandlungen mit seinen Partei-*

freunden im Kaiserhof schreibt Adolf Hitler am Abend an Dr. Meißner einen Brief:

> *»Berlin, den 21. November 32*
> *Sehr verehrter Herr Staatssekretär!*
> *Erfüllt von der großen Verantwortung in dieser schweren Zeit, habe ich eine gründliche Durchführung des mir heute vom Herrn Reichspräsidenten zugestellten Auftrags vorgenommen ...*
> *Ehe ich dazu Stellung nehme ... darf ich Sie, Herr Staatssekretär, bitten, die Ansicht des Herrn Reichspräsidenten festzustellen und mir mitzuteilen, welche Regierungsform der Herr Reichspräsident wünscht ... Schwebt ihm ein Präsidialkabinett vor unter Sicherstellung der ... parlamentarischen Toleranz, oder will Seine Exzellenz ein parlamentarisches Kabinett mit Vorbehalten, ... die ihrem ganzen Wesen nach nur von einer autoritären Staatsführung eingehalten und damit versprochen werden können? ...«*

HANS OTTO MEISSNER
Geb. 1909 in Straßburg/Elsaß. Konsul und Schriftsteller. Aus: Hans Otto Meißner. 30. Januar 1933. Hitlers Machtergreifung. Tatsachenbericht. Wilhelm Heyne Verlag. München 1979.

Johann Baptist Gradl
Reichstagswahl 1932: 38 Parteien

Johann Baptist Gradl

Auch nach einem halben Jahrhundert fällt es mir schwer, über den Untergang der Weimarer Republik abschließend zu urteilen, wohl gerade weil ich Zeitgenosse (Jahrgang 04) war, und dies in der Reichshauptstadt. Überdies war ich parteipolitisch aktiv, von 1926–1930 als Redaktionsmitglied der Germania, des Zentralorgans der Zentrumspartei; sie bildete mit der Sozialdemokratischen Partei und der (liberalen) demokratischen Partei den demokratischen Kern der Weimarer Republik. Von 1931 bis zur Auflösung 1933 war ich neben meinem Beruf Vorsitzender des Zentrums im Stadtteil Kreuzberg.

Politische Erlebnisse und Eindrücke hatte ich also in Fülle. Doch sie lassen sich schwer auf einen Nenner bringen. Die Zeit war voller Widersprüche. Man spricht heute noch viel von den »goldenen zwanziger Jahren«, in denen das kulturelle Leben Berlins auf dem Sprung war, mit Paris ranggleich zu werden. In der Tat sprühte Berlin damals von Leben – Theater, Musik, Malerei, Kunst, Wissenschaft. Wieviele große Namen hatte allein die Berliner Universität aufzuweisen, von Einstein bis Sombart! Aber zugleich begann der Weimarer Staat nach einer kurzen Phase der Konsolidierung an Stabilität zu verlieren.

In Berlin war es üblich, auf großen Schautafeln (z. B. am Wittenbergplatz) mit Bildwerfern die Wahlergebnisse aus dem Reichsgebiet bekanntzugeben. Für Demokraten aller Schattierungen war es am Abend des 14. September 1930 ein bitteres Erlebnis, das unglaubliche Anwachsen der NSDAP auf 107 Reichstagssitze erkennen zu müssen. Bei der Reichstagswahl zuvor, 1928, hatte sie nur 12 Sitze erreicht. Dabei wäre die Reichstagswahl 1930 noch nicht nötig gewesen, wenn nicht die sozialdemokratische Fraktion die von ihr geführte Koalitionsregierung wegen zweitrangiger Streitpunkte hätte scheitern lassen.

Doch das Unheil dieser Wahl blieb nicht allein. Die Weltwirtschaftskrise führte seit 1930 in Deutschland zu einer lawinenartig anwachsenden Arbeitslosigkeit. Jeder dritte Arbeiter war schließlich arbeitslos. Die langen Schlangen von Arbeitslosen vor den Arbeitsämtern boten ein trostloses Bild. Die Arbeitslosenunterstützung lag weit unter der heutigen.

Arbeitsbeschaffung wurde verlangt. Doch die dazu notwendige Geldschöpfung stieß auf psychologische Hindernisse. Das Erlebnis der totalen Nachkriegsinflation war noch sehr lebendig. Sie hatte 1923 mit einem Kurs von 4,2 Billionen Mark für einen Dollar geendet. Eine Straßenbahnfahrt in Berlin kostete 20 Milliarden Mark.

So könnte man über die 14 Weimarer Jahre hinweg eine Menge schwerer Belastungen aufzählen, die diesem ersten deutschen Staat mit wirklich demokratischer Verfassung die Existenz über die Maßen schwer machten. Schon auf seinem Beginn lastete die Not aus dem verlorenen Krieg, aus unsinnigen Reparationsforderungen und aus der Demütigung des deutschen Volkes durch die Sieger mit der alleinigen Kriegsschuld – kaum ein Historiker von Rang in der Welt steht heute noch dazu.

Die innenpolitische Atmosphäre wurde durch reaktionär-nationalistische Agitation und durch die militante Radikalisierung der politisch-weltanschaulichen Gegensätze vergiftet. Am bösartigsten war der verlogene Vorwurf der Schuld am Verlust des Krieges gegen die Träger des neuen demokratischen Staates. Diese Dolchstoßlegende, die Revolution des November 1918 sei die Ursache gewesen – während doch der Generalstabschef Ludendorff bereits Ende September 1918 den Krieg verloren gegeben hatte –, die unentwegte Beschimpfung des Weimarer Staates als »November-Republik«, die Diffamierung der Reichsfahne Schwarz-Rot-Gold als »schwarz-rot-Mostrich«, des Reichsadlers als Pleitegeier, des Reichstages als Quasselbude – so wurde der demokratische Staat von rechts verächtlich gemacht. Die Kommunisten wiederum betrieben in den verzweifelten Jahren nach dem Zusammenbruch, mit dem Weimar fertig werden mußte, radikal ihr klassenkämpferisches Ziel eines Rätestaates nach russischem Vorbild.

Dies alles war von rechts und von links begleitet mit massiver Gewaltanwendung in Putschversuchen, Aufständen und terroristischen Aktivitäten. Die Weimarer Demokratie wurde mehr und mehr durch poli-

tische Kampfbünde denaturiert: die SA der Nationalsozialisten, der Rote Frontkämpferbund der Kommunisten, zwischen ihnen der konservative Stahlhelm als
Bund ehemaliger Frontsoldaten und für die demokratischen Parteien das Reichsbanner Schwarz-Rot-
Gold. Die beiden radikalen Verbände verunsicherten
das zivile Leben zunehmend durch Gewalt, zwangen
zu hartem polizeilichen Einsatz, zeigten sich als wachsende Gefahr für die allgemeine Ordnung und unter-
gruben die Autorität des demokratischen Staates.

Was ich an einem dunklen Herbstabend 1931 bei der
Heimkehr von einer Parteiversammlung in Berlin-
Kreuzberg erlebt habe, war keineswegs ein Einzelfall.
Vor einer Straßenecke rutschte ich aus; hätte mein Begleiter mich nicht gehalten, wäre ich hingefallen – in
eine Blutlache. Etwa 20 Minuten vorher war dort ein
Mann erschossen worden. An der Kreuzung lagen
sich, wie man in Berlin zu sagen pflegt, zwei »Eck-
kneipen« gegenüber. In der einen verkehrten die
Kommunisten, in der anderen die SA. An diesem
Abend hatte man sich über die Straße hinweg be-
schossen. Rüde Störungen von Versammlungen, Prügeleien und Schießereien bei Demonstrationen wurden üblich.

Einmal kam es sogar vor, daß Rote Frontkämpfer und
SA-Männer gemeinsam agierten. Es war ein Schock,
als im November 1932 bei einem von den Radikalen
angezettelten Streik der Berliner Verkehrsmittel SA-
Leute und Rote Frontkämpfer vor den Betriebsbahn-
höfen nebeneinander als Streikposten auftraten. Am
14. April 1932 hatte Brüning SA und SS mittels Notverordnung verbieten lassen. Doch wenige Wochen
später wurde Brüning gestürzt, sein Nachfolger Papen
hob das Verbot wieder auf . . .

Die außerparlamentarische Aggressivität steigerte
sich, und das intrigante Spiel zwischen Hitler, ängstlich gewordenem Großbürgertum und ostdeutschen
Großgrundbesitzern führte zum Ende der Weimarer
Republik. Die demokratischen Kräfte und mit ihnen
die gewerkschaftlichen Richtungen hatten zu spät versucht, über ihre Parteibarrieren hinwegzuspringen,
um zusammen die Entwicklung aufzuhalten. Das Verhängnis nahm seinen Lauf. Versagen und auch Schuld
gab es auch auf demokratischer Seite, die allerdings
von Anfang an zu einem politischen Zweifronten-
kampf gegen den rechten und linken Radikalismus
verurteilt war. Das Scheitern war – jedenfalls für die
demokratische Generation Weimars – eher schicksal-
haft.

Kann man für heute Lehren ziehen, so lautet eine Frage des Herausgebers dieser Sammlung. Natürlich
kann man das. Durchaus wichtige Lehren haben bereits die Väter des Bonner Grundgesetzes vollzogen,
zum Beispiel das konstruktive Mißtrauensvotum. Es

macht im Unterschied zu Weimar das Spiel mit Regie-
rungsstürzen unmöglich, indem es jede Absetzung
eines Bundeskanzlers mit der Pflicht verbindet, zugleich einen Nachfolger zu wählen. Oder die Fünfpro-
zent-Klausel gegen Parteienzersplitterung. Ein Wahl-
zettel der Reichstagswahl 1932 war eine lange Liste
(fast ein halber Meter) und zählte bis zu 38 Wahlvor-
schläge. Die Parteizersplitterung in Weimar züchtete
Interessentenhaufen.

Besonders wichtig in unserer heutigen Zeit ist es, die
Grundübereinstimmung der Bevölkerung im Ja zu
dem demokratischen Staat Bundesrepublik zu bewahren. Jahrzehntelang war dieses Ja selbstverständlich.
Weder die Kommunisten, noch sektiererische Gruppen rechts und links vermochten dagegen anzukom-
men. Weimar war solches Glück nie vergönnt.

Grundkonsens sowie daraus folgend gegenseitiger
Respekt und Kompromißbereitschaft der Demokraten über Parteigrenzen hinweg, dazu strenge Wachsamkeit gegen Mißbrauch demokratischer Freiheit –
wenn dies fehlt, gerät ein freiheitlich-demokratischer
Staat in kritischer Situation in Gefahr. Manche Erscheinung heute macht deshalb Sorge. Die Erfahrungen von Weimar und vieles von dem, was sich heute
kennzeichnenderweise außerparlamentarische Opposition nennt, sollten umsomehr schrecken.

JOHANN BAPTIST GRADL
Geb. 1904 in Berlin.
Katholisch. 1933: Wissenschaftlicher Mitarbeiter. Heute:
Politiker.

*Werner Finck mit
den Schauspielern
Deppe und Schrö-
der in einer Szene
seines Berliner Ka-
baretts »Katakom-
be«. Sie »verhoh-
nepipelten« die ro-
mantische Jugend-
bewegung der Wei-
marer Republik.
Finck fragte seinen
in Frauenkleidern
agierenden Kolle-
gen Deppe: »War-
um sind wir eigent-
lich Pfadfinder?«
Deppe antwortete
ordinär sächselnd:
»Weil wir das Le-
ben so ›pfade‹ fin-
den.«*

Michael Jovy
Wir waren alle »schwarz-rot-gold«

Etwa im Jahre 1925 kletterte ein etwas überernährter fünfjähriger Junge mit kurzem Ponyschnitt – bis zum Wirbel geschoren lautete üblicherweise die väterliche Anweisung – in Gladbeck im Garten seines Vaters – der war Oberbürgermeister dieser Stadt im Ruhrgebiet – auf einen Baum und krähte mit voller Stimme »ich bin schwarz-rot-gold, mein Vater ist schwarz-rot-gold, meine Mutter ist schwarz-rot-gold, wir sind alle schwarz-rot-gold«. Er hatte kurz vorher bei seinen Großeltern in Köln von der Stern-Apotheke auf dem Waidmarkt aus einem nächtlichen Aufmarsch des Reichsbanners zugesehen und war begeistert; nicht alle anderen. Dieser Junge war ich.

Im Frühjahr 1932 war es, als ich in einer Radiosendung hörte, wie Reichskanzler Brüning im Reichstag die Nazi-Schreier schneidend aber in elegantester Weise abkanzelte. Das beeindruckte mich tief. Zudem hatte er meiner Mutter einen menschlich teilnehmenden Brief zum Tode meines Vaters geschrieben. So war ich voreingenommen für ihn. Daß Hindenburg ihn entließ, ärgerte mich.

Auch in Bonn, wohin wir umgezogen waren, sah man allmählich immer mehr braune Uniformen. Ich war inzwischen dem katholischen Schülerbund Neudeutschland beigetreten und besuchte die Quarta am Beethoven-Gymnasium. Als Kluft trugen wir ein olivgrünes Hemd und kurze graue Hosen. Nach dem Tag der Machtübernahme sahen wir von der Koblenzer Straße aus auf dem Dach des Beethoven-Gymnasiums die Hakenkreuzfahne aufgezogen. Da konnte jeder kommen, meinten wir, und forderten unsere Führer auf, die Fahne herunterzuholen und die eigene aufzuziehen. Aber der Hausmeister war noch da und so gab man sich zufrieden. Ich ärgerte mich wieder furchtbar und beschloß darum, meinerseits die SA zu ärgern.

Sonntags nach der Schulmesse im Bonner Münster sahen wir oft, wie sich in der Straße westlich des Chores die SA versammelte. Mit einigen Freunden warteten wir, bis sie so richtig schön stillstanden und brüllten dann aus einer Seitengasse »Heil Moskau, Hitler ist 'ne Pottsau«. Das war gewiß nicht sehr wohlerzogen, aber wir wußten nichts Besseres für unseren Protest.

Inzwischen wurde ich für mein Alter sehr groß und schließlich schlanker. Der Pony war einer bündischen Mähne gewichen. Ich konnte auch schneller laufen. Daß wir zu Ehren des Hitlerreiches bei den Aufmärschen mitwirken mußten, behagte mir gar

nicht. Immerhin wollten wir zeigen, daß wir das besser konnten als die Hitlerjugend. Doch konnte ich es immer noch nicht lassen, beim Vorbeigehen SA- und SS-Männern häßliche Parolen zuzurufen, so »Hitler verrecke; Heil Brüning« oder auch in der oben genannten Art. Schließlich erhielt ich eine Ohrfeige und wurde eigentlich nur vor weiterem gerettet, weil sich unser Familien-Terrier wütend in die Wickelgamaschen des SA-Mannes verbiß.

Mein bösartiges Verhalten gegen die Nazis wurde auch dadurch genährt, daß sie in meiner Heimatstadt Gladbeck in übelsten Tönen und mit Schlagzeilen in der Presse eine Untersuchung über die Amtszeit meines Vaters angekündigt hatten. Erst einige Jahre später folgten auf Ersuchen meiner Mutter zwei kleinlaute Zeilen, daß dem früheren Oberbürgermeister nichts hätte nachgewiesen werden können. Letztlich sah sich meine Mutter gezwungen, wegen Androhung von Grabschändung meinen Vater nach Köln-Melaten auf das Familiengrab meines Großvaters umbetten zu lassen. –

Eigentlich hätten sie mich haben müssen. So vieles, wofür ich schwärmte, wurde aber von ihnen pervertiert. Das mittelalterliche Kaiserreich sah ich mit aller romantischer Verklärung, die germanischen Heldensagen lebten in meinem Kopf und meinen Spielen, Österreich gehörte zu uns und von dem Straßburger Münster sollte die schwarz-rot-goldene Fahne wehen.

Die Idee eines Männerordens zog mich mächtig an, Führer und Gefolgschaft waren für mich bedeutende Worte. Aber ich wollte nur folgen, wo ich selbst gewählt hatte, und jedes erzwungene Gehorchen erregte Verachtung in mir und rief Widerstand hervor. Felix Dahns »Kampf um Rom« der Ostgoten bewegte mich leidenschaftlich bis in das Aufbauen meiner Zinnfiguren, aber die rührende Szene des Opfertodes des schönen Judenmädchens Mirjam für ihren geliebten König Totila feite mich gegen alle Judenhetze und brachte mich dazu, für die Juden nachdrücklich Partei zu ergreifen. Dabei haßte ich die braunen Uniformen, die Standarten und die Hakenkreuzfahnen. Die Hitlerjugend war ein »Verein«, der für uns nicht zählte. Weder Hitler noch der fette Göring oder Goebbels noch einer der anderen entsprachen meinen Heldenvorstellungen.

Zum Schutze der Jüngeren in unserer ND-Gruppe am Beethoven-Gymnasium schufen wir eine »Gruppen-

SS (Schutz-Staffel)«, trugen mit Stolz als Abzeichen einen schwarzen Stoffkreis auf grünem Hemd. Nach einem Elternabend, etwa Anfang 1934, im alten Bürgerverein in Bonn, wurde unser »Geleitzug« in der Nähe des Kaiserplatz-Denkmals von der HJ überfallen. Wir bezogen einige Prügel, aber die Jüngeren konnten entlaufen und wir zogen uns in Richtung Bahnhof zurück. Einige Polizisten, die wir um Schutz baten, wollten nichts sehen. So kam es wieder zum Zusammenstoß. Es waren zehn der HJ auf einen von uns, so daß ich schließlich ziemlich zerschrammt, mit zerbrochener Brille und blutverschmiertem Gesicht spät in der Nacht vor meiner entsetzten Mutter stand.

Später im Jahre 1934, Westmark-Treffen einiger tausend Schüler des ND in Köln. Die Lastwagen durften nicht in die Stadt einfahren. Wir wollten zum Dom marschieren. Aufgeregte Polizei, HJ und SA-Bonzen im Pkw brachen die Marschkolonnen auseinander. Aber wir waren in der Mehrzahl und fühlten uns stark. Unsere geistlichen Führer beschworen uns, die Ruhe zu bewahren. Wie eine grüne Woge schwemmten wir in die Stadt und schließlich in endlosen Einer-Schlangen entlang den Bürgersteigen auf verschiedenen Straßen zum Dom. Ein aufgeregtes Häuflein HJ auf dem Domplatz trommelte und fanfarte wie in letzter Not. Unsere Lieder übertönten alles. Siegesbewußt kehrten wir nach Bonn zurück. Trotz allem Polizeigeschimpfe flatterten unsere Banner wieder mutig, sobald die Lastwagen angefahren waren.

Bald aber bekamen wir den Druck des Regimes immer mehr zu spüren. Die Älteren wurden vorsichtiger. Wir bewegten uns nicht mehr in Kluft auf der Straße und sangen damals, immer noch nicht geschlagen,

»Wir traben in die Weite, das Fähnlein steht im Spind,

viel Tausend uns zur Seite, die auch verboten sind.

Die Straße zu betraben man uns verboten hat,

das grüne Hemd zu tragen, das nennt man Hochverrat.«

Damals hörten wir zuerst von Konzentrationslagern, und die Kirche versuchte, uns mehr in ihren Raum zurückzuziehen.

Anfang 1935 muß es wohl gewesen sein, als sich der ND-Gau Köln-Bonn mit etwa 250 Jungen im Schutze der Klostermauern von St. Augustin bei Bonn zum Wochenende traf.

Auf dem Klostergrund stand das erste schwarze Koten-Zelt mit buntem Wappenschmuck, das ich sah. Es gehörte der Gruppe am Realgymnasium in Bonn. Inzwischen war ich selbst auf dem Aloysius-Kolleg in Bad Godesberg gelandet. Mein Freund und ich waren schnell Herz und Seele mit dieser Gruppe, deren Hal-

tung schon nicht mehr den ND-Traditionen entsprach. Sie zählte sich selbst zur Jungenschaft und war in ihrem Stil den Ideen von Eberhard Köbel (tusk) und seiner d. j. 1. 11 gefolgt.

Pater Esch, der geistliche Führer des ND, war gerade von Rom gekommen und erklärte uns in der Versammlung der Ritter des ND die Folgen des Konkordats. Wir grollten. Meßdiener wollten wir nicht werden, und in die Sakristei würden wir uns auch nicht einschließen lassen. Wir wollten weiterleben, wie wir es gewohnt waren. In der Nacht klauten wir einen Sarg in der Klosterschreinerei, stellten eine ausgeschnittene Rübe mit Kerzenbeleuchtung hinein und trugen ihn unter Gegröhl der »Internationale« protestierend in den Klosterhof. Die armen Patres waren entsetzt. Ich trennte mich nicht leichten Herzens vom ND, aber dann war das Erlebnis der Jungenschaft für mich so überwältigend, daß ich mit ihr in die Illegalität ging und schließlich von dort in den Widerstand.

MICHAEL JOVY, Dr. phil.
Geb. 1920 in Galdbeck/Westfalen.
1933: katholisch, Schüler. Verhaftet durch Gestapo Berlin im Dezember 1939, verurteilt durch den Volksgerichtshof Berlin zu sechs Jahren Zuchthaus und 6 Jahren Ehrverlust, September 1941. Wegen Vorbereitung zum Hochverrat. Entflohen aus dem Bewährungsbataillon im November 1944. Heute: Deutscher Botschafter in Bukarest (Rumänien).

Richard Huelsenbeck spottete

Zu den Kritikern der Weimarer Republik gehörte der Mitbegründer des Dadaismus Richard Huelsenbeck, der in Anspielung an Goethe über die Weimarer Republik schrieb.

»Das stets Verlogene, hier wird's Ereignis, das schlau Verborgene, hier wird's getan.«

Werner Eisenberg
»Stresemann, verwese man!«

Werner Eisenberg, 1932

Hitler spielte unter den Studenten außerhalb Bayerns vor 1928/29 keine Rolle. Wohl aber waren die Studenten in Marburg, Heidelberg und anderen Universitäten ganz im Banne der Preußen- und Hohenzollern-Legende, ferner der Dolchstoßlegende, und schließlich der traditionellen Feindschaft zu Frankreich. Der bekannte Friedenspolitiker Gustav Stresemann, der immer wieder den jungen Studenten eine gute geistige Allgemeinbildung empfahl, wurde niedergeschrien mit dem Rufe: »Stresemann, verwese man!«

Eine gute Freundin, die gerade nach jahrelanger Abwesenheit aus Amerika gekommen war, fragte mich 1928, was sie wählen sollte. Ich empfahl ihr, die deutsche Volkspartei des Dr. Stresemann. Ich war Pazifist und überzeugter Anhänger von Friedrich-Wilhelm Förster und meinte, erstmal Frankreich und Deutschland aneinander binden. Stresemanns letzte Rede 1929 erlebte ich mit Begeisterung in der Schweiz mit (»Wo bleibt das europäische Geld, wo bleibt die europäische Briefmarke.«).

Ein Berliner Arzt dagegen empfahl meiner Freundin, Adolf Hitler. Begründung: »Der wird uns von den Ostjuden befreien.« Die erwähnte junge Dame beschloß darauf, sich »Herrn Hitler« persönlich anzusehen. Ich riet ihr natürlich ab. Ich hielt ihn für feige, denn er hätte 1923 seine Leute im Stich gelassen. Von Hitler wurde damals gemunkelt, daß er homosexuell sei (»das ist kein Mann, das ist eine Frau« soll ein russischer Diplomat in Berlin gesagt haben). Es gelang damals meiner Freundin tatsächlich, über einen homosexuellen städtischen Angestellten, Zutritt zu Hitlers Planbesprechungen zu bekommen.

Damals war er noch unbedeutend. Er kam von München alle 14 Tage nach Berlin. Sie machte etwa folgende Beschreibung: »Seine führenden Leute, etwa 10–12, redeten davon, wie sie diese oder jene Frage regeln würden, wenn sie an die Macht kämen.« Hitler habe schweigend dabei gesessen, fast wie »ein tückischer Stier«. Als er später das Wort ergriff, war alles still. Sie wunderte sich über die Autorität, die er hatte.

Nach ihrem Bericht führte er etwa aus: Wenn wir an die Macht kommen, werden wir alle Fragen so und so lösen. Meine Gewährsmännin war erstaunt, welche präzisen Vorstellungen er entwickelte. Er schloß regelmäßig mit folgendem Satz: »Denn ich bin der von Gott Erwählte, der Führer des deutschen Volkes, und bestimmt, der Eroberer der ganzen Welt zu sein.

Nach einem halben Jahr wurde meiner Freundin die Sache unheimlich. Es fiel ihr auf, daß häufig »Kuriere« (meist Motorrad fahrende Studenten) verunglückten. Ihr fiel Hitlers Gesichtsausdruck auf. Sie kam dahinter, daß Hitler schon damals, aus ihr unbekannten Gründen, durch zwei zuverlässige Männer Leute umlegen ließ. Sie war ganz sicher, daß weder Goebbels noch einer der anderen Führer etwas davon ahnten. Als Hitler sie aufforderte, in seine Organisation einzutreten, trennte sie sich von ihm mit den Worten: »Sie sind mir zu ungebildet, Herr Hitler.« Sie hat damals nicht für möglich gehalten, daß dieser Mann je Reichskanzler werden würde. Sie hielt ihn für einen Spinner.

Das Reichsbanner Schwarz-Rot-Gold hatte wesentlich mehr Mitglieder als die SA. Leider war es von seinen Führern verlassen worden und die verzweifelten Mitglieder traten in Scharen in die SA ein.

Es war erstaunlich, wie die Umschaltung von Presse und Rundfunk in wenigen Wochen das politische Bild vieler Menschen veränderte.

Die Juden ließ man hier im Anfang verhältnismäßig ungeschoren. Man muß bedenken, daß die Juden schon seit Jahrhunderten in Hessen lebten. Sie waren seinerzeit von den menschenfreundlichen Landgrafen (aus Spanien vertrieben) aufgenommen worden. Sie durften aber nur aufs Land, nicht in die großen Städte. Sie waren völlig deutsch geworden, sprachen auch hessisch mit leichtem Akzent. Bei dieser Lage war es den Nationalsozialisten nicht leicht, die den Leuten von Jugend auf bekannten Juden zu Verbrechern zu stempeln. Erst nach und nach tat die dauernde Suggestion: »Die Juden sind euer Unglück« besonders bei der Jugend ihre Wirkung.

WERNER EISENBERG
Geb. 1902 in Schweinsberg.
Evangelisch. 1933: Assistenarzt. Seit 1953: Leitender Arzt des Klinikums Warteberg.

Anton Veltrup
Rettungsbemühungen durch den F.A.D.

Anton Veltrup

Als einer der Väter des Freiwilligen Arbeitsdienstes (FAD) möchte ich etwas von der Entwicklung dieses lebenswichtigen Instrumentes der Auffrischung unserer damals (wie heute) völlig hoffnungslosen Jugend durch konstruktive Lebenshilfe erzählen.

Seit Mitte der 20er Jahre wurde in verschiedenen Publikationen von rechts bis links über die Jugend diskutiert. Die einen wollten die vormilitärische Erziehung, die anderen die bündisch-lockere eines Gemeinschaftserlebnisses. Von Arbeit wurde nicht viel gehalten. Wir, Mitglieder des Katholischen Jungmänner-Verbandes (KJV), wollten Arbeit, Ordnung und Disziplin. Mit erfahrenen Jungführern leitete ich die Werbung Jugendlicher für die FAD-Vorhaben im Emsland durch das Jugendhaus Düsseldorf ein.

Mein Amtschef, Landrat Dr. Fehrmann, war seit langem in die Überlegungen einbezogen. Ich erhielt Vollmacht, als »Träger der Arbeit«, mit der Reichsregierung, der Preußischen Landesregierung und dem Regierungspräsidenten Dr. Sonnenschein in Osnabrück die Bewilligung von Finanzierungsbeihilfen durchzusetzen. Ich kannte viele der zuständigen Minister persönlich und erreichte, aus Mitteln der »Produktiven Erwerbslosenfürsorge« mit RM: 2,– arbeitstäglich »gefördert« zu werden. Als »Träger des Dienstes« führte ich als Bezirksleiter des KJV FAD-Lager und mußte von den RM 2,– Kost, Barackenunterkunft mit Schlafgelegenheit und den notwendigen sanitären Einrichtungen, dazu Arbeitskleidung und ein Taschengeld für sieben wöchentliche Arbeitstage aufbringen. Meine Hoffnung, für dieses risikoreiche Experiment Sachspenden der Bauern zu erhalten, erfüllte sich. Wir erhielten soviel eßbare Naturalien, daß ich bei allen 30 Bauvorhaben über die Runden kam. Wir bauten Straßen,

Wege, meliorierten und erschlossen Baugelände für Siedlungszwecke.

Das erste Moor-Lager in Hesepertwist, bei dem ich die meisten Probleme einkalkuliert hatte, lief bald störungsfrei, nachdem ich zwei Aufsässige kurzerhand zu mir ins Auto und in Meppen in den Zug setzte. Viele Menschen aus der Bevölkerung, der Ortspfarrer, der Bürgermeister, Lehrer und Bauern halfen mir. Wir erhielten Klampfen und andere Musikinstrumente. Abends wurde unterrichtet oder mit der Bevölkerung gesungen und getanzt. Das alles nach 7-stündiger schwerer Arbeit, für die es »arbeitstäglich« 50 Reichspfennige gab. Immer blieben die später auf 3000 Mitglieder anwachsenden Männer aus christlicher Überzeugung ihrem Glauben und ihrer politischen Gesinnung treu. Die Nazis und die Kommunisten fanden keinen Zugang.

Der Leser wird fragen, mit welchem Beamtenstab diese Arbeiten geleistet und die Menschen geführt wurden. Außer mir war eine Büroangestellte tätig. Ordnung, Übersicht und Einsatzbereitschaft waren oberstes Gebot. Die Betreuung der Lager erfolgte ausschließlich durch mich. (Abends und nachts per Motorrad.)

Die positiven Berichte aus den ersten Lagern erleichterten uns die Arbeit. Die Meldungen waren so zahlreich, daß ich gar nicht schnell genug neue Projekte einrichten konnte.

Aber auch der »ambulante« Arbeitsdienst in der Nähe der Städte Meppen und Haselünne und in größeren Ortschaften wurde ein Erfolg. Meine Emsländer wollten von der Straße. Wir haben in einigen Fällen auch Eßmöglichkeiten geschaffen, aber die meisten ließen sich den kalkulierten Betrag auszahlen und brachten Butterbrote mit oder fuhren per Rad nach Hause. Solche Möglichkeiten sollten für die jetzige Notzeit erwogen werden.

Jeder Arbeitsfreiwillige versuchte, das Klima der Gemeinschaft zu verbessern. Die Lagerführer kamen aus der Mitte der FAD-ler und wurden von mir und Abgesandten des Jugendhauses geschult. Es ist geradezu unglaublich, daß eine Fluktuation fast nicht stattfand; auch bei Gewährung von Urlaub kamen die Männer pünktlich zurück.

1933 entzogen mir die Nazis die Verwaltung der Lager. Die eingeschalteten Bauunternehmer versuchten, aus den Verträgen entlassen zu werden. Während vorher die Gemeinden oder Genossenschaften billig gebaut hatten, sollten nun die FAD-Männer marschieren, anstatt zu arbeiten. Der Generalarbeitsführer rief mich Ende Juli in Osnabrück an, um mit mir einen formellen Übergabetermin zu vereinbaren »so wie es sich unter ordentlichen Leuten gehört«. Nun, ich fuhr zum Termin und wurde abends 150 m von meinem Elternhaus verhaftet und den bekannten Gestapo-Methoden entsprechend nachts zwischen 1 und 3 Uhr »vernommen«. Ich ließ mir nichts gefallen und brüllte in gleicher Lautstärke zurück. Da bekannt geworden war, daß die zum Teil noch anwesenden alten FAD-Männer mich gewaltsam befreien wollten, entließ man mich nach 2 Wochen aus der Haft.

Viele meiner Männer haben später hohe Stellungen in der Wirtschaft erreicht. Manche sind nach dem Zusammenbruch Parlamentarier geworden.

Der Freiwillige Arbeitsdienst sollte nach dem erfolgreichen Muster als Denkanstoß für die zahlreichen Probleme der heutigen Jugend aufgegriffen werden.

Entladung von Packlage aus einer Moorpünte

ANTON VELTRUP
Geb. 1907 in Meppen/Ems.
Katholisch. 1933: Obersekretär. Nach 1945: Fabrikant.

Arbeitsdienstmänner bei einer Flußregulierung und Hinzugewinnung von Neuland

Ulrich von Rhamm
Vier Wochen Freiwilliger Arbeitsdienst 1932

Ulrich von Rhamm, um 1930

August 1932! Wir richten uns für 4 Wochen in einem aus Holzhütten bestehenden, primitiv-luftigen Arbeitslager ein. Es liegt in einem Waldstück am Scharmützelsee, nicht weit von Berlin gen Osten. Wir bauen dort einen Sportplatz, ziemlich dilettantisch. Arbeitsbeschaffung; zugleich auch ein soziales Experiment. Denn selbst in diesem der Konjunktur eher günstigen Monat liegt die Zahl der Arbeitslosen im Deutschen Reich um die 5 Millionen, allerdings also unter den fast schon üblich gewordenen 6 Millionen. Seit Juni regiert Franz von Papen die Republik mit einem Kabinett der »nationalen Konzentration« und – wie sein Vorgänger, Reichskanzler Brüning – mit Notverordnungen. Anders geht es schon lange nicht mehr.

Wir – das sind Freiwillige! Junge Leute beiderlei Geschlechts aus zahlreichen Berufsschichten, darunter viele Arbeitslose. Auch die sind freiwillig gekommen, wenngleich gerade die Jüngeren unter ihnen mit solchem Experiment von der Straße weggelockt werden sollen. Noch ist Hitler nicht an der Macht! Die Mädchen putzen, kochen, waschen, kichern; einige diskutieren sogar heftig mit. Morgens ganz früh stürmen wir allesamt pudelnackt in den See, kommen uns dabei sehr fortschrittlich und etwas verworfen vor. Organisiert und finanziert wird das Lager von der Kreisverwaltung, den Parteien, den Gewerkschaften, der bündischen Jugend. Die Kirchen sind nicht dabei. Die Reichsregierung fördert solch idealisch-sozialistische Versuche, die politisch widerstreitenden Kräfte im Rahmen einer gemeinsamen Aufgabe ein vernünftiges Miteinander-Auskommen zu lehren. Ein naiver Versuch?

Jeder soll sich in einer Liste durch Eintragung möglichst auch politisch profilieren, Diskretion zugesagt! Organisierte Liberale scheint es im Lager nicht zu geben. Kommunisten, Rot-Front, Sozialdemokraten, Reichsbanner Schwarz-Rot-Gold, Gewerkschafter, Deutsch-Nationale, Stahlhelm, NSDAP, sogar SA und SS. Das erst im April zur »Sicherung der Staatsautorität« verhängte Verbot der »Wehrorganisationen« der NSDAP ist Mitte Juni gerade schon wieder aufgehoben worden; Sicherung und »Ent«sicherung der Staatsautorität durch Notverordnung, versteht sich! Also kann auch SA oder SS in die Liste eingetragen werden. Nach einigem Palaver wird auch Student und »bündisch« zugelassen. »Student – det is ja keene ausjemachte Klasse mehr!« heißt es. »Bündisch? – wat is'n det? Bloß Wandervögel mit Klampfe un viel Klotzen? Drückeberger Ihr! Schreibt doch Deutschnationaler Jugendbund oder Deutscher Pfadfinderbund oder jraue Horde oder wie dat heest: da wees man wenigstens hallweje, wofür Ihr steht! Aber det is es ja eben! Ihr hockt nur ums Feuer und klotzt!« Schließlich geht bündisch doch durch.

Ich selbst habe im Februar Abitur gemacht, bin Student der Jurisprudenz, lese Hermann Hesse und Stefan George, bin just 19 Jahre alt geworden und bündisch angehaucht. Das humanistische Bismarck-Gymnasium in Berlin hatte seine Schüler vieles gelehrt. So führten wir, nur Jungens, die Antigone in Alt-Griechisch auf. Aber auf die innenpolitische Szene des Jahres 1932 waren wir ganz und gar nicht vorbereitet. Weil ich mit großer Erregung Ernst Niekisch gelesen habe – einen Intellektuellen hohen geistigen Grades national-kommunistischer Prägung! – trage ich mich in die Lagerliste als Angehöriger seiner »Widerstandsbewegung« ein. Natürlich gehöre ich ihr gar nicht an; lese eben viel, schreibe, suche. Ich weiß nur – wie anscheinend wir alle im Lager – daß es politisch »so nicht mehr weiter geht!« Nationale und wirtschaftliche Knebelung durch den »Versailler Vertrag«, Millionen Arbeitslose, Straßenschlachten, sogar die Reichsregierung greift zur Gewalt und hat am 20. Juli die preußische Landesregierung mit Hilfe der Reichswehr abgesetzt. Ja, einer starken Hand wird es wohl bedürfen. Das denken die meisten. Aber welcher Kopf wird sie führen? Darüber schlägt man sich die Köpfe ein.

Im Arbeitslager wird geheim ein Lagerrat gewählt. Selbstverwaltung! Ich weiß nicht mehr, nach welchen Richtlinien, auch nicht, welchem Kandidaten ich meine Stimme gegeben habe. Der gewählte Rat spiegelt den sozialpolitischen Lagerproporz ganz gut. Die

Kommunisten sind den Nationalsozialisten knapp überlegen; die übrigen: na ja! Sogar ein Mädchen ist gewählt. Sie ist angeblich die Frau des führenden Kommunisten. Nach Lagermeinung ist sie seine Freundin, was uns mehr imponiert. Wenn sie seine Frau ist, spekulieren wir, dann wird sie auch gegen ihn als Rats-Vorsitzenden stimmen; ist sie aber seine Freundin, wird sie natürlich nur stimmen wie er! »Sind das Sorgen! – na, man wird ja sehen!« Nein, staunen wird man! Nach 5 Tagen schon hat »der rote Hans« die Macht übernommen! Einfach so und ohne Notverordnung. Er hat den Lagerrat, weil nicht arbeits- und beschlußfähig, kurzerhand suspendiert. Nicht aufgelöst wie Papen den Reichstag am 4. Juni oder Preußen am 20. Juli – nein, suspendiert. Wenn der Rat sich besinnt, tritt er selbstverständlich wieder in Funktion. Inzwischen regiert Hans mit einigen Kumpanen. Die Braunen heulen Opposition. Wir, die Mehrheit, lassen alles hingehen! Wenn wir wirklich weiter Erde für die Planierung des Sportplatzes bewegen wollen, dann müßte die Verpflegung besser werden. Vielleicht kann der Lagerleiter wenigstens dafür sorgen? Er tut's, regiert, und der Lagerrat besinnt sich nicht, bis am 4. September ein neuer Kurs mit neuen Freiwilligen beginnt.

Kein Wunder, daß für viele unter uns »der Fraß« die Hauptrolle spielt. Mich lenkt ein Vortrag von Klaus Mehnert ab. Als Gast geladen, spricht er über Sowjet-Rußland, diesen unheimlichen Koloß, der uns abstößt und gleichzeitig doch anzieht. Ernst Niekisch scheint auch von dieser Magie erfaßt; derselbe, der bald die Broschüre »Hitler ein deutsches Verhängnis« veröffentlichen wird mit dem unvergeßlichen Titelblatt Paul A. Webers: Über einen Hügel schreiten die Kolonnen der SA in einen tiefen Sarg, den nur der Beschauer sieht! Mehnert hext mit Schwung und Charme

gleichsam das Höllische der Sowjetunion weg, ist aber beileibe kein Kommunist und wirkt eher wie ein »Bündischer«. Von Rot bis Braun sind alle fasziniert. Wie jeden Abend wird wüst diskutiert.

»Warum müßt ihr euch eigentlich immer prügeln oder gar totschlagen?« fragte ich eines Abends harmlos an die Adresse der Roten und Braunen. »Hier gilt Lagerfriede«, brummten sie. »Aber eure Blutschlacht in Altona am 17. Juli?« – »Du siehst doch, du Blödmann, daß die Roten es sind, die uns in die Pfanne hauen wollen, selbst hier im Lager. Ihr Labbertypen ihr! Na also, hör doch auf, was willste denn . . .?«

Ja, so war das! So einfach und so kompliziert; so vulkanisch. Der Abschiedsabend übrigens wurde ein voller Erfolg. Wir führten einen Sketch auf: »Das Abenteuer in Tongking«. Als ob das das nächstliegende Abenteuer wäre! Einigen geriet denn auch der Abend zu unpolitisch. »Ihr Bündischen seid ja lieblich ungefährlich«, witzelten die Roten wie die Braunen. Manchmal begriff ich wirklich nicht, warum die sich nicht verstehen und miteinander verständigen konnten. So weit auseinander waren die doch gar nicht! Aber ich hatte wohl keinen Durchblick. Gewiß nur, daß die allermeisten von uns im Lager »besten Willens« waren. Der freilich führt schon in der Caritas kaum, in der Politik fast niemals zu etwas Gutem. Vor der Politik stehe die von gesundem Wertgefühl und solidem Sachverstand geleitete Vernunft. Ob sie das auch wirklich sei, rechtzeitig zu erkennen und der Erkenntnis gemäß dann unerschrocken zu handeln, darauf wohl kommt es an.

ULRICH VON RHAMM
Geb. 1913 in Blankenburg/Harz.
1933: Student. Nach 1945: Botschafter, zuletzt in Damaskus (Syrien).

Junge Franzosen, junge Deutsche

Im Gegensatz zum jungen Franzosen habe der junge Deutsche gar keinen Trieb zur wirklichen Unabhängigkeit, zur persönlichen, unbeschränkten Freiheit. Der junge Deutsche schlägt auch über die Stränge wie

jeder Mensch, verlangt aber eben nach Strängen, sonst macht ihm die Freiheit keinen Spaß.

Harry Graf Kessler (»Tagebücher 1918–1937«)

Herbert Wehner
Selbstbesinnung und Selbstkritik

Herbert Wehner, 1958

Auszug aus der Einleitung zu einer Aufzeichnung über die Machtergreifung des Nationalsozialismus und den Zusammenbruch der Arbeiterbewegung in Deutschland. Die Aufzeichnung entstand in der Einzelhaft in Schweden im Winter 1942/1943.

Die Erinnerung kehrt wieder und wieder zu dem endlos scheinenden grauen Zug der vielen hunderttausend Berliner Werktätigen zurück, der in dem beißend kalten Januar des Jahres 1933 am Karl Liebknecht-Haus auf dem Bülow-Platz vorbei marschierte. Zehn Jahre sind es her, seit die Werktätigen Berlins auf eine so ergreifende, packende – heute denkt man: erschütternde – Weise ihre Bereitschaft zur Abwehr der überhängenden Gefahr kund gaben. Die an jenem eiskalten Spätnachmittag, kurz nach dem Scheitern der Regierung des Generals Schleicher, am Karl Liebknecht-Haus demonstrierenden Hunderttausende und Aberhunderttausende glühten, wie das Rot ihrer Fahnen im Dunkel, erfüllt von dem Willen, ihre Pflicht zu tun, sich mit Leib und Seele dem drohenden Verhängnis entgegenzustemmen. Diese Werktätigen Berlins – ausgemergelt und zerschlissen von schweren Krisenjahren – fühlten besser als viele politische Führer der damaligen Zeit, daß die Stunde gekommen war, in der ein Machtwort gesprochen und ihm entsprechend gehandelt werden mußte: Einigkeit gegen die sonst unvermeidliche Nazi-Diktatur! – Wie viele von jenen vielen Hunderttausenden sind dann, jeder einzeln, in Konzentrationslager, SA-Kasernen und -Sturmlokale, Arbeitslager, Gestapo-Keller geschleppt worden? Wie viele von ihnen wurden zu Tode gequält, in Gefängnismauern eingesargt? Wie vielen wurde durch Blockwalter, Vorarbeiter, Obmänner und andere Organe der braunen Staatsmacht das Leben zur Hölle gemacht? Und wie viele gingen im braunen All-

tag einfach kümmerlich zu Grunde, zerfressen und zermürbt von den Sorgen, ohne Hilfe und Halt?

Nach allem, was seitdem, in zehn inhaltsschweren Jahren, geschehen ist, kann und will der einsame Gefangene die Werktätigen Berlins vom Januar 1933 nicht post festum zu Heroen stempeln. Aber wenn er sich vergegenwärtigt, wieviel Treue, Eifer, Ergebenheit, Pflichtgefühl, Begeisterung, Einsicht, Erbitterung damals zu einer großen, disziplinierten Bereitschaft verschmolzen, so fühlt er noch heute den Pulsschlag der grauen Kolonnen mit den brennend roten Fahnen – und fühlt sich eins mit jenen Männern und Frauen, deren Gesichter schon damals davon sprachen, daß sie mehr Not und Entbehrung kennengelernt als der Durchschnittseuropäer jener Zeit, und deren Herzen doch so opferbereit schlugen ...

HERBERT WEHNER

Geb. 1906 in Dresden. 1925: Journalist. 1927: Mitglied der KPD. Ab 1937 im Exil in Moskau. Während seiner Haft in Schweden Bruch mit dem Kommunismus. 1946: Rückkehr nach Deutschland. Redakteur in Hamburg. Eintritt in die SPD. 1949: Mitglied des Bundestages. 1959: Stellvertretender Vorsitzender der SPD. Seit 1969: Fraktionsvorsitzender der SPD im Bundestag.

Aus: Herbert Wehner. Wandel und Bewährung. Ausgewählte Reden und Schriften 1930–1967. Herausgegeben von Hans-Werner Graf Finkenstein und Gerhard Jahn. Mit einer Einleitung von Günter Gaus. Verlag Ullstein GmbH, Berlin, erw. Neuausgabe 1981.

Rotfrontkämpfertag in Berlin, 1926. Zug der Fahnenabordnung auf dem Festplatz.

Hans Mugrauer
Ein Bergmann aus Bochum erinnert sich

Irgendwann während der in Pogromstimmung dahin-schwelenden Monate von etwa Mitte Mai 1931 bis zur vollständigen Liquidierung von SPD und Gewerk-schaften, geisterten in den Versammlungen der Nazis und ihren Propagandaschriften die Worte »Köpfe wer-den rollen, wenn die nationale Revolution sich mit Ge-walt durchsetzen muß«, und es war die Rede von der »Nacht der langen Messer« ...

Bochum war und ist wieder der Sitz des 1889 gegründe-ten Bergarbeiterverbandes ... Bergbau und Metallin-dustrie waren die vorherrschenden Wirtschaftszweige. Durch die damals wirklich verheerende Wirtschaftskri-se waren bis zur Hälfte der Belegschaften arbeitslos. Es war daher sowohl für die SA wie für das Reichsbanner nicht allzu schwer, ihre Reihen aufzufüllen. Überall in den Vororten bildeten sich – meist in Gaststätten – stän-dige Treffpunkte der Einheiten des Reichsbanners und der SA. Bei den letzteren fehlte es nicht an Geld. Die SA-Leute waren gut uniformiert. Die meist jungen, arbeitslosen Männer bekamen dort nicht nur das histo-risch gewordene braune Hemd und die SA-Mütze geschenkt, es gab auch Hosen und Schuhzeug gratis. Zigaretten wurden herumgereicht, und es gab immer genannte und ungenannte Spender von Bierrunden. Bald stand überall im Lande die nazistische Bürger-kriegsarmee bereit ...

Manchem jungen Mann, der einem vom Reichsbanner her bekannt war, oder von dem man wußte, daß er einst bei Rot-Front stand, begegnete man plötzlich als SA-Mann; mitunter verlegen und vielleicht beschämt bei-seite schauend, mitunter aber auch mit hartem, heraus-forderndem Blick, ungefähr »Was willst du schon, ihr tut ja doch nichts!«

Nachdem Hitler am 30. Januar 1933 Reichskanzler ge-worden war, wurde schließlich auch Bochum in Nacht-und-Nebel-Aktionen der SA systematisch aufgerollt und zermürbt. Wahrscheinlich noch im Rausch der Sie-gesfeier, mit viel Alkohol und aufputschenden Reden gesättigt, brachen Schlägertrupps in Stärke von 3 bis 6 Mann vor allem in den Arbeitersiedlungen in die Woh-nungen der Vertrauensleute von Reichsbanner, SPD und Gewerkschaften ein und verprügelten, was ihnen in die Quere kam. So ging es wochenlang. Wen sie überfielen, der wurde meist krankenhausreif geschla-gen.

Der Vorsitzende des Reichsbanners in Bochum, Franz Vogt, war Angestellter beim Hauptvorstand des Berg-arbeiterverbandes. Wir waren nicht nur Kollegen, son-dern auch persönliche Freunde. Vogt hat das Dritte Reich nicht überlebt. Er kam in Holland als Emigrant zu Tode. In diesen schrecklichen Wochen kamen fast täglich grün und blau geschlagene Vertrauensleute oder deren Frauen zu Vogt und zum Bergarbeitervorstand um Rat und Hilfe. Der eine war arbeitsunfähig geprü-gelt, der andere hatte kein Geld, weil auch das ver-schwunden war während der nächtlichen Eskapade in der Wohnung, der dritte wollte, vom Schock zermürbt, nach Ost- oder Westpreußen zurück, wo er noch ir-gendwelche Verwandte hatte, aber ohne Geld für die Reise war. Unsere Hifsmöglichkeiten waren sehr be-grenzt – Gewerkschaftsgelder sollten für diese Hilfe nicht verwendet werden! Heute noch fühle ich fast kör-perlich die ratlose Niedergeschlagenheit, die uns be-drückte. Denn diese Männer hatten ja nichts getan als Solidarität geübt und voller Idealismus ihre Freizeit und oft auch ihr Familienglück geopfert, für ihre Idee der Befreiung der Arbeiterklasse.

Wem die Nazis ganz übel mitspielen wollten, den ver-schleppten sie nach »Gibraltar« – bald ein gefürchtetes Wort! Es handelte sich um eine stillgelegte, kleine Schachtanlage im südlichen Teil Bochums, die als SA-Kaserne und Folterkammer benutzt wurde. Dem glei-chen Zweck diente ein besetztes Naturfreundehaus in Bochum-Linden und das Druckerei- und Redaktions-gebäude der sozialdemokratischen Tageszeitung Das Volksblatt, das ebenfalls seit der Machtergreifung Hit-lers »erobert« war ...

Am 10. März 1933 holten die Bochumer Nazis zu dem für sie effektivsten Schlag aus. Nachts um etwa 2 bis 3 Uhr besetzten sie das Verwaltungsgebäude und die Druckerei des Bergarbeiterverbandes und holten jeden Angestellten, einschließlich des Vorstandes, aus der Wohnung. Und das ging so vor sich: 4 bis 5 SA-Leute, mit Revolver und Gummiknüppel ausgerüstet, erzwan-gen sich den Eingang in die Wohnung. Wurde nicht ge-öffnet, traten sie die Tür ein. Natürlich war man im Schlafanzug. Mit den Worten: »Kein Widerstand, du Marxistenschwein, zieh dich fix an«, und zur Frau: »Du alte Drecksau hältst die Schnauze, eure Brut auch«. Man wurde in eine Ecke gestoßen, mit dem Ge-sicht zur Wand. »Bei Widerstand wird geschossen!« Und zur Frau »Du gehst mit uns und zeigst uns die Waf-fenlager, hier wird Haussuchung gemacht.« Dann wur-de die Wohnung in einen trostlosen Wäsche-, Kleider-und Bücherhaufen verwandelt. Waffen fanden sie nicht. Wir waren wirklich nicht bewaffnet. An Büchern

Arbeitslosenschlangen gehörten in der Weimarer Republik zum Bild des Alltags.

wurde mitgenommen, was gerade so in die Hände fiel und antinazistisch war. Bei mir mußten u. a. Heinrich Heine und die Weimarer Verfassung mit Kommentar dran glauben. Nach etwa einer halben Stunde war der Spuk in der Wohnung beendet. Wir Männer wurden »eingesammelt« und auf Lastwagen in ihre »Lagerräume« gebracht. Dort wurden wir von teils angetrunkenen alten Kämpfern mit Gejohle, Anspucken und Fußtritten empfangen. Verschont blieb keiner. Sie hatten vorbereitete Namenlisten mit Wohnort und Funktion ...

Nach meiner Freilassung aus der SA-Folter in Bochum bis zur Emigration im August 1933, habe ich kaum noch meine Wohnung betreten und in Bochum keinen Dienst mehr verrichtet. Vom Vorstand wurde ich beauftragt, mich in verschiedenen Geschäftsstellen des Ruhrgebiets aufzuhalten.

HANS MUGRAUER
Geb. 1899 in Langenbach. Bergmann, später Sekretär beim Bergarbeiterverband. 1933: Emigration (Tschechoslowakei und Schweden). Nach 1946: Sekretär bei der IG Bergbau in Bochum. 1955–1962: Arbeitsdirektor der Salzgitter AG.
Aus: Gewerkschaftliche Monatshefte. Heft 7. 1975.

Ellinor von Puttkamer
Schranken für den Nationalsozialismus?

Ellionor von Puttkamer, 1938

Es ist immer schwer, sich nach einem halben Jahrhundert auf einzelne Erlebnisse zu besinnen, sie zeitlich und kausal richtig einzuordnen – das Problem der Zeugenschaft. Besonders schwierig ist das für die Jahre, in denen die Wege beschritten wurden, die zu Deutschlands Katastrophe führten; denn allzu sehr sind die Anfänge der nationalsozialistischen Zeit in der Erinnerung überlagert von den Schrecken der Endjahre. 1933 war noch alles voller Widersprüche. Die Frage drängt sich auf, ob nicht manches hätte verhindert werden können, wenn das deutsche Volk in dieser Periode noch bestehender Kontraste mutiger reagiert hätte. Was hätten wir, was hätte ich selbst damals tun müssen? Diese unbeantwortete und vielleicht unbeantwortbare Gewissensfrage bleibt eine unheilbare Wunde.

Im Wintersemester 1932/33 war ich, 22 Jahre alt, Studentin an der Universität Berlin, die noch ihren stolzen historischen Namen Friedrich-Wilhelm-Universität trug, der auf die Zeit des »deutschen Idealismus« hinwies, in der Fichte hier seine »Reden an die deutsche Nation« gehalten hatte. Das Wandgemälde in der Alten Aula machte darauf aufmerksam. Ich gehörte dem für politische Fragen sehr aufgeschlossenen Seminar für osteuropäische Geschichte unter dem leidenschaftlich politisch interessierten Prof. Otto Hoetzsch an. So erlebte ich die »Machtergreifung«.

Mein politischer Standort war von Familie her und auch aus eigener Überzeugung sozusagen »konservativ bis in die Knochen«. Darum war ich nach Hugenbergs Fehltritt zu einer quasi-Koalition mit dem Nationalsozialismus in der »Harzburger Front« bereit, das nächste Mal die SPD zu wählen, aber es war dazu schon zu spät. In diesem Winter war die Universität bereits Schlachtfeld häufig bis zu Gewalttätigkeiten gehender Auseinandersetzungen zwischen Nazis und anderen Studenten, wobei zu den »anderen« keineswegs nur Linke, sondern sehr weitgehend auch »Farbentragende« gehörten; das muß erwähnt werden, weil später die Korporationen – großenteils zu unrecht – als Brutstätten des Nazitums verpfiffen worden sind.

Die Fackelzüge des 31. Januar 1933 habe ich nicht mit eigenen Augen gesehen; ich schlief in dieser Nacht ahnungslos in meiner Charlottenburger Studentenbude, die ich – z. T. wohl aus Trotz gegen die anschwellende antisemitische Welle – bei einem orthodoxen Ostjuden namens Rothstein gemietet hatte. Als ich am 1. Februar erwachte, waren die Würfel gefallen, aber es sollte noch lange dauern, bis sich das System in vollem Umfang durchsetzte. Zunächst einmal richteten sich die rohen Aktivitäten der nunmehrigen Machthaber ja »nur« gegen die Linke und, wie im Programm vorgesehen, gegen die Juden. Genaueres wußten davon nur die Betroffenen.

Die Diskussion der kleinen Gruppe von etwa einem Dutzend Studenten in unserem Seminar hörte nicht mehr auf. Noch traute man sich, egal, welche Meinung der andere vertrat. Waren früher wegen des Osteuropa-Themas und vor allem wegen der hierfür notwendigen russischen Sprachkenntnisse viele unserer Kommilitonen russische und zwar häufig jüdisch-russische Emigranten gewesen, so hatte sich diese Zusammensetzung unseres Kreises schon vor dem Winter 1932/33 sehr geändert. Bis auf Ausnahmen waren die Russen schon fort. Unter den deutschen Seminarmitgliedern aber tauchten nun einige in SA- oder SS-Uniform auf; wie sich später erwies, waren dies aber gar nicht die engagiertesten Nazis. So blieben auch unsere Gespräche noch durchaus im akademischen Rahmen. Es gab noch keine parteiamtlich durchgesetzte starre Linie! – In deutlicher Erinnerung steht mir der Reichstagsbrand Ende Februar 1933. Ein stark links orientierter Studiengenosse versuchte, mir am Tage darauf beizubringen, daß nur die Regierung selbst an der Brandstiftung interessiert sein könnte. Ich hielt das – so naiv war ich noch – für schlechthin unmöglich, aber nach einigen Tagen hatte ich das perfide Vorgehen begriffen. Auf das Trugbild des »Tag von Potsdam« (21. März 33) fiel ich nicht mehr herein.

Nach und nach nahm uns die neue Zeit fast unmerklich in die Zange. Schon im Sommersemester 1933 mußten alle Studenten den Ariernachweis erbringen und wurden dann, wenn das klappte, automatisch Mitglied der Deutschen Studentenschaft. Auf dem Fragebogen der Militärregierung stand unter den 99 NS-Organisationen auch die Deutsche Studentenschaft. Das Bekenntnis zu ihr konnte glücklicherweise mein einziges »Yes« bleiben. In den meisten Fällen ließ sich eine Mitgliedschaft nämlich durchaus vermeiden, Rückzug genügte. So gab ich z. B. meine Zugehörigkeit zum Akademischen Reiterverein einfach auf, als die Freundin, mit der ich eingetreten war, wegen der Unmöglichkeit, den Ariernachweis zu erbringen, austreten mußte. Sicher gab es Fälle, in denen man nicht darum herum kam, formell »organisiert« zu sein, so z. B. für die Ablegung von manchen Staatsexamen; auch da genügte aber häufig eine »Anwartschaft«, die nie in eine Mitgliedschaft umgesetzt wurde. Hätten alle, die dem Regime innerlich fernstanden, wenigstens den Mut zu einem passiven Widerstand gehabt, wäre das Regime doch wohl etwas weniger selbstsicher geworden.

Schon das Jahr 1933 brachte die Entlassung vieler angesehener Professoren, zunächst der jüdischen. Die meisten von ihnen waren einfach »weg«. Zuweilen aber kam es dabei auch zu schamlosen Auftritten. Ich erinnere mich genau, wie eines Tages vor dem großen Hörsaal, in dem der ehrwürdige Zivilrechtler Martin Wolff las, Nazi-Studenten wahllos irgendwelche Kommilitonen aufforderten, sich an einem Tumult gegen diesen zu beteiligen. Auch an mich wandten sie sich. Natürlich folgte ich ihnen nicht, aber das aus dem Hörsaal dröhnende Gejohle klingt mir noch in den Ohren, und ich sehe den kleinen, gebeugten alten Mann noch heute vor mir, wie er schweigend den Hörsaal verließ. Nach den jüdischen Professoren folgten die, die sich politisch unbeliebt gemacht hatten, so Ende des Wintersemesters 1933/34 der Historiker Hermann Oncken und im Sommersemester 1934 dann mein Doktorvater Otto Hoetzsch. Die Entlassungen erfolgten in NS-paradoxer Weise nach dem »Gesetz zur Wiederherstellung des Berufsbeamtentums«. Ich hatte damit beide für meine Promotion vorgesehenen Lehrer verloren.

Diese »Säuberungsaktionen« innerhalb der Universität fielen zeitlich etwa zusammen mit der ersten großen »Säuberungsaktion« innerhalb von Partei und Staat, dem 30. Juni 1934. Wer nun nicht erkannte, wohin der Nationalsozialismus steuerte und welcher Methoden er sich bediente, dem war nicht mehr zu helfen. Man hätte damals noch Widerstand leisten können, davon bin ich überzeugt. Noch fühlte sich das Regime nicht ganz sicher.

ELLINOR VON PUTTKAMER
Geb. 1910 in Versin (Pommern).
Evangelisch. 1933: Studentin an der Universität Berlin.
Nach 1945: Botschafterin und Universitätsprofessorin.

Alfred Kantorowicz
An ihren Schmissen sollt ihr sie erkennen

Alfred Kantorowicz, 1930

In Gegenwart Seiner Magnificenz des Rektors der Heidelberger Universität und hoher Behörden ist in Heidelberg die erste wieder offizielle Mensur geschlagen worden. Es war ein Festtag der »nationalen Erhebung« und der seelischen Erbauung.

Im Gegenteil: wir finden diese Einrichtung ganz ausgezeichnet. Sie erspart uns, wenn der Tag kommt, viele Mühe; sie bewahrt uns vor jeglichem entschuldbaren Irrtum. Die Herren haben einander gezeichnet. Niemand von ihnen kann uns dann einreden: er sei nicht dabeigewesen. Wir legen Gewicht darauf, daß kein Nazistudent sich vor der Mensur drückt. An ihren Schmissen sollt ihr sie erkennen!

ALFRED KANTOROWICZ
1899–1979. Schriftsteller und Literaturhistoriker.
Zuerst veröffentlicht am 15. Mai 1933 in Nr. 20 der Pariser Wochenschrift »Das blaue Heft«.
Aus: Alfred Kantorowicz. Im 2. Drittel unseres Jahrhunderts. Illusionen, Irrtümer, Widersprüche, Einsichten, Voraussichten. Verlag Wissenschaft und Politik. Köln 1967.

Paul Löbe
Die Wirtschaftskrise und ihre Folgen

Ich sehe in der Wirtschaftskrise eine der Hauptursachen, weshalb das deutsche Volk der nazistischen Verführung erlag. Der Unbeteiligte kann sich nur schwer eine Vorstellung machen, wie niederdrückend jahrelange Beschäftigungslosigkeit gerade auf den gewissenhaften Arbeiter wirkt ... Was es heißt, zweihundert- bis dreihundertmal im Jahre vergeblich aufs Arbeitsamt zu gehen oder ans Fabriktor zu klopfen und sozusagen um Arbeit zu betteln, was es heißt, ebenso oft nach Hause zur Familie zu kommen, mit dem Resultat, es war wieder vergeblich, welche Reibungen sich daran oft genug zwischen Mann und Frau ergaben, wie verheerend sich der Müßiggang des Vaters auf die heranwachsenden Kinder auswirken mußte – nur wer selbst darunter gelitten, wird das verstehen ...
Die Masse des Volkes aber lieh willig ihr Ohr den falschen Aposteln, die den Vertrag von Versailles, die Reparationen, die Sozialisten, die Männer der »Systemregierung« für solche Verhältnisse verantwortlich machten ...
Dabei hatte Hindenburg keinen Zweifel über seine Abneigung gegen Hitler gelassen, sie war durch mancherlei kleine Vorfälle bestätigt ... Mit welcher Rücksichtslosigkeit und Roheit die Nazihelden diese Ablehnung des Reichspräsidenten erwiderten, davon legen Reden, Bilder, Spottverse und niedrige Schimpfereien Zeugnis ab. Aus einem hitlerischen Flugblatt wurden folgende Knittelverse deklamiert:

> *Nur wer nach Knoblauch stinkt und Zwiebel,*
> *wählt Hindenburg als kleineres Übel.*
> *Wer deutsch jedoch noch denken kann,*
> *wählt Adolf Hitler, Mann für Mann.*

PAUL LÖBE
1875–1967. Schriftsetzer. 1899–1919: Schriftleiter der Breslauer Volkswacht. 1919–1920: Mitglied der Weimarer Nationalversammlung. 1920–1933: Mitglied des Reichstages, bis 1932 Reichstagspräsident. 1933 und 1944 in Haft. Seit 1945 erneut in der SPD tätig. 1948–1949: Mitglied des Bundestages.
Aus: Paul Löbe. Der Weg war lang. arani Verlag. Berlin 1954.

1930 weilte der ägyptische König Faruk als Staatsgast in der Reichshauptstadt. Er besuchte mit Reichspräsident Paul von Hindenburg die Berliner Staatsoper. Links von Faruk Reichstagspräsident Paul Löbe. In ihrer Kleidung paßten sich die »Linken« den »Rechten« an – was die progressive Jugend verwunderte.

Sebastian Haffner
über die Konservativen
und Hitler

Die einzigen innenpolitischen Gegner oder Konkurrenten, mit denen Hitler in den Jahren 1930–1934 ernsthaft zu rechnen und zeitweise zu kämpfen hatte, waren die Konservativen. Die Liberalen, Zentrumsleute und Sozialdemokraten haben ihm nie im geringsten zu schaffen gemacht, ebensowenig die Kommunisten.

Aus: Sebastian Haffner. Anmerkungen zu Hitler, Kindler Verlag. München 1978.

Rolf Italiaander
Die Flieger waren national gesonnen

Rolf Italiaander als Jungflieger 1928

Hermann Göring als Luftfahrtminister hatte eine günstige Ausgangsposition. Daher konnte er seinem »Führer« schneller als andere Erfolge melden. Schon vor 1933 waren die meisten Flieger in Deutschland sehr national gesonnen. Wesentlich unterstützt wurde das deutsche Flugwesen von den einflußreichen Verlagshäusern Ullstein und Mosse, was einen Sportflieger nach 1933 zu dem Satz verleitete: »Daß wir fliegen, verdanken wir nicht dem ›Führer‹, sondern den Juden.« Die deutsche Geschichte ist reich an Absurdem.

Der Versailler Vertrag wollte, daß die Deutschen nie mehr fliegen. Nach der Niederlage 1918 wurden alle Flugzeuge und Luftschiffe zerstört und die Flieger diffamiert. Nun aber hatte Deutschland 1914–1918 weltberühmte Jagdflieger wie Richthofen, Immelmann, Boelke u. a. gehabt. Als das gedemütigte Volk nach nationalen Symbolen suchte, wählte es z. B. jene Jagdflieger. Es entwickelte sich ein Mythos, der auf Unwahrheiten beruhte, was aber das Volk nicht durchschauen konnte. Auf dem Fliegerdenkmal auf der Wasserkuppe in der Rhön war zu lesen: »Wir toten Flieger blieben Sieger. Durch uns allein, Volk, flieg du wieder. Und du wirst Sieger durch dich allein.«

Das war eine chauvinistische Irreführung. Die toten Flieger waren keine Sieger; denn sie waren geschlagen. Heer, Marine, Luftwaffe – alles geschlagen. Die Wahrheit läßt sich leicht manipulieren. Es geschah mit sichtlichem Erfolg. Fliegerei und Luftfahrt erhoben sich phönixgleich aus der Versailler Asche. Ich war Augenzeuge, ja, selbst Mitstreiter.

In Leipzig, in der Nähe unserer Wohnung, lebte eine hochrespektierte Dame, welche »die Heldenmutter« genannt wurde. Sie war die Mutter des Freiherrn Manfred von Richthofen. Sein Neffe war ein Sportfreund von mir, und so hörte ich mehr als andere Kna-

ben Authentisches vom »Heldenlied unserer Flieger«.

In »Pleiße-Athen« wurde die Flugbegeisterung durch den Leipziger Verein für Luftfahrt und Flugwesen mobilisiert, Sitz: Flughafen Mockau. Wann immer ich Zeit hatte, radelte ich nach Mockau. Der Flugplatz war belebt von ehemaligen Kriegsfliegern, die für eine »Wiedergeburt der deutschen Fliegerei« unablässig tätig waren. Diese hartnäckigen Männer trugen Uniformen mit Orden, Fliegerhauben, Fliegerbrillen, obwohl sie keine Flugzeuge zur Verfügung hatten. Mit einem dieser »Spinner« befreundete ich mich. Er baute aus Besenstielen, Brettern, Kabeln, Bettlaken und einem Motorradmotor ein »Sportflugzeug«. Unermüdlich imprägnierte ich mit Zaponlack die Tragflächen, damit sie »recht widerstandsfähig« wurden. Aber ich kann mich nicht erinnern, daß der Hauptmann a. D. mit seinem »Drahtesel« je tatsächlich geflogen ist.

Es fanden »nationale Flugtage« statt, die von Tausenden besucht wurden. Da wurden nicht allein unsere Flugmodelle vorgeführt, sondern auch Freiballonfahrten veranstaltet. Bald produzierten sich ehemalige Jagdflieger wie Ernst Udet und Gerhard Fieseler mit importierten Sportflugzeugen als Kunstflieger. Es fanden »Sachsen-Rundflüge« statt. Ich half beim Tanken und Aufpolieren der Flugzeuge, machte mich überhaupt unentbehrlich. Die Sportflieger orientierten sich tags an Bahnhofschildern und nachts an aufgestellten Petroleumlampen an den Bahngleisen. Diese Methode wurde zunächst auch von der neuen »Deutschen Luft Hansa« angewandt, als sie mit den ersten Nachtflügen begann.

Wie primitiv alles in den zwanziger Jahren war, kann sich heute im Computer-Zeitalter kaum jemand vorstellen. Angetrieben wurden wir Jungen in unserer Flugbegeisterung von den ehemaligen Kriegsfliegern. Bei mir war der Enthusiasmus derart grenzenlos, daß ich 1927 mit 14 Jahren als Jungflieger in den Deutschen Luftfahrt-Verband aufgenommen wurde, um am ersten »Jungfliegerkursus« teilzunehmen. Wir Jungflieger wurden – entgegen den Versailler Bestimmungen! – unterrichtet in Luftfahrzeugbau, Motorenkunde, Stoffkunde, Luftkartenkunde, Luftrecht. Als 14jähriger Quartaner bekam ich »in Anerkennung eifriger und selbstloser Betätigung« das nur selten verliehene goldene Jungfliegerabzeichen. In meiner Jungflieger-Gruppe waren Handwerker, Arbeiter, Studenten, Angestellte. Wir waren durchweg pudelarm, konnten uns oft nicht einmal eine Brause leisten und knabberten trockene Brotkanten. Wir brauchten jeden Groschen, um Baumaterialien anzuschaffen. Auch wollte ich »richtig fliegen lernen«! Dazu mußte man freilich 18 Jahre alt sein. Ich reichte beim Verkehrsministerium in Berlin ein Gesuch derart ein, daß man mein Geburtsjahr 1913 nicht deutlich lesen konnte, und ich bekam dank dieses Tricks die erstrebte Erlaubnis.

Im Sommer 1928 reiste ich nach Rossitten auf der Kurischen Nehrung (Ostpreußen), um an einem Segelfliegerlehrgang teilzunehmen. Die Ausbilder in Rossitten waren – wie in Leipzig – ehemalige Kriegsflieger, es ging »zackig« zu. Zwischen den Flugübungen mußten wir boxen, ringen, Kleinkaliber schießen – was mir überhaupt nicht lag.

Bei dem alljährlichen Rhön-Segelflugwettbewerb auf der Wasserkuppe war es ähnlich. Den national gesonnenen deutschen Jungfliegern war das selbstverständlich, und die Ausländer nahmen keinen Anstoß. Ja, die Deutschen imponierten ihnen sogar. Ich verfaßte das erste Erlebnisbuch über die Segelfliegerei, und der Schweizer Verlag Orell Füssli verlegte meinen Erstling. In der Weltbühne schrieb Kurt Tucholsky freundlich über mich, nahm freilich Anstoß an dem »nationalistischen« Vorwort des preußischen Staatsministers Dominicus. Aber wo blieben denn die Republikaner, die Sozialisten? Warum gab es keinen schwarz-rot-goldenen Luftfahrerverband? Wir waren doch keineswegs allesamt Nationalisten! In Leipzig wurde zwar der Versuch unternommen, einen sozialdemokratischen Flugverein zu gründen, aber er scheiterte. Hervor traten jüdische Flugzeugbauer wie Raab-Katzenstein und jüdische Rekordsegelflieger wie Robert Kornfeld (die 1933 sofort ausgeschaltet wurden). Auch sie gehörten ins nationalistische Lager, weil es keine Alternative gab. 1934 wurde der Deutsche Luftfahrt-Verband aufgelöst; die Mitglieder wurden in das NS-Fliegercorps »übergeführt« – so sie einen »sauberen Stammbaum« hatten oder Privilegien genossen. Für den »jüngsten Segelflieger der Welt« war das Ende der praktischen Fliegerei gekommen.

Nach Göring wurde ein sehr wichtiger Mann der NS-Luftfahrt der ehemalige Luft-Hansa-Direktor Erhard Milch, der zum Generalfeldmarschall aufstieg, nachdem er durch Göring (»Wer Jude ist, bestimme ich!«) arisiert worden war. Görings alter Kriegskamerad Udet dagegen nahm sich als Generalluftzeugmeister aus Protest gegen den »Eisernen« (Göring) das Leben. Zu den Prominenten der Weimarer Republik, die aus der Fliegerei 1933 ausgeschaltet wurden, gehörte der erfolgreiche Konstrukteur Hugo Junkers, als Sozialdemokrat »roter Junkers« verfemt. Eine Zeitlang hieß es, die Familien von Otto und Gustav Lilienthal – die ersten deutschen Flugpioniere – seien jüdisch, weshalb ihre Kinder und Enkel belästigt wurden. Es war wiederum Göring, der sich einschaltete: »Wir können doch auf diese berühmten Namen nicht verzichten.« Also wurden zukünftig die Familien Lilienthal nicht mehr behelligt.

Görings manchmal unkonformistische Personalpolitik war vielleicht mit die Ursache, daß es in der Luftwaffe weniger Widerständler gab als im Heer. Die nationale Flugbegeisterung im Kaiserreich setzte sich also in der Weimarer Republik fort, erlebte eine grenzenlose Förderung im Dritten Reich, bis die Alliierten die deutsche Luftwaffe zerschlugen. Namen von Flugpionieren der deutschen Geschichte leben in der zweiten Republik auf den Verkehrsflugzeugen der neuen Lufthansa fort. Richthofens Beiname »Red Baron« (weil sein Jagdflugzeug rot angestrichen war) ist ein Werbeslogan der Lufthansa in den USA.

Gustav Lilienthal, der Bruder des ersten fliegenden Menschen, Otto Lilienthal, in seiner Werkstatt in Berlin, in der er erfolglos ein Fluggerät baute.

Der erste deutsche Motorflieger Hans Grade führte auch noch in der Weimarer Republik bei zahlreichen Flugtagen sein primitives Fluggerät vor.

Im April 1928 gelang es dem ehemaligen Nachtflugleiter der Deutschen Lufthansa, Hermann Köhl (rechts), mit dem irischen Fliegermajor Fitzmaurice (Mitte) und dem Freiherrn von Hünefeld (links) mit der einmotorigen Junkers W 33 »Bremen« erstmals in der Geschichte der Luftfahrt den Nordatlantik von Ost nach West im Nonstop-Flug zu überqueren. In der Weimarer Republik waren die beiden Deutschen sehr populär, aber »unbrauchbar« für Görings Luftwaffe; denn Köhl war gegen die NSDAP und Hünefeld ein »Judenstämmling«.

Carl Diem
Die Haltung der deutschen Sportführer

Carl Diem mit Exzellenz von Lewald auf der Fahrt nach den USA, um Informationen über die Sportstätten zu erhalten. 1929

Das Aufkommen des Nationalsozialismus schlug natürlich seine Wellen auch in meinen Arbeitsbereich. Das Eine mag hier festgestellt werden, keiner der maßgebenden Sportführer hatte vor 1933 zur nationalsozialistischen Partei irgendwelche Beziehungen unterhalten! ... Ich selbst war als Generalsekretär den Nationalsozialisten genügend bekannt, hatte in der alten Deutschen Hochschule für Leibesübungen, von meinen Studenten oft genug über die neue Bewegung befragt, aus meiner Meinung keinen Hehl gemacht. Daß man mir deshalb innerhalb der Partei nicht grün war, konnte ich aus ihren Presseäußerungen entnehmen ...

Am knallendsten richteten sich die Angriffe gegen Lewald, den man, weil er einen jüdischen Vater und eine christliche Mutter aus einem bekannten Detmolder Predigerhaus hatte, den Juden zu nennen beliebte, und der zudem die Republik schon einmal vor der Gefahr eines autoritären Regiments bewahrte, als er die Opposition der Beamtenschaft gegen die Machtübernahme durch Kapp organisierte und diesen Putsch damit zu Fall brachte. Lewald und ich wurden uns darüber klar, daß wir auf die Dauer auch bei Bewahrung der Rechtsverhältnisse unsere Ämter gegen die Partei nicht würden halten können. Wir erwogen nur noch, ob man die zur Vorbereitung für Berlin übertragenen Olympischen Spiele torpedieren würde oder nicht. Wir sahen darin einen Herzenswunsch der deutschen Sportwelt und wollten nichts versäumen, was die Ausführung gefährden könnte. Lewald beschloß, sich für seine Person aus der Drecklinie zurückzuziehen, und beschwor mich, solange auf dem Posten zu bleiben, die Institution und das Vermögen des Reichsausschusses weiter in der Hand zu behalten, bis eine Entscheidung herbeigeführt war. Ich sagte ihm dies zu, nicht ohne ihm meine berechtigte Vermutung auszusprechen, es würde dies weder für den Reichsausschuß noch für die Hochschule lange möglich sein. Was die Olympischen Spiele anlangte, so müsse er so schnell wie möglich eine Stellungnahme des Reichskanzlers herbeiführen, ob er gewillt sei, die Unverletzlichkeit der olympischen Gesetze bei den Spielen zu gewährleisten. Lewald erbat sich eine Aussprache bei Hitler, die zu unserer Überraschung sofort bewilligt wurde und kam begeistert zurück. Er konnte sich nicht genug tun, zu erzählen, wie liebenswürdig er empfangen worden sei, mit welchem Verständnis Hitler seinen Vortrag entgegengenommen habe, einen so guten hatte er wahrscheinlich noch nie gehört und daß er ihm jede Unterstützung zugesagt und jede Garantie gegeben habe. Auf Lewalds Ersuchen, daß dann auch die Pressepolemik gegen die Spiele in den Parteizeitungen aufhören müsse, antwortete Hitler: »Das werden wir sofort haben.« Und tatsächlich ist von dieser Stunde an keine Polemik mehr gegen die Spiele oder gegen Lewald erschienen. Im Gegenteil, Lewald wurde von da an in den Zeitungen zwar nicht gerade besonders ausführlich, aber doch immer achtungsvoll und einwandfrei behandelt.

Mein verehrter Präsident kam so erfüllt zurück, daß er seiner würdigen Sekretärin eine Aktennotiz diktierte, in der die faszinierende Gewalt von Hitlers Augen einigermaßen blumig geschildert wurde. Er war ein wenig gekränkt, als ich um die Erlaubnis bat, dieses Schriftstück geheim behandeln zu dürfen, und enttäuscht, daß ich in Bezug auf die allgemeine Verwaltung des Sports durch die Nazis bei meiner Voraussage blieb ...

CARL DIEM
1882–1962. 1917–1933: Generalsekretär des Deutschen Reichsausschusses für Leibesübungen. 1936: Organisation der XI. Olympischen Spiele in Berlin. 1937–1945: Leiter des Internationalen Olympischen Instituts in Berlin. 1947: Auftrag zur Gründung der Sporthochschule in Köln.
Aus: Carl Diem. Ein Leben für den Sport. A. Henn Verlag. Düsseldorf 1974.

Hans-Joachim Tegtmeyer
Und so war es in Wilhelmshaven

Hans-Joachim Tegtmeyer, 1931

Ich bin 1920 als Sohn eines Seemaschinisten geboren, der bei der Marinewerft Wilhelmshaven tätig war. Mit zwei jüngeren Schwestern erlebte ich ein harmonisches Zuhause. Politisch neigten meine Eltern zur Sozialdemokratie und haben in ihrer Umgebung aus dieser Zugehörigkeit auch kein Hehl gemacht, zumal fast alle väterlichen Verwandten, vor allem die beiden älteren Brüder meines Vaters, Sozialdemokraten waren. Hinzu kam, daß der Vater meiner Mutter aktives Mitglied der SPD und Angehöriger des Reichsbanners war. Ein Zitat von ihm ist mir in meinem Gedächtnis haften geblieben: »Kozzi (KPD) und Nazi ist ein Pack«. Das hieß: beide haben gleiche Ziele, die einen »rot«, die anderen »braun«. Eine Ansichtskarte, die mein Großvater 1932 aus Kaltenkirchen an meine Eltern schickte, zeigte Hitler und Stalin als große Hunde, die um ihren Hals eine Kette trugen mit den dazugehörigen Emblemen als Anhänger. Als Text stand darunter: »Zwei Seelen, ein Gedanke.«

Mein Onkel Gerhard Tegtmeyer in Hameln ließ nach Hitlers Machtübernahme ein Ebertbild in seiner Wohnung hängen. Er wurde zur Rede gestellt und antwortete: »Wenn Hitler das leistet, was Ebert geleistet hat, kommt ein Hitlerbild darunter.«

Meine Familie wohnte 1926–1937 wegen der billigen Miete in einer Mietskaserne. Die meisten Mitbewohner waren Arbeiter und Angestellte. Es gab auch ein paar asoziale Familien. Politisch gehörten die meisten Mitbewohner zur SPD, es gab einige Deutschnationale, wenige Kommunisten. In dieser Umgebung hörte ich in den Jahren vor 1933 anläßlich der verschiedenen Wahlen zum Reichstag oft den Ausspruch: »Wer Hitler wählt, wählt den Krieg.«

Die wachsende Zahl der Arbeitslosen löste eine zunehmende Unzufriedenheit aus. Die Aussichtslosig-keit auf Besserung der Verhältnisse und die Aufsplitterung der Bevölkerung in viele politische Richtungen haben zum Untergang der Weimarer Republik beigetragen. Durch politische Meinungsverschiedenheiten kam es in den Familien zu Streitigkeiten, die oft Kinder und Eltern entzweiten, ja Familienangehörige regelrecht zu Feinden werden ließen. Es kam zu Kämpfen in Versammlungslokalen der Parteien, die nach den Versammlungen auf der Straße fortgesetzt wurden. Wenn sie in meiner Heimatstadt Wilhelmshaven nicht so blutig ausgetragen wurden wie in den Ballungsgebieten, dann ist das bestimmt auf die Anwesenheit der Marine zurückzuführen, die allen Kämpfenden einen gewissen Respekt einflößte. Zudem wurde von den karitativen Verbänden (in denen Ehefrauen der höheren Offiziere den Vorsitz hatten und die von gutsituierten Familien durch Förderbeiträge unterstützt wurden) sehr viel zur Linderung der Not beigetragen.

In der Schule erlebten wir die Parteiunterschiede unter den Lehrern nicht. Ich erinnere, daß ein Lehrer schon vor 1933 der SA angehörte. Unter uns Schülern wurden manchmal politische Gespräche geführt, aber es gab keine emotionalen Auseinandersetzungen, obwohl es Schüler gab, die organisiert waren, z. B. im Jungstahlhelm, bei den Roten Falken oder bei den Jungkommunisten. Der eine oder andere Schüler zeigte, versteckt oder offen das Abzeichen seiner politischen Zugehörigkeit.

Natürlich wurde uns schon vor 1933 im Geschichtsunterricht gelehrt, daß Frankreich unser »Erzfeind« und das Versailler Diktat ein »Schandvertrag« sei, daß Deutschland den Krieg nicht verloren habe, sondern einer feigen Übermacht weichen mußte und daß es nun an uns liege, ein so an uns geschehenes Unrecht beseitigen zu helfen.

HANS-JOACHIM TEGTMEYER
Geb. 1920 in Wilhelmshaven.
Evangelisch. 1933: Schüler. Später: Küster.

Hans Hermann Schlünz
Hakenkreuzflagge wird zur Handelsflagge

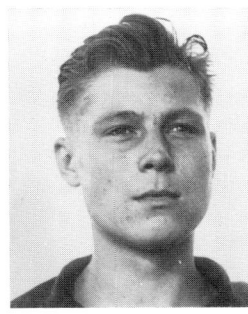

Hans Hermann Schlünz als junger Mann 1935 an Bord des Hamburg-Süd-Dampfers »Cap Norte«.

Am 29. Oktober 1916 wurde ich in Hamburg geboren. Ich war in der Zeit, in der sich die Weimarer Republik ihrem Ende näherte, Schüler der Lichtwarkschule zu Hamburg.

Meine Eltern lebten vor dem 1. Weltkriege für die Freideutsche Jugend, die anno 1913 während des Treffens auf dem Hohen Meissner ihren Höhepunkt fand. Die aus dem Felde zurückgekehrten Wandervögel zerstritten sich. Es gab keine einheitliche Freideutsche Jugend mehr. Man engagierte sich woanders, so in der Politik. Rechtsaußen, wie Linksaußen.

Meine Eltern trennten sich. Vater, linksorientiert, ging als Lehrer nach Thüringen. Ich blieb bei meiner Mutter, die ihre neue Heimat in der Anthroposophie fand. Dies also ist die Situation, in die ich hineinwuchs. Folgende Erlebnisse aus der Zeit von vor und nach 1933, haben sich mir besonders eingeprägt.

Erste Szene
Zeit: 31. Dezember 1931
Ort: Heide in Holstein. Elternhaus der Mutter.
Die Familie, nach altem Sylvesterbrauch, ist um den brennenden Tannenbaum versammelt. Post wird verlesen. Von Verwandten, Freunden und von den Söhnen, die in den zwanziger Jahren nach Amerika auswanderten.

Der Großvater, Dr. Hugo Schaumann, Sanitätsrat und hochangesehener Arzt – 52 Jahre lang – in Albersdorf und Heide, erinnert an Weihnachten im Felde und an den in Frankreich gefallenen Sohn. Beeindruckend für ihn, den Stahlhelmer, die Begegnung mit dem Führer der Nationalsozialisten, Adolf Hitler, der aus München herbeigeeilt war, um seine in der »Blutnacht von Wöhrden« blessierten Parteigenossen

im Krankenhaus zu besuchen, die Großvaters Patienten waren.

Doch zurück zum Altjahrsabend.

Der Rundfunkempfänger wird eingeschaltet. Man harrt der Worte des Reichspräsidenten zum Jahreswechsel.

Mit seiner tiefen, bedächtigen Stimme beginnt der Generalfeldmarschall Paul von Hindenburg seine Ansprache über alle deutschen Sender. Doch, da, was ist das? Ein Knistern, ein Knacken. Dann, eine scharfe Stimme: »Achtung Rotfront! Der Schatten der Roten Front schwebt über Deutschland! Proletarier vereinigt Euch gegen die Notverordnungen und die Diktatur!« Aus, ein Knacken … und der Reichspräsident beendet seine Botschaft an das Deutsche Volk, mahnt zur Einigkeit und wünscht ein gutes Neues Jahr 1932!

Entsetzen in der Familie. Ich erlebe zum ersten Male das, was man später gemeinhin als Rundfunk-Polit-Propaganda zu bezeichnen pflegte.

In meiner jugendlichen Einfalt wage ich zu fragen, ob denn dies der Bombenleger Hein gewesen sei? Darauf Großvater: »Ein Bombenleger Hein tut sowas nicht!«

Der Rest des Sylvesterabends anno 31 war getrübt.

Zusatz:
Kommunisten haben das Rundfunkkabel, über welches die Rede Hindenburgs von der Wilhelmsstraße in Berlin zum Deutschlandsender geleitet wurde, angezapft und mit Hilfe eines Mikrophons und eines Verstärkers ins Programm hineingerufen und die Worte des Reichspräsidenten gestört.

Zweite Szene
Zeit: Herbst 1932
Vater war inzwischen Dozent an der »Akademie für Arbeit« in Düsseldorf-Derendorf und lebte mit seiner zweiten Frau, einer Schauspielerin aus Wien, die – wie man sagte – »mosaischen Glaubens«, in Düsseldorf-Oberkassel, also auf der anderen Rheinseite.

Ort der Handlung: Auf dem Vorderperron der Linie 17, beim Überqueren der Rheinbrücke.

Personen: Mein Vater (am Revers die »Drei Pfeile« der Eisernen Front) und ein Kollege meines Vaters (der Deutschnationalen Volkspartei zugehörend). Folgender Dialog entstand:

Der Kollege: »Schlünz, kaufen Sie deutsche Waren, nur deutsche Waren!«

Vater: »Wie bitte, Collega? Ziehen Sie sich aus! Woher stammt der Stoff Ihres Trenchcoats? Der Ihres Anzuges? Ihres Hemdes? Der Ihres – par donç – Unterzeugs? Ihre Strümpfe? Ihre Schuhe? Die Sohlen Ihrer Schuhe? Höchstens Ihre Schnürsenkel sind deutsch ... Also!«

Der Kollege: »Schlünz! Stellen Sie sich um! Kommen Sie zu uns! Sie waren doch auch mal Freideutsch! Es kommen andere Zeiten!«

Vater: »Wollen Sie meine Genossen und mich beleidigen – !?«

Wenige Tage später reiste ich wieder nach dem Norden. Auf dem Düsseldorfer Bahnhof hatte Vater mir noch zugerufen: »Jung', lies Remarque, lies Tucholsky, Mark Twain und Hemingway! Mach's gut, mein Jung! Gott behüte Dich!«

Ich sollte Vater nie wiedersehen.

Dritte Szene
Zeit: 14. März 1933
Telegramm mit folgendem Text:
»Dr. Friedrich Schlünz plötzlich verschieden. Bitte Mutter benachrichtigen.«
Zwei Tage später.
Ort der Handlung: Düsseldorfs Nordfriedhof. Urnenbeisetzung. Vaters Freunde von der SPD und seine Kollegen von der Akademie sind versammelt. Die Genossen rufen ihrem freiwillig aus dem Leben geschiedenen Freunde ein letztes »Freiheit, Freiheit, Freiheit« zu.

Hilfspolizisten umringen die Trauernden. Sie wollen sich die politischen Gegner herausgreifen, was ihnen jedoch nicht gelingt. Getreu einem alten arabischen Brauch verschwinden Vaters Freunde im Handumdrehen in verschiedene Richtungen. Sie erreichen bereitgestellte Autos, die mit aufheulenden Motoren davonbrausen.

Übrig bleiben meine Großmutter und ich.

»Und wer sind Sie?« fragt einer der Uniformierten.

»Ich bin der Sohn und das ist meine Großmutter, die Mutter von Doktor Friedrich Schlünz. Wir kommen aus Hamburg!«

»Ach so!« Dies die Antwort des SA-Mannes mit der Armbinde »Hilfspolizei«.

Vierte Szene
Zeit: Herbst 1933
Ort der Handlung: Ehemaliges Heim des »Internationalen Seemanns-Clubs« an der Roten Soodstraße beim Hamburger Michel.

Der Kapitän der »Cap Norte« verliest das Telegramm von der Reederei Hamburg-Süd: »Hakenkreuzflagge wird deutsche Handelsflagge.« (15. September 1935)

Kameradschaftsabend der Marine-Hitler-Jugend.

Der Scharführer: »So, nun wollen wir uns über das Dschudentum unterhalten!«

Ich: »Wir wollen uns nicht über das Judentum unterhalten, sondern Knoten und Spleissen üben. Wir sind doch eine Marinejugend und wollen alle mal zur See fahren!«

Der Scharführer: »Noch ein Wort und ich hole den Stabszug (so 'ne Art Rollkommando) und Du kriegst was in die Wäsche!«

Fünfte Szene
Zeit: 15. September 1935
Ort der Handlung: Achterdeck des Hamburg-Süd-Dampfers »Cap Norte«, heimkehrend von Buenos Aires nach dem Kontinent auf dem Atlantik. Die wachfreie Besatzung ist versammelt. Die Bord-SA in voller Uniform ebenfalls angetreten. Mit Front zur Flagge.

Auf Luke IV verliest – mit Tränen in den Augen – unser Kapitän Hermann Basse das Telegramm der Reederei: »Die Schwarz-weiß-rote Flagge ist niederzuholen. Die Hakenkreuzflagge ist mit Wirkung des heutigen Tages Handelsflagge des Deutschen Reiches!« Dann Flaggenwechsel. Der Führer der Bord-SA – ein Friseur übrigens – ruft dreimal »Sieg Heil« und stimmt das Horst Wessel-Lied an. Mit diesem Liede »Die Straße frei!« übte jene Bord-SA der »Cap Norte« im brasilianischen Hafen Santos das Marschieren!

HANS HERMANN SCHLÜNZ
Geb. 1916 in Hamburg. 1933: Schüler. Heute: Journalist.

Bruno Kreisky
Ich erlebte eine Fahnenweihe mit der Blutfahne

Bruno Kreisky, 1932

Einen ersten, sozusagen hautnahen Kontakt mit dem Hitlerismus bekam ich durch eine meiner Jugendlieben. Einmal hatte ich ein Mädchen kennengelernt, das mir ausnehmend gut gefiel. Sie war jedoch offenbar von Zuhause nazistisch beeinflußt und zeigte sich leider über die Maßen erschrocken, als sie Näheres über mich erfuhr. Damals in den zwanziger Jahren war eben auch die Liebe politisiert. Das war der erste, allerdings noch recht harmlose Verlust, den ich durch den Nationalsozialismus erlitten habe.

Mit dem Vordringen des Nazismus in Österreich hing zusammen, daß ich – es war 1930 – Obmann der SAJ* in den niederösterreichischen Bezirken Klosterneuburg, Tulln und Purkersdorf wurde, weil diese von den Nationalsozialisten stark unterwandert waren. Man vertraute der Sachlichkeit und Überzeugungskraft meiner Argumente, »denen man gar nicht anmerkte, wieviel Demagogie sie tatsächlich enthielten«, wie ein Journalist später in seinem Buch von mir behauptete. Ich enttäuschte auch nicht. Stieß ich auf Widerstand, weil etwa ein überängstlicher Gastwirt uns seinen Saal nicht vermieten wollte, improvisierte ich prompt einen Vortrag des Generals (damaligen Schutzbundführers und späteren österreichischen Bundespräsidenten) Theodor Körner über die Isonzoschlachten und überwand so alle Bedenken. Es versteht sich, daß bei solchen Vorträgen nur einen Bruchteil der Zeit vom Isonzo geredet wurde.

Auch im politischen Bereich sind es eher emotionell gefärbte Erinnerungen, die meine Einstellung zum Nationalsozialismus geprägt haben. Als Gymnasiast nahm ich einmal an einer Freilichtkundgebung der Wiener NSDAP teil. Die Wiener Nazis benützten da-

* Sozialistische Arbeiterjugend

mals blutrote Werbeplakate und rote Fahnen, um die Bevölkerung zu verwirren, wie mir schien.

Als Zwanzigjähriger wurde ich in Deutschland Zeuge einer Fahnenweihe der NSDAP. Bei dem schauerlichen Zeremoniell ließ Hitler von der an seiner Seite aufgepflanzten berühmten »Blutfahne« den Ungeist dieses Emblems aus den Tagen des Marsches zur Feldherrnhalle in die neu zu weihende Parteifahne gleichsam hinüberrinnen. Auch mir liefen damals, wie den vielen tausend Menschen, Schauer über den Rücken, allerdings waren sie anderer Art als bei den braunen Parteigängern. Ich erfaßte instinktiv, daß ein Aufkommen dieser Partei den Krieg bedeuten müsse und machte aus dieser Überzeugung nach meiner Rückkehr nach Wien auch kein Hehl. Natürlich schenkte man dem jungen Studenten und SAJ-Funktionär keinen rechten Glauben. Aber mir hatte sich damals die Gefährlichkeit Hitlers und seiner Bewegung unauslöschlich eingeprägt.

BRUNO KREISKY
Geb. 1911 in Wien.
1935–1937: nach dem gescheiterten sozialdemokratischen Aufstand (1934) in Haft. 1938–1945: Emigration nach Schweden. 1946: im diplomatischen Dienst. 1953: Staatssekretär im Bundeskanzleramt. 1959: Außenminister. Seit 1970: Bundeskanzler der Republik Österreich.

Bruno Kreisky beim Treffen der sozialistischen Arbeiterjugend Wieden (4. Wiener Gemeindebezirk) und Niederösterreich in Traismaner.

Rolf Appel
Wie die Freimaurer bekämpft wurden

Rolf Appel mit seinem Vater, 1932

Mein Vater war Freimaurer. 1922 war er in eine Loge aufgenommen worden. Die wirtschaftliche Lage war nicht gut, und mein Vater wandte viel Zeit und Kraft auf, um seine Firma über die Runden zu bringen. Wenn aber Logenabend war, und die Herren sich im schönen Logenhaus am Schwanenwik in Hamburg versammelten, dann entdeckte ich an ihm eine frohe Aufgeschlossenheit, als ob er etwas ganz Besonderes erwarte.

Ich erinnere mich auch jenes Tages, als mein Vater mit der Mitteilung nach Hause kam, daß Reichsaußenminister Gustav Stresemann unerwartet verstorben sei. Meine Mutter und ich erfuhren, daß Stresemann ein begeisterter Freimaurer gewesen sei, dem die Bundesidee zur Regulative seines Lebens geworden sei. Stresemann habe versucht, eine Politik des Ausgleichs und der Versöhnung zu betreiben. Jetzt, meinte mein Vater, würden wohl die Radikalen mehr und mehr zur Macht drängen.

Als Hitler Reichskanzler geworden war, verband er in einer Volksabstimmung die Bejahung des Anschlusses des Saargebiets mit einem Ja zu seiner Politik. Jeder Wähler erhielt als äußeres Zeichen seiner Stimmabgabe daher ein Abzeichen mit einem großen »Ja«. Damals begleitete ich meine Eltern. Auch sie wählten. Als wir aber eine Strecke vom Wahllokal entfernt waren, nahm mein Vater die Ja-Plakette und warf sie weg. »Ich kann einem Mann nicht zustimmen, der die Menschenrechte verachtet«, sagte er.

Und dann kam jener Abend, als ich meinen Vater vom Geschäft abholte, weil ich wohl irgend etwas mit ihm auf dem Nachhauseweg besprechen wollte, was am elterlichen Tisch nicht so vorteilhaft gewesen wäre. Erfreut begrüßte er mich und sagte: »Es ist gut, daß Du kommst, denn ich muß noch auf Parteileute warten, die mich sprechen wollen.« Diese kamen dann auch

bald, ein Kreisleiter, sein Stellvertreter, beide natürlich in Uniform, wie das so üblich war, und zwei SA-Männer.

Nach der Vorstellung, was auf Seiten der Uniformträger mit dem üblichen Hackenknallen verbunden war, gab es zwischen dem Kreisleiter und meinem Vater folgendes Zwiegespräch.

»Herr Appel, Sie könnten mit Ihrer Druckerei viel für uns arbeiten, wenn Sie Mitglied in der NSDAP wären. Sicher wollen auch Sie unserem geliebten Führer und Reichskanzler Ihre Unterstützung nicht versagen.«

»Meine Herren, leider kann ich in Ihrer Partei kein Mitglied werden. Ich bin nämlich Freimaurer.«

Verdutzt wegen dieses unerwarteten Bekenntnisses schauten die Uniformierten meinen Vater an. Ich selbst spürte, daß sich etwas zusammenbrauen könnte, was nicht ungefährlich war. Dann der Kreisleiter: »Sicher waren Sie nur einer der Mitläufer, der gar nicht wußte, was ihn erwartete, als er in eine Loge eintrat.«

»Doch, das hatte ich mir vorher genau überlegt.«

»Aber Herr Appel, Sie waren doch keiner von den verjudeten Logenführern und den sogenannten Hochgradfreimaurern; denn das waren ja die eigentlich gefährlichen, denen unser Kampf auch heute noch gilt.«

»Nein, das war ich nicht.«

»Na also, dann können Sie doch Mitglied in der Partei werden; denn der Führer und Reichskanzler hat alle anderen Freimaurer längst begnadigt, so daß sie Parteigenossen werden können. Nur unsere Parteiämter, das müssen Sie verstehen, die bleiben Ihnen versagt.«

»Trotzdem kann ich nicht Mitglied bei Ihnen werden, denn Freimaurerei ist keine Sache der Mitgliedschaft, sondern der menschlichen Haltung, einer Haltung, die wir Freimaurer allen Menschen entgegenbringen, weil wir alle Menschen gleich achten und werten.«

Daß den Uniformierten das passieren konnte! Ich sah es ihnen an, daß erheblicher Unwille sich auf ihren Mienen spiegelte.

»Sie wollen uns also eine Absage erteilen? Sie weisen die Partei des neu erwachten Deutschland zurück?«

»Bitte, verstehen Sie mich, ich bin nicht Freimaurer nur dem Namen nach, sondern nach meinem ganzen Wesen, und danach habe ich bisher mein ganzes Leben in meiner Familie und in meiner Firma ausgerichtet. Wissen Sie nicht, daß auch Feldmarschall Blücher, Scharnhorst, Gneisenau, aber auch der italienische Befreier Garibaldi, Mozart, Franz Liszt, Lortzing, die Gebrüder Grimm, Goethe, Lessing und viele andere dem Bund der Freimaurer angehörten und alle doch nur das Beste ihres Volkes wollten?«

Verärgert hatte sich der Kreisleiter erhoben, ruckartig waren seine Begleiter ihm gefolgt.

»Sie, Herr Appel, und alle die anderen sind nur dem internationalen Judentum auf den Leim gegangen. Heil Hitler!«

Und damit drehten die uniformierten Herren sich um und gingen.

Den Abend verbrachten mein Vater, meine Mutter und ich wortlos, denn wir meinten, nun müsse in den nächsten Tagen Schlimmes auf uns zukommen. Es kam aber nichts.

Ich weiß aber, daß in meinem Elternhaus noch bis Kriegsbeginn sich die Brüder der Loge meines Vaters trafen. Dann durfte ich Telefonanrufe nicht durchverbinden, denn – und das erfuhr ich erst später – dann lasen sie gemeinsam aus dem Ritual, das sonst Inhalt ihrer sogenannten Tempelarbeiten gewesen war.

Während der ganzen Zeit des Nazi-Regimes nahm mein Vater die Logenbilder nicht von der Wand. Er wollte nicht verstecken, was ihm Lebensinhalt geworden war.

Als dann mein Vater und ich aus dem Zweiten Weltkrieg nach Hause zurückgekehrt waren, da sagte er mir eines Tages: »Nun mußt Du etwas Gültiges in Dein Leben bringen. Ich empfehle Dir die Freimaurerei.« Ich war gar nicht gesonnen, irgendwo Mitglied zu werden. Mir lagen die beruflichen Probleme jener Zeit viel näher. Auch stand bei allem, was man vor-

Die Freimaurer konnten in Erlangen noch 1936 an einem Faschingsumzug teilnehmen.

hatte, die Versorgung mit Kleidung und Lebensmitteln an erster Stelle.

Doch ich mußte an jenes Bekenntnis meines Vaters denken, das er ganz freiwillig vor jenen braun Uniformierten abgelegt hatte, und ich konnte nur sagen: »Ich freue mich auf das, was auf mich zukommt.«

ROLF APPEL
Geb. 1920 in Süderbrarup/Schleswig.
1933: Schüler. Heute: Verlags- und Druckereikaufmann.

Titelblatt einer Hetzschrift des Generals Erich Ludendorff gegen die Freimaurer.

Titelblatt einer Hetzschrift von Dr. med. Mathilde Ludendorff, der Ehefrau des Generals.

Gustav Noske
Wen die Götter verderben wollen ...

Es gab eine Anzahl Männer mit sozialistischen Idealen, die von dem Wunsche erfüllt waren, die Partei an die Spitze der Bewegung zur nationalen Befreiung zu bringen. Wiederholt erhielt ich Zuschriften in dem Sinne oder wurde gebeten, Manuskripte in der sozialdemokratischen Presse unterzubringen. Im August 1927 antwortete ich Pastor Kötzschke: »Auf Ihr Schreiben erwidere ich, daß ich vorerst keine Hoffnung habe, es könnte gelingen, die deutsche Sozialdemokratie in die politische Richtung zu bringen, die Sie ihr zu geben wünschen und die ich seit vielen Jahren für dringend geboten erachte. Solange Leute im Vorstande der Partei sitzen, die erklären dürfen, daß sie kein Vaterland kennen, das Deutschland heißt – selbst wenn das nur eine agitatorische Entgleisung gewesen sein sollte –, ist nicht darauf zu rechnen, daß sich die Partei auf eine starke Betonung ihres deutschen Nationalgefühls einstellt.« ...

Die tonangebenden Männer in der Fraktion haben nicht nur, wie Hilferding befürchtete, die Demokratie zum Teufel gehen lassen, sondern auch die Partei, weil sie nicht zu erkennen vermochten, daß unentwegte Reden über demokratische Grundsätze harte Realitäten nicht ändern. Wen die Götter verderben wollen, den schlagen sie mit Blindheit. Das bei Wahlen in 40 Parteien zersplitterte deutsche Volk hat dadurch der Demokratie ein Ende bereitet und die Selbstverwaltung umgebracht ...

GUSTAV NOSKE
1868–1946. 1893–1918: Schriftleiter Sozialdemokratischer Zeitungen. 1906–1918: Mitglied des Reichstages. 1918: Mitglied des Rates der Volksbeauftragten. 1919–1920: Reichswehrminister. 1933: aus dem Staatsdienst entlassen. 1939 und 1944 inhaftiert.
Aus: Gustav Noske. Erlebtes aus Aufstieg und Niedergang einer Demokratie. Bollwerk-Verlag. Karl Drott. Offenbach-Main 1947.

Am 1. Januar 1931 gedachte die Republik des 10jährigen Bestehens der Reichswehr. Auf dem Bild (rechts) Gustav Noske, vom Februar 1919 bis März 1920 erster Reichswehrminister, und General Wilhelm Groener, Reichswehrminister von 1928 bis Mai 1932.

Ausländer stellten in der Weimarer Republik fest, daß es schwierig sei, die politischen Gruppierungen auseinanderzuhalten, denn in ihren Kundgebungen ähnelten sie sich. Hier ein Aufmarsch der »Eisernen Front« am 31. Januar 1932.

Frank Thiess
Ein wundergläubiger Reichstag

Frank Thiess

Man sollte noch einmal den Film zurückdrehen, um den politischen Totentanz zum Grabe der Freiheit an sich vorbeiziehen zu lassen. Anscheinend ging durch Deutschland eine neue Krankheit, die jeder, der von ihr betroffen war, für ein sicheres Zeichen realistischer Politik hielt. Wohin ich schaute, stieß ich auf Köpfe, die Hitler nicht mochten und ihm trotzdem die Tür zur Macht öffneten. Von den Wählern sprach ich schon, aber waren die Abgeordneten und Minister klüger? Herr von Papen, der Hitler verachtete, erkaufte sich seine Mithilfe, um Schleicher zu stürzen. Die Industrie steckte dem Trommler wieder Geld zu, obwohl er ihre Millionen schon verpulvert hatte. Der Reichspräsident sah in ihm zwar einen ungebildeten Schreihals, erhob ihn aber zum Kanzler, weil er glaubte, daß sein Freund Papen ihn an die Wand drücken werde. Die Sozialdemokraten wußten zwar, gegen wen sie waren, doch nicht, für wen sie in dieser Schicksalsstunde eintreten mußten. Dabei war es doch Schleicher, der ihnen den verhaßten Papen fortgezaubert hatte. Das Zentrum bat im feinen parlamentarischen Jargon verhüllter Zustimmung den Reichspräsidenten, »alles zu konzedieren, was möglich ist, ohne grundsätzliche Überzeugungen preiszugeben«. Der General war als einziger zu Hitlers Sturz entschlossen ...

Er kannte Goebbels' unverschleierte Drohungen, und vielleicht war er auch der einzige, der »Mein Kampf« gelesen hatte. Wie innig Hitler ihn verwünschte, ergab sich daraus, daß er ihn beim Röhm-Putsch vorsorglich mit umbringen ließ.

Ein wundergläubiger Reichstag, dessen Parteien immer noch wähnten, man könne mit dem Aaronstab der Demokratie Wasser aus dem Felsen schlagen, schrieb sich selbst sein Todesurteil. Die mannhafte und erschütternde Rede, mit der Wels als Sprecher der Sozialdemokratie gegen das Ermächtigungsgesetz stimmte, bewies,

daß die SPD als einzige Partei (441 gegen 94 Stimmen) in dieser Stunde begriff, was Deutschland bevorstand. Es war kein Hellsehen, denn die Nationalsozialisten hatten stets offen zu erkennen gegeben, wie sie die Macht auszuüben gedächten. Wenn die SPD sich trotzdem gegen Schleicher stellte, konnte dies nur geschehen, weil sie, wie nach Papens sogenanntem Preußenschlag, »bei allem, was kommen möge, die Rechtsgrundlage der Verfassung nicht verlassen« wollten. Mir fehlte dafür jedes Verständnis.

FRANK THIESS

1890–1977. Schriftsteller. Studierte in Berlin und Tübingen. Dr. phil. 1915–1919: Redakteur am Berliner Tageblatt. 1921–1923: Theaterkritiker in Hannover. 1952–1954: Herausgeber der Neuen Literarischen Welt.

Aus: Frank Thiess. Freiheit bis Mitternacht. Paul Zsolnay Verlag, Wien, Hamburg 1965.

Auseinandersetzungen im Reichstag während einer Rede des nationalsozialistischen Ideologen Alfred Rosenberg im Jahre 1932. Rosenberg, Hauptschriftleiter des NS-Kampfblattes »Völkischer Beobachter«, war der Verfasser der 1930 erschienenen NS-Weltanschauungslehre »Der Mythos des 20. Jahrhunderts«.

Günter Pipke
Weil man irgendwo mitmachen mußte

Günther Pipke, 1934

1933 war ich 14 Jahre alt und weder frühreif noch sonst urteilsfähig (im Rückblick gibt man das zu). Wir lebten damals in der märkischen Kleinstadt Prenzlau, rund 26000 Einwohner, »Hauptstadt der Uckermark«. Wir – das waren mein Vater, Beamter im Stadtbauamt, meine Mutter (genau genommen meine »zweite Mutter«, meine leibliche Mutter war gestorben, als ich drei Jahre alt war, mein Vater hatte fünf Jahre später wieder geheiratet und diese sehr liebe Frau hat mich großgezogen), mein älterer Bruder Gerhard, der gerade das Abitur machte, und ich, 14, Tertianer am Städtischen (humanistischen) Gymnasium. Ein politisches Weltbild hatte ich 1933 wahrhaftig noch nicht.

Im Rückblick erinnere ich mich, daß Vater viel von Stresemann hielt. Und auch von den Kürzungen der Beamtengehälter in der Zeit der Brüning'schen Notverordnungen war am Familientisch manchmal seufzend die Rede gewesen. Mein großer Bruder ordnete seine »Pauker« gelegentlich schon politisch ein; ich hatte noch näherliegende Sorgen mit meinen Schularbeiten, die er obendrein gelegentlich kontrollierte. Vor 1933 fanden wir Söhne es interessant, wenn die Parteien »Umzüge« durch die Stadt machten (das Wort »Demonstration« war uns noch fremd). Und da gab es am Stadtrand so eine Ausflugswirtschaft, in der oder vor der die politischen Gegner dann aufeinandertrafen, weil die Einen die Versammlung der Anderen nicht mochten, das war – erinnere ich mich – bei »Bleyfuß«. Von den »Umzügen« weiß ich noch, daß der Stahlhelm und das Reichsbanner Schwarz-Rot-Gold mir relativ sympathisch waren, weil die richtig marschierten und Disziplin hielten (im Rückblick erkenne ich schmunzelnd eine gewisse »Ausgewogenheit« in meiner Bewertung), während ich die sehr ungeregelt daherkommenden Gruppen mit roten Transparenten und dito Fahnen, die auch Frauen und Kinder mitführten, nicht mochte.

Insgesamt hielt sich in unserer Ackerbürgerstadt, wie man damals sagte, aber alles in Grenzen. Die ersten SA-Männer sind mir nur vereinzelt in Erinnerung, es war eine Überraschung, wie viele Erwachsene nach dem 30. Januar 1933 dann doch schon längst »dafür« gewesen waren. Mein Vater blieb skeptisch, trat aber später, »weil man irgendwo mitmachen mußte«, in den NS-Beamtenbund ein (1945 vergaß er das kleine Abzeichen am Rockaufschlag, das kein Parteiabzeichen war, und bezog dafür aus Siegerkreisen körperliche Prügel). Mein großer Bruder wurde Volontär beim Uckermärkischen Kurier und entschied sich damit zwar nicht direkt gegen die nationalsozialistische Parteizeitung am Ort, wählte aber doch lieber das traditionell gemäßigte, bürgerliche Blatt (das später von der NS-Zeitung »geschluckt« wurde, aber da war mein Bruder schon – von Berufs wegen – Kriegsberichterstatter in Rußland, von wo er nicht wiederkehrte).

1933 war für mich gesundheitlich ein schwieriges Jahr, ich hatte eine doppelseitige Lungenentzündung zu überstehen und war ein rechter »Mickerjan«. Wir kriegten das aber hin, und als ich wieder fest auf den Beinen stand, meldete ich mich beim Jungvolk an, wo weniger »marschiert« wurde als in der HJ und wo bündische Fahrtenromantik wichtiger als Politik war, jedenfalls als das, was wir unter Politik verstanden: Parteireden, Kundgebungen und so weiter. Auch hier erkennt man erst im Rückblick, daß wir Bengels natürlich auf die Weise doch »eingefangen« waren. Ich gebe zu, mich damals dabei gar nicht schlecht gefühlt zu haben, denn es ging ja allenthalben »aufwärts« und sogar der Reichsarbeitsdienst, in den ich – nach dem Abitur und vor dem Wehrdienst – 1938 kam, schien mir noch eine zwar beschwerliche, aber doch sinnvolle Einrichtung...

GÜNTER PIPKE
Geb. 1919 in Berlin.
Evangelisch. 1933: Schüler. Heute: Direktor des Funkhauses Kiel und Journalist.

Nationalsozialismus und Faschismus nicht gleich setzen!

Widmung von Benito Mussolini für Emil Ludwig

Da mein Name als deutsch-italienischer Industriekaufmann in der Wirtschaft bekannt ist, bin ich leider nicht in der Lage, diesen Beitrag abzuzeichnen. Sie müssen das begreifen. In Italien herrscht Terror, und wir in der Bundesrepublik Deutschland sind nicht mehr weit entfernt von schlimmen Zuständen. Aber ich ärgere mich immer wieder, wenn Faschismus mit Nationalsozialismus verwechselt wird, obwohl doch Publizisten wie Sebastian Haffner für Aufklärung gesorgt haben. Haffner schreibt in seinen »Anmerkungen zu Hitler«: Hitler habe »bei genauerem Hinsehen näher bei Stalin als bei Mussolini« gestanden: »Nichts ist irreführender, als Hitler einen Faschisten zu nennen. Faschismus ist Oberklassenherrschaft ... Hitler hat wohl Massen begeistert, aber nie, um dadurch eine Oberklasse abzustützen. Er war kein Klassenpolitiker, und sein Nationalsozialismus war alles andere als Faschismus.«

Auch Historiker und Soziologen haben auf diese Unterschiede hingewiesen. Trotzdem brüllt die Jugend so häufig gegen den »neuen deutschen Faschismus« an. Wenn wir aus der Geschichte lernen wollen, müssen wir die Geschichte studieren. Reichskanzler Heinrich Brüning, ein strenggläubiger Katholik, war alles andere als ein Faschist. Über Mussolini schreibt er in seinen »Memoiren 1918–1934«: »Die Unterhaltungen mit Mussolini und Gnandi gehören zu den wenigen angenehmen Erinnerungen dieser schweren Zeit.« Mussolini habe »während der Wanderung durch die Gärten der Villa d'Este in der feinfühligsten Art und Weise jede Form der Sympathie für meinen innen-

und außenpolitischen Weg« gezeigt. Brüning erwähnt »das große Taktgefühl« Mussolinis. Hier ist nichts von einem »Bluthund« zu lesen, dabei hätte Brüning dies doch nach 1945 schreiben können.

Einer der einflußreichsten deutschen Publizisten der Weimarer Republik war der jüdische Chefredakteur des Berliner Tageblattes, Theodor Wolff. Dieser besuchte Mussolini 1930 und schrieb über ihn im B. T.: »Er schafft ohne Pause, stampft Schöpfungen aus dem Boden, reißt mit seiner ungeheuren Energie unablässig sein Gefolge mit sich – diese Werke müssen doch bleiben, können nicht weggeleugnet werden.« Thomas Mann schickte Theodor Wolff daraufhin eines seiner Bücher mit der Widmung: »Zum Dank für den Mussolini-Artikel, und nicht nur für den.« In einem Nachlaß-Manuskript, das Wolfram Köhler in seiner Theodor-Wolff-Biographie erwähnt, erinnerte sich Wolff im Exil an das Gespräch mit Mussolini im Palazzo Venezia: »Er konnte, wenn er das wollte, einen großen Charme entwickeln. In dem Marmor gab es menschliche Züge, und seine Äußerungen waren von realistischer Mäßigung. Beherrscht, auch später noch, als ich in der Emigration lebte, hat er mir die gleiche Gesinnung gezeigt.«

Selbstverständlich notiere ich das nicht, um Mussolini von Schuld an Übeltaten oder von Verbrechen »reinzuwaschen«. Viele Deutsch-Italiener und vor allem auch Italiener selbst waren z. B. gegen den imperialistischen Äthiopien-Feldzug. Fest steht aber auch, daß Mussolini viel weniger politische Gefangene festhielt als Hitler, und daß er gegen eine Verfolgung der Juden war, wie das Hitler von ihm forderte. Hitler wurde für Mussolini zum Verhängnis! Mussolini plädierte für die Unabhängigkeit Österreichs und war gegen den Anschluß. Erstmals begegneten sich Hitler und Mussolini im Juni 1934 in Venedig. Es wurde durch die ausländische Presse weltbekannt, daß Mussolini Hitler verachtete und ihn seinem Gefolge gegenüber einen »Idioten« und »einen Barbaren mit einem Spatzengehirn« nannte.

Bedingt durch die politische Entwicklung, mußte sich der italienische Regierungschef leider mit Hitler arrangieren und schließlich an seiner Seite in den Krieg ziehen, was für Italien zur Katastrophe wurde. Ich weiß einerseits, daß zahlreiche Italiener gegen »die Achse Berlin-Rom« waren. Andererseits dürfen wir nicht vergessen, daß es nach dem Zusammenbruch der Weimarer Republik viele Anti-Nationalsozialisten in Deutschland gab, die inständig hofften, Mussolini würde auf Hitler einen mäßigenden Einfluß nehmen.

Es ist völlig vergessen, daß der berühmte jüdische Biograph Emil Ludwig noch im Jahre 1932 (!) seine »Gespräche mit Mussolini« herausgegeben hat, und zwar bei dem jüdischen Verleger Paul Zsolnay in Wien. Emil Ludwig war selbstverständlich Gegner des Nationalsozialismus und wollte nicht etwa dem »Führer« nutzen, im Gegenteil, der Demokratie wollte er helfen. Ludwig schrieb: »Die Begriffe Demokratie und Parlamentarismus fingen an zu vernebeln, Zwischenformen schoben sich vor, das politische Leben in den überkommenen Formen wurde von innen ausgehöhlt, bedeutende Männer fehlten. Zugleich sah ich in Moskau und in Rom großartige Dinge materieller Art sich erheben, das heißt, ich erkannte die konstruktive Seite dieser beiden Diktaturen.«

Emil Ludwig an anderer Stelle: »Mussolini ist ein Mann von der feinsten Höflichkeit ... Außerdem hat er zwei Züge, die den meisten Diktatoren abgehen und ohne die es doch gar keine Größe gibt: Im Besitze der Macht hat er nicht verlernt, die Taten anderer zu bewundern, aber er hat gelernt, in seinen eigenen Taten das Gleichnishafte zu erkennen. Beide Eigenschaften, Grundzüge des Goetheschen Menschen, schützen den durch sich selbst kontrollierten Machthaber vor Größenwahn und reihen ihn in die Kette philosophischer Geister, in die alle echten Männer der Tat gehören.«

Ich weiß, daß man Mussolini des Größenwahns bezichtigt hat. Aber sein imperatorisches Auftreten basierte auf seinem romanischen Temperament, das sich von dem germanischen Temperament wesentlich unterscheidet. Es heißt neuerdings häufig, wir alle sollten aus der Vergangenheit lernen. Das Wichtigste wäre, daß wir differenzieren lernen und nicht jede politische Richtung, die uns persönlich nicht behagt, von vornherein verurteilen. So haben wir doch inzwischen gelernt, daß es im Ur-Christentum Ansätze zu einer Art Edelkommunismus gab. Jetzt will ich natürlich nicht den Kommunismus verteidigen, nein, wirklich nicht! Warum aber treiben wir jetzt in den achtziger Jahren höchst gefährlichen Auseinandersetzungen entgegen? Weil wir trotz aller bösen Erfahrungen mit zwei Weltkriegen und mit Diktaturen jeglicher Prägung nicht gelernt haben, in der Politik wirklich das Gute und Rechte vom Bösen und Kriminellen zu unterscheiden. Wir konnten das nicht in der Weimarer Republik, verspielten die Chancen, die wir hatten, und das Ergebnis war dieser Unhold (Thomas Mann nannte ihn so) Hitler.

Zum Schluß erinnere ich an einen Satz in des Emigranten Ludwig Marcuse »Märchen von der Sicherheit«: »Was sind viele Anti-Hitlerianer geworden, nachdem Hitler abging? Dasselbe, was sie vordem waren: der Dung, auf dem er entstand.« Wir sind erneut von Dung umgeben. Können wir uns davon noch befreien? Ich wünsche das den jungen Menschen. Wir Alten können nur noch resignieren wegen der trüben Aussichten für alle Völker, die sich heute noch »freie Völker« nennen.

Auch zum Reichsberufswettkampf wurde mit einer Fahne aufmarschiert.

Horst Geißler
Unzufrieden mit der Harzburger Front

»Harzburger Front«: Dr. Alfred Hugenberg (links im Bild) war der Vorsitzende der Deutschnationalen Volkspartei und nahm an der Harzburger Tagung der Rechts-Opposition im Oktober 1931 teil.

Im Jahre 1930 wurde ich neun Jahre alt. Ostern 1932 verließ ich die Volksschule. Anschließend sollte ich ein Gymnasium besuchen. Dazu kam es jedoch nicht, weil bei mir Sehstörungen auftraten und eine allmähliche Erblindung anzeigten. Ich war das einzige Kind meiner Eltern. Bis zum Frühjahr 1932 lebten wir in Hannover; im Herbst 1934 übersiedelten wir nach Paderborn.

Mein Vater war von Ende 1930 bis Ende 1933 arbeitslos. Er erhielt als ehemaliger preußischer Berufsoffizier eine kleine Pension. Da sie allein für den Unterhalt der Familie nicht ausreichte, suchte meine Mutter, die keine Berufsausbildung hatte, mit Werbetätigkeit etwas hinzuzuverdienen. Der Haushalt wurde von 1930 bis 1932 aufgelöst. In dieser Zeit lebte ich meistens zusammen mit meinem Vater bei meiner Großmutter. Mein Vater war aktives Mitglied im Bund der Frontsoldaten Stahlhelm und gehörte dem Deutschen Offiziersbund an. Ende 1933 wurde er Arbeitsdienstführer, 1934 kam er zur Reichswehr.

Daheim wurde viel über Politik gesprochen. Ein Onkel von mir gehörte von 1928 bis 1932 der SS an und schied dann aus, weil er sich nicht an »Schweinereien« beteiligen wollte. Ich erinnere mich an viele Umzüge und Demonstrationen des Stahlhelm, des Reichsbanner schwarz-rot-gold, des Rotfrontkämpferbundes sowie der SA und SS, bei denen es manchmal zu Schlägereien kam. Obwohl mein Vater meinte, die Polizei bestehe hauptsächlich aus »Sozis«, die er als »Vaterlandsverräter« ablehnte, stand er immer auf der Seite der Polizei. Er sprach auch hin und wieder davon, daß es unter den Sozis sehr anständige Leute gäbe. Dann fiel häufig der Name Gustav Noske. Die Nazis und die Kommunisten dagegen wurden als gefährliche Leute angesehen, denen man aus dem Weg gehen mußte. Ich wurde angehalten, sofort nach Hause zu kommen, wenn sie auf der Straße waren.

In der Nähe der Wohnung meiner Großmutter gab es ein »Braunes Haus«, das für mich einerseits anziehend, andererseits bedrohlich schien. Dort war häufig etwas los und wenn es nur politische Auseinandersetzungen gab. Nicht weit davon war ein »Rollschuhpalast«; dort wurde aber nicht mehr Rollschuh gelaufen. Aber manchmal gab es Jazzkonzerte, die mich anlockten, wenngleich mein Vater sie verächtlich als »Negermusik« bezeichnete. Auch politische Veranstaltungen fanden dort statt. Da habe ich das erste Mal Hitler, Göring und Dr. Goebbels, der durch sein Hinken auffiel, gesehen.

Eines Tages fand ich auf der Straße eine Nadel mit einem kleinen Hakenkreuz. Mein Vater erklärte mir, das sei eine alte germanisch-keltische Rune. Er verbot mir, sie zu tragen. Als ich sie trotzdem auf dem Schulweg am Mantel trug, wurde ich von meinen Mitschülern als »Nazi« beschimpft und auf dem Heimweg kräftig verhauen, wobei mir das Hakenkreuz weggenommen und der Mantel zerrissen wurde.

Als der Reichskanzler Brüning in dem Bestreben, die Preise zu drücken, ein Vierpfennigstück einführte, war es ein beliebtes Spiel, nach der Gesinnung Brünings zu fragen. Als Antwort wurde mit dem Daumen der Schrägbalken der Vier auf der Münze verdeckt, so daß nur ein Kreuz sichtbar war. Das war dann ein großer Spaß, weil eine von politischem Katholizismus bestimmte Gesinnung für Rechte und Linke als höchst fragwürdig galt.

Ich besinne mich, daß von der »Harzburger Front« gesprochen wurde. Darunter konnte ich mir nichts vorstellen. Mein Vater äußerte sich jedoch unzufrieden, daß die Deutschnationalen mit den Nazis zusammengehen wollten. Freilich meinte er, daß sich Industrielle und Wirtschaftsführer wie Alfred Hugenberg dabei doch etwas gedacht haben müßten.

Mit Spannung und Sorge wurde in der Familie der Wahlkampf zur Wahl des Reichspräsidenten 1932 verfolgt. Mein Vater hielt Hindenburg für schwach und nicht sehr gescheit, wünschte aber trotzdem seine Wiederwahl. Das Anwachsen und die Radikalisierung der Kommunisten und der Nazis beunruhigte ihn, weil er in beiden Parteien proletarische Massenbewegungen sah, die das Bürgertum bedrohten. Es wurde daher mit Erleichterung aufgenommen, daß Hindenburg die Wahl gewann.

Zeitweise wohnten wir in Hameln neben einer Synagoge. Es wurde erzählt, viele Juden seien Wucherer. Es gebe allerdings auch einzelne als Unternehmer, Wissenschaftler und Ärzte hervorragende und sehr sozial eingestellte Juden. Unerträglich und eine Belastung für alle Deutschen seien aber vor allem die vielen polnischen Juden, »die frech und schmutzig nach dem Krieg nach Deutschland gekommen seien«.

Ich kannte bis dahin nur einen alten Juden mit Vollbart und Löckchen namens Rosenbusch, der in der Nachbarwohnung neben meiner Großmutter lebte, freundlich war, viele Bücher hatte und ganz wohlhabend schien. Er war mir etwas unheimlich, weil er ein bißchen fremdartig wirkte und am Freitag abends den Sabbat feierte, so daß ich ihn nicht stören durfte, sondern leise sein sollte.

Unter dem geheimnisvollen Begriff »Sabbatfeier« konnte ich mir nichts vorstellen. Was ich in Nazi-Zeitungen über die Juden las, machte mir die Sache auch nicht verständlicher. Ich wußte, daß die Juden keine Christen sind, aber dennoch irgendwie etwas mit dem Christentum zu tun hatten. Ihnen wurde nachgesagt, sie hätten Jesus gekreuzigt. Das konnte ich mir freilich bei Herrn Rosenbusch nicht vorstellen. Um so neugieriger beobachtete ich nun die Juden in Hameln, wenn sie am Freitag und Samstag in die Synagoge gingen. Sie verhielten sich im Gegensatz zu den Nazis, ihren erbitterten Feinden, sehr gesittet.

In dem Haus neben der Synagoge hatte eine Gewerkschaft ihr Büro. Daran war nichts besonderes. Aber vielleicht war dadurch für mich später die Behauptung der Nazis einleuchtender, daß Juden und Gewerkschaften zusammengehören.

Nachdem wir nach Bad Pyrmont übergesiedelt waren, rechnete mein Vater vom Spätjahr 1932 bis weit in das Jahr 1933 hinein (auch nach der »Nationalen Erhebung«) mit einem kommunistischen Umsturz. Er fürchtete, daß sich ihm auch ein großer Teil der Sozialdemokraten anschließen würde. Auch der SA, in der er starke sozialistische Elemente vermutete, traute er nicht. Daher arbeitete er mit Kameraden im Stahlhelm Pläne aus, wie bei einem Putsch durch Besetzen öffentlicher Gebäude und strategischer Punkte Polizei und Reichswehr unterstützt werden sollten.

HORST GEISSLER
Geb. 1921 in Hannover.
Evangelisch. 1933: Schüler. Heute: Ministerialrat im Bundesministerium des Innern und Vorsitzender des Deutschen Blindenverbandes.

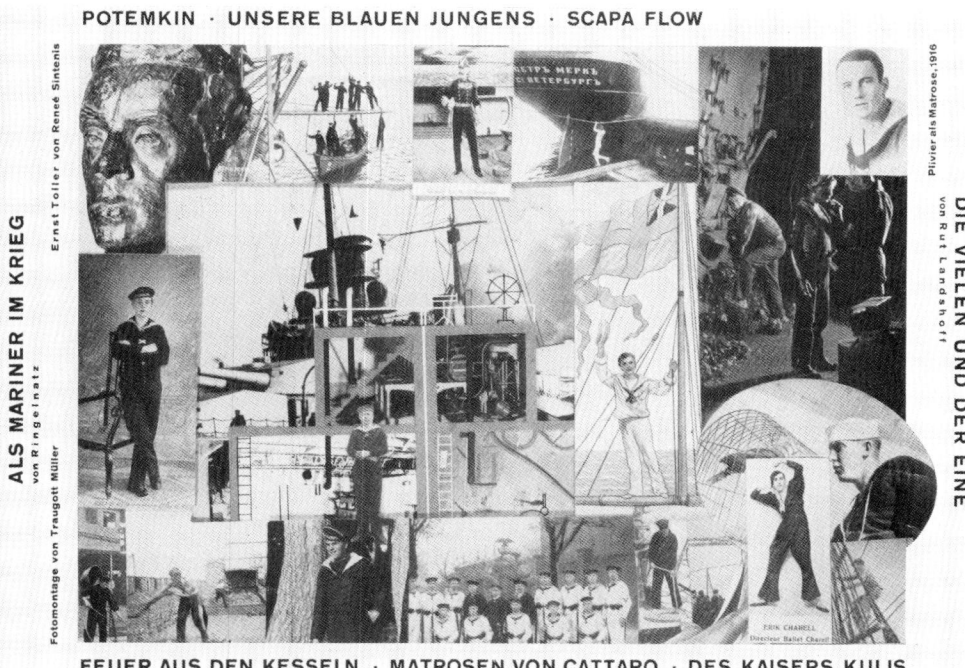

Politisches Theater in der Weimarer Republik. Collage aus der Zeitschrift »Der Querschnitt«, 1929.

Ernest Borneman
Alles umsonst und alles zu spät

Ernest Borneman, 1939

Im März 1930 fanden von der SPD und der KPD gemeinsam unterstützte Massendemonstrationen von Erwerbslosen statt, die von der Polizei, auch der sozialdemokratisch geführten, zusammengeschossen wurden: Vier Tote, fünfzehn Verwundete, mehr als 150 Festgenommene. Am 3. Dezember 1931 schrieb der Vorwärts, Zentralorgan der SPD, man könne die Nazis ruhig an die Regierungsmacht heranlassen, wenn sie sich nur an die Spielregeln der parlamentarischen Demokratie halten würden. Das war der Anfang vom Ende der Weimarer Republik. Am 20. Juni 1932 wies die SPD im preußischen Land geradezu empört ein Angebot der KPD zurück, auf einen eigenen Kandidaten zu verzichten und die SPD gegen die NSDAP zu unterstützen, wenn die SPD als Gegenleistung und zum gemeinsamen Wohle mit der KPD zusammen für die Wiederherstellung der Versammlungs- und Pressefreiheit stimmen würde. Die SPD lehnte ab, und der erste Nationalsozialist wurde prompt zum Landtagspräsidenten gewählt.

Am 28. Juni 1932 verbot der Parteivorstand der SPD per Rundschreiben lokale Verhandlungen über gemeinsame Aktionen mit der KPD und bezeichnete die Antifaschistische Aktion, die sich auf örtlicher Ebene zwischen den beiden Parteien gebildet hatte, als »antisozialdemokratische« Aktion. Am 20. Juli kam Papen per Staatsstreich in Preußen zur Macht, setzte die SPD-Regierung ab und machte sich zum »Reichskommissar« von Preußen. Selbst in dieser Situation lehnte die SPD jede Zusammenarbeit mit den Kommunisten ab, und der Allgemeine Deutsche Gewerkschaftsbund bezeichnete deren Vorschlag eines gemeinsamen Generalstreiks als »Provokation«. Am 22. Januar 1933 bestätigte die Betriebsrätekonferenz des Gewerkschaftsbundes die Politik der Isolation und politischen Abstinenz. Der ADGB-Vorsitzende Leipart betonte, daß man mit jedem Reichskanzler verhandeln müsse, »er mag heißen, wie er will«.

Als es sich am 30. herausstellte, daß er Adolf Hitler hieß und die KPD noch einmal zum gemeinsamen Streik aufforderte, lehnte die SPD mit der erstaunlichen Logik ab, sie stünde »mit beiden Füßen auf dem Boden der Verfassung«. Leipart, der Vorsitzende des Gewerkschaftsbundes, strich das heraus, indem er »außerparlamentarische« Aktionen prinzipiell ablehnte. Da Gewerkschaften normalerweise nicht im Parlament kämpfen, sondern am Arbeitsplatz, war diese Motivierung für die Ablehnung des Streiks den Massen der Arbeiter schleierhaft. Am 4. Februar erließ Hitler die erste seiner Notverordnungen. Sie stellte jede Kritik an der Regierung unter Strafe. Am 28. wurde sowohl die Pressefreiheit wie auch die Vereins- und Versammlungsfreiheit aufgehoben. Persönliche Rechte wurden beschränkt. Die ersten Abgeordneten der SPD und KPD wurden verhaftet, die Gewerkschaften zerschlagen, die Parteien aufgelöst, die Konzentrationslager eingerichtet. Noch im Exil weigerten sich die SPD-Politiker, mit der KPD gemeinsam eine Widerstandsorganisation aufzubauen. Damit war die letzte Hoffnung eines effektiven Widerstands dahin.

Mir schien die gegenseitige Zerfleischung der beiden aus einer einzigen Partei gewachsenen und erst seit so wenigen Jahren getrennten Arbeiterparteien wie eine gegenseitige Zerfleischung meiner Eltern. Die Selbstzerstörung geliebter und verehrter Menschen schmerzt mehr als das eigene Leid. Ich habe den Schmerz jener Jahre nie zu überwinden vermocht. Die Hoffnungen für eine bessere Welt, die mir heute noch geblieben sind, bauen sich auf den wenigen Situationen jener Jahre auf, in denen es uns gelang, ein Minimum von Einheit, Gemeinsamkeit, Selbstkritik und Zusammenarbeit zu erreichen. Ich denke an die 60 Funktionäre der KPD, die nie eine Fraktion betrieben, nie einer Oppositionsgruppe angehört haben, aber im Februar 1930 unter der Führung des Landtagsabgeordneten Erich Raddatz gegen die Zerfleischung der Arbeiterschaft protestierten und eine Einheitsfront mit der SPD forderten. Ich denke an die Gruppe sozialdemokratischer Funktionäre, die am 4. Oktober 1931 im Protest gegen die Weigerung der SPD-Führung, eine Zusammenarbeit mit der KPD zu erlauben, die Sozialistische Arbeiterpartei Deutschlands gründeten. Obgleich ich sowohl den Austritt der »Opposition der 60« aus der KPD wie den Austritt der linken Sozialdemokraten aus der SPD für falsch halte, war das Ringen um Einigkeit und Gemeinsamkeit richtig.

Ich denke mit einem an Euphorie grenzenden Heimweh an den 9. Mai 1932, an dem SPD, KPD, der Ortsausschuß des Gewerkschaftsbundes und ein Dutzend andere Arbeiterorganisationen in Oranienburg die erste große Massenversammlung gegen den Hitlerfaschismus zustande brachten. Ich denke an den 8. Juli 1932, an dem 20 sozialdemokratische Funktionäre zu einer Aussprache mit Thälmann, Pieck und John Schehr zusammentrafen und ein gemeinsames Aktionsprogramm mit 21 Punkten entwarfen, das uns Hoffnung gab, wir würden die Widerstände der Oberen gegen die gemeinsamen Interessen der Arbeiter doch noch brechen. Ich denke an die so hoffnungsvollen Verhandlungen des gleichen Jahres zwischen Unterbezirksleitungen der SPD und KPD, des Reichsbanners und der Eisernen Front in Dessau. Ich denke an den 30. August 1932, als Clara Zetkin Alterspräsidentin des Reichstags wurde und trotz Papen und Hitler mit der absoluten Autorität und Furchtlosigkeit derjenigen, die auf der Schwelle des Todes stehen, die Einheitsfront gegen den Faschismus forderte. Ich denke an den Verkehrsarbeiterstreik in meiner Heimatstadt Berlin im November 1932, als die Transportarbeiter geschlossen unter der Führung der KPD und mit der unmißverständlichen Unterstützung der Berliner auf die Straße gingen. Ich denke an den »Roten Stoßtrupp« aus Mitgliedern der sozialistischen Studentenschaft, der so-

zialistischen Arbeiterjugend, einer katholischen Jugendgruppe und des jüdischen Bundes »Kameraden«, der im Februar 1933 gegründet worden war und sich mit kommunistischen Jugendgruppen, dem SSP und der SAP zur Kampforganisation zusammengeschlossen hatte. Ich denke an den gemeinsamen Appell sozialdemokratischer und kommunistischer Intellektueller im gleichen Monat, als Emil Gumbel, Käthe Kollwitz, Heinrich Mann und andere endlich aufwachten und einander baten, den Bruderzwist zu überwinden.

Alles umsonst und alles zu spät. Von den Freunden meiner Jugend haben nur wenige die KZs überlebt. Und die Überlebenden sterben jetzt, weil die Torturen jener Jahre ihre Lebenskraft gestohlen haben. Ich bin 67, und meine Generation stirbt früh. Sehr viele Jahre sehe ich nicht mehr vor mir, die Zukunft ist kurz und wird kürzer. Aber wie mein Bild der Vergangenheit von der Zersplitterung des Proletariats beherrscht wird, so steht mein Bild der Zukunft im Zeichen der Einheit der Arbeiterparteien.

ERNEST BORNEMAN
Geb. 1915 in Berlin. Dr. phil. Professor für Sexualpsychologie an der Universität Marburg und Universität Salzburg. Aus: Ernest Borneman. Die Ur-Szene. Das prägende Kindheitserlebnis und seine Folgen. Fischer Taschenbuch Verlag. Frankfurt am Main 1980.

Willy Haas
Der böse Vergleich mit der arischen Hure

Die Ablösung von Deutschland, Ende Juni 1933, war äußerlich nicht schwer, innerlich nicht leicht. Meine alten deutschen Freunde hielten zu mir. Ich will hier vor allem Rolf Italiaander nennen, der vor Jahren, noch als halber Knabe, unser Hausgenosse in dem kleinen Haus im Osthavelland geworden war, zuerst als Bibliothekar, Sekretär und Freund der Familie, zuletzt als Majordomus, der die Verpackung und Versendung der ganzen Bibliothek – etwa zehntausend Bände, von denen mir nichts geblieben ist – und des gesamten Haushalts zusammen mit meiner Frau Hanna leitete, als ich selbst längst in der Wohnung meiner Mutter in Prag wohnte. Dann der bayerische Schriftsteller Korbinian Lechner, der auch lange bei uns gewohnt hatte und der nun, ohne viel Umstände und unter großer persönlicher Gefahr, meine Ersparnisse zu Fuß über die bayerische Grenze nach Prag brachte ...

Der letzte, eigentliche Entschluß war ziemlich rasch gefaßt. Ich hatte in einer Rede von Goebbels gelesen, daß er gesagt hatte, »eine arische Hure sei immer noch besser als eine jüdische Mutter«. Ich selbst hatte eine alte jüdische Mutter in Prag; und ich habe mir gedacht, daß ich unter Menschen, die solche Bübereien dulden und ihnen auch noch zujubeln, nichts zu suchen habe.

WILLY HAAS
1891–1974. 1933: Schriftsteller. Herausgeber der Literarischen Welt. Nach 1945: Kritiker und Publizist in Hamburg. Aus: Willy Haas. Die Literarische Welt. Erinnerungen. Paul List Verlag. München 1957.

Irmgard von Meibom
So geschehen im Rheinland

Irmgard von Meibom (oben links)
im Arbeitsdienst der Mädchen.

In meinem Beitrag möchte ich den gewiß nicht einfachen Versuch machen, die Erinnerungen an das damalige Geschehen weitestmöglich freizuhalten von dem, was ich heute aufgrund späterer Erfahrungen und Erkenntnisse zu diesen Jahren zu sagen hätte.

1932 war ich 16 Jahre alt. Mein Vater war Generalsuperintendent der Rheinprovinz D. Ernst Stoltenhoff, meine Mutter in den Jahren 1926–1929 (wir wohnten von 1923–1928 in Berlin) erste weibliche Vorsitzende des Gesamtvereins (Reichsgebiet) der Evang. Frauenhilfe mit Geschäftssitz in Potsdam. Beide Eltern hatten ihre 3 Kinder von früh an in ihr lebendiges, umfassendes Interesse an Umfeldfragen und -problemen außerhalb unseres privaten Lebens einbezogen.

In Essen hatten wir die französische Besatzung und den Anfang des »Ruhrkampfes« miterlebt. Ich hatte bis 1932 durch mehrfachen Ortswechsel fünf Schulen besucht und machte 1935 auf der sechsten Schule in Düsseldorf Abitur.

Neben der bewußt christlich-kirchlichen Ausrichtung vermittelten uns unsere Eltern in einem positiv konservativen Sinne ein verantwortliches Nationaldenken und -bewußtsein, bei dem wesentlich mehr von Verantwortung und Pflichten als von Rechten die Rede war. Von besonderem Eindruck für mich war auch die in damaliger Zeit noch gar nicht so selbstverständliche ökumenische Aufgeschlossenheit meines Vaters, der als oberster Geistlicher einer Provinz aus der Gemeinsamkeit christlichen Glaubens heraus ein praktiziertes Vertrauensverhältnis zu vielen in oberster Verantwortung stehenden katholischen Geistlichen hatte.

Der 30. Januar 1933 hat für mich in meiner Erinnerung erstaunlicherweise nicht die ihm in Wirklichkeit zukommende Bedeutung. Wir nahmen die Ereignisse skeptisch und abwartend mit Aufmerken zur Kenntnis. Wir begrüßten sie nicht besonders, geschweige denn, daß wir sie bejubelten, gehörten aber auch nicht zu denen, die darin den Anbruch einer Katastrophe sahen. Bald danach aber begannen in meinem Elternhaus Gespräche, in denen die Entwicklung in ihrer Glaubwürdigkeit abgetastet wurde auf ihren besonderen Bezug zu der Einstellung der nationalsozialistischen Regierung gegenüber den christlichen Konfessionen und zu den Kirchen als Institutionen. Wer geglaubt hatte, daß der Artikel 24 aus dem Parteiprogramm Garantie für ein partnerschaftliches Miteinander von Staat und Kirche sein würde (»die Partei als solche vertritt den Standpunkt eines positiven Christentums«), mußte aufgrund der schon bald einsetzenden Anzeichen einer Abkehr von dieser Haltung Zweifel bekommen. Ohnehin hätte der vor diesem Ausschnitt in Artikel 24 des Parteiprogramms stehende Satz »Wir fördern die Freiheit aller religiösen Bekenntnisse im Staat, soweit sie nicht dessen Bestand gefährden oder gegen das Sittlichkeits- und Moralgefühl der germanischen Rasse verstoßen ...« – mehr Beachtung und gerechtfertigtes Mißtrauen hervorrufen müssen.

Der 21. März 1933, der »Tag von Potsdam«, ist mir in besonderer Erinnerung. Das Bild des Händedrucks zwischen dem greisen Hindenburg und Adolf Hitler konnte seine Wirkung nicht verfehlen, – auf der Reichstagssitzung am 23. März wurde erklärt, »die nationale Regierung sieht in beiden christlichen Konfessionen die wichtigsten Faktoren zur Erhaltung unseres Volkstums. Sie wird die zwischen ihnen und den anderen Ländern geschlossenen Verträge respektieren. Ihre Rechte sollen nicht angetastet werden!« Hier schien sich eine von allen gewünschte akzeptable Entwicklung abzuzeichnen. Die Wirklichkeit sah anders aus. Im April fand die erste Reichstagung der »Deutschen Christen« statt. Die Kirche sollte ganz neu gestaltet werden, die kommende Reichskirche nach dem im staatlichen Raum geltenden Führerprinzip umgebaut werden. Das ließ Böses ahnen!

In meinem Elternhaus ohnehin, aber auch für mich, begann ein ständiges Hin- und Hergerissenwerden zwischen positiver Erwartung und wachsender Ablehnung. Die Wahl meines Vaters zum kommissarischen Präsidenten des Evangelischen Oberkirchenrates (EOK) in Berlin im Juni 1933 führte zur Einsetzung eines Reichskirchenkommissars, womit der offizielle Kirchenkampf begann. Im Februar 1934 wurde die »Zurruhesetzung« meines Vaters in seinem Amt als rheinischer Generalsuperintendent verfügt. Diese Vorgänge haben mein persönliches Erleben in dieser Zeit vorrangig beeinflußt und leztlich bestimmt.

Ich war 1933 in den BDM eingetreten, wurde aber zur

gleichen Zeit Vorsitzende des Schülerinnen-Ruder-vereins meiner Schule. Das verschaffte mir »Freiheit« und beendete praktisch meine Mitgliedschaft im BDM. Daß ich im Freiwilligen Arbeitsdienst, der im Jahre meines Abiturs nur für angehende Studierende Pflicht war (ich wollte Medizin studieren), mich nicht bereit erklärte, eine Führerinnenlaufbahn anzutreten, lag an der mich nicht befriedigenden Zusicherung garantierter Toleranz gegenüber meiner positiv christlichen Einstellung.

Von heute her gesehen bin ich gerade in den Jahren 1932 bis 1935 und darüber hinaus »bewahrt« geblieben, Parteimitglied zu werden oder mich aktiv im Nationalsozialismus einzusetzen.

Mir ist dabei klar, daß man vielen, und gerade den jungen Menschen dieser Jahre (sie hatten ihr Leben vor sich, aus dem sie etwas machen wollten), die sich zur Verfügung stellten und oft zunächst begeistert mit-machten – ihre gute Absicht nicht von vornherein absprechen kann. Sie hatten zumeist nicht wie ich die Möglichkeit, schon so früh hinter die Kulissen sehen und die schrecklichen Bedrohungen erkennen zu können. Diese Erfahrungen sollten ein Ansporn sein, kritisch – auch selbstkritisch – den Geschehnissen von heute zu begegnen!

IRMGARD VON MEIBOM
Geb. 1916 in Mülheim/Ruhr.
Evangelisch. 1933: Schülerin. Nach 1945: Vorsitzende des Deutschen Frauenrates und des Deutschen Evangelischen Frauenbundes. Vizepräsidentin der Arbeitsgemeinschaft der Verbraucher. Mitglied der Deutschen UNESCO Kommission.

Die Verfolgung der Bibelforscher

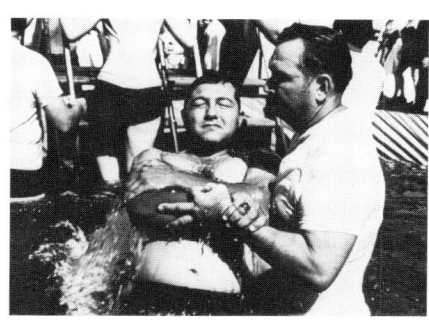

Wassertaufe bei den Bibelforschern

Im Jahre 1931 übernahmen wieder einmal die bayrischen Behörden die Führung im Kampf gegen Gottes Volk. Durch eine falsche Anwendung der Notverordnung vom 28. März 1931, bei der es um politische Ausschreitungen ging, sahen sie plötzlich eine Gelegenheit, die Literatur der Bibelforscher zu verbieten. Am 14. November 1931 wurden unsere Bücher in München beschlagnahmt. Vier Tage später gaben die Polizeibehörden von München eine Erklärung heraus, die für ganz Bayern galt und durch die sämtliche Literatur der Bibelforscher verboten wurde.

Natürlich legten die Brüder dagegen sofort Berufung ein. Im Februar des Jahres 1932 erhielt die Regierung von Oberbayern das Verbot aufrecht. Gegen diesen Beschluß wurde sogleich beim bayrischen Innenministerium eine Beschwerde eingelegt, die am 12. März 1932 als »unbegründet« abgewiesen wurde.

Der Polizeipräsident von Magdeburg dagegen stellte sich am 14. September 1932 auf unsere Seite.

Aber die Schwierigkeiten nahmen von Monat zu Monat zu, selbst in anderen Ländern des Deutschen Reiches. Paul Köcher war mit sechs Sonderpionieren nach Simmern gefahren, um die gekürzte Fassung des Photo-Dramas an zwei Abenden vorzuführen. Er wurde jedoch gezwungen, die Vorführung zu unterbrechen, denn als David mit seiner Harfe gezeigt und ein Psalm von ihm zitiert wurde, begann der ganze Saal zu toben. Schnell stellte sich heraus, daß es sich bei den Anwesenden fast ausschließlich um Angehörige der SA handelte.

Ähnliche Erfahrungen machten wir auch im Saargebiet. Im Dezember 1931 mußte die Regierung gebeten werden, die Polizeibehörden anzuweisen, unsere Arbeit nicht behindern zu lassen. Diese Anweisung wurde auch herausgegeben, aber sie erregte so den Zorn der Geistlichkeit, daß sie wöchentlich von der Kanzel vor den Bibelforschern warnte.

Am 30. Januar 1933 übernahm Hitler das Amt des Reichskanzlers. Am 4. Februar erließ er eine Verordnung, die es der Polizei gestattete, Literatur zu beschlagnahmen, die die »öffentliche Ordnung und Sicherheit« gefährdete. Durch diese Verordnung wurde auch die Versammlungs- und Pressefreiheit eingeschränkt ...

In zahlreichen Fällen wurden Kinder von Zeugen Jehovas der Gelegenheit beraubt, eine Schulbildung zu erhalten.

Aus: Jahrbuch der Zeugen Jehovas 1974

Heinz-Dietrich Ortlieb
Marxistische Schlagworte verprellten die Kleinbürger

Ernst Thälmann, der Vorsitzende der kommunistischen Partei Deutschlands, war bekannt für das unkorrekte Zitieren von Sprichwörtern, wie: »Das schlägt dem Faß die Krone ins Gesicht.«

Meine letzte und daher wichtigste Schulzeit (1921–1929) verbrachte ich in einer Kreisstadt der Uckermark. Die politische Umwelt war »deutsch-national« (Stahlhelm) geprägt. Meine liberalen Lehrer zeigten allerdings keine für mich erkennbare politische Richtung. Die meisten Erwachsenen in meiner Heimatstadt hinterließen bei mir den Eindruck, politisch unorientiert und uninteressiert zu sein. In meinem vaterlosen Elternhaus wurde über Politik sowieso kaum gesprochen. In den letzten beiden Jahren vor dem Abitur begann ich, mich mit Politik zu beschäftigen, las die Vossische Zeitung, das damalige demokratische Intellektuellenblatt, und neigte (1929/30) während meines dreisemestrigen, dann abgebrochenen Medizinstudiums zum Kommunismus. Eine typische Reaktion gegen das stockkonservative Milieu, aus dem ich kam.

In meiner Heimatstadt pflegte man Sozialdemokraten und Kommunisten kaum zu unterscheiden, was nicht zuletzt daran lag, daß beide Parteien marxistische Schlagworte gebrauchten, welche Kleinbürger verprellen mußten. Im übrigen glaubte man zu wissen, daß die einen etwas sanfter waren und die anderen gewalttätig und verantwortlich für das »Schreckliche«, was in Rußland geschah. Ich wußte es selbstverständlich etwas besser, z. B. daß Revolutionen manches unvermeidlich machten, bis ich als Medizinstudent sehr realistische Romane sowjet-russischer Schriftsteller (wie Gladkows »Zement«) las, in denen so ziemlich alles im Hinblick auf das »große Aufbauwerk in Rußland« entschuldigt wurde. So war mein kommunistischer Bedarf schnell gedeckt, und ich trat mit Beginn meines wirtschaftswissenschaftlichen Studiums (1931) der SPD bei.

Schon 1930 war der Nationalsozialismus mit seinen ersten großen Erfolgen bei der Reichstagswahl »in Mo-

de gekommen«. Der Hauptgrund für diese »Mode« war die fehlende überzeugende Alternative. Die Zeit war einfach reif dafür, daß man in der Außenpolitik (Versailler Vertrag) und in der Wirtschaftspolitik (Arbeitslosigkeit) etwas Unkonventionelles unternahm; und das tat trotz mancher Ansätze auch Brüning mit seinen Notverordnungen nicht. Hitler versprach immerhin, es zu tun, und tat es dann ja auch.

Der Antisemitismus war, soweit ich es in Berlin und Hamburg beobachten konnte, eher eine Folge als eine Ursache des Nationalsozialismus. Wer sich entschlossen hatte, sein Heil bei den Nazis zu suchen, war dann auch bereit, das mehr oder weniger anzuerkennen, was diese über die Juden verbreiteten. Ich kann das beurteilen, weil ich als dunkelhaariger, dinarischer Typ gelegentlich als Jude angepöbelt wurde.

Aus diesem Grunde und weil ich mich als Mitglied des Reichsbanners und der SPD kurz vor der Machtübernahme Hitlers (1933) in den Universitäten Hamburg und Berlin mit NS-Kommilitonen herumprügeln mußte, hatte ich es in den nächsten Jahren leicht, den Erfolgen Hitlers gegenüber skeptisch zu bleiben, zumal mir die hysterische Art »des Führers« auf die Nerven ging. Aber auch für mich blieben die enormen wirtschaftlichen und politischen Erfolge Hitlers nicht ohne Eindruck. Als ich 1933 und 1934 zweimal einen ungarischen Freund in Paris besuchte, lernte ich das dortige Emigrantenelend kennen. Das ließ mich beide Male zu den »Fleischtöpfen Ägyptens« zurückkehren. So mußte ich mich früher oder später zu fragen beginnen, ob ich denn selbst klüger wäre als alle Bewunderer, die Adolf Hitler zunehmend im In- und Ausland fand. Bis zum Einmarsch in die Tschechoslowakei lagen alle wirtschafts- und außenpolitischen Erfolge in der Linie, die jeder Deutsche nur gutheißen konnte. Die Kristallnacht mußte allerdings jeden vernünftigen Menschen ernüchtern; und wer der Person Adolf Hitlers skeptisch gegenüberstand, mußte sich fragen, ob nicht gerade so frappierende Erfolge seinen Größenwahn auf unser aller Kosten ins Maßlose steigern mußten.

Da ich trotz eindrucksvoller Vorbilder im In- und Ausland in den Jahren 1936/37 nicht dazu kam, die eigenen Bedenken fallen zu lassen und dem Rate einiger Freunde zu folgen, der NSDAP beizutreten, war ich hinterher fein heraus. Wer die damalige Zeit in Deutschland aber nicht miterlebt hat, sollte nicht überheblich darüber urteilen, daß nach den ersten

Jahren des Erfolges selbst ehemalige Antinazis ihren Widerstand aufgaben. Ein solches Urteil steht jenen »Nachrichtern« unserer politischen Vergangenheit besonders schlecht zu Gesicht, die als pseudoprogressive Sympathisanten selbst eine neue politische Katastrophe vorbereiten helfen. Das gleiche gilt für unsere »reinen« Wohlstandskinder, die sich zu einem generell kritischen Verurteilungseifer verführen lassen.

HEINZ-DIETRICH ORTLIEB
Geb. 1910 in Neuwarp (Vorpommern).
Evangelisch. 1933: Student. Nach 1945: Professor für Wirtschaftswissenschaften.

Von der Arbeitslosigkeit und der daraus resultierenden Not wurden nicht nur die Arbeiter erfaßt, sondern auch viele Bürgerliche. Manches Ehepaar ging auf die Straße und musizierte, um sich mit ein paar eingesammelten Groschen Lebensmittel kaufen zu können.

Jochen Klepper
Adel und Pöbel vereint

Berlin, 31. Januar 1933, Dienstag
Hitler ist Reichskanzler. Noch einmal ist das verhängnisvollste Bündnis zustandegekommen, das Gustav Freytag die größte deutsche Gefahr nennt: das Bündnis zwischen dem Adel und dem Pöbel. Im Funk müssen wir fast alle mit unserer Entlassung rechnen, obwohl es schon der reaktionäre Rundfunk war. Als die erste »Reform« des Rundfunks kam, mußte ich mich als toten Mann betrachten. Es kam gegen alle vernünftige Überlegung anders, kam so gut. Kann sich das nochmals wiederholen? Der Verstand kann nur unmittelbarste Gefahren sehen!

JOCHEN KLEPPER
1903–1942. Schriftsteller. Wählte mit seiner jüdischen Frau und Adoptivtochter den Freitod.
Aus: Jochen Klepper: »Unter dem Schatten deiner Flügel«. Aus den Tagebüchern der Jahre 1932–1942. Deutsche Verlags-Anstalt, Stuttgart 1956.

Klaus Mehnert
Vor dem großen Kladderadatsch

Klaus Mehnert mit seiner Ehefrau Enid in den dreißiger Jahren.

Als ich 1931 aus dem Bergwerk nach Berlin zurückkehrte, deutete alles darauf hin, daß der »große Kladderadatsch« immer näherrückte; diesen Ausdruck gebrauchte man damals viel, weil er alles bedeuten konnte...

Alles um mich herum organisierte sich; in Hitlers Bataillonen – in der SA (Sturmabteilung), der auch mein Bruder Lars beitrat, der SS (Schutzstaffel), der Hitler-Jugend –, ferner im Stahlhelm, im (SPD-nahen) Reichsbanner Schwarz-Rot-Gold, in der (kommunistischen) Rot Front, bei den Artamenen (einer auf bäuerliche Siedlung gerichteten Bewegung) oder, wenn man vornehmer war, im Herrenclub des Herrn von Gleichen. Ich holte den von Vater hinterlassenen Revolver

wieder hervor und ging einmal die Woche auf einen Schießplatz.

Bei meinen Überlegungen, wie es nun weitergehen sollte, war mir meine Enid eine große Hilfe. Für die junge Kalifornierin war das Deutschland, in dem sie 1931 studiert, 1933 – mich – geheiratet hatte, voller Wunder. Und da sie ihre Fragen an mich in der naiven Überzeugung stellte, ihr Klaus habe natürlich auf alles eine Antwort, mußte ich mich anstrengen. Um ihre Erwartungen nicht zu sehr zu enttäuschen, gestand ich ihr gleich zu Beginn, daß ich von Wirtschaft – trotz Nationalökonomie als Nebenfach – wenig verstünde. Hier vermochte ich ihr lediglich die größeren Linien zu zeigen: Daß der Kapitalismus nach der Weltwirtschaftskrise in den Jahren nach 1929 (in Deutschland zudem nach der Katastrophe der Nachkriegsinflation) an Glanz stark eingebüßt und so den Wunsch nach einem anderen Wirtschaftssystem geweckt habe, was sich in dem großen Interesse am Sozialismus zeige...

Mehr wußte ich über die Politik zu sagen. Ich war für die deutsche Republik, da sich unsere Fürstenhäuser 1918 als völlig unfähig erwiesen und das Hasenpanier ergriffen hatten. Ich war für die Demokratie, da ich die Diktatur, soweit ich sie von der Sowjetunion kannte, für völlig unattraktiv hielt. Ich war auch für Schwarz-rot-gold, obgleich mir der Abschied von Schwarz-weiß-rot schwergefallen war. Ich war sogar für die parlamentarische Demokratie, wenn auch ohne große Be-

Parteitag der SPD in Magdeburg 1929

geisterung, da der Reichstag mit seiner grauenvollen Parteienzersplitterung und seinen Radau-Szenen kein erhebendes Bild bot; doch wußte ich kein besseres System der Volksvertretung ...

Am eindeutigsten waren meine außenpolitischen Ziele: beharrliche Beseitigung der letzten noch verbliebenen Fesseln des Versailler Vertrages, Wiedererlangung mindestens eines Teiles der 1919 verlorenen Gebiete, Anschluß Deutsch-Österreichs als logische Folge der Auflösung des Habsburger Reiches (dies alles durch Druck auf Frankreich und mit Rückendeckung durch die Sowjetunion), danach die Vereinigung Europas; ich erzählte Enid von meinen Sympathien für Coudenhove-Kalergis Paneuropa-Bewegung und für eine ähnliche Initiative des Dänen C. F. Heerfordt, für den ich eine Weile gearbeitet hatte, da sich diese Vorstellungen mit meinem deutschen Patriotismus durchaus vertrugen.

Einmal berichtete mir Enid mit bekümmerter Miene, jemand habe gesagt, Klaus Mehnert sei ein Nationalbolschewik. Diese Sorge konnte ich ihr rasch nehmen. Ich sei zwar für gute Beziehungen zum Sowjetstaat, aber eindeutig gegen den Bolschewismus in Deutschland.

Wenn immer ich meiner Enid solche Gedanken entwickelte, fragte ich mich (und manchmal tat sie es), ob es denn nicht noch Ähnlichgesinnte gebe, mit denen ich mich zusammenschließen könne. Gewiß, die gab es. Es kam sogar häufig vor, daß andere deutsche Patrioten, die von Hitler nicht viel hielten, die Verbesserung unserer Beziehungen zur Sowjetunion forderten. Manche von ihnen lernte ich als Spez für Rußlandfragen kennen, so Ernst Niekisch, Herausgeber der Zeitschrift Widerstand, der 1932 eine Schrift Hitler, ein deutsches Verhängnis veröffentlichte, oder Hans Schwarz, dessen Zeitschrift Der Nahe Osten junge Konservative mit Ostinteressen anzog, oder Friedrich Hielscher, Autor von Das Reich (1931). Auch mancher, der nicht auf der Rapallo-Linie lag, war an der Sowjetunion interessiert, allein schon aus Opposition zu Hitler, und unterhielt sich gelegentlich mit mir über meine Beobachtungen, darunter der Dichter Ernst Jünger.

KLAUS MEHNERT

Geb. 1906 in Moskau als Sohn reichsdeutscher Eltern. Dr. phil. Politikwissenschaftler und Publizist. 1931–1934: Generalsekretär der Deutschen Gesellschaft zum Studium Osteuropas und Schriftleiter der Zeitschrift Osteuropa. 1936–1945: Professor für Geschichte und politische Wissenschaften in den USA und China. 1961–1972 Professor für politische Wissenschaften in Aachen, emer.
Aus: Klaus Mehnert. Ein Deutscher in der Welt. Erinnerungen 1906–1981. Deutsche Verlags-Anstalt. Stuttgart 1981.

Karl Böhm: Ich gehöre nur einer Partei an

Karl Böhm, 1932

In Hamburg – es zeigten sich schon die Vorzeichen der Ereignisse von 1933 – erhielt ich irgendwann im Jahre 1932 den Anruf eines Hamburger Rechtsanwalts, der mich um eine Unterredung ersuchte. Ich dachte, es handle sich um eine Opernangelegenheit – aber es kam ganz anders. Er kam zu mir und teilte mir mit, er sei von der Nazipartei zum Reichsleiter von Hamburg ausersehen. Ich sei doch Arier, und Leopold Sachse müsse selbstverständlich verschwinden, mir würde er hingegen die Stelle eines Generalintendanten der Hamburger Oper antragen. Ich sei doch selbstverständlich illegales Mitglied der NSDAP. Darauf teilte ich ihm mit, ich sei nicht Mitglied dieser Partei. – »Dann müssen Sie eben eintreten«, sagte er, worauf ich erwiderte, ich sei bereits Mitglied einer Partei, ich könne daher nicht. Da fragte er: »Was sind Sie? Deutschnationaler! Christlich-Sozialer?« – »Nein.« – »Sind Sie Kommunist?« – »Nein.« – »Sind Sie Sozialist?« – »Nein.« – »Auch nicht ... Zum Teufel, was sind Sie denn?« – »Ich gehöre nur einer Partei an: der musikalischen.«

KARL BÖHM

1894–1981. Dirigent.
Aus: Karl Böhm. Ich erinnere mich genau. Autobiographie. Hrsg. von Hans Weigel. Verlag Fritz Molden, Wien.

Wolfgang Leonhard
Als »Junger Pionier« in der Künstlerkolonie in Berlin

Im April 1931 war ich 10 Jahre alt geworden. Wenige Monate später, im September 1931, zog meine Mutter mit mir um: nach Berlin-Wilmersdorf am Laubenheimer Platz, in die berühmte »Künstlerkolonie«, die für die Mitglieder der Bühnengenossenschaft und des deutschen Schriftstellerverbandes gebaut worden war.

Mir gefiel es, und ich lernte bald unsere Nachbarn kennen. Meine Mutter war bekannt mit Axel Eggebrecht (der unter uns wohnte) und einige Male besuchte ich den kommunistischen Sänger Ernst Busch. Mehrmals nahm mich meine Mutter in das gegenüberliegende Haus zu Walter Hasenclever mit; diese Besuche prägten sich tief in mein Gedächtnis ein, weil Hasenclever damals ein Fernrohr besaß und mich unterwies in der Beobachtung der gegenüberliegenden Wohnungen.

Schon kurz nach der Übersiedlung wurde ich Mitglied der »jungen Pioniere«, der damaligen Kinderorganisation der KPD. Wir trafen uns einmal in der Woche in einem Hinterzimmer einer »linken« Bierkneipe. Feierlich erhielten wir ein rotes Pioniertuch und eine bunte Mitgliedskarte, auf die wir sehr stolz waren. Unser Pionierleiter teilte uns in kurzen lebendigen Ansprachen mit, was wir politisch wissen mußten: Unsere Feinde seien die Nazis; die Sozialdemokraten gäben zwar vor, für die Arbeiter einzutreten, seien aber Verräter; in Deutschland herrsche der Kapitalismus, der die Schuld an der Ausbeutung der Arbeiter und der Massenarbeitslosigkeit trage; überall in der Welt gäbe es Ausbeuter und Ausgebeutete; nur in einem Land hätten die Arbeiter gesiegt – in der Sowjetunion; diese sei unser Vorbild und unsere Hoffnung; durch den Kampf der KPD werde es bald ein Sowjetdeutschland geben.

Auf unseren Gruppenabenden lernten wir unsere Lieder: den »Roten Wedding«, das »Solidaritätslied«, die »Internationale«, das Lied der sowjetischen Flieger »Drum höher und höher und höher« und ein damaliges sowjetisches Komsomolzenlied mit dem recht optimistischen Refrain:

»Landwirtschaft und Industrie,
produzieren wie noch nie –
In der Sowjetunion!«

Schließlich wurden wir auf einige Zeitungen und Bücher aufmerksam gemacht, die wir bald erstanden und lasen: Die Trommel (die Zeitung der jungen Pioniere), die AIZ (Arbeiter-Illustrierten-Zeitung), die

Märchen von Hermynia zur Mühlen, die aus dem Russischen übersetzte Erzählung »Die Rache des Kabunauri« und das bei uns besonders beliebte Buch von Alex Wedding »Ede und Unku« über die Freundschaft eines Berliner Jungen mit einem Zigeunermädchen.

Einmal gab es bei unserem Pionierabend eine Überraschung. »Wir haben heute etwas ganz Wichtiges für euch«, sagte uns der Pionierleiter und zeigte auf seinen Nebenmann, den wir vorher noch nie gesehen hatten. »Dieser Genosse war bis vor kurzem in der SAJ, der Jugendorganisation der SPD. Aber er hat die verräterische Politik der SPD-Führer erkannt und ist zu uns übergetreten. Wir wollen ihn ganz herzlich begrüßen.« Wir alle klatschten und freuten uns über unseren neuen Genossen.

Meine bei den jungen Pionieren erworbenen politischen Kenntnisse halfen mir auch in der Schule. Seit September 1931 besuchte ich die bekannte »Karl-Marx-Schule« in Berlin-Neukölln, die linkeste Schule, die es damals in Deutschland gab. Es war eine lange Fahrt vom U-Bahnhof Breitenbachplatz bis zur Station der Linie C in Berlin-Neukölln, Bergstraße. Aber ich war nicht allein, denn auch andere Schüler kamen aus dem Südwesten Berlins, und wir verabredeten uns für einen bestimmten U-Bahnwagen und konnten so die Fahrt gemeinsam verbringen. So fuhr ich häufig mit Werner Eberlein, dem Sohn des Kominternfunktionärs Hugo Eberlein, der ebenfalls aus dem Südwesten Berlins kam (später sollte ich Werner Eberlein noch in der Sowjetunion und, nach dem Krieg, wiederholt in Ost-Berlin treffen).

Bei unseren Pionierabenden im Frühjahr 1932 bereiteten wir uns auf die bevorstehende Mai-Demonstration vor. Der Pionierleiter erzählte uns über die Geschichte des 1. Mai, und wir lernten gemeinsam die Losungen, die wir bei der Demonstration rufen würden. Endlich war es so weit! Von der angegebenen Sammelstelle ging es in Richtung des Stadtzentrums; immer mehr Demonstranten schlossen sich zusammen, und wir bildeten einen Zug, der nur aus jungen Pionieren bestand. Unterwegs riefen wir nun unsere Losungen, als Antwort auf den entsprechenden Ruf eines der Jungkommunisten. So rief der Jungkommunist mit lauter Stimme: »Hitler« und wir antworteten mit unseren Kinderstimmen im Chor »Verrecke!«.

Als der Jungkommunist rief: »Wer hat uns verraten?«

gaben wir die vereinbarte Antwort: »Die Sozialdemokraten«.

Darauf der Jungkommunist: »Wer macht uns frei?«
Wir, so laut und deutlich es ging: »Die Kommunistische Partei!«

Im Sommer und Herbst 1932 nahmen wir bereits an politischen Kampagnen teil – als Unterstützung für die KPD bei den Wahlen. Wir erhielten Nummern der Roten Fahne und der Roten Post und verkauften sie an Passanten. Auch zum Verteilen von Flugblättern wurden wir eingesetzt.

Besonders aufregend für uns war jene Zusammenkunft, als der Pionierleiter feierlich jedem von uns einen langen roten Stift übergab; anfangs hielten wir es für Kreide, aber das konnte es nicht sein, denn es fühlte sich ölig und feucht an. »Das ist keine Kreide, sondern der Stift besteht aus einem Material, das nach dem Schreiben nicht mehr abgewischt werden kann«, erklärte uns der Pionierleiter. »Jeder von Euch schreibt auf Bürgersteigen und Häuserwänden in großen, leicht lesbaren Druckbuchstaben 50 mal ›Wählt KPD‹ . . .« Der neue Genosse, der kurz zuvor von der SAJ zu uns übergetreten war, unterbrach ihn: »Das ist nicht richtig. Die Nazis sind jetzt so stark, daß jeder von Euch 50 mal schreiben soll: ›Wählt links!‹« Nun begann ein langes Palaver zwischen dem Pionierleiter und dem neuen Genossen, die sich darüber stritten, was wir jungen Pioniere zu schreiben hatten. Schließlich setzte sich der Pionierleiter durch, während der »Neue« verschämt verstummte. Die Anweisung wurde wiederholt und wir schrieben 50 mal »Wählt KPD!«

Vor jeder Wahl – denn im Sommer und Herbst 1932 wurde mehrmals gewählt – kamen ein oder zwei Genossen in die Wohnungen der Künstlerkolonie, um das rote Fahnentuch zu verteilen, das man dann aus dem Fenster hängen sollte. Es gab zwei Möglichkeiten: entweder eine rote Fahne mit den drei Pfeilen der SPD oder mit dem Hammer und Sichel der KPD. Die Genossen kamen auch zu unserer Wohnung in die Bonner Straße 12. »Keine von den beiden Fahnen«, sagte meine Mutter fest und bestimmt. »Aber das geht doch gar nicht«, meinten die Genossen etwas verwirrt. »Doch«, sagte meine Mutter, »das geht. Von unserer Wohnung wird nur eine rote Fahne hängen, ohne eines der beiden Zeichen.« So geschah es auch.

Die Künstlerkolonie am Laubenheimer Platz war damals in Berlin-Wilmersdorf eine große Ausnahme. Im Umkreis gab es schon damals viele Hakenkreuzfahnen, und auch Schwarz-Weiß-Rot sah man oft. Nur die Künstlerkolonie am Laubenheimer Platz wirkte wie ein rotes Fahnenmeer. Stolz sahen wir jungen Pioniere uns die roten Fahnen der drei Häuserblocks an.

Nur bei einer Wohnung gab es eine Überraschung: dort wehte eine schwarz-rot-goldene Fahne. Wir lachten, denn das kam uns damals recht komisch vor.

Die »Roten Blocks«, wie damals die Künstlerkolonie häufig genannt wurde, blieben nicht unbemerkt. Manchmal kamen SA-Leute auf Motorrädern, um sich dieses ungewohnte Bild anzusehen; einmal erschien eine ganze Kolonne von SA-Männern auf Motorrädern und riefen im Chor: »Die roten Blocks, die zünden wir bald an!« Anfangs waren einige von uns, darunter auch ich, ängstlich. Aber als wir den Wald von roten Fahnen sahen, beruhigten wir uns wieder. Außerdem hörten wir bald etwas von einem »Selbstschutz« und glaubten, die Sache werde wohl nicht so gefährlich werden.

Anfang November 1932 verließ ich Berlin. Meine Mutter hatte mir die Möglichkeit verschafft, einige Monate im Landschulheim Herrlingen bei Ulm zu verbringen. Ich fühlte mich in diesem modernen und freien Landschulheim froh und glücklich; auch hier gab es vorwiegend Kinder der »Linken« und niemand wunderte sich, daß ich dort die Trommel und die AIZ nachgeschickt erhielt.

Den Januar 1933 verbrachten wir auf einer Skihütte bei Mittenwald. Wir waren so isoliert, daß wir sogar die Ernennung Hitlers zum Reichskanzler am 30. Januar 1933 nicht wahrnahmen; aber mir wurde die Wandlung deutlich bewußt, als wir kurz darauf nach Herrlingen zurückkehrten. Im Februar hörte die Übersendung meiner kommunistischen Zeitungen auf, und ich war tief erschüttert.

Am Abend des 28. Februar hörten wir im Landschulheim, in Berlin sei der Reichstag von Kommunisten angezündet worden, das Parlament brenne, Hitler und Goebbels riefen zur Vernichtung des Kommunismus auf. Am nächsten Tag schrieb ich meiner Mutter einen Brief, der Reichstag sei bestimmt nicht von Kommunisten angezündet worden, sondern von den Nazis selbst. »Das ist bestimmt eine Prowokazion«, schrieb ich in dem Brief (den meine Mutter aufbewahrte und mir später in Moskau zeigte).

Wenige Tage nach dem Reichstagsbrand wurden ein Junge, der auch kommunistische Zeitungen erhielt, und ich zu unserer Leiterin Anna Essinger (die wir »Tante Anna« nannten) gebeten. Sie erklärte uns, es sei jetzt eine gefährliche Zeit angebrochen, und man müsse mit Hausdurchsuchungen der Polizei oder der SA rechnen. Wir müßten jetzt Komplikationen verhindern, denn das Landschulheim werde bald nach England emigrieren. »Geht jetzt mit einem Lehrer, der Euch dabei helfen wird, um eure kommunistischen Zeitungen und Bücher zu verbrennen«, sagte sie. Anfangs sträubte sich etwas dagegen in mir, aber Tante Anna erklärte uns, wir dürften das Heim vor der

Übersiedlung nach England nicht unnötig gefährden. So fügten wir uns. Traurig sah ich, wie die Nummern der AIZ und der Trommel im Heizungskeller in Flammen aufgingen.

Ende Mai 1933 kehrte ich nach Berlin zurück. In der Künstlerkolonie traf ich einige unserer jungen Pioniere; sie waren alle ganz verändert. Brigitte, eine Jungpionierin, war ganz weiß und hielt den Zeigefinger an den Mund. »Du darfst niemals davon reden«, sagte sie mir aufgeregt flüsternd. »Das haben mir meine Eltern besonders eingeschärft.« Auch die Karl-Marx-Schule in Berlin-Neukölln, die mir so gefallen hatte, war inzwischen von den Nazis aufgelöst worden. »Wohin soll ich denn nun in die Schule gehen?« fragte ich meine Mutter.

»Du gehst überhaupt in keine Schule mehr, denn ich will nicht, daß Du auch nur einen einzigen Tag eine Nazi-Schule besuchst.«

So lebte ich noch bis Ende September 1933 in Deutschland, ohne bei einer Schule angemeldet zu sein. Meine Mutter schickte mich zu verschiedenen Bekannten und Verwandten, wobei ich jedesmal nur höchstens eine Woche blieb und dann weiterzog. »Wir müssen jetzt vorsichtig sein«, sagte sie mir. Nur ab und zu besuchte ich kurzfristig die Künstlerkolonie am Laubenheimer Platz – und ich freute mich jedesmal, weil ich dort eine so glückliche Zeit verbracht hatte.

Fast fünf Jahrzehnte sind seitdem vergangen. Inzwischen las ich in Geschichtsbüchern, Memoiren und Aufsätzen immer mehr über die Bewohner der damaligen Künstlerkolonie am Laubenheimer Platz – über Alfred Kantorowicz, Arthur Köstler, Axel Eggebrecht, den Psychoanalytiker Wilhelm Reich, den Dichter Joachim Ringelnatz und viele viele andere.

Was war denn damals dort wirklich alles los? Das wollte ich bei meinem letzten Besuch in Berlin im Sommer 1980 herausfinden. Mit Spannung fuhr ich zur Künstlerkolonie am Laubenheimer Platz. Alles stand noch so wie damals in den Jahren 1931 und 32. Aber enttäuscht, ja erschüttert, stellte ich fest: es gab nicht eine einzige Gedenktafel, nicht den kleinsten Hinweis darüber, daß hier viele der berühmtesten deutschen Künstler und Schriftsteller gelebt und gewirkt hatten.

WOLFGANG LEONHARD
Geb. 1921 in Wien.
1935–1945: Schulbesuch und Studium in Moskau.
1945–1947: Mitarbeiter der Abteilung Agitation und Propaganda des Zentralkommites der SED. 1947–1949: Lehrer an der SED-Parteihochschule »Karl Marx«. 1949: Flucht nach Jugoslawien. Seit 1950 Kommentator für Probleme der Sowjetunion und des internationalen Kommunismus. Seit 1966 Professor an der historischen Fakultät der Yale Universität, New Haven.

Susanne Leonhard
Karl Liebknechts Nachlaß

Susanne Leonhard, 1925

Ich sehe ihn vor mir stehen, als ob es gestern gewesen wäre: den großen schwarzen Standkoffer mit dem gewölbten Deckel und den pompösen Metallbeschlä-

gen. Früher hatte Sophie Liebknecht ihn in einer Bodenkammer aufbewahrt; nun aber, seit Anfang 1932, stand er in ihrem Schlafzimmer. Er war immer verschlossen, der geheimnisvolle Koffer. Nur ich hatte mir einmal die Schätze, die er enthielt, ansehen dürfen: es war der Nachlaß Karl Liebknechts, oder – genauer gesagt – ein Teil des Nachlasses.

Natürlich nur Handgeschriebenes und Gedrucktes, also sozusagen das »geistige Eigentum« Liebknechts, war hier gesammelt; auf anderen persönlichen Besitz hatte man verzichtet. Abgesehen von wenigen Ausnahmen, stammte der in diesem Koffer aufbewahrte Nachlaß aus der letzten Lebensperiode des Ermordeten ...

Und das kam so: Als Karl Liebknecht Ende März 1915 zum Militärdienst (118. Armierungsbataillon) eingezogen wurde – das Bild des »Armierungssoldaten« Karl Liebknecht mit dem Schubkarren ist weltbekannt –, entschloß er sich, eine große »Schatulle« mit vielen Familienfotos und mit allen Briefen seiner ersten Frau (der im August 1911 verstorbenen Julia) seinem jüngsten Bruder, dem Arzt Dr. Curt Liebknecht, der gerade auf Urlaub von der Front nach Berlin kam, zur Aufbewahrung zu übergeben (Berlin-Wedding, Fennstraße 1). Dort blieb die verschlossene Schatulle auch nach dem Kriege und nach Karl Liebknechts Ermordung.

Der schwarze Koffer in Sophie Liebknechts letzter Berliner Wohnung (Bayerischer Platz) enthielt Stöße von Manuskripten, Handschriftliches aus den Zuchthausjahren (1. Mai 1916 bis 23. Oktober 1918), Korrespondenz mit Freunden, Kampfgenossen und politischen Gegnern, Entwürfe zu Reichstagsreden, zu Resolutionen, Aufrufen usw. . . . Wenn ich nicht irre, lagen auch Zweitexemplare der politischen Schriften Liebknechts aus den Jahren 1907 bis 1915 in dem Koffer oder auch Übersetzungen, ich erinnere mich nicht genau. Doch weiß ich bestimmt, daß nicht nur ein Manuskriptdurchschlag des (unvollendet gebliebenen) Werkes »Studien über die Bewegungsgesetze der gesellschaftlichen Entwicklung«, sondern auch ein Exemplar dieses posthum (1922 in München) erschienenen Buches dabei war . . . Bei einer Haussuchung, mit der man ja von Beginn der dreißiger Jahre an immer rechnen mußte, würden diese Bücher bestimmt beschlagnahmt werden. »Hoffentlich, hoffentlich wird es gelingen, Karls Hinterlassenschaft zu retten vor diesen Barbaren«, sagte Sophie seufzend.

Plötzlich, in der Nacht vom 27. zum 28. Februar 1933, stand die Gefahr dicht vor uns. Brand des Reichstagsgebäudes. Verordnung »zum Schutz von Volk und Staat« (28. Februar 1933). Und schon erscheint die Politische Polizei z. b. V. und nimmt eine Haussuchung bei mir vor. Ich war natürlich gut »vorbereitet«; es wurde nichts Belastendes bei mir gefunden, aber nun eile ich zu Sophie Liebknecht. »Sophie, der Koffer muß weg!« ist alles, was ich sagen kann. Ja, natürlich muß er sofort aus Sophies Wohnung verschwinden. Aber: wohin?

Sophie hatte eine glänzende Idee. Und, wie sich nun herausstellte, hatte sie bereits vor einiger Zeit »Präliminarien« eingeleitet. Ein gewisser Dr. K., gutaussehender Mittvierziger, Arzt mit ausgezeichnet gehender Privatpraxis und politisch – obwohl antinazistisch – in keine Weise verdächtig, hatte ihr vor kurzem angeboten, den Koffer notfalls bei sich in der Wohnung unterzustellen. Der Transport glückte. Alles schien in bester Ordnung. Dr. K. war schon sehr lange mit Frau Sophie Liebknecht befreundet, und auch ich kannte ihn – durch sie – bereits seit Jahr und Tag. Er lebte sehr zurückgezogen und verkehrte nicht in kommunistischen Kreisen. Daß er homophil war, wußten nur seine nächsten Freunde. Um nirgends »Verdacht« zu erregen, ließ er sich gern mit

Frau Liebknecht in der Oper oder in Kunstausstellungen sehen.

Sophie und ich machten es uns, seit K. den Koffer in seine Obhut genommen hatte, zur Gewohnheit, ab und zu, wenn wir uns in einem Café aufhielten, bei Dr. K. anzurufen, um uns nach dem Befinden des »Kranken« – damit war der Koffer gemeint – zu erkundigen. Eines Mittags – ich glaube, es war Anfang Mai 1933 – saßen wir wieder in einer Zuntz-Kaffeestube, und Sophie rief von dort den Doktor an. Bestürzt berichtete sie mir, Dr. K. habe ihr gesagt, leider sei plötzlich im Befinden des Patienten eine Verschlechterung eingetreten; er müsse zur Operation ins Krankenhaus überführt werden, am besten gleich »morgen vormittag«. Für einen solchen Eventualfall hatte Sophie schon längst alles vereinbart: der Koffer sollte in die Russische Botschaft, Unter den Linden 7, gebracht werden . . .

Wir verabredeten, daß Sophie sofort in der Russischen Botschaft alles vorbereitete; vor allem, meinte ich, müsse für Kleiderwechsel gesorgt werden, damit mich nicht ein »Zeuge« wiedererkennen könne. Ich fuhr also in meine Wohnung und brachte noch am selben Nachmittag meinen leichten schwarzen Ripsmantel und die schwarze Kappe zu Sophie; sie meldete sich telefonisch zu einer »eiligen Rücksprache« in der Botschaft an.

Am nächsten Morgen zog ich mein rohseidenes Frühjahrskostüm an, setzte das helle Strohhütchen auf und fuhr zum Nollendorfplatz, wo ich ein Taxi nahm. Der Doktor begrüßte mich mit sichtlicher Freude und Erleichterung. Heimlich steckte er mir den Kofferschlüssel in die Jackentasche. Der Taxifahrer half ihm, den Koffer aufzuladen. »Zum Bahnhof Zoo«, gab ich an. Ich wollte die Fahrt vorsichtshalber in zwei Etappen machen und ließ das Kofferungetüm in die Gepäckaufbewahrung bringen. Dann verkrümelte ich mich, und erst eine halbe Stunde später erschien ich an der Gepäckausgabe. Dort war so reger Betrieb, daß niemandem etwas auffiel. Ich nahm wieder einen Gepäckträger und winkte ein zweites Taxi herbei.

»Hotel Bristol« nannte ich als Fahrziel. Wir fuhren durch den Tiergarten, durchs Brandenburger Tor. Als der Fahrer sich gerade anschickte, vor dem Hotel zu halten, tippte ich ihm auf die Schulter und rief: »Fahren Sie noch ein Stückchen weiter, bitte, bis Hausnummer 7, sehen Sie? Dort, die breite Einfahrt!« – »Also nicht Bristol?« fragte der Mann erstaunt. »Nein, gleich da, wo der Portier steht, da fahren Sie bitte hinein!« Und schon waren wir vor dem Botschaftsgebäude angekommen, das Taxi bog in die Einfahrt ein, der Pförtner sprang herzu, mehrere Botschaftsangestellte waren bereits da; einer entlohnte den verdutzten Fahrer, zwei andere hoben den Koffer herunter. »Bitte, gehen Sie da links herein, Madame, Sie werden schon erwartet«, sagte jemand, und wenige Sekunden später umarmte mich Sophie. Es war geglückt. Karl Liebknechts Nachlaß war in Sicherheit. Zwei Tage danach konnte Sophie Liebknecht mir dann berichten, was sich bei Dr. K. zugetragen hatte. In Begleitung des zwar hakenkreuzgeschmückten, aber dem Doktor nach wie vor wohlgesinnten Hauswarts waren zwei Schnüffler erschienen, um eine Haussuchung vorzunehmen ... Schließlich hatte der Doktor gefragt, worum es denn eigentlich gehe. Es sei Anzeige erstattet worden, daß er so oft abends junge Männer zu Besuch habe. – Ob sich jemand wegen nächtlicher Ruhestörung beschwert habe, wollte K. nun wissen. – Nein, das nicht, jedoch bestehe Verdacht »von wejen schwul«, antwortete – kaum hörbar – der Hauswart ...

Als ich Ende Juni 1935 nach Moskau kam, wohin Sophie Liebknecht schon sieben Monate vor mir übergesiedelt war, erkundigte ich mich natürlich gleich nach dem Nachlaß Karl Liebknechts. Der Koffer – als »Diplomatengepäck« unversehrt angekommen – war zunächst dem Marx-Engels-Institut anvertraut worden; dort sollte das Material gesichtet und katalogisiert werden.

Nach Beendigung des Hitlerschen Aggressionskrieges und nach Konsolidierung der DDR ist der größte Teil des Liebknecht-Nachlasses nach Leipzig übergeführt worden.

SUSANNE LEONHARD
Geb. 1895 in Oschatz (Sachsen).
Promotion in den Naturwissenschaften. 1933: Schriftstellerin. Mutter von Wolfgang Leonhard.

Hildegard Knef
Mein Stiefvater kaufte sich frei

Hildegard Knef im Alter von 8 Jahren mit ihrem Stiefvater in Berlin im Jahre 1933

Als 1933 die Nazis mit Märschen und Getöse in Berlin einzogen und die Kinder kleine Fahnen schwenkten und Heil Hitler kreischten, sagte meine Mutter: »Ein Segen, daß dein Vater nicht mehr lebt, ein Segen, daß er nicht mehr lebt.« Er war Sozialdemokrat gewesen und hatte zwischen seinen vielen Berufen sogar einmal im Reichstag gesprochen; aber davor hätte sie wohl nicht

so viel Angst gehabt wie vor seiner Unfähigkeit, einem Streit aus dem Wege zu gehen oder still eine Konsequenz zu ziehen; Fanatismus brachte ihn in Rage, und außerdem hatte er nie etwas gegen eine schöne Keilerei.

Mein Stiefvater ging da bedächtiger zu Werke – er hatte mit Herrn Gold ein Geschäft, und als die Nazis ihm nahelegten, in die Partei einzutreten und Herrn Gold abzuschieben, da fragte er still und treuherzig, wieviel es wohl kosten würde, nicht in die Partei eintreten zu müssen, da er doch Asthma hätte und an den sportlichen Veranstaltungen dieser Gemeinschaft nicht teilhaben könnte. Sie sagten geniert, das läge in seinem Ermessen – da zog er die Brieftasche und legte ihnen freundlich eine Mark auf den Tisch. Am nächsten Tag war er auf Ladensuche.

HILDEGARD KNEF
Geb. 1925 in Ulm. 1933: Schülerin. Heute: Schauspielerin, Chanson-Sängerin, Autorin.
Aus: Hildegard Knef. Der geschenkte Gaul. Fritz Molden Verlag. München 1971.

Friedrich Karl Freiherr von Düsterlohe
Die Jugendbewegung wurde verboten

Die alte deutsche Jugendbewegung war von romantischen Vorstellungen geprägt.

Mit all seinen Stärken und Schwächen ist der Wandervogel und die daraus hervorgegangene bündische Jugend in Deutschland entstanden, gewachsen und schließlich – wie so vieles – 1933 untergegangen.

Die Lebensweise in der Jugendbewegung war betont einfach, volkstums- und naturverbunden. Symbole spielten eine große Rolle in Emblemen, Bundesabzeichen, Wimpeln, Fahnen, Bezeichnungen. Bürgerliche Kleidung und Verhaltensweisen galten als spießig, modische Extravaganzen wurden verspottet. Die sich nach und nach in den einzelnen Bünden durchsetzenden einheitlichen Trachten gab es im Urwandervogel noch nicht. Die später für alle Jungens selbstverständliche kurze Hose hat die Jugendbewegung eingeführt und durchgesetzt. Halstücher oder Schnüre in bestimmten sinngebenden Farben gehörten vielfach zu den Trachten.

In der nur 32jährigen Geschichte der Jugendbewegung zeichnen sich drei Abschnitte deutlich ab: Die Wandervogelzeit bis zu dem Höhepunkt auf dem Hohen Meißner 1913, der Opfergang durch den I. Weltkrieg und die bündische Phase bis zur Zwangsauflösung 1933.

Der Aufbruch um die Jahrhundertwende war gekennzeichnet durch Protest gegen die Erwachsenenwelt von damals, gegen das unpreußische mehr Scheinen als Sein in vieler Hinsicht. Der Protest richtete sich nicht gegen den Aufschwung des deutschen Kaiserreiches, sondern gegen talmihafte Begleiterscheinungen. Nur wenige erkannten mitten in einer blühenden Zeit schon Keime des Niederganges. Zu diesen Wenigen gehörten die ersten Wandervögel. Sie begriffen die geistigen Strömungen sicher mehr gefühls- als verstandesmäßig. Sie waren durchdrungen von einer echten und sehr tiefen Liebe zu ihrer Heimat und den dar-

in eingewurzelten Menschen und zugleich gegen eine Zivilisation, die sie als falsch und gefährlich ansahen. Von den etwa 15000 Wandervögeln haben im I. Weltkrieg 7000 ihr Leben gelassen. Der Rest war zu jung, andere kamen verwundet, nur wenige heil aus dem Krieg zurück. Der Zusammenhalt der Freideutschen und Wandervögel war wohl nie so groß wie in diesen Kriegsjahren, wo sie sich nicht selten in den Ruhestellungen trafen. So mag es verständlich sein, daß die Jugendbewegung im I. Weltkrieg nicht untergegangen ist, sondern danach einen neuen Aufschwung in der bündischen Jugend nahm.

In der Weimarer Republik, in einer Zeit der Auflösung alter Ordnungen reagierten die Bünde auch wieder entgegen dem Zeitstrom und drängten – für die beobachtende Umwelt vielleicht überraschend – zu mehr Straffheit, Ordnung und Form in der ihr gemäßen Weise. Vereinfachend kann hier von einer Verbindung alten Wandervogeltums mit dem auch soldatische Züge tragenden bündischen Geist gesprochen werden.

Neben den wenigen großen Bünden gab es noch eine Unmenge kleinerer Gruppierungen. Manchmal war so eine Schar nur in einer einzigen Stadt vertreten. Sie konnte im Einzelfall besser sein als viele Gruppen der großen Bünde. Das war immer eine menschliche Qualitätsfrage, insbesondere des Gruppenführers. Der bekannteste Bund in der Größenfolge war die Deutsche Freischar, ein Zusammenschluß zahlreicher

Auch die Gewerkschaften hatten sehr aktive Jugendabteilungen.

Wandervogel- und Pfadfinderbünde, die sich örtlich ganz unterschiedlich darbot. Es folgt der Großdeutsche Jugendbund, der politische Akzente hatte und den Gedanken von Führung und Gefolgschaft neuartig entwickelte, dann der Jungnationale Bund (Junabu) mit volkskonservativen Elementen und betont jugendbewegten Zügen der Wandervogelüberlieferung und schließlich der Deutsche Pfadfinderbund (DPB), ein reiner Jungensbund mit nationaler Gesinnung.

Der Ganzheitsanspruch steuerte auf Lebensgemeinschaften hin. Studenten bildeten eigene Gilden und – um ein Beispiel zu nennen – aus dem Großdeutschen Jugendbund entwickelten sich zunächst die Großdeutschen Gilden und dann als Älterenorganisation der Großdeutsche Ring. Die gesamtgesellschaftliche sektiererische Gefahr wurde dadurch aufgehoben, daß die Mitglieder durch Berufsleben, eigene Familien, Freundeskreise und die sonstige Umwelt voll in der allgemeinen Gesellschaft standen und sich fortlaufend und auch heute noch darin bewähren, auffallend häufig in Spitzenstellungen aller nur denkbaren Berufe. Das ist bei einem grundsätzlichen Abseitsstehen nicht möglich.

Die anfängliche Tendenz der Bünde, sich durch Teilungen und Neugründungen immer mehr zu profilieren aber dadurch auch zu zersplittern, fand durch das Beispiel der obengenannten Deutschen Freischar alsbald eine sinnvolle Umkehrung, die Schule machte. So schlossen sich 1930 der Großdeutsche Jugendbund, der Jungnationale Bund und Teile der Deutschen Freischar zur Freischar junger Nation zusammen. 1933 aber scheiterte der Versuch, die im Großdeutschen Bund unter Admiral v. Trotha zusammengeschlossene Bündische Jugend über die Zeiten zu retten. Der erste Bundestag dieses großen Bundes sollte Pfingsten 1933 in Dresden abgehalten werden. Er wurde jedoch zwei Tage zuvor wegen »Gefährdung der öffentlichen Ruhe und Ordnung« verboten. Telegraphisch wurde der Bund daraufhin nach Munster-Lager gerufen und dort erreichte ihn die Auflösungsverordnung.

Der von Stund an verbotene, offiziell nicht mehr existente Bund versammelte sich spontan in aufgelöster Ordnung um den Flaggenmast. Beim Einholen der Bundesfahne erklang aus tiefer Bewegung und im Bewußtsein des endgültigen Abschieds der Lutherchoral: »Ein' feste Burg ist unser Gott«. Dann zog der ganze Bund mit Fahnen und Wimpeln ein letztes Mal am Admiral und der aus den Teilbünden bestehenden Bundesführung vorbei.

Die bündische Jugend war keine Massenorganisation und hatte keinerlei Voraussetzung, jemals eine Sache der großen Zahl zu werden. Darin lag ihre Stärke, und wenn man so will, auch ihre Schwäche. Eberhard

In der deutschen Jungenschaft (d. j. 1. 11.) gab es keine Zelte wie bei den Pfadfindern, sondern Kothen. Auf körperliche Ertüchtigung – wie durch Stockfechten – legte der Gründer Eberhard Köbel (tusk) großen Wert. Die Lieder des Zupfgeigenhansl waren verpönt.

Schulz hat in der Frankfurter Allgemeinen Zeitung (12. Oktober 1963) einen Beitrag über die Jugendbewegung unter der Überschrift »Die Jugend des Hohen Meißner« gebracht. Diesem Aufsatz entnehme ich die folgenden Gedanken: »Ging die Jugendbewegung mit ihrem gezielten Irrationalismus, mit Trachten, Fahnen und Wimpeln und einer neuen Anbetung des Esprit de Corps, ja ihrem Schwanken zwischen weicher Romantik und Gewalttätigkeit vorwärts in jenes neue Reich, das dann die Nationalsozialisten wollten? Ist die Deutsche Jugendbewegung präfaschistisch gewesen? Hat sie ihr Teil daran, die schwachen Lebensformen des Weimarer Staates noch mehr zu schwächen und mit der Parole von Führer und Gefolgschaft und der Verachtung des Intellekts ein Vorläufer der Entwicklungen nach 1933 zu sein? ... Dagegen spricht der instinktive Haß Baldur von Schirachs, der die bündische Jugend als gefährlich empfand. Bald begannen die Haussuchungen der Geheimen Staatspolizei ... Ganze Gruppen haben, oft nicht ganz wissend, wie gefährlich das Untergrundspiel war, Konspiration getrieben ... Der neue Mensch der Jugendbewegung war ein anderer als der, den Hitler meinte und präsentierte.«

FRIEDRICH KARL FREIHERR VON DÜSTERLOHE
Geb. 1914 in Eisenach, Abitur; Offizier mit Unterbrechung bis 1969. Bis 1980: Vorstandsmitglied der Deutschen Hilfsgemeinschaft, Hamburg.

Wilhelm F. T. Hahn
Ein christlicher Student

Wilhelm F. T. Hahn, heute

In den Jahren 1929 bis 1933 habe ich an vier deutschen Universitäten evangelische Theologie studiert. Es waren jene Jahre, in denen die nationalsozialistische Bewegung, nach langer politischer Bedeutungslosigkeit, mit steigender Gewalt sich ausdehnte und nach der Macht griff. Obgleich ich einer studentischen Corporation beigetreten war, die eine politische und nationale Ausrichtung hatte, waren wir vornehmlich an unserem Fachstudium interessiert. Es war die große Zeit der evangelischen Theologie mit Denkern wie Karl Barth, Emil Brunner, Friedrich Gogarten, Karl Heim und Rudolf Bultmann. An der zwischen ihnen geführten geistigen Auseinandersetzung beteiligten wir uns mit Leidenschaft und waren so alles andere als Fachidioten. Das Politische gewann in dem Maße an Gewicht, wie sich die innenpolitische Situation zuspitzte.

Für unsere politische Haltung war zweierlei charakteristisch: Einerseits, daß wir uns mit Deutschland identifizierten, aber nicht mit dem Staat, also mit der Weimarer Republik. Das andere Moment war die zunehmende Überzeugung, daß dieser Staat mit den sich steigernden Problemen nicht fertig wurde. Es ist schwer, festzulegen, welches Problem im Bewußtsein von uns Studenten am schwersten wog. Wir empfanden als beschämend und bedrückend die außenpolitische Situation mit der ständigen Diskriminierung durch die Siegermächte. Zum Beispiel die auf mehr als ein halbes Jahrhundert im voraus auferlegten Reparationszahlungen im Young-Plan, der von einer internationalen Kommission, unter Owen D. Young, zur Regelung der deutschen Reparationszahlungen ausgearbeitet worden war, und 1930 den Dawes-Plan ablöste. Diese Regelung sollte bis 1988 gelten, hätte also für nahezu drei Generationen eine erdrückende wirtschaftliche und finanzielle Belastung (Hypothek)

bedeutet. Des weiteren führte 1929 die Weltwirtschaftskrise zur großen Arbeitslosigkeit, die in allen Bevölkerungsschichten tiefe Hoffnungslosigkeit auslöste und der die Reichsregierung macht- und hilflos gegenüber stand. Sehr schnell brachen innenpolitische Fronten und Gräben auf, die in vielen Städten Sogwirkung auslösten und zu offenen Straßenschlachten zwischen Nationalsozialisten und Kommunisten führten. Der Reichsregierung gelang es nicht, dieser Konfrontationen und politischen Polarisierungen Herr zu werden. Vor allem aber funktionierte die parlamentarische Demokratie nicht mehr, da keine ausreichende Koalition aufgrund der Wahlergebnisse aber auch des Mangels an Bereitschaft zur Kooperation zwischen den demokratischen Parteien zustande kam. Der Reichstag wurde von rechts und links bewußt zur Farce gemacht.

Diese gleichermaßen lähmende wie hochexplosive außen- und innenpolitische Gesamtsituation ließ sowohl unter uns als auch in der Gesamtbevölkerung die Forderung nach einer Alternative wachsen. Obgleich über das Zukünftige kaum konkrete Vorstellungen bestanden, wurde zunächst auf das Bestehende, das ja in seiner negativen Realität vor aller Augen greifbar lag, beliebig eingeschlagen.

Als einzige Alternative schien sich der Trommler Adolf Hitler anzubieten, da der linke Flügel, nämlich die Kommunisten, als Möglichkeit ausschieden. Die Schreckensherrschaft der Kommunisten, nun unter Stalin, seit der Oktoberrevolution 1917 in Rußland stand vor Augen. Aus dieser innenpolitischen Polarisierung heraus ist zu erklären, daß die Nationalsozialisten als mögliche politische Lösung gesehen werden konnten. Adolf Hitler und seine Mitkämpfer wurden zwar als Staatsmänner nicht ernst genommen, aber man bejahte ihre Fähigkeit, die Massen zu mobilisieren. Kaum einer dürfte Hitlers »Mein Kampf« gelesen haben. Dennoch schien man zu einem Experiment bereit zu sein, um aus der existentiellen und psychischen Trostlosigkeit, Unsicherheit und politischen Macht- und Hilflosigkeit herauszukommen.

Ich gestehe, daß es eine gewisse Zeit gab, in der ich, etwa um 1931 und 1932, den Nationalsozialismus nicht abgelehnt habe, sondern ihn auch als mögliche Alternative beobachtete. Aber im Sommer 1932 wurden mir die Augen über den Nationalsozialismus endgültig geöffnet. Hitler sprach im Zuge des Wahlkampfes in einer Massenversammlung in Reutlingen im Freien. Obgleich wir Stiftungsfest hatten, fuhr ich von Tübingen mit dem Fahrrad nach Reutlingen. Hier erlebte ich eine von Hitler faszinierte Menge, war aber selbst von seiner Person und der Hohlheit seiner politischen Phraseologie abgestoßen. Wenig später brachte die Presse die Nachricht, SA-Leute hätten in Schlesien einen kommunistischen Funktionär in seinem Schlafzimmer, neben seiner Frau liegend, umgebracht. Als die Täter mit der Härte des Gesetzes zur Rechenschaft gezogen werden sollten, stellte sich Hitler vor sie und solidarisierte sich mit ihnen.

Bei einer Diskussionsveranstaltung mit jungen Menschen erzielte ich kürzlich unbeabsichtigte Verblüffung, als ich aussprach, daß der Nationalsozialismus 1932/33 vor allem durch die damalige Jugend zur Macht gekommen sei. Ich erinnerte an den Studententerror gegen jüdische und liberale Professoren in Heidelberg und an die Tatsache, daß sich die als Wandervogelbewegung zu Anfang des Jahrhunderts beginnende Jugendbewegung in der zweiten Hälfte der Zwanziger Jahre zur politischen Jugend wandelte und sich bei den Radikalen rechts und links engagierte.

Wenn jetzt vor kurzem die Parole: »Macht den Staat zum Gurkensalat« an die Wände gepinselt wurde, so entspricht das genau der Haltung, die viele die Weimarer Republik ablehnende Jugendliche damals einnahmen. Was kommt, schien ihnen sekundär. Aber gerade die Folgen der Zerstörung der Demokratie hatte die gleiche Jugend von 1933 am schwersten zu tragen. Mir scheint, sobald wir eine Demokratie und in ihr die Möglichkeit zu unbegrenzter Kritik haben, neigen wir dazu, das Kind mit dem Bade auszuschütten und über berechtigte Kritik den demokratischen Staat und seine Freiheiten über Bord zu werfen.

So haben wir Älteren mit der Erfahrung der Geschichte ein Recht, an die Jugend heute die Anfrage zu richten: Wenn Ihr zerschlagen wollt, was wir aufgebaut haben, so müßt Ihr bedenken, was dann kommt.

Konflikte und Probleme können nicht gegen den bestehenden Staat und seine Repräsentation gelöst werden, sondern nur mit ihnen und innerhalb der vom Grundgesetz gewährleisteten Verfassung.

WILHELM F. T. HAHN
Geb. 1909 in Dorpat (Estland).
1933: Student. Nach 1945: Kultusminister in Baden-Württemberg und Professor emer.

Geno Hartlaub
Die »Machtergreifung« in der Odenwaldschule

Geno Hartlaub, heute

In der Mittagspause gingen wir spazieren, zwei Freunde und ich, weglos durch den Hochwald über den Häusern der Schule, am tauenden Bach entlang zur Landstraße, die ins Tal hinunterführte. Da hörten wir den Motor eines Lastwagens, er bog um die Kurve, wir wichen ihm aus. Jetzt erkannten wir seine Fracht: Männer, dicht aneinandergedrängt, standen im Fond, in braunen Uniformen mit Hakenkreuz-Armbinden, auf den Köpfen die Schirmmützen der SA. Machten sie eine Übung? Schwerfällig sprangen sie vom haltenden Wagen ab. Einer verstauchte sich den Fuß, er hinkte auf mich zu. Die Uniform paßte ihm nicht. Ich kannte sein Gesicht, er wohnte hier in der Gegend, Frührentner, ausgebildet als Volksschullehrer.

»Wir wollen das rote Nest ausräuchern«, schrie er und deutete auf die schindelbedeckten Schulhäuser, die in der Stille des Märznachmittages in ihren kahlen Baumnestern lagen. »Ein Bild des Friedens. Aber hinter den Häusermauern wird die Kommunistenbrut herangezüchtet.« Ein Bauer in Uniform fuchtelte mit einer Pistole vor meinem Gesicht herum.

Die Hände des Bauern in SA-Uniform betasteten mich, sowie wir in der Gaststube angelangt waren. Er tat das in seiner Eigenschaft als Amtsperson, wie er betonte, flüchtig, in Gegenwart der Wirtin, die darüber wachte, daß er nicht zu intim wurde ...

GENO HARTLAUB
Geb. 1915 in Mannheim. Heute: Schriftstellerin und Redakteurin in Hamburg.
Aus: Geno Hartlaub. Wer die Erde küßt. Orte, Menschen, Jahre. Piper Verlag. München 1975.

André François-Poncet
Hitler, der Besessene

Der französische Diplomat André François-Poncet (Mitte) war Botschafter Frankreichs sowohl in der Weimarer Republik wie im »Dritten Reich« und später in der Bundesrepublik. Links von ihm Hitlers Außenminister J. von Ribbentrop, über den der Franzose sagte: »Er ist der Typus des vollendeten Höflings ... er ist hitlerscher als Hitler.«

»Aber schließlich und endlich, was war dieser Hitler für ein Mann?« Wie oft wurde mir diese Frage gestellt! Ein Mann wie Hitler läßt sich nicht auf eine einfache Formel bringen ... Ich persönlich kannte an ihm drei Gesichter, die drei Aspekten seiner Natur entsprachen:

Das erste war von tiefer Blässe und zeigte verschwommene Züge, eine trübe Gesichtsfarbe. Ausdruckslose, ein wenig vorstehende Augen, die traumverloren blickten, gaben ihm etwas Abwesendes, Fernes: ein undurchsichtiges Gesicht, beunruhigend wie das eines Mediums oder eines Nachtwandlers.

Das zweite war angeregt, von lebhafter Farbe, leidenschaftlich bewegt. Die Nasenflügel bebten, die Augen schossen Blitze, Heftigkeit lag darin, Wille zur Macht, Auflehnung gegen jeden Zwang, Haß für den Gegner, zynische Verwegenheit, wilde Energie, bereit, über alles hinwegzugehen: ein Gesicht, von Sturm und Drang gezeichnet, das Gesicht eines Rasenden.

Das dritte war das eines alltäglichen Menschen, der naiv, bäuerlich, plump, gewöhnlich, leicht zu ergötzen ist, der in lautes Lachen ausbricht und sich dabei auf die Schenkel schlägt: ein Gesicht, wie man ihm häufig begegnet, ohne bestimmten Ausdruck, eines jener tausend und aber tausend Gesichter, wie man sie auf der weiten Erde findet.

Wenn man mit Hitler sprach, erlebte man manchmal nacheinander diese drei Gesichter.

ANDRÉ FRANÇOIS-PONCET
1887–1978. 1931–1938: Botschafter in Berlin. 1938–1940: Botschafter in Rom. 1943–1945: von den Deutschen interniert. 1953–1955: Botschafter Frankreichs in der Bundesrepublik Deutschland.
Aus: André François-Poncet. Als Botschafter in Berlin. 1931–1938. Florian Kupferberg Verlag. Mainz 1949.

John Gunther
Hitlers innere Kraftquellen

Nun können wir dazu übergehen, das zusammenzufassen, was man Hitlers positive Eigenschaften nennen mag.

Vor allem andern beachte man seine Gradheit, seine zielsichere Zweckbewußtheit. Seine Taktik mag wechseln, seine Strategie mag sich ändern, sein Ziel nie. Sein Ziel ist die Schaffung eines starken völkischen Deutschland, mit sich selbst an der Spitze. Keine opportunistische List, kein Zickzackkurs in der Polemik ist ihm zu gewagt. Aber das Ziel, das Siegestor, steht unverrückbar.

Eng verbunden mit seiner Zielstrebigkeit ist seine Zähigkeit. Alle Diktatoren sind zäh, sie müssen es sein. Trotz Hitlers Mangel an kraftvollen Gebärden, trotz seiner auffallenden Schlappheit, ist seine körperliche Widerstandsfähigkeit beträchtlich. Ich kenne Journalisten, die mit ihm am Vorabend einer Wahl gesprochen haben, nachdem er eine Woche lang über ganz Deutschland Tag für Tag mehrere große Reden gehalten hatte: sie fanden ihn frisch und sogar ruhig. »Wenn ich eine Aufgabe zu erfüllen habe, finde ich auch die Kraft dafür«, sagte er.

Ungleich anderen Diktatoren hat er keine Gabe für hartes Schuften, für Fleiß. Er ist nicht solch Arbeitspferd wie beispielsweise Stalin. Er ist auch kein guter Beamter. Sein Schreibtisch ist gewöhnlich hoch mit Dokumenten bedeckt, deren Erledigung er verbummelt. Er haßt es, sich zu entscheiden. Seine Anordnungen sind oft ungenau und widersprechen sich ...

Hitlers politischer Verstand ist hochentwickelt und scharf. Seine Berechnungen sind klug und dringen bis in die kleinste Einzelheit.

JOHN GUNTHER
Geb. 1901. Amerikanischer Schriftsteller und Publizist.
Aus: John Gunther. So sehe ich Europa! Verlag Allert De Lange. Amsterdam 1937.

Weigand von Miltenberg
Hitler, der Künstler

»Wie Herr Hitler das Wort ›legal‹ in den Mund nimmt!«
Aus: »Der wahre Jakob«, Berlin, 27. Februar 1932.

Politische Massenkundgebungen waren ein Charakteristikum der Weimarer Republik. Im »Dritten Reich« wurden sie immer gewaltiger und beängstigender.

Aber man soll keinen Augenblick vergessen, daß der ganze Mann lediglich Künstler ist. Einige behaupten sogar, er sei nur ein »Schlawiner«. Aber das gilt zumindest nicht für seine ersten fünf Kampfjahre, wo er, vom Schicksal bestimmt, nur von seiner Trommlermission erfüllt war. Der Fall liegt hier wiederum ähnlich wie bei Wilhelm II. Künstlerische Spielereien, denen wir die Siegesallee, die Kaiser-Wilhelm-Gedächtniskirche und die durch die Mosaikeinlage geschändete Elisabethmenate auf der Wartburg verdanken; zu welchem Notzuchtversuch an der Kunst Hitler lediglich deshalb noch nicht gelangt ist, weil das Dritte Reich noch nicht aufgegangen und die Macht noch nicht sein. Sollte dies einmal geschehen, dann dürfte sich allerdings herausstellen, daß Wilhelm II. geradezu ein Mediceer gegenüber dem Durchbrecher der Briener Straße gewesen ist. Denn selbst in Kunstdingen, über die er wohl einige Bücher gelesen hat, ist er krassester, lediglich reproduktiver Dilettant. Es ist überhaupt unerfindlich, welche Vorstellungen er über Kunst in seinem Schädel trägt. Die Unklarheit wirkt naturgemäß um so verderblicher in einer Zeit, die auf dem Gebiete der Kunst – wie ja auch in allen Fächern – ein ausgesprochenes Übergangsstadium aufweist, in welchem es sogar Künstlern von Instinkt und Wissen schwerfällt, das Schiff ihrer künstlerischen Intuition sicher durch die Wellen zu bugsieren.

WEIGAND VON MILTENBERG
Aus: Weigand von Miltenberg. Adolf Hitler – Wilhelm II.
In: Rowohlt Almanach 1908–1962. Herausgegeben von Maria Hintermeier und Fritz J. Raddatz. Rowohlt Verlag. Reinbek 1962.

Theodor Heuss
Er braucht die Masse

Der sich als Verächter der Masse gab, kann ohne die Masse nicht sein. Er braucht sie, um zu sich selbst zu kommen, er lebt sein erhöhtes Lebensgefühl in den Instinkten, freundlichen und feindlichen, die er körperlich aus der Masse auf sich einwirken spürt ... Er glaubt, es sei seine Aufgabe, das demokratische Wesen zu vernichten, er steigert sich in Anklagen gegen die Sündhaftigkeit einer Politik, die mit Mehrheitswillen Geschichte zu bestimmen versucht ..., aber er ist selber aus seiner Natur heraus an die Voraussetzungen des demokratischen politischen Betriebes gebunden.

THEODOR HEUSS
1884–1963. Politiker und Publizist. Mitglied des Reichstags 1924–28 und 1930–1933 (Dt. Staatspartei). 1948 Vors. der FDP. 1949 1. Bundespräsident der Bundesrepublik Deutschland. Wiederwahl 1954.
Aus: Theodor Heuss. Hitlers Weg, 1932.

Konrad Heiden
»... als ob dauernd Wahlkampf wäre«

Inzwischen raste in dem Wahlkampf, den die Regierung Brüning vom Zaun gebrochen hatte, die nationalsozialistische Agitation durchs Land. Seit rund einem Jahr klebte fast in jedem Dorf dauernd ein nationalsozialistisches Plakat an einer Scheunentür. Die Nationalsozialisten waren die einzige Partei, die das flache Land ernstlich unter Feuer nahmen und unermüdlich Versammlungen veranstalteten. Strasser trieb seine Organisation in die Dörfer vor. Geld war vorhanden, die Menschen wurden nicht geschont, und diesen Neulingen und Draufgängern war eine Lust, was den routinierten Rednern der anderen Parteien eine saure und meist nur in Wahlzeiten notgedrungen erfüllte Pflicht war. Die Partei Hitlers warb seit einem Jahr, als ob dauernd Wahlkampf wäre.

Als dieser Wahlkampf begann, rechnete Hitler mit fünfzig Mandaten; als er zu Ende ging, schwindelte ihm der Kopf, und er hoffte kühn auf achtzig. Fast jeder der bisherigen Nichtwähler, der an die Urne gebracht wurde, mußte ihm zufallen, denn es war nicht anzunehmen, daß die alten Parteien ihn gerade jetzt aus seiner Ruhe herausschütteln könnten. Wenn überhaupt, so konnte das fast nur den Nationalsozialisten gelingen.

Von den Jungen, die das Wahlalter neu erreichten, mußte ebenfalls der größte Teil zu Hitler gehen; die Kommunisten, deren Anziehungskraft an sich durch die Krise und ihr politisches Temperament gegeben war, litten an schlechten Führern und Ziellosigkeit. Die bürgerlichen Parteien als Kompromittierte mußten einschließlich der Deutschnationalen verlieren; hier war für die sozialistischen Parteien kaum etwas zu holen, sondern höchstens noch für einige neue Gruppen wie die radikale Landvolkpartei und die protestantischen Christlichsozialen ...

Dies ist das Geheimnis der Wahl vom 14. September 1930.

KONRAD HEIDEN
1906–1966. Publizist.
Aus: Konrad Heiden. Geschichte des Nationalsozialismus. In: Rowohlt Almanach 1908–1962. Herausgegeben von Maria Hintermeier und Fritz J. Raddatz. Rowohlt Verlag. Reinbek 1962.

Eduard Baron von der Heydt
»Die Nazis seien gar nicht so schlimm«

Harry Graf Kessler schreibt in seinen »Tagebüchern« über Eduard Baron von der Heydt, Bankier und Kunstmäzen: *Aber er sehe jetzt nur noch die Alternative zwischen einer Beteiligung der Nazis an der Regierung und einer Diktatur der Reichswehr, und da seien ihm die Nazis schon lieber, gerade weil sie wüßten, daß sie nicht ohne Sachverständige (zum Beispiel Schacht, der ganz ihr Mann sei) regieren könnten, während die Generäle eben Generäle seien und, obwohl sie ebenso schimmerlos wie die Nazis seien, doch alles besser wissen würden. Die Nazis seien gar nicht so schlimm, wie sie nach ihren Programmen und Erklärungen erschienen; schon weil sie soviel Geld von der Großindustrie und Großbank, von Juden ebenso wie von Christen, erhalten hätten, würden sie bolschewistische Pläne gar nicht erst zu verwirklichen suchen. Auch außenpolitisch würden sie nicht unvernünftig sein.*

94

Carlo Schmid
Die »Weltbühne« verurteilte sich zur Wirkungslosigkeit

Der 13. Juli 1931, der »Schwarze Freitag«, und was danach folgte, demoralisierte die Bevölkerung Berlins völlig. Niemand wußte mehr recht, woran er sich halten sollte. Überall bildeten sich »Kreise«, »Gruppen«, »Bewegungen«. Was bisher als das Elend vieler einzelner begriffen wurde, bekam nun den Anschein des Zusammenbruchs von Staat und Gesellschaft. Die Wahlkämpfe wurden dramatischer als zuvor. Straßenschlachten zu einem ständigen Phänomen Berliner Lebens. Der Sportpalast fungierte als Hexenküche des Unheils. Jetzt erst begriff man, daß jener Goebbels, den gestern noch keiner kennen wollte, das Zeug hatte, den Acheron aufzuwühlen. Das Kleinbürgertum, die Angestellten, die bislang in den politischen Parteien klassischen Stils mehr oder weniger untergingen und sich durch diese kaum mehr vertreten fühlten, sahen in der NSDAP einen Hoffnungsbringer.

Daß dies der Anfang vom Ende der Weimarer Republik war, begriffen die wenigsten. Den meisten »Republikanern« erschienen die Straßenkämpfe der Privatarmeen radikaler Parteien als bedauerliche Übergriffe des politisch mißgeleiteten Janhagels, für die die Polizei zuständig war, und zu Severings Mannen hatte man Vertrauen. Niemand hätte damals für möglich gehalten, dieser als der starke Mann geltende sozialdemokratische Innenminister Preußens werde eines Tages sich und die demokratische Regierung des Landes ohne Gegenwehr durch einen Herrn von Papen verjagen lassen. Als elf Jahre zuvor Herr Kapp putschte, machten die Gewerkschaften mit ihrem Generalstreik dem Spuk ein Ende. Man schien sich daran nicht mehr zu erinnern.

Ich las seit Jahren allwöchentlich die Weltbühne. Ihren freischwebenden Antimilitarismus teilte ich nicht, und ich hielt auch nichts davon, friedensgefährdendes Verhalten nur bei den Deutschen am Werke zu sehen, in Frankreich dagegen lauteres Europäertum, doch ich mochte den scharfen Verstand ihres Gründers, Siegfried Jacobsohn, und eines Kurt Tucholsky. Mir gefiel die Freude am journalistischen l'art pour l'art und nicht die Absicht, mich politisch belehren zu wollen. So hellsichtig auch die Warnungen waren, die von der Weltbühne gegen die braune Gefahr und einen möglichen deutschen Faschismus ausgestoßen wurden, so verurteilte sie sich selber zur Wirkungslosigkeit, weil sie das gemäßigte Bürgertum und die Sozialdemokratie ebenfalls zu Totengräbern der Republik erklärte.

Zu den Politikern, die bereits in der Weimarer Republik aktiv waren, gehörten drei Männer, die sich auch später in der Bundesrepublik einen herausragenden Namen schufen. Sitzung des Ausschusses des Parlamentarischen Rats. Von links nach rechts: Adolf Arndt, Konrad Adenauer, Carlo Schmid.

CARLO SCHMID

1896–1979. Dr. jur., Dr. h. c. 1924: Rechtsanwalt. 1925: Richter und Dozent für Völkerrecht. 1946–1950: Staatssekretär. 1948: Stellvertretender Staatspräsident in Baden-Württemberg. 1948–1949: Mitglied des Parlamentarischen Rates. 1949–1972: Mitglied des Bundestages. 1953: Professor für politische Wissenschaften an der Universität Frankfurt. 1966–1969: Bundesminister für Angelegenheiten des Bundesrates und der Länder.
Aus: Carlo Schmid. Erinnerungen. Gesammelte Werke Bd. 3. Scherz Verlag. Bern und München 1979.

Verpasste Sexualreformen

Ich hatte Ihnen ursprünglich eine Absage geschrieben. Aber ich habe mich inzwischen eines anderen besonnen. Eines der höchstrangigen SPD-Mitglieder (ich nenne seinen Namen nicht, weil ich den Mann an sich mag) hat dem FDP-Chef im Frühjahr 1981 (!) erklärt, dieser müsse sich einen anderen Koalitionspartner suchen, wenn er den § 175 des Strafgesetzbuches abschaffen wolle. Ist dies nicht ein Skandal? Gleichzeitig gehen durch die Presse Meldungen, daß sowohl die Bundeswehr wie einige Kirchen ohne Ansehen der Person homoerotische Männer ausschließen oder an der Beförderung zum Offizier oder Pfarrer hindern wollen. Wir sind noch weit entfernt von einer vollkommenen Demokratie. Deshalb will ich doch einige Erfahrungen berichten, denn Sie wollen, daß Ihre Leser aus unserer Geschichte lernen.

Meine angeborene homoerotische Veranlagung offenbarte sich schon während der Schulzeit. Meine Mutter hatte für mich Verständnis. Als mein gleichaltriger Freund durch einen Autounfall seiner Eltern zur Waise wurde, durfte er zu uns ziehen. Mit seinem lockigen Blondschopf war er auffallend. Die Nachbarn tratschten. Meine Mutter stellte sich vor uns beide und erklärte, mein Freund sei ihr Adoptivsohn. Wir studierten gemeinsam und lebten insgesamt über 40 Jahre zusammen, eine schöpferische Männerfreundschaft. Wir unterschieden uns nicht von anderen Männern.

In Dresden lebte ein Fotograf, der für seine attraktiven Jünglings- und Männerbildnisse berühmt war. Er bekam 1928 den Auftrag, in Berlin bestimmte Motive zu fotografieren, und er nahm uns beide mit. Wir bekamen einen Begleiter vom »Wissenschaftlich-humanitären Komitee«. Zuerst wurden uns die einschlägigen Berliner Bars gezeigt. Mit diesem dekadenten Milieu wollten wir nichts zu tun haben. Dann lernten wir den seinerzeit berühmten Professor Dr. Magnus Hirschfeld kennen, den Begründer des Berliner »Instituts für Sexualforschung«. Hirschfeld kämpfte schon im Kaiserreich für eine deutsche Sexualreform. Er hatte sicherlich Verdienste; er wurde von streitbaren Juristen wie Dr. Kurt Hiller unterstützt. Von seinen Freunden wurde Hirschfeld »Tante Magnesia« genannt, was uns abstieß. Seine mit Kitsch überladene Wohnung erfüllte uns mit Schrecken, auch gewisse Typen um den »Berliner Weisen«. Mehr können Sie darüber in Hans Blühers Buch »Werke und Tage« nachlesen. Hirschfelds Theorien von »sexuellen Zwischenstufen« und »seelischen Zwittern« werden heute nicht mehr anerkannt, was recht erfreulich ist.

Einige Filme lösten in der Weimarer Republik Skandale aus. Schon ab 1919 gab es sogenannte »Sittenfilme«, die zwar gern besucht wurden, aber doch auch immer wieder zu Protesten führten. Zu deren Produzenten gehörte Richard Oswald, dem Urheber mehrerer »berühmt-berüchtigter Aufklärungsfilme« der zwanziger Jahre. Er nahm manches Thema vorweg, das schließlich von den jungen deutschen Filmemachern ab den sechziger Jahren populär wurde. Den ersten Skandal löste Richard Oswald mit seinem Film »Anders als die anderen« aus, der im April 1919 im Apollo-Theater in Berlin uraufgeführt worden ist. Allerdings wurde er verboten »mit der Maßgabe, daß die Vorführung zugelassen wird vor bestimmten Personenkreisen, nämlich vor Ärzten und Medizinalbeflissenen, in Lehranstalten und wissenschaftlichen Instituten.« Mit diesem Film diskutierte Oswald den § 175. Sein wissenschaftlich-medizinischer Berater war Sanitätsrat Dr. Magnus Hirschfeld, der sogar selbst in dem Film mitspielte – eine Sensation für sich. Unter den Darstellern waren Anita Berber, Reinhold Schünzel (der später in Hollywood erfolgreich filmte) bekannte Persönlichkeiten. Hauptdarsteller war Conrad Veidt, der trotz dieses »anrüchigen Themas« durch diesen Film berühmt und ein Publikumsliebling wurde.

Wohl auf Hirschfelds Anregung wurde bereits nach der November-Revolution mit dem damals berühmten Schauspieler Conrad Veidt der Film »Anders als die anderen« gedreht. Der Sanitätsrat spielte selber mit und gewann damit keineswegs Lorbeer. An seiner Seite hatte Hirschfeld einen kommunistischen Funktionär namens Richard Linsert. Hirschfeld war Jude und sympathisierte selber mit der Kommunistischen Partei. Von der nationalen und vor allem von der nationalsozialistischen Presse der zwanziger Jahre wurde er ständig unter Beschuß genommen. Sein Leben schien bedroht, und er kehrte wohl deshalb 1930 von einer Weltreise nicht zurück, sondern blieb im Ausland.

(Noch am 14. Februar 1933 schrieb Die Weltbühne, die KPD habe erklärt, »daß Richard Linsert der Partei unschätzbare Dienste erwiesen hat«. Auf Grund solcher Argumente wurde mancher Homosexuelle zum Kommunisten gestempelt – ohne mit der KPD etwas zu tun zu haben.)

Während Hans Blüher die deutsche Jugendbewegung als »ein erotisches Phänomen« wertete und auch (mir keineswegs angenehme) völkische Aspekte in seine Betrachtungen hineinbrachte, war für Hirschfeld dieses Thema ein sexuelles Phänomen, auf das er gelegentlich klassenkämpferische Akzente setzte. Blüher und Hirschfeld haben in damaliger Zeit bestimmt Aufklärungsarbeit geleistet. Aber heute haben wir eine – wie ich glaube – die Betroffenen weniger stigmatisierende Sicht.

Die Konservativen in der Weimarer Republik waren aus Prinzip gegen eine Sexualreform, was töricht war. Schließlich hatte das Kaiserreich seinen berühmten »Eulenburg-Skandal« gehabt. Auch sonst wurden Adlige und Militärs häufig in gerichtliche Verfahren verwickelt. Den Konservativen hätte es bekannt sein müssen, daß nicht nur Prominente des Schutzes bedurften, sondern außerdem Arbeiter, Beamte, Angestellte, Handwerker und so fort. Es versagten außerdem SPD und KPD, wie neuerdings W. U. Eissler in seinem Buch »Arbeiterparteien und Homosexuellenfrage« (in der Weimarer Republik) nachgewiesen hat. Skandale wurden hochgespielt. Da war dieser Massenmörder Haarmann in Hannover, der vielen armen Burschen die Kehle durchbiß. Er soll ein SPD-Spitzel gegenüber der KPD gewesen sein. Natürlich war das »ein gefundenes Fressen« für die KPD. Vergessen ist, daß der berüchtigte SA-Führer Ernst Röhm schon 1931/32 einen Prozeß hatte und die bayerische SPD-Presse von der »warmen Bruderschaft des Braunen Hauses« schrieb. Den »Röhm-Putsch 1934« nutzten Hitler und Himmler, um fortan barbarisch gegen die harmlosesten Mitmenschen vorzugehen. Selbst vor übelsten Verleumdungen schreckten sie nicht zurück, wie der fiese Verleumdungsprozeß gegen Generaloberst Fritsch zeigte.

Wäre in der Weimarer Republik eine bessere, differenziertere Sexualpolitik von einsichtigen Politikern eingeschlagen worden, dann hätten es die Nazis in ihrer Ausrottungspolitik schwerer gehabt. Eugen Kogon schreibt in seinem Buch »Der SS-Staat«: »Ihr Schicksal in den Konzentrationslagern kann man nur als entsetzlich bezeichnen ... Sie sind fast alle zugrunde gegangen.« Ich bin nicht Antisemit. Aber ich meine, daß der Kampf um die Sexualreform schon in der Weimarer Republik erschwert wurde, weil ein umstrittener jüdischer Mitbürger, der zudem KPD-Sympathien hatte, der berühmteste Sprecher für diese sexuelle Minderheit gewesen ist. Ich kritisiere nicht wie andere unablässig die Weimarer Republik; in ihr gab es mancherlei Positives. Aber die Sexualpolitik war im Ansatz falsch. Vor allem fehlte es an humanistischer Aufklärung im Volk, und so war es leicht, die an sich schon verunsicherten Massen im »Tausendjährigen Reich« noch mehr zu verhetzen. Die Fehler der Republik und des Dritten Reiches sind noch heute in der Bundesrepublik für den Betroffenen spürbar.

Sie wollen mit Ihrem Buch nicht nur erinnern, sondern auch mahnen. Und das will auch ich durch diese skizzenhaften Erinnerungen. Junge Leute, die zu den sexuellen Minderheiten gehören, treten heute schon wieder herausfordernd auf wie gewisse »Traumtänzer« in der Weimarer Republik. Wir haben zwar aufgeklärte Menschen unter uns. Dennoch ist eine neue »Inquisition« zu befürchten. Daher sollten sich die Betroffenen Sprecher wählen, die sie unanfechtbarer repräsentieren, als das in der Weimarer Republik geschah. Wie sie mit ihren Minderheiten fertig wird, auch daran kann man den Wert einer Demokratie ermessen.

Zu den von den Nazis gehaßten Filmen gehörte »Im Westen nichts Neues« nach dem weltberühmten Kriegsroman von Erich Maria Remarque (1929). Die Nazis demonstrierten unter der Führung von Goebbels schon bei der Uraufführung am 5. Dezember 1930 im Berliner Mozartsaal gegen den Film. Nationalsozialistische Trupps störten die Vorstellung systematisch. Gegen die weiteren Vorstellungen fanden täglich Demonstrationszüge und Krawalle statt.
Im Kreis: Erich Maria Remarque mit dem amerikanischen Hersteller des Films, Carl Laemmle.

Es begann die Zeit der Maskierung

Zu den Zeitkritikern gehörte der Zeichner Erich Godal des Ullstein Verlages, der nach dem Kriege aus der Emigration nach Deutschland zurückkehrte und erneut ein beachteter Pressezeichner wurde. Ende der zwanziger Jahre zeichnete er wiederholt »die vermännlichten Frauen jener Zeit.« Dieses Bild hier nannte er: »Großmutter, Mutter und Kind.«

Die deutschen Frauen haben von der »Weimarer Systemzeit« profitiert. Im Kaiserreich galt vorwiegend nur der Adel oder derjenige, der Land besaß oder viel Geld, das er in die Industrie investierte. Die anderen Untertanen zählten unter den Hohenzollern kaum.
Beim Aufbau der Weimarer Republik halfen viele Frauen. Sie zogen in die Länderparlamente und in den Reichstag ein. Frauen machten sich als Wissenschaftler, Schriftsteller und Künstler einen Namen. Man redete von der »längst fälligen Frauenemanzipation«.
Und es entstand eine neue Industrie, die »Damenbekleidungs-Industrie«, deren Geschäft in Berlin vor allem von jüdischen Konfektionären bestimmt wurde. Die deutsche Mode der zwanziger Jahre hatte ihren eigenen Stil. Sie gefiel selbst im Ausland. »Man« kam nach Berlin, um sich schick anzuziehen.
Ich selbst arbeitete damals in einem großen Verlag als Modezeichnerin. Wir hatten feste Anweisungen. Unsere Modelle, die wir zeichneten, mußten »gertenschlank« sein, erotisch, elegant, manchmal lasziv, ja etwas herausfordernd. Unsere Modelle trugen, weil das damals als mondän galt, lange Zigarettenspitzen, die sie mit gespreizten Fingern, elegisch blickend, von sich hielten. Kurz geschnittene Haare waren Mode, der »Bubi-Kopf«. Auch die fotografierten Modelle waren flotte Frauen. Es waren Italienerinnen darunter. Als der schwarze Revuestar Josephine Baker populär wurde, konnten in Berlin sogar Negerinnen als Modell tätig werden.
Das alles wurde ab Februar 1933 anders. Unsere Redakteure riefen ihre Modezeichnerinnen zusammen und erklärten: »Sie wissen, meine Damen, jetzt weht ein neuer Wind!« Sie zeigten uns Fotos aus den Nazi-Blättern, die »typisch deutsche Frauen« zeigten, meistens blonde bäuerliche Typen, mit einer phantasielosen Kleidung, die an Volkstrachten erinnerte. Auch war jetzt nicht mehr der »knabenhafte« Typ gefragt, sondern – wie wir lästerten – die Modelle mußten »ge-

bärfreudige Becken« haben, »um dem geliebten Führer recht viele Kinderchen schenken zu können.«
Während wir uns in der Weimarer Republik künstlerisch ziemlich frei entfalten konnten, wurde fortan immer nach dem Propagandaministerium geschielt. Bloß keine Fehler machen! Das konnte uns übel vermerkt werden. Selbst wir harmlosen Frauen aus der Modebranche sollten in die Partei eintreten; von uns tat das fast keine. Nur um die Arbeitsfront kamen wir nicht herum; sonst verloren wir unseren Arbeitsplatz. Schöpferisch konnten wir in den Nazi-Jahren kaum mehr sein. Es fehlte auch immer mehr das aufgeschlossene Publikum. Keiner wollte auffallen. Es begann die Zeit der Maskierung und der Uniformierung der Deutschen und – wie wir lästerten – »Deutschinnen«.
Natürlich begann die Maskierung auch im privaten Leben. Ich lebte schon seit Jahren mit meiner Freundin zusammen. Manchmal munkelten die Leute: »Haben die was zusammen?« Als das Dritte Reich »ausbrach«, hieß es dann bösartig: »Die haben doch was zusammen!« Da waren die Hauswarte und Blockwarte, die in unser Privatleben »hineinleuchten« und Meldungen erstatten sollten. Unsere Zimmervermieterin wurde ausgefragt, ob sie etwas über unser »Intimleben« wüßte. Eines Tages kam unser Chefredakteur zu mir ins Atelier und sagte ungeduldig, ich müsse endlich heiraten oder er könne mich nicht weiter beschäftigen. Eine lange Beratung mit meiner Freundin folgte. Was sollten wir beide mit Männern anfangen?
Aber da kam uns ein Einfall. Wir kannten von der Berliner Textil- und Modeschule her zwei sehr sympathische Kollegen, die auch zusammenlebten. Ich sagte: »Warum sollen wir vier nicht einen gemeinsamen Haushalt haben, um uns zu tarnen?« Die beiden Männer waren sofort begeistert! Wir mieteten gemeinsam eine große Wohnung und taten nun »als ob«. Aber damit hatten wir den »Geboten der neuen Zeit« noch nicht Genüge getan. Wieder war es der Hauswart mit dem Parteiabzeichen, der uns sagte: »Sie können doch nicht in wilder Ehe leben, das ist nicht im Sinne des Führers.« Dabei war der Mann nicht böswillig, sondern ein netter Berliner. Immerhin, wenn der schon so redete ... Also beschlossen wir zwei Frauen, unsere zwei Freunde zu heiraten. Das jedoch stürzte uns in neue Konflikte. Ich brauchte jedenfalls lange, um mich daran zu gewöhnen, daß mich jemand fragte, wie es meinem Mann ginge. »Wieso?« fragte ich zurück. Und erst dann fiel mir ein, daß ich mich mit einer Heirat tarnte.

Was die Geschichtsschreiber noch nie berücksichtigt haben, ist, daß ungezählte Deutsche sich nach 1933 aus irgendeinem Grunde maskieren mußten – gegen ihren Willen! – weshalb viele von ihnen seelisch krank wurden. Es gab damals Millionen Neurotiker in Deutschland, und es heißt ja auch, daß der amerikanische Panzergeneral Patton 1945 bei der Besetzung Deutschlands gesagt hätte: »Wir sollten den Deutschen nicht eine Armee von Soldaten schicken, sondern eine Armee von Psychiatern.«

Was ich für schlimm halte, ist, daß der Ungeist der Nazi-Jahre noch heute in vielen Kreisen der Bundesrepublik Deutschland lebendig ist. Vor allem bei den Älteren, von denen man allerdings nicht erwarten kann, daß sie noch umlernen. Den jungen Menschen von heute kann ich als ältere Frau nur sagen: Mißbraucht nicht eure Freiheit! Denn wenn irgendeine neue Diktatur kommt, wird es sicherlich noch fürchterlicher als in der Nazizeit, die meines Erachtens auch mitverursacht war durch den Mißbrauch der Freiheit in der Weimarer Republik   K. v. Sch.

Die dänische Filmschauspielerin Asta Nielsen, »die Duse des Kintopps«, mit ihrem kurzen »männlichen« Haarschnitt, war das Idol vieler Männer und Frauen in der Weimarer Republik.

Heinrich Mann
Schrecklich verlogen

Die Republik, die nun folgt, war schrecklich verlogen: der eigentliche Grund ihres Mißerfolges. Sie hat die Tatsachen des vorigen Krieges niemals anerkannt: Masaryk und Briand sagten mir gleichlautend, was ich schon wußte. Die ersten Gesandten der Republik waren Conventikler und Gesundbeter; in ihren Kreisen trieben alle denselben Schwindel. Die Lügen Hitlers sind nicht seine; die Republik hat sie ihm in den Mund gelegt.

Heinrich Mann in einem Brief an Alfred Kantorowicz

In den Jahren der Weimarer Republik sollte den Deutschen durch die Nationalsozialisten beigebracht werden: »Deutschland erwache!«

Liselotte Funcke
Ordnungsfaktor in der allgemeinen Unsicherheit

Liselotte Funcke, 1934

1932 waren wir in der Obertertia. Kinder konservativer, liberaler oder national-sozialistischer Eltern. Es war die Zeit der großen Arbeitslosigkeit (über 6 Millionen!), die Zeit der Straßenschlachten zwischen Kommunisten und Nationalsozialisten, der Notverordnungen und der sich immer schneller wiederholenden Reichstagswahlen. Wir diskutierten strittig in der Geschichtsstunde bei einem Lehrer, der SPD wählte, aber zumeist Zuhörer blieb. Die bescheidene Munition der Vierzehnjährigen war das, was wir aus den Elternhäusern an Ansichten und Beurteilungen mitbekamen. Hitler: Retter oder Verführer? Überwinder des Versailler Vertrages? Freiheit des Bürgers oder Unterordnung um der »Ordnung« willen? Zweifellos gab es auch in unpolitischen Familien eine Zustimmung zu nationalistischen, antisemitischen und »Führer-Gefolgschafts«-Thesen. Autorität als Ordnungsfaktor war in der allgemeinen Unsicherheit und Hoffnungslosigkeit gefragt.

Mein Vater zog sich als liberaler Politiker 1933 aus der aktiven Politik zurück. Dadurch waren meine Geschwister und ich gewarnt. Doch waren auch wir nicht unbeeindruckt davon, daß ab 1933 mit Arbeitsbeschaffungsmaßnahmen und einer allgemeinen Wirtschaftsbelebung die Arbeitslosigkeit überwunden wurde. Hatte ich doch meinen ersten »literarischen« Preis – ein Paar Schlittschuhe – dadurch gewonnen, daß ich als 12jährige im Jugendteil der heimischen Zeitung eine Weihnachtsgeschichte schrieb, in der am 24. Dezember ein seit langer Zeit arbeitsloser Familienvater endlich eine Beschäftigung fand.

Kurz nach der Machtübernahme Hitlers wurde mein Vater eines Nachmittags von der Polizei abgeholt; »Schutzhaft« sagte der etwas verlegene Beamte. Für mich ein unvorstellbarer Vorgang. Wie konnte man einen Menschen nur wegen einer anderen politischen Auffassung wie einen Verbrecher ins Gefängnis sperren? Nach 24 Stunden war er zu unserer Erleichterung wieder zurück, und so verblaßte der Eindruck von dem unbegreiflichen Geschehen. Erst später wurde mir bewußt, daß diese anfänglichen willkürlichen Festnahmen weniger dem »Schutz« als der Disziplinierung oder Abschreckung dienen sollten.

Wir waren damals in einem Alter, in dem nach Gültigem, Unwidersprochenem gefragt wird. Und nach Idealen, die Hingabe und Selbstüberwindung fordern. Diesem Hang kam die gigantische Selbstdarstellung des Nationalsozialismus und die Forderung nach Dienst und Einsatz entgegen. Meinen Tagebuchnotizen von damals ist zu entnehmen, daß mir die Feiern zum ersten Zusammentritt des neugewählten Reichstags am 21. Mai 1933 Eindruck machten:

Preußische Märsche,
Festgottesdienst in der Potsdamer Nikolai-Kirche;
die Ansprache Hindenburgs in der Garnisonskirche;
eine lange Rede Hitlers;
Kranzniederlegung an der Gruft Friedrich Wilhelm I.;
Niederländisches Dankgebet;
Paraden, Fackelzüge.

In der Folge wuchs die Skepsis gegen die sich wiederholenden Phrasen und die uniforme Massendarstellung; doch fehlten mir die Beurteilungsmaßstäbe über die politischen Zusammenhänge und Gefahren, und dann gab es keine Wahl mehr. Zweifel waren nicht erlaubt, doch wurden sie im Elternhaus spürbar. So lebten meine Geschwister und ich zwischen Zustimmung und Kritik. Wir haben manche Diskussion am Familientisch bestritten. Jugend will schwerlich im Widerspruch zu ihrer Zeit und ihrer Zukunft leben. Aber wir haben durch diese Gespräche zu unterscheiden und zu werten gelernt. Erfolg allein ist kein Maßstab. Auf die Gesinnung und die Gesamtzielsetzung kommt es an. Diese Erkenntnis hat meinen Weg in die Politik nach 1945 entscheidend mitgeprägt.

LISELOTTE FUNCKE
Geb. 1918 in Hagen.
1933: Schülerin. Nach 1945: Vizepräsident des Bundestages, Staatsminister und Beauftragte der Bundesregierung für Ausländerfragen.

Rolf Lahr
Wir liebten diesen Staat nicht

Rolf Lahr im 2. Weltkrieg

Als ich, 21 Jahre alt, zum ersten Mal an einer Reichstagswahl, der vom September 1930, teilnehmen konnte, hatte für die Weimarer Republik der Todeskampf bereits begonnen. Die Regierung Herrmann Müller, die letzte, die sich auf eine Mehrheit im Reichstag stützte, war an einer Frage dritten Ranges gescheitert und der Reichstag aufgelöst worden. Mit der Neuwahl stieg die Zahl der nationalsozialistischen Sitze von 12 auf 107, die der Kommunisten von 52 auf 77. Wir Jungwähler, die wir nicht-nationalsozialistische Parteien gewählt hatten, sahen ein makabres Schauspiel: trotz der Zeichen höchsten Alarms brachten es die Parteien, die bis dahin regiert hatten und noch immer die Mehrheit besaßen, nicht mehr zu einer parlamentarischen Regierungsbasis, sondern überließen heillos zerstritten die Regierungsbildung fortan außerparlamentarischen Kräften. Die Selbstausschaltung des Parlaments hatte begonnen. Sie endete knapp drei Jahre später mit dem »Ermächtigungsgesetz«, durch das ein Reichstag, in dem die NSDAP nicht die Mehrheit, schon gar nicht die ⅔-Mehrheit besaß, mit 441 von 553 Stimmen Hitler alle Macht legal in die Hände spielte. Wir sahen den ungewöhnlichen Fall des Freitodes eines Parlaments, einer Demokratie.

Wir hatten der Weimarer Republik ohne Begeisterung gegenüber gestanden. In der bürgerlichen Welt, in der ich aufwuchs, war die Generation der Eltern in der Mehrheit monarchistisch gesonnen. Sie versuchte, das auf uns zu übertragen. Aber da war nicht viel an eigenem Erleben, woran sich monarchistische Gefühle hätten entzünden können. Wir waren hin und hergerissen zwischen Bildern einer uns als glanzvoll geschilderten Vergangenheit und einer nüchternen Gegenwart – wie das Staatsvolk zwischen Schwarz-Weiß-Rot und Schwarz-Rot-Gold. Nein, wir liebten

diesen Staat nicht, aber wir standen ihm korrekt gegenüber, bereit, unsere Pflicht zu erfüllen, auch ihm zu dienen. Mein Entschluß, Staatsdiener zu werden, einer »großen Sache« zu dienen, fiel mit voller Überzeugung in die Weimarer Zeit, als die Republik noch nicht vom Ende bedroht war.

Hätte diese Fortune gehabt, hätte sie uns wohl gewonnen. Von ihren Grundlagen her besaß sie die Voraussetzung hierzu. Das war uns damals nicht so klar wie heute, aber es blieb uns auch nicht zur Gänze verborgen. Uns bewegte vor allem eines: wir wollten, daß es mit unserem Lande wieder bergauf gehe. Die Staatsform war uns weniger wichtig. Doch der Staat, in dem wir lebten, war vom Unglück verfolgt, und wir hatten das Gefühl, es gehe eher bergab. Wir sahen die schreckliche Erbschaft, mit der die Republik seit ihrer Geburt belastet war: die teilweise willkürliche Abtrennung deutscher Gebiete und ihrer Menschen, den Zusammenbruch der Wirtschaft, der Währung, der Ernährung und des Restes von Wohlstand, die unbewältigte Vergangenheit, die internationale Verfemung und untragbare Reparationsverpflichtungen fortwirken, ohne daß es gelungen wäre, die Menschen in der Not zusammenzuführen. Wir erlebten kommunistische Aufstände, Kapp-Putsch und Hitler-Revolte, deren Wunden nicht vernarbten. Kaum hatte es in den Zwanziger Jahren eine Beruhigung und Anfänge eines durch hohe Auslandskredite genährten, künstlichen Wohlstandes gegeben, brachen Bankenkrach und Weltwirtschaftskrise über die glücklose Republik herein und verdüsterten unsere Lebensaussichten.

Mit Verbitterung sahen wir das Verhalten des Auslandes, das zum Unglück des Weimarer Staates kräftig beitrug – den Haß eines Clemenceau, für den es 20 Millionen Deutsche zuviel gab, die Unvernunft der Nachfolger, die wegen einiger rückständiger Reparationslieferungen das Ruhrgebiet besetzten, sich lang einer Lösung des Reparationsproblems widersetzten und – abgesehen von dem kurzen Lichtblick Briand-Stresemann'scher Verständigung – der harmlosen Republik das Leben in mancherlei Weise erschwerten, obwohl sie mit dem Aufkommen Hitlers allen Anlaß gehabt hätten, es zu erleichtern.

Schlimmer noch empfanden wir das eigene Versagen – verhängnisvolle Schwächen einer im Prinzip guten Verfassung, namentlich das Auswuchern der Parteienzahl und -herrschaft, die Instabilität und Mangel an Gemeinsinn förderten; das Ausarten der Freiheit in

Demagogie; den Schwund der Staatsgewalt in Ängstlichkeit, Unentschlossenheit und Machtlosigkeit gegenüber Gewalt und Illegalität. »Und das soll unser Staat sein?« fragten wir uns. Aber auch wir waren nicht frei von Fehlern – unzureichend informiert, leichtgläubig und emotional wie Jugend zumeist, fielen viele auf billige Schlagworte herein.

Der Republik fehlte überdies eines, was sich gegenüber der Jugend als besonders verhängnisvoll erwies: sie besaß keine Ausstrahlungskraft. Die Gabe der Selbstdarstellung ging ihr gänzlich ab, obwohl sie manches Gute darzustellen gehabt hätte. Sie erschien uns nüchtern, langweilig, unattraktiv. Da war kein Politiker mit Charisma, der sein Credo ausgerufen hätte, kein Redner, der uns, die wir doch nicht begeisterungsunfähig und keineswegs grundsätzlich staatsfeindlich waren, mitgerissen hätte, und kein Propagandist, der die zündende Parole gefunden hätte.

Alles das besaß die aufkommende nationalsozialistische Opposition in bisher ungekannter Weise. Und damit sahen wir das Kapitel Weimar der deutschen Geschichte schließen, das im Elend begann und mit der Selbstaufgabe endete.

Am 21. März 1933, dem Tage von Potsdam, fand vor dem Staatsakt in der Garnisonkirche ein evangelischer Gottesdienst in der Nikolaikirche statt, an der mein Onkel Fritz Lahr 20 Jahre Pfarrer war. Dieser nahm mich mit, als er vor seiner Kirche den alten Reichspräsidenten von Hindenburg ehrerbietig begrüßte und ihm den Arm bot, um mit ihm die hohe Kirchentreppe hinaufzusteigen und ihn zu seinem Ehrenplatz zu geleiten. Ich sah nach dem Gottesdienst von der Höhe der Kirchenterasse eine unübersehbare erscheinende Volksmenge, die sich vor Jubel kaum zu fassen wußte. Die versprochene Volksgemeinschaft, die 15 Jahre vermißte, schien Wirklichkeit geworden zu sein. Ja, es schien mit unserem Lande bergauf gehen zu wollen. Es schien.

Heute ist das anscheinend schwer zu verstehen, weil man sich angewöhnt hat, jene Tage nur nach dem zu beurteilen, was ihnen gefolgt ist, und vergessen hat, wie es dazu gekommen war.

ROLF LAHR
Geb. 1908 in Maienwerder/Westpreußen. Dr. jur. 1933: Gerichtsreferendar. Nach 1945: Staatssekretär des Auswärtigen Amts und Botschafter in Rom.

Hermann Graf Keyserling
Ein Selbstmördertyp

Graf Kessler über den Eindruck, den der Kultur-Philosoph Hermann Graf Keyserling von Hitler erhalten habe: *Hitler, den er genau studiert habe, sei nach Handschrift und Physiognomie ein ausgesprochener Selbstmördertyp, jemand, der den Tod suche, und verkörpere damit einen Grundzug des deutschen Volkes, das immer in den Tod verliebt gewesen sei und dessen immer wiederkehrendes Grunderlebnis die Nibelungennot sei. Die Deutschen fühlten sich nur in dieser Situation ganz deutsch, sie bewunderten und wollten den zwecklosen Tod, das Selbstopfer. Und sie ahnten, daß Hitler sie wieder einer Nibelungennot, einem grandiosen Untergang entgegenführe; das fasziniere sie an ihm. Er erfülle damit ihre tiefste Sehnsucht. Franzosen oder Engländer wollten siegen, die Deutschen wollten immer nur sterben.*

Joachim C. Fest
Bewegungszentrum der Welt

Jede Definition des Nationalsozialismus oder des von ihm begründeten Herrschaftssystems, die Hitlers Namen nicht enthält, verfehlt die Sache im Kern. In einem der Geschichte bis dahin unbekannten Grade war er, von den kümmerlichen Anfängen in Beiseln und Hinterstuben bis zur Herrschaft über einen großen Teil der Welt, alles aus sich und alles in einem: Lehrer seiner selbst, Organisator einer Partei und Schöpfer ihrer Ideologie, Taktiker und demagogische Heilsgestalt, Führer, Staatsmann und während eines Jahrzehnts Bewegungszentrum der Welt.

Joachim C. Fest: Hitler – Skizzen zu einem Porträt. In »Der Monat« 240/1968.

Heinz Galinski
An der Schwelle zum Inferno

Heinz Galinski auf dem humanistischen Gymnasium in Marienburg, 1926

Ich komme aus einer Familie, die stark im jüdischen Glauben verwurzelt war, sich nichtsdestoweniger jedoch dem deutschen Volke zugehörig fühlte. Dies bestimmte meine Erziehung und meine Erfahrenswelt in meiner Geburtsstadt Marienburg. Auf dem dortigen humanistischen Gymnasium hatte ich unter meinen nichtjüdischen Mitschülern manche Freunde. Zum Teil waren dies Freundschaften, die die Schulzeit überdauerten. Einige meiner Mitschüler waren Söhne von Rittergutsbesitzern, und von ihnen hörte ich manche deutschnationalen Töne, die mir als jüdischem Menschen nicht gerade Gutes zu verheißen schienen.

Als ganz junger Mensch dachte ich dennoch niemals an die Möglichkeit, wegen meiner Zugehörigkeit zum Judentum späteren Verfolgungen ausgesetzt zu sein. Ich wußte, daß es Menschen mit antijüdischen Vorurteilen gab. Das war nicht zu überhören und nicht zu übersehen, ließ allerdings die grauenhaften Ereignisse noch nicht vermuten, die später eintraten.

All das änderte sich mit dem Beginn der dreißiger Jahre. Zunächst waren es Veränderungen, die ich kaum wahrnahm, Veränderungen, denen ich noch keine besondere Bedeutung beimaß. Sie äußerten sich darin, daß der eine oder andere meiner Freunde auf eine Distanz zu mir ging , die ich mir nicht erklären konnte, weil ich in meinem Verhalten keinen Anlaß dazu sah. Erst als solche Erfahrungen sich wiederholten, wurde ich nachdenklich. Ich stellte fest, daß sie nicht auf mich allein, nicht nur auf unsere Familie beschränkt waren, sondern daß andere jüdische Menschen auch solche Erlebnisse hatten. Von meinem Vater, der in Marienburg ein Textilgeschäft besaß, wußte ich, daß einige einst gute Kunden nicht mehr bei ihm kauften, und er machte mich zuerst auf die Hintergründe aufmerksam, auf das stärkere Echo, das in der sich zugespitzten Wirtschaftskrise die antijüdische Hetze der Nationalsozialisten in der Bevölkerung fand. Mir wurde bewußt, was es bedeutet, Jude zu sein und von wie geringem Belang das subjektive Empfinden der Zugehörigkeit zum deutschen Volk sein konnte, wie wenig die Verbundenheit mit meinem Geburtsland, mit meiner Heimat, für diejenigen zählte, die so taten, als besäßen sie das Monopol auf Patriotismus und als wären sie, die in Krawallen ihre Selbstbestätigung suchten, Vertreter eines höheren Menschentums. Ich erlebte, wie unendlich schwer solche Erfahrungen meinen Vater, einen schwerverwundeten Frontkämpfer des Ersten Weltkrieges, trafen.

In den Jahren, die in die Geschichte als Schlußphase der Weimarer Republik eingegangen sind, stand ich in der Berufsausbildung zum Textilkaufmann. Einen Teil dieser Zeit verbrachte ich in Elbing. Dort spürte ich noch stärker, noch konkreter, daß manches im Begriff war, sich in negativem Sinne zu wandeln. Es war kein Zweifel mehr möglich: uns jüdischen Menschen blies der Wind stärker ins Gesicht, obwohl die Willkür- und Gewaltherrschaft des Nationalsozialismus noch nicht begonnen hatte.

Immer wieder wurden jüdische Bürger von der SA belästigt. Auch ich war dem ausgesetzt. Hatte ein Jude eine nichtjüdische Freundin, so war das schon damals für ihn und für sie ausgesprochen gefährlich. SA-Formationen zogen durch die Straße mit Liedern auf den Lippen,die eine eindeutige Aufforderung zum Mord an jüdischen Menschen enthielten. Daß hier und da über Nacht die Schaufensterscheiben eines jüdischen Geschäfts eingeworfen wurden, war nicht mehr ungewöhnlich. Ebenso mehrten sich antijüdische Parolen an Mauern und Häuserwänden. Sie kündeten von einem Unheil, das nicht zu übersehen war, wenn auch die grauenhaften Einzelheiten dessen, was kommen sollte, sich damaliger menschlicher Phantasie entzogen.

Für mich konnte es aufgrund dessen, was ich schon erlebt hatte, am 30. Januar 1933 keine Zweifel daran geben, daß mit dem Machtantritt der Nationalsozialisten eine Herrschaft der Unmenschlichkeit begonnen hatte und daß die Entrechtung der jüdischen Menschen zum Kernstück staatlichen Handelns werden würde. An Auschwitz allerdings und an das, was dort geschah und was ich zehn Jahre später als Häftling dort gesehen und erfahren habe, vermochte auch ich nicht zu denken.

Ich hatte auch gehofft, daß das nationalsozialistische Regime von verantwortungsbewußten Kräften innerhalb Deutschlands gestürzt werden würde, bevor es fast ganz Europa in seine Gewalt bekommen und so einzigartige Verbrechen würde begehen können.

Das diese Hoffnung trog, war für mich, der ich als einziger aus meiner Familie das nationalsozialistische Inferno überlebt habe, eine besondere Enttäuschung. Ihr zum Trotz den Weg beschreiten zu können, den ich seit 1945 gegangen bin, hat mich viel seelische Kraft gekostet und wäre ohne die feste Bindung an die jüdische Glaubenswelt, ohne das Vertrauen in die junge Generation und ohne meine demokratische Grundhaltung nicht möglich gewesen.

HEINZ GALINSKI
Geb. 1912 in Marienburg. Jüdisch.
1933: Textilkaufmann in Ausbildung. Heute: Vorsitzender der Jüdischen Gemeinde zu Berlin.

Bernhard Grzimek
Preußische Sparsamkeit

Bernhard Grzimek, 19 Jahre alt

Wie sparsam war man damals noch in Preußen! Ministerialrat Gerriets erläuterte mir im Landwirtschaftsministerium am Leipziger Platz, schräg gegenüber vom Kaufhaus Wertheim, daß die Mittel für die Reisen sehr beschränkt seien. Mir stünden zwar Eisenbahnfahrten 2. Klasse zu, aber es würde der Sache sehr helfen, wenn ich die 3. Klasse benutzte. Fuhr man damals zum Beispiel über Leipzig nach Köln, so wurde der Reisebetrag nachträglich von der Rechnungsstelle gekürzt, weil man auch über Halle hätte fahren können, was etwas billiger war. Übernachtete man in Hannover, dann wurde einem nachgerechnet, daß Hannover eine höhere Ortsklassengruppe ist und zu einem höheren Übernachtungsgeld berechtigt. Aber ich hätte in einer Kleinstadt vor Hannover übernachten und frühmorgens hineinfahren können. Sicher habe ich mich damals über diese Pfennigfuchserei geärgert, aber ich habe in sehr jungen Jahren gelernt, mit öffentlichen Geldern vorsichtig umzugehen, und das hat mir später geradezu das Leben gerettet. Ich war unaufhörlich unterwegs und kam wochenlang, um Reisekosten zu sparen, sonntags nicht nach Hause. Denn geschehen mußte etwas. Sogar die Köchin des Herrn Reichspropagandaministers Joseph Goebbels hatte erklärt: »Seit die Nazis am Ruder sind, gibt es in Berlin keine frischen Eier mehr!« Im ersten Überschwang nach der Machtübernahme hatten die neuen politischen Befehlshaber in der Landwirtschaft verfügt, daß Eier nur noch durch Genossenschaften erfaßt und gehandelt werden sollten. Dabei war nicht bedacht worden, daß in einigen Teilen des Reiches, wie zum Beispiel in Pommern, solche Eiergenossenschaften noch gar nicht bestanden oder daß keine Eierkisten greifbar waren. Die Eier häuften sich wie Kartoffeln in Scheunen, und es ging zuerst alles drunter und drüber. Es war nicht gerade ein dankbares Geschäft, für die Güte der deutschen Eier verantwortlich gemacht worden zu sein.

BERNHARD GRZIMEK
Geb. 1909 in Neisse. 1945–1979 Direktor des Zoologischen Gartens Frankfurt am Main. 1960: Professor an der Universität Gießen, 1981 Honorarprofessor der Universität Moskau, USSR, 1959 Gewinner des ersten »Oscar« für einen deutschen Film. Seit 1970 Präsident der »zoologischen Gesellschaft von 1858«. 1964–1968: Präsident des Deutschen Naturschutzringes.
Aus: Bernhard Grzimek. Auf den Mensch gekommen. Heyne-Buch Nr. 7028.

Carl von Ossietzky
Kommt Hitler also doch?

Kommt Hitler also doch? Vor acht Tagen war der Schreckensruf »Fascismus ante portas!«. Brünnings Rede hat ihn nicht verscheucht, er ist nur einstweilen stehengeblieben. Gewiß will Brünning vor Hitler weder ruhmlos abtreten, noch als minderberechtigter Partner vor ihm kuschen. Der Reichskanzler mag sich seine eigne Methode ausgedacht haben, mit dem Fascismus fertig zu werden. Aber um eine Methode, die man nicht kennt, zu tolerieren, dazu gehört Vertrauen, und diese Vertrauen haben wir zu Herrn Brüning nicht, wie wir das hier vom ersten Tage seiner Kanzlerschaft an betont haben. Brüning will nur die Anmaßung des Fascismus, seinen Anspruch auf Alleinherrschaft brechen, nicht ihn selbst.

Neben den wirtschaftlichen Bestimmungen der Notverordnung sind die politischen in der öffentlichen Diskussion vernachlässigt worden. Und doch verdienen sie nicht mindere Beachtung. Sie geben einen wertvollen Einblick, wie sich die Regierenden die Abwehr des umstürzlerischen Nationalsozialismus vorstellen. Zunächst: die Herren wollen die Republik retten, indem sie sich Unterstützung durch republikanische Kräfte verbitten und diese unerwünschte Unterstützung unter Strafe stellen. Das undifferenzierte Versammlungsverbot, das Verbot, Uniformen und Abzeichen zu tragen, trifft ja nicht nur die Nazis, sondern viel ärger die von links. Ist es der Regierung ernst damit, den Verfassungsstaat zu verteidigen, so kann sie auf die Mobilisation aller demokratisch-republikanischen Kräfte nicht verzichten. Die res publica ist die öffentliche Sache. Der Staat, den Brüning und die andern verteidigen, ein Homunculus, ein Retortengeschöpf. Die vorgebliche Parität wird in der Praxis zum schreiendsten Unrecht. Denn die Organisation des Staates selbst, Militär, Exekutive, Beamtentum, steckt voll von unzuverlässigen Elementen. So wie die Justiz durchweg jeden Rotfrontmann bisher härter anfaßte als einen Nationalsozialisten, so wird der Mann aus dem republikanischen Verband in Zukunft schlechter dran sein als der vom Stahlhelm oder von Hitler. Aber es ist schon grotesk genug, daß Loyalität ebenso bestraft werden soll wie Auflehnung.

CARL VON OSSIETZKY
1889–1938. Publizist, Chefredakteur der Weltbühne. 1934:
Konzentrationslager. 1936: Friedens-Nobelpreis.
Aus: Die Weltbühne. 15. Dezember 1931.

Friedensnobelpreisträger Carl von Ossietzky bei einer Vernehmung im Konzentrationslager Oranienburg

Schon im Frühjahr 1933 wurden von SA, SS und Polizei »wilde« Konzentrationslager zur Ausschaltung politischer und weltanschaulicher Gegner errichtet. Am Ende stand die »Endlösung« mit der Ausrottung von Millionen.

Alice M. Ekert-Rotholz
Besuch in Ossietzkys Redaktion

Alice M. Ekert-Rotholz, 1954

»Ein alter General ist uns geblieben
als einziger Hüter dieser Republik.«
So endete Anfang der dreißiger Jahre Kurt Tucholskys Gedicht in der Berliner Weltbühne. Der alte General war Hindenburg und die Republik war die Weimarer Republik. Ja, so lange ist das her! Ich las Tucholskys Verse vor mehr als fünfzig Jahren und diese Schlußzeilen sind mir bis heute im Gedächtnis geblieben – ein wahrhaft prophetischer, grimmiger, mit dunkler Vorahnung erfüllter Abgesang politischer und individueller Freiheit.

Ich erlebte das Sterben der Weimarer Verfassung durch meine Verbindung mit der Weltbühne. Tiefer konnte eine junge Person in ihren Zwanzigern den Anfang vom Ende und das Vorspiel der Hitler-Periode kaum erleben. Diese Zeitschrift, unscheinbare rote Hefte, war das Sprachrohr für alle, die wissen wollten, was noch hinter den Kulissen spielte. Carl von Ossietzky, der unerschrockene Herausgeber der Zeitschrift und Kurt Tucholsky, der die Weltbühne mit »fünf Pferdekräften« belieferte (Peter Panter, Theobald Tiger, Ignaz Wrobel, Kaspar Hauser und eben Tucholsky) hatten den sechsten oder achten Sinn für Politik und für das Schicksal Berlins. Und sie schrieben jede Woche, was sie dachten und zu verhindern suchten: die Machtergreifung durch einen Diktator namens Hitler.

Also in dieser Zeit, im Jahre 1928, schickte ich von Hamburg aus einige »Zeitgedichte« an die Weltbühne, und Carl von Ossietzky lud mich zu einem Besuch in Berlin ein.

Ossietzky saß an seinem alten, mit Zeitungen und Manuskripten überhäuftem Schreibtisch und schrieb wohl gerade einen seiner kühnen, scharfsichtigen und geschliffenen Leitartikel, als ich ihn störte. Er dachte viel an »die braune Welle«, wie Optimisten den kommenden Umschwung nannten. »Die braune Welle« sagte Ossietzky mehr zu sich als zu mir. »In absehbarer Zeit wird sie eine Flut werden, die Mann und Maus verschlingen wird.« Er sagte es in dem nüchternen Berliner Ton – »bloß keen Drama!« Die Flut, die er sah, verschlang ihn.

Aber an diesem Nachmittag lagen noch fünf Jahre einer bedrohten Geistesfreiheit vor uns allen, Ossietzky und Tucholsky bauten jede Woche Dämme gegen die Flut. Da er mich sozusagen interviewte und ich nicht ihn, konnte ich nichts aufschreiben, sondern mußte behalten, was er so nebenbei zur Weltgeschichte äußerte. Da er kein Wort über meine Lyrik sagte, vermutete ich, er habe die Gedichte verlegt, vergessen oder verdammt.

Carl von Ossietzky stammte aus einer Offiziersfamilie, die sich wahrscheinlich über seine Ansichten entsetzte. Niemals erwähnte er sein Elternhaus. War es für ihn eine vergessene Adresse geworden? Äußerlich war er mehr zart als muskulös. Er hatte ein strenges Gesicht mit einer arroganten Nase, aber er war alles andere als anmaßend. Streng mit sich und anderen, von eiserner geistiger Energie erfüllt. Ich habe oft in Hinblick auf sein tragisches Ende gedacht, daß in ihm viel von dem von ihm ignorierten starrsinnigen preußischen Heldenmut steckte. Statt das Flugzeug zu besteigen, das Freunde und Verehrer für ihn arrangiert hatten, ging er ins Konzentrationslager Oranienburg, wo er auch ohne den Friedenspreis einer der verhaßtesten Insassen war.

Aber im Augenblick saß ich ihm in den Räumen der Weltbühne gegenüber. »Übrigens las ich Ihre Gedichte,« sagte er schließlich freundlich, aber reserviert. »Gefielen mir ganz gut.«

»Das ist wunderbar.«

»Wieso?« fragte Ossietzky. »Ich befasse mich nicht mit Lyrik für die Zeitschrift. Ich habe Ihre Sachen an Tucholsky geschickt. Dafür ist er zuständig.«

Für mich war Tucholsky der Heine der damaligen Zeit, und er ist es noch heute. Ich sagte benommen, dann sei es wohl »Essig mit meinem Kram.«

Er ließ Kaffee kommen. Warum? Ich war doch erledigt, bevor es angefangen hatte. »Wir müssen es eben abwarten, junge Dame! Wissen Sie, das Ding mit dem einsamen Mann am Wasser hat mir gefallen. Hamlet auf berlinisch. Wie war noch der Titel?«

»Kurz vorm Ertrinken!«

»Stimmt!«

Ich murmelte: »Wenn Sie so am Wasser stehn
als Zeitgenosse und munter
und immer wieder heruntersehn
dann denken Sie mitunter:
›Hoppla. Rin! Runter.‹
Und dann denken Sie wieder: ›Ein feuchter Entschluß! Und warum man beim Ertrinken auch noch naß werden muß –‹«
Ossietzky lachte. Ein so unerwarteter Laut, daß mir die Sprache wegblieb. Aber er sagte »weiter!« und ich sagte, was der Mann am Wasser noch alles überlegt, bloß um nicht abzusacken. Dann war es zu Ende.
»Weiter,« sagte Ossietzky.
»Das war der Schluß«, sagte ich schüchtern.
»Ach nee! Ich möchte noch einmal das Ding vom ›Hotelzimmer‹ hören. Können Sie's auswendig?«
»Natürlich.«
»Ich finde es unnatürlich. Also?«
»Hotelzimmer im Bad« erschien einen Monat später in der Weltbühne. Tucholsky las jedes Gedicht vorm Druck und belehrte mich mit vorbildlicher Geduld aus Berlin oder Paris oder Schweden, wie man seine eigenen Pointen nicht abtötet. Und daß knapp meistens besser als ausführlich sei.

Bis 1933 schrieb ich Gedichte für die Weltbühne. 1932 besuchte ich Ossietzky dort zum letzten Mal.

Als ich von meinem letzten Besuch aus Berlin zurückkam, erzählte mir mein Mann, daß einer seiner Patienten ihm sein Hakenkreuz am Innenfutter seines Jacketts zeigte. »Besser ist besser! Man kann ja nich wissen, nich?«

ALICE M. EKERT-ROTHOLZ
Geb. 1900 in Hamburg
Katholisch. 1933: Journalistin und Rundfunkautorin. Heute: Romanschriftstellerin.

Christian Ferber
Ina Seidel hoffte auf Selbstbesinnung der Nation

Ina Seidel an ihrem Schreibtisch in Berlin, 1931, nach der Beendigung des »Wunschkindes«.

Man kann nicht sagen, Heinrich Wolfgang und Ina hätten den Anbruch dieses Zeitalters vor lauter Arbeit nicht zur Kenntnis genommen. Sie sahen ihm so verwirrt zu wie Millionen anderer apolitischer deutscher Bürger, und sie hatten die Hoffnung, dies würde zum Guten führen, zur Selbstbesinnung der Nation, zur Beseitigung der großen Not im Lande. Auch sie waren anfällig für die Wirkung von theatralischen Effekten wie etwa dem Aufmarsch zum ersten Mai, oder zuvor dem Schauspiel von Potsdam. Ina hielt Hitler nun für einen ernsthaften Mann, der den Frieden wollte. Sie war wie Heinrich Wolfgang gewiß, daß mancherlei Widerwärtiges nur eine Begleiterscheinung sei.

Während Ina nach wie vor entschlossen war, Heinrich Wolfgang aus dem Amt und zu seiner eigentlichen Arbeit zu holen, nach Starnberg – währenddessen sah sich Heinrich Wolfgang im Amt in eine Auseinandersetzung verwickelt, in der er entschieden Partei nahm. Denn zu den »Begleiterscheinungen« gehörte der Vormarsch der sogenannten »Deutschen Christen« innerhalb der Kirche. Diese germanisch bewegten Pastoren wollten das Alte Testament nach Möglichkeit löschen, und sie wollten die Macht. Heinrich Wolfgang war überzeugt, daß es Judenchristen gebe und Heidenchristen, doch so etwas wie »deutsche Christen« ganz gewiß nicht. Er predigte diese Überzeugung. Er griff das Buch auf der Kanzel mit beiden Händen, hielt es seiner Gemeinde hin, das ganze Buch, die Einheit, das untrennbare Zeugnis des Alten wie des Neuen Bundes.

CHRISTIAN FERBER
Geb. 1909. Christian Ferber ist ein Pseudonym von Georg Seidel, Sohn von Heinrich Wolfgang und Ina Seidel. Kritiker und Essayist.
Aus: Christian Ferber. Die Seidels. Geschichte einer bürgerlichen Familie. 1811–1977. Deutsche Verlags-Anstalt. Stuttgart 1979.

Aenne Burda
Schnell entstanden überall Instanzen der Macht

Aenne Burda mit ihrem Mann, dem Verleger Dr. Franz Burda, 1933

Die Niederlage der Demokratie kam natürlich am deutlichsten zum Ausdruck in einer Wirtschaftsdepression, in einer absoluten Flaute, in Arbeitslosigkeit und Armut, mit wenig Hoffnung auf die Zukunft.

Ich persönlich hatte die erste Begegnung mit Hitler im Herbst 1929. In jedem Herbst fand in Offenburg eine sogenannte Herbstmesse statt. Das war eine landwirtschaftliche Messe in einer großen Halle, in der normalerweise auch eine Viehversteigerung stattfand. Anläßlich einer solchen Herbstmesse hat Hitler 1929 in der kleinen Stadt Offenburg eine Rede gehalten. Da man schon in dieser Zeit immer wieder von den Nazis sprach und die »braunen Truppen« schon anfingen, durch Saalschlachten zu »glänzen«, wollte ich diesen Adolf Hitler hören.

Für mich war er zwar in jeder Weise vorbelastet, denn aus dem Wort Nationalsozialismus, hörte ich nur Sozialismus, und Sozialismus als Ideologie war zu jeder Zeit und bis zur Stunde ein rotes Tuch für mich. Ich ging mit gewisser Aversion zu dieser Veranstaltung und erlebte einen abstoßenden Menschen, der in einem Trenchcoat dastand und brüllte. Während seines gebrüllten Vortrags fiel ihm immer wieder eine Haarsträhne über die Augen, was eine regelmäßige Bewegung der Hand verursachte, mit der er sich die Haarsträhne aus dem Gesicht wischte. Und wenn er sehr heftig sprach, spuckte er. Er machte auf mich den Eindruck eines vor Haß brennenden Menschen, der alles Vorhandene zerstören will. Ich habe ab jenem Moment diesen Menschen gehaßt und ganz drastisch empfunden, daß ein solcher Mann nur Unglück bringen kann. Mein Urteil über Hitler und den Nationalsozialismus stand von vornherein fest. Mein tiefer Haß, den ich bis zum Ende mit mir herumtragen mußte, wurde dort geboren.

Ich kam 1929 als 20jähriges Mädchen in die Familie meines zukünftigen Mannes. Mein Mann hatte einen Bruder, der 1917 geboren, also 12 Jahre alt war. Dieser Bursche war glühender Hindenburg-Anhänger und verteidigte Hitler »bis aufs Messer.« Ich erinnere mich an böse Debatten mit diesem Jungen, der nichts gelten ließ außer Hitler und Hindenburg, die eine bessere Zukunft für Deutschland brächten. Dieser Junge ist im Zweiten Weltkrieg gefallen. Bis dahin hatte er längst eine andere Meinung vom Nationalsozialismus.

In unserer Stadt Offenburg war ab 1930 zu beobachten, daß sich kleine »braune Gruppen« zusammenschlossen, die von der Bevölkerung zuerst nicht für voll genommen wurden, später jedoch mit Verachtung und Haß belegt wurden. Diese kleinen Gruppen setzten sich zusammen aus Offenburger Männern (später auch Frauen), die vom Schicksal nicht besonders begünstigt waren. Ein großer Teil bestand aus Studenten ohne Examensabschluß, aus kleinen Geschäftsleuten, die keinen Erfolg in ihren Geschäften hatten und Arbeitslosen. Menschen, die man nicht zur Schicht der Bürger rechnen konnte, die einem regelmäßigen Beruf nachgingen. In den Jahren 1930 bis 1933 wurden die Gruppen nicht wesentlich größer, sie wurden nur wesentlich frecher und aggressiver.

Natürlich wurde in den Familien und bei privaten Zusammenkünften im Grunde über nichts anderes, als über diese politische Entwicklung diskutiert. Ich aus meiner Sicht kannte keinen Kreis, in dem Sympathien für Nationalsozialismus vorhanden waren. Man erfaßte zum größten Teil den Ernst der Entwicklung nicht. Ich glaube, die Menschen damals hielten es nicht für möglich, daß sich daraus eine solche Diktatur entwickeln konnte.

Hätte es Aufklärung gegeben in den Jahren 1933/34 und hätte es Menschen gegeben, die die Gefahr (wenn auch nur zum Teil, denn was wirklich kam, konnte niemand wissen) erkannten und die Bevölkerung alarmiert hätten, dann, da bin ich ganz sicher, hätte sich im Volk mehr Widerstand gebildet. Aber als die Lethargie, wie sie sich nach dem Ersten Weltkrieg entwickelt hatte, immer tiefer in die Depression führte, dachte ein großer Teil sonst ganz unpolitischer Bürger, es kann eigentlich nicht viel schlechter werden und wenn da jemand kommt, der in uns Deutschen wieder ein Nationalbewußtsein wachruft, der Arbeit bringt und uns aus der wirtschaftlichen Misere herausführt, dann soll er uns nur recht sein. Daß 1933 das deutsche Volk mit absoluter Mehrheit Hitler wählte, halte ich für unmöglich. Ich habe immer die Auffassung vertreten, daß das Wahlergebnis in skrupelloser Weise manipuliert worden ist. Dafür gab es Zeugen. Zum Beispiel in einem kleinen Weiler im Hochschwarzwald, der insgesamt ca. 30–40 wahlberechtigte Bewohner hatte, von denen keiner Hitler wählte, gab es eine 100%ige Mehrheit für Hitler.

Der 1. Mai 1933 war ein strahlender Tag mit fast sommerlicher Wärme. Alle Bürger waren in »freudiger Erregung«, sollte doch nachmittags um 14.00 Uhr der Maiumzug stattfinden. Die Stadt war natürlich mit Hakenkreuzfahnen geschmückt, die Menschen, besonders die Kinder, hatten kleine Hakenkreuzfähnchen in den Händen. In den Straßen, durch die der Umzug ging, waren alle Fenster besetzt und die Straßen selbst eingesäumt von frohen Menschen. Ich war auch an einem Fenster auf der Hauptstraße, denn auch ich war neugierig, was sich da abspielen würde. Auf der Straße bewegte sich eine »braune Schlange«, an den Uniformen glänzten die goldenen Spangen und Abzeichen in der Sonne. Woher kommt plötzlich eine solche Menge Uniformierter? fragte man sich. Die Menschen entlang den Straßen reagierten euphorisch. Lautes Klatschen und Heilrufe begleiteten den Zug. Während des Vorbeimarschierens regnete es Blumen auf die »braunen Männer«. Vor dem Rathaus hielt der Zug. Eine Abordnung hoher Funktionäre hielt auf dem Balkon des Rathauses zündende Ansprachen an das Volk, das in Massen auf dem Marktplatz stand. Überall Begeisterung , Freude, Musik.

Es war eben so, daß sich nach der Machtübernahme in Deutschland erstmals eine Hochstimmung verbreitete und man allgemein der Auffassung war, jetzt ist etwas Entscheidendes geschehen, jetzt wird alles anders, und da es schlecht war, kann es nur besser werden. Und so ließen sich viele Menschen, die absolut antinationalsozialistisch eingestellt waren, eben doch stimulieren und wurden zu Mitläufern. Ganz schnell gab es die Aufpasser, wie Hauswart, Blockwart, Straßenwart, die jedes Antiwort, jede Stimmung dagegen weitermeldeten. Mit ungeahnter Schnelligkeit entstand eine Maschinerie, welche die Menschen mundtot machte. Durch Vorfälle, die sich schnell verbreiteten, wurden die Menschen ängstlich gemacht. Da hat Herr oder Frau X nicht »Heil Hitler« gesagt und nicht den Arm zum »Deutschen Gruß« gehoben. Der oder jener war zu vorgeschriebenen Zusammenkünften nicht erschienen; die oder jene Familie schickte ihre Kinder nicht zur Hitlerjugend, nicht zum Jungvolk etc. Sofort bekamen die Menschen eine Verwarnung. So schnell, wie es keiner nur ahnen konnte, wurden Instanzen geschaffen, die eine Macht ausübten, vor der man bald zu zittern anfing und auch anfing, sich in acht zu nehmen, nur um nicht aufzufallen. Man erlebte die »Kristallnacht«. Die Menschen erzählten es sich nur hinter vorgehaltener Hand.

Ich hatte für meine Söhne (1932, 1936 und 1940 geboren) einen jüdischen Kinderarzt, der in der Stadt sehr beliebt war und der auch den größten Teil aus uns befreundeten Familien betreute. Dieser war über Nacht verschwunden, und man flüsterte sich zu, daß er heimlich emigriert war. Niemand hatte den Mut, offen darüber zu reden. Die Bevölkerung Offenburgs hatte einen großen jüdischen Anteil, und so hörte man oft, daß dieser und jener heimlich die Stadt verlassen hatte, aus Angst, am anderen Tag morgens um 5 Uhr abgeholt zu werden. Und nie war bei all den Menschen Haß auf Juden zu spüren. Jeder bekam eine panische Angst vor den Henkersknechten, die nicht nur Juden um 5 Uhr morgens aus den Betten holten, sondern genauso jeden, der durch Widerstand aufgefallen war.

AENNE BURDA
Geb. 1909 in Offenburg. 1933: Hausfrau und verheiratet mit Dr. Franz Burda. 1949: Beginn der beruflichen Laufbahn. Heute Verlegerin der größten Modezeitschrift der Welt.

Albert Speer
Hier gab es neue Ideale

Albert Speer, seit 1932 als freier Architekt, seit 1936 als »Generalbauinspektor für die Neugestaltung Berlins« mit zahlreichen NS-Bauten und als Gestalter von Massenkundgebungen hervorgetreten, beim Vortrag eines neuen Bauvorhabens in Anwesenheit des »Führers«.

Um diese Zeit sprach Hitler in der Berliner Hasenheide zu den Studenten der Berliner Universität und der Technischen Hochschule. Meine Studenten drängten mich, den zwar noch nicht Überzeugten, aber schon Unsicheren, und daher ging ich mit ...

Hitler erschien, von seinen zahlreichen Anhängern unter den Studenten stürmisch begrüßt. Schon diese Begeisterung machte auf mich großen Eindruck. Aber auch sein Auftreten überraschte mich. Von den Plakaten und den Karikaturen kannte ich ihn in Uniformhemd mit Schulterriemen, mit Hakenkreuzbinde am Arm und einer wilden Mähne in der Stirn. Hier aber trat er in gutsitzendem blauen Anzug auf, auffallend demonstrierte er bürgerliche Korrektheit, alles unterstrich den Eindruck vernünftiger Bescheidung. Später lernte ich, daß er es durchaus – bewußt oder intuitiv – verstand, sich seiner Umgebung anzupassen.

Die minutenlangen Ovationen trachtete er, fast abwehrend, zu beenden. Wie er dann, mit leiser Stimme, zögernd und etwas schüchtern, nicht etwa eine Rede, sondern eine Art geschichtlichen Vortrags begann, hatte für mich etwas Gewinnendes; um so mehr, als es allem widersprach, was ich aufgrund der gegnerischen Propaganda erwartet hatte: einen hysterischen Demagogen, einen schreienden, gestikulierenden Fanatiker in Uniform. Er ließ sich auch durch den stürmischen Beifall nicht von seiner dozierenden Tonart abbringen.

Wie es schien, legte er freimütig und offen seine Sorgen um die Zukunft dar. Seine Ironie war durch einen selbstbewußten Humor gemildert, sein süddeutscher Charme heimelte mich an; undenkbar, daß ein kühler Preuße mich eingefangen hätte. Hitlers anfängliche Schüchternheit war bald verschwunden; zuweilen steigerte er nun seine Tonlage, sprach eindringlicher und mit suggestiver Überzeugungskraft. Dieser Eindruck

war weitaus tiefer als die Rede selbst, von der ich nicht viel in Erinnerung behielt ...

Hier, so schien mir, gab es eine Hoffnung, hier gab es neue Ideale, ein neues Verständnis, neue Aufgaben. Auch Spenglers düstere Voraussagen schienen nun widerlegt und seine Prophezeiung eines kommenden Imperators zugleich erfüllt. Die Gefahr des Kommunismus, der sich unaufhaltsam der Macht zu nähern schien, so überzeugte uns Hitler, war zu bannen, und am Ende konnte es statt trostloser Arbeitslosigkeit sogar einen wirtschaftlichen Aufschwung geben. Das Judenproblem wurde von ihm nur am Rande erwähnt. Doch störten mich solche Bemerkungen nicht, obwohl ich kein Antisemit war, sondern aus Schulzeit und Studium, wie eigentlich fast jeder andere auch, jüdische Freunde besaß.

ALBERT SPEER
1905–1981. Architekt. 1937: Generalbauinspektor für Berlin. 1943: Reichsminister für Rüstung und Kriegsproduktion. In Nürnberg zu 20 Jahren Haft verurteilt.
Aus: Albert Speer. Erinnerungen. Verlag Ullstein GmbH, Propyläen Verlag, Berlin 1969.

Mehrere Zeitungen berichteten auf der ersten Seite über den »Blutsonntag in Altona«.

110

Hans-Peter Strenge
Der Altonaer Blutsonntag 1932

»Grauenhaftes ist geschehen! Ströme von Blut sind geflossen! 12 Tote und über 50 Verletzte in den Proletarierquartieren der Altonaer Altstadt ... das Ergebnis eines einzigen Propagandaaufmarsches der Hitlerschen Bürgerkriegsarmee ...«

So beginnt am Montag, dem 18. Juli 1932 die Hauptmeldung im sozialdemokratischen Hamburger Echo. Aber nicht nur in Altona und Hamburg, sondern im ganzen Reichsgebiet erfahren die Leser aus ihren Zeitungen – je nach politischem Standort unterschiedlich gefärbt – an jenem Montagmorgen vom Altonaer Blutsonntag.

Wie nach 1945 in der Bundesrepublik erstmalig im Jahr 1972, so gab es auch damals im Sommer 1932 vorgezogene Neuwahlen – in der Weimarer Zeit keine Seltenheit. Sehr viel mehr als heute spielte sich der Wahlkampf allerdings auf der Straße ab, in Demonstrationen, Kundgebungen, Versammlungen. Die Nazis, seit 1930 schon zweitstärkste Partei im Reichstag nach der SPD, hatten in Altona nur geringen Anhang. In den Arbeitervierteln Ottensens und der Altonaer Altstadt hatten SPD und vor allem in der Altstadt auch KPD starke Positionen. Bis zum 17. Juli 1932 hatte sich die SA Hitlers, die anderswo längst die Straße beherrschte, noch nie in die überwiegend kommunistischen Viertel zwischen der Königstraße, der Hamburger Landesgrenze am Nobistor und der Allee gewagt. An diesem Sonntag waren 6000 SA-Leute aus ganz Schleswig-Holstein zusammengezogen worden, um ihren Propagandaaufmarsch erstmalig durch die Altstadtstraßen zu führen.

Die Polizei hatte alle Warnungen vor Gegenaktionen der Kommunisten, die sich durch die braunen Kolonnen in »ihrem« Viertel provoziert fühlen mußten, in den Wind geschlagen. Der Aufmarsch wurde genehmigt, ein starkes Schupo-Aufgebot sollte den Zug begleiten. Polizeipräsident Eggerstedt hielt es nicht für nötig, seinen Urlaub zu unterbrechen. Die Sozialdemokraten riefen dazu auf, sich nicht den Nazis entgegenzustellen, sondern veranstalteten stattdessen mit ihrer Schutztruppe Eiserne Front eine eigene Großkundgebung auf dem Hamburger Lübeckertorfeld.

Beim SA-Marsch ging es vom Altonaer Hauptbahnhof zuerst durch die Straßen Ottensens – hier ließ sich noch niemand provozieren. Auch auf der Königstraße und der Palmaille blieb noch alles ruhig. Als sich der Zug jedoch durch die Große Johannisstraße am Parteihaus der KPD vorbeibewegte, kam es zu ersten Gewalttätig-

keiten: SA-Leute verprügelten Passanten, laut Polizeibericht wurde von Dachschützen der erste Schuß abgegeben, andere Meldungen sagen, die Nazis hätten das Feuer eröffnet. Zumindest ertönten nach den ersten Kugeln die berüchtigten SA-Kommandos »Straße frei, Fenster zu, es wird geschossen!«, worauf eine regelrechte Straßenschlacht entbrannte. Die Schutzpolizei setzte bald schwere Waffen gegen Dachschützen und im Nu von den Anwohnern aufgerichtete Barrikaden ein und durchkämmte die umliegenden Arbeiterwohnungen nach Heckenschützen und Schußwaffen. Die SA schoß derweil weiter wild um sich und konnte von ihren polizeilichen »Beschützern« nur mühsam zum Abzug gebracht werden.

Zwölf Tote und viele Schwerverletzte lagen an jenem denkwürdigen 17. Juli 1932 in den Straßen um den Gählersplatz auf dem Pflaster! Im Laufe der nächsten Tage erlagen sechs weitere Altonaer in den Krankenhäusern ihren Verletzungen ...

Als unmittelbare Folge des Altonaer Blutsonntags führte die Reichsregierung endlich das seit langem geforderte Braunhemden-Verbot durch. Von langer Dauer blieb es allerdings nicht, da die bürgerlich-konservative Regierung Papen das Verbot nach den Wahlen vom 31. Juli 1932 rückgängig machte, um sich bei Hitlers Partei, die nun die stärkste Reichsfraktion stellte, anzubiedern. Mit vom Blutsonntag beeinflußt war auch der Staatsstreich Papens, mit dem er drei Tage später die preußische Regierung Braun/Severing für abgesetzt erklärte.

Wehrlos ließen sich damals Sozialdemokraten aus dem Amt jagen, die in diesen von Gewalttätigkeiten erschütterten Tagen keinen Widerstand mehr riskieren wollten. Hamburgs Ex-Bürgermeister Herbert Weichmann, damals persönlicher Referent von Preußens Ministerpräsident Otto Braun, hat sich und anderen bis in die heutigen Tage immer wieder die Frage vorgelegt, ob nicht mehr Entschlossenheit den Nationalsozialismus hätte ein Stück zurückwerfen können!

HANS-PETER STRENGE
Geb. 1948 in Nordstrand/Nordfriesland. Verwaltungsjurist.
Aus: Nazizeit in Altona. SPD-Altona, 1980.

Georg Hermanowski
Das Ermland: Von der Geschichte wenig verwöhnt

Jugendaufmarsch im Ermland

Ich stamme aus einer bürgerlichen ermländischen Familie. Mein Vater war Mitglied des katholischen Bürgervereins und des Kirchenvorstandes und wählte – ohne deren Mitglied zu sein – die Zentrumspartei. Er war »Hoflieferant« des Städtischen Wohlfahrtsamtes, der jüdischen Gemeinde und der Wehrmacht. Um mir die bestmögliche Ausbildung zukommen zu lassen, schickte er mich auf eine jüdische Privatschule, die mich für die Sexta des Staatlichen Gymnasiums vorbereitete, in die ich 1929 einstieg. Gleichzeitig trat ich dem Bund »Neudeutschland« in der katholischen Jugendbewegung bei.

Über Politik wurde zu Hause wenig gesprochen. Die Parteienlandschaft der Weimarer Republik bot sich mir in Schwarz-Weiß-Zeichnung: In der Mitte stand das Zentrum, der »Turm« – stärkste Partei im Ermland –, rechts davon die Deutschnationalen, als deren »rechten Flügel« man die aufkommende NSDAP sah; links davon die Sozialdemokraten (Schicksalsgefährten aus der Verfolgungszeit durch Bismarck), an ihrem linken Flügel die Kommunisten.

Das Ermland, 1772 von Friedrich dem Großen »besitzergriffen« und zu Preußen »geschlagen«, hatte politisch gesehen über diese Stunde hinaus seine »Denkselbständigkeit« bewahrt. Der »Preußenschlag« von Papens, 1932, löste eine gewisse Genugtuung aus, zumal bei uns Jungen, die wir an der Kirchentür dessen »Germania« verkauften. Brüning als Reichskanzler hatte ich – auf der einzigen politischen Kundgebung meines Lebens – persönlich erlebt; Hitlers erster und letzter Besuch in meiner Heimatstadt Allenstein war 1932 eine Katastrophe gewesen. Der polnische Reiseführer in Olsztyn berichtet noch heute davon.

Die Machtübernahme des Jahres 1933 wurde mit dem Bild in der Potsdamer Garnisonkirche angekündigt: Hitler wurde mit dem »Befreier Ostpreußens« und Ehrenbürger unserer Stadt, von Hindenburg, gezeigt, und in der Schule hatten wir gelernt, daß das Alter dem Menschen Weisheit verleihe. Eine ermländische Zeitung versäumte nicht zu berichten, »der Führer sei katholisch« – wenige Monate später erfolgte der Abschluß des Reichskonkordats mit dem Heiligen Stuhl und . . . von Papen stand als »Garant« neben Hitler.

Ich bin noch heute überzeugt, hätten die Ermländer 1933 zwischen Bismarck und Hitler wählen müssen, sie hätten sich für Letzteren entschieden.

Nach 1933 änderte sich für uns vorerst nichts. Wir zogen nach wie vor »mit Banner und Wimpeln« durch die Straßen, in einer Art »Konkurrenzkampf« mit dem Jungvolk und der HJ.

Bei den Reichstagswahlen am 5. März 1933 erzielte die NSDAP in Ostpreußen zwar 56,5 Prozent, nicht aber bei uns im Ermland, wo das Zentrum mit 39,9 Prozent die stärkste Partei blieb. Das Anwachsen der NSDAP auch bei uns auf dem Lande war der allgemeinen Wirtschaftslage zuzuschreiben, die Brüning mit dem »Osthilfe-Gesetz« nur wenig zu ändern vermocht hatte . . .

Vieles glich einem »Puppentheater«, so vor allem die Ernennung Hermann Görings zum preußischen Ministerpräsidenten: ein echter Repräsentant preußischen Größenwahns!

Ein biederer Handwerksmeister kommentierte die Wahlergebnisse so: »Schon wieder die Nazis, jetzt fehlen noch die Zigeuner!« Alles lachte, keiner ermahnte ihn, leiser zu sprechen.

Selbst dort, wo der neue Staat »zuschlug«, geschah dies nicht mit dem letzten Ernst. Ich entsinne mich einer Hausdurchsuchung bei uns im Jahr 1937, zu der ich vom Arbeitsdienst »beurlaubt« wurde. Nachdem die völlig unkundigen Gestapomänner meine Bibliothek auf den Kopf gestellt hatten, sagte einer zu meinem Vater, der etwas hilflos daneben stand: »Entschuldigen Sie, wir tun doch auch nur unsere Pflicht. Aber . . . etwas müssen wir schon mitnehmen.« Mein Vater bot jedem eine Zigarre an, die sie dann auch . . . mitnahmen.

Das Leben in der Schule zeigte erst unmittelbar vor dem Abitur einen Wandel, als unsere jüdischen Mitschüler uns nacheinander verließen, weil sie »umzogen«. Seitens der HJ versuchte man auf uns, die »beiden Letzten«, die nicht in der HJ waren, vor dem Abitur Druck auszuüben. Die HJ hatte ihren Mitgliedern versprochen, zu dem traditionellen Abiturumzug ihren Spielmannszug zu stellen, wenn alle Abiturienten Mitglieder wären, obendrein sollte die Fahne der HJ auf der Schule gehißt werden. Es ging 1937 auch ohne Spielmannszug und ohne Fahne!

Mein Vater übte seit Jahren das Ehrenamt eines Schiedsmanns aus. Die Verhandlungen fanden in seinem Büro statt, dessen eine Wand von Akten und Büchern bedeckt, die Stirnwände von Tür und Fenster eingenommen waren und über dem Schreibtisch das Bild der altehrwürdigen St-Jakobi-Kirche hing. Er wurde eines Tages aufgefordert, das Bild der Kirche durch das des Führers zu ersetzen. Er tat es nicht. Kurz darauf nahm man ihm sein Ehrenamt ab. Er war froh, es los zu sein; denn in letzter Zeit hatten sich immer mehr politische Momente in die Schlichtungsfälle eingeschlichen. Die Rechtsprechung wurde heikler von Tag zu Tag.

Wir zeigten uns in allem gelassen. Durch die Geschichte geprüft, von der Geschichte wenig verwöhnt, sahen wir Ermländer zwar die Niederlage der Demokratie aufdämmern – zumal, als mein Vater nach einer Wahl (als Wahllokalleiter) feststellte, es seien weniger »Nein«-Stimmen ausgezählt als abgegeben worden; doch erkannten wir eigentlich erst 1937 den Sieg der diktatorischen Macht, ich für meine Person, als ich nach bestandenem Abitur meinen Immatrikulationsantrag von der »Gaustudentenführung« – statt von der Albertina – zurückerhielt, mit der Bemerkung, es fehle der Mitgliedsnachweis im NS-Studentenbund, ohne den eine Aufnahme nicht erfolgen könne. Da das »Ostsemester« an der Albertina für das Studium der Ostpreußen verpflichtend war, hieß das nichts anderes als »Studienverbot«. Ich meldete mich freiwillig zu Luftwaffe, um dem braunen Zugriff zu entgehen, in der stillen Hoffnung – die sich, wenn auch um fünf Jahre verspätet, erfüllt hat –, danach werde der Spuk verflogen sein.

GEORG HERMANOWSKI
Geb. 1918 in Allenstein/Ostpreußen
Katholisch. 1933 Schüler. Heute: Schriftsteller.

Klaus Mann
Ich beobachtete Schicklgruber in München

Mir wollte es nicht in den Kopf, daß die Deutschen Hitler allen Ernstes für einen großen Mann, ja für den Messias halten könnten. Der und groß? Man brauchte ihn doch nur anzusehen!

Ich hatte wiederholt Gelegenheit, diese Physiognomie zu studieren. Einmal aus nächster Nähe, etwa eine halbe Stunde lang. Das war 1932, ungefähr ein Jahr vor der »Machtergreifung«. Die Carlton-Teestube in München war damals eines seiner Stammlokale, eine Tatsache, von der ich übrigens keinerlei Kenntnis hatte, als ich dort eines Nachmittags eintrat, um mir eine Tasse Kaffee zu genehmigen ...

Zwei Fragen vor allem, die mich beschäftigten, während dieser dreißig Minuten unheimlicher Nachbarschaft: Erstens, worin lag das Geheimnis seiner Wirkung, seiner Faszination? Und, zweitens, an wen erinnerte er mich, wem sah er ähnlich? Ohne Frage, er glich einem Mann, den ich nicht persönlich kannte, aber dessen Porträt ich oft gesehen hatte. Wer war es nur? Nicht Charlie Chaplin. Beileibe nicht! Chaplin hat das Schnurrbärtchen, aber doch nicht die Nase, die fleischige, gemeine, ja obszöne Nase, die mich sofort als das garstigste und am meisten charakteristische Detail der Hitlerschen Physiognomie beeindruckt hatte. Chaplin hat Charme, Anmut, Geist, Intensität – Eigenschaften, von denen bei meinem schlagrahmschmatzenden Nachbarn durchaus nichts zu bemerken war. Dieser erschien vielmehr von höchst unedler Substanz und Beschaffenheit, ein bösartiger Spießer mit hysterisch getrübtem Blick in der bleich gedunsenen Visage. Nichts, was auf Größe oder auch nur auf Begabung schließen lassen konnte!

Die Vulgarität seiner Züge beruhigte mich, tat mir wohl. Ich sah ihn an und dachte: ›Du wirst nicht siegen, Schicklgruber, und wenn du dir die Seele aus dem Leibe brüllst ...

KLAUS MANN
1906–1949. Schriftsteller. (Sohn von Thomas Mann.)
Aus: Klaus Mann. Der Wendepunkt. Ein Lebensbericht.
Ellermann Verlag, München 1981.

Horst R. Flachsmeier
Erst sehr viel später habe ich begriffen

Horst R. Flachsmeier bei der Marine-HJ

Ich habe bis heute noch nicht begriffen, worin die Verdienste der Weimarer Republik bestehen und wo der historische Ort liegt. Das liegt einfach an meinem Jahrgang 1924. In der Schule habe ich nichts darüber gehört, und auch später ist es mir nicht gelungen, mich recht dafür zu interessieren oder darüber zu informieren.

Ich erinnere die Jahre 1932 und 1933 genau, Jahre, die ich in Hamburg als Schüler verbrachte. Noch sehe ich vor mir die Wahlplakate unzähliger Parteien, erinnere deutlich Straßenkämpfe zwischen Angehörigen verschiedener Parteien und denke an die unzähligen Arbeitslosen, die im Sternschanzenpark die Zeit mit Skatspielen vertrieben. In der Familie wurde immer wieder davon gesprochen, daß es endlich Zeit würde, daß ein starker Mann wieder Ordnung in die Dinge brächte. Vor den Sozis mit der roten Farbe wurden wir gewarnt, ebenfalls vor den Kommunisten mit ihren roten Fahnen, wobei Kommunismus mit Gottlosigkeit gleichgesetzt war. Schlimme Dinge wurden berichtet über die GPU und die entsetzlichen Leiden, die sie in Rußland verursachten.

Immer deutlicher zeigte sich, daß die Angehörigen der NSDAP mit ihren Untergruppen und ihren Uniformen die Partei zu sein schienen, die die Obermacht gewann. Umzüge und Veranstaltungen waren stets sehr diszipliniert. Unvergeßlich bleibt mir Hitlers Stimme, wenn er sprach, die mir, dem Neunjährigen, Ehrfurcht einflößte und mich für ihn begeistern ließ. Zu meinem 10. Geburtstag hatte ich nur einen einzigen Wunsch, von den Eltern die Erlaubnis zu erhalten, in das Jungvolk eintreten zu dürfen, also Pimpf zu werden. Ich habe diesen Entschluß nie bereut, denn das, was wir vor allem auch später bei der Marine-Hitlerjugend lernten, waren männliche, handfeste Dinge, und Kutterfahrten und Segeln waren eben Aktivitäten, die einen Jungen begeistern konnten. Gelegentliche Schulungen über Rassenprobleme verstand ich zu verdrängen oder ging innerlich nicht darauf ein, da ich mich sehr als Christ fühlte.

Aus dieser Einstellung heraus war ich von Anfang an unbedingt für Hitler. In dem Bewußtsein, später für Deutschland kämpfen zu müssen, wurde ich der erste Kriegsfreiwillige meines Jahrgangs bei der Marine mit der Stammrollen-Nr. 24/1/1/1. Ich habe später in der Kriegsgefangenschaft lange gebraucht, begreifen zu lernen, welch ein endloser Irrtum es gewesen war, Hitler zu folgen.

Nur einmal am Anfang des Hitlerreiches wurde ich nachdenklich, als ich zufällig ein Gespräch meiner Eltern mit einer jüdischen Freundin hörte, die plötzlich zu weinen begann und sagte: »Hitler will uns alle umbringen.« Ich konnte diese Reaktion beim besten Willen nicht verstehen. Einen vorsichtigen Warner erlebte ich in unserem jüdischen Pastor der Jerusalemkirche, zu der wir damals gehörten, aber das war so behutsam, daß ich es nicht verstand. Erst sehr viel später habe ich begriffen, welch unendliche Katastrophe Hitler für unser Volk geworden ist.

HORST R. FLACHSMEIER
Geb. 1924 Deutsch-Eylau (Ostpreußen). Evangelisch. 1933: Schüler. Heute: Dr. theol. Dr. med. Pfarrer, Arzt und Psychotherapeut in Hamburg

Nur ein Trommler?

Ich halte Hitler für einen Trommler, sonst nichts. Zu wirklichen Entschlüssen fehlen ihm Mut und Kraft.

Der SPD-Politiker Julius Leber am 1. März 1932

Hermann Fredersdorf
Diese Zeit hat mich zutiefst geprägt

Hermann Fredersdorf, 1932

Als Sohn eines Buchdruckers (Zeitungssetzers) bin ich schon früh mit der Politik konfrontiert worden, die ich mit sechs und sieben Jahren selber so nicht hätte begreifen können. Mit meinem Vater war ich nicht nur häufig beim nächtlichen Zeitungsmachen (Umbruch) zusammen, sondern saß bei den vielfachen Wahlen in der Weimarer Zeit oft mit ihm am Radio, um die neuesten Wahlergebnisse zu erfahren. Hinzu kamen im Kohlenpott die extremen Begegnungen mit Kommunisten und Nationalsozialisten, deren Straßenschlachten und wöchentlich mindestens einem Messertoten. Für einen Sechs- bis Neunjährigen grausame Erlebnisse, bei denen ich als bekannt anders denkender Junge von anderen Schülern auch hin und wieder »politische« Prügel bezog. Buer war eine Zentrumshochburg, mein Vater ein »linker« Zentrumsmann.

Als Hitler durch Hindenburg an die Macht kam, sagte mein Vater: »Hitler bedeutet Krieg!« Davon und von der Unterdrückung der Freiheit einschließlich der Religionsfreiheit ging auch ich als Mitglied der Katholischen Jungschar und seit 1934 als Gymnasiast Mitglied von Neudeutschland aus.

1933 erhielt ich zum ersten Mal in meinem Leben von einem Lehrer, der Ortsgruppenleiter war, in der kath. Röckschule in Buer Prügel mit einem Rohrstock, weil ich mich weigerte, zum Schul- und Klassenstundenbeginn »Heil Hitler« zu sagen und auf »Guten Morgen« und »Guten Tag« beharrte.

1934 nach dem Röhmputsch und den Willkürerschießungen, der Aschesendung des ermordeten Min. Dir. Klausener, war mein Vater erschütterter als zuvor und uns allen in der Familie schlug das Schreckensregiment der Nazis aufs Gemüt. Auch waren wir von der Behandlung der Juden, mit denen wir gutnachbarlich zusammenlebten, äußerst betroffen. Lange verweigerte ich mich mit Zustimmung meiner Eltern der Hit-ler-Jugend. Auf jedem, im übrigen handschriftlich gefertigten Zeugnis des Hindenburg-Gymnasiums in Buer fand sich demgemäß der maschinengeschriebene Satz: »Er hat den Weg zur Staatsjugend noch nicht gefunden.«

Obwohl weiter (bis zur von mir bedauerten und bekämpften Selbstauflösung von Neudeutschland im Jahre 1937) Mitglied von Neudeutschland, trat ich formell 1936 zur Tarnung der Hitler-Jugend bei, die dann aber bald (durch einen Verräter?) meine Mitgliedschaft in Neudeutschland entdeckte, mich mit einem Mitschüler vor ein Tribunal (über 100 HJ-Führer) stellte, verhöhnte und schließlich aus der Hitler-Jugend verstieß. Dies führte auf dem nächsten Zeugnis des Hindenburg-Gymnasiums zu dem Vermerk: »In seinem Verhalten gegenüber der Staatsjugend ist er unehrlich gewesen.« Außerdem erhielten meine Eltern einen Bescheid über die Androhung des Verweises vom Gymnasium. Dieser Bescheid wurde in allen Klassen des Hindenburg-Gymnasiums vom Pedell verlesen. Aufgrund der Intervention des Bischofs von Münster mußte die Androhung des Verweises vom Gymnasium später zurückgenommen werden, und zwar durch Bescheid an meine Eltern, der allerdings nicht bekanntgemacht wurde. Die Rücknahme wurde begründet mit der unzulässigen Doppelbestrafung, da ich zuvor mehrere Stunden Arrest (Nachsitzen im Gymnasium) erhalten hatte. Als Nazigegner war ich von da an abgestempelt, wovon ich auch in der Folgezeit – mich wegen meiner Jugend immun wähnend – öffentlich in Auseinandersetzungen mit Lehrern einschließlich dem Religionslehrer (geistlicher Studienrat) unbekümmert Gebrauch gemacht habe in Anwesenheit eines Mitschülers, dessen Vater Gauleiter war.

Städtisches Hindenburg-Gymnasium und Oberrealschule
Gelsenkirchen-Buer

Zeugnis für den Schüler der *Unterprima*
Hermann Fredersdorf.

vom 2. Jahresdrittel des Schuljahres 193 5/6

Er hat den Weg zur Staatsjugend noch nicht gefunden.

Zum Schutze der Republik. Ein typisches Erscheinungsbild der Polizei vor 1933

Die Zeit vor und nach 1933 hat mich zutiefst geprägt, hat mir einen unbändigen Freiheitswillen verschafft: Männerstolz vor Königsthronen! und hat mich zeitlebens vor dem Untertanengeist bewahrt sowie gegen jegliche obrigkeitsstaatliche Verhaltensweise ankämpfen lassen. Daß dies so gekommen ist, schreibe ich mir am wenigsten, am meisten, wenn nicht ausschließlich meinem Elternhaus und auch meiner Geburtsstätte gut. Voller Stolz und innerer Freude denke ich auch heute noch daran zurück, wie wir 1934 im Herbst durch das abendlich-dunkle Buer marschierten und sangen: »Wenn uns auch Baldur von Schirach verlacht, uns geht die Sonne nicht unter!« Dies war ohne Sanktionen und Repressalien wohl in dieser Form nur in Buer, der Zentrumsstadt, möglich. Berittene Polizei begleitete uns. Eines der vielen Beispiele für eine solche Auseinadersetzung:
Unser Lateinlehrer auf Quarta (1936) war Ortsgruppenleiter. Vom Latein-Unterricht hielt er zu unserem Schaden nicht viel. Wenn er nicht für die Partei unterwegs war, ließ er eine Viertelstunde Nazilieder singen, gab eine Viertelstunde Latein und ließ abschließend wieder eine Viertelstunde Nazilieder singen. Eines Tages bemerkte er bei dem Lied »Es zittern die morschen Knochen ...«, daß ich nicht mitsang. Er stellte mich zur Rede. Ich antwortete keck: »Solche Lieder kenne ich nicht, wohl aber ›Freiheit, die ich meine ...‹ oder ›Großer Gott, wir loben Dich ...‹«. Darauf ordnete er an, »Großer Gott, wir loben Dich ...« zu singen. Als er bemerkte, daß ich wiederum nicht mitsang, fuhr er mich deswegen an. Ich antwortete trocken: »Nach den morschen Knochen scheint mir dieses Lied wenig passend.« Darauf erklärte er, ich lasse Dich Ostern sitzen. Da ich die letzte Lateinarbeit bei dem (nichtnazistischen) Direktor in Vertretung »gut« schrieb, mißlang ihm in der Zeugniskonferenz, mein Sitzenbleiben durchzusetzen, was ihm leider bei meinem Mitschüler, der sich gleichermaßen verhielt und mit mir vor dem Tribunal der Hitler-Jugend gestanden hatte, gelang. Dadurch behielt er diesen Latein-Lehrer auch noch ein weiteres Jahr, während ich auf Untertertia glücklicherweise einen (nichtnazistischen) neuen Lateinlehrer bekam.

HERMANN FREDERSDORF
Geb: 1924 in Buer/Westfalen.
Katholisch. 1933: Schüler. Nach 1945: 30 Jahre Gewerkschafter in der Bundesspitze, 22 Jahre Vorsitzender (1957–1979) der Deutschen Steuer-Gewerkschaft.

Herbert Krahmer
Ein Drucker erinnert sich

Herbert Krahmer, 1934

Wie alle meine Gewerkschaftskollegen der Jahre bis 1933, denen ich solidarisch verbunden war, entstamme ich einer Arbeiterfamilie. Aus der Großfamilie rekrutierten sich, typisch für Leipzig, zu einem beträchtlichen Teil Lohnarbeiter des graphischen Gewerbes. Auch die Produkte meines Vaters, eines Metallers, waren Maschinen für die Graphische Industrie.

Dankbar, 1930 das Heer der über 5 Millionen Arbeitslosen nicht um meine Person bereichern zu müssen, wurde mir zwar nicht der Wunsch erfüllt, in die Gilde der Schriftsetzer eingereiht zu werden, doch auch die Offsetdrucker einer dortigen Großdruckerei erwiesen sich mir als aufgeklärte, fortschrittlich gesinnte Menschen. Der Beitritt in den Verband der Lithographen und Steindrucker war Usus, und in der Lehrlingsabteilung sah ich, Herbert Krahmer, Jahrgang 1915, meine Interessen vertreten.

Trotz intensiver Bemühungen aller Organisationen der Arbeiterschaft machte die Volksfront nur zögernde Fortschritte, während die nationalen Bünde, wie wir meinten, mit unternehmerischer Unterstützung spürbar erstarkten und ebenso militärisch organisiert wie auch uniformiert die Straßen beherrschten.

Die folgende Szene aus meinen ungedruckten Lebenserinnerungen zeigt authentisch den verzweifelten Abwehrkampf meiner Gruppe, die sich bald alleingelassen sah.

Nach dem Machtantritt der Nationalsozialisten sah die Mehrheit der Gruppe die weitere Existenz nur mehr in der Selbstbeschränkung, um gesellschaftliche Zusammenhänge zu studieren und sich auf eine »moderne Gesellschaftsform« vorzubereiten.

Angefüllt von Veranstaltungen verschiedenster Art vergingen die Wochen. Dem Antikriegsfilm »Stahlbad anno 17« folgte ein Besuch im Kurzwellenlabor der Arbeiter-Radio-Amateure, ein gemeinsamer Abend mit den Schwimmern des Arbeiter-Sportbundes, während es darum ging, zu ergründen, ob Hypnose eine bloße Jahrmarktsattraktion oder ob ihr ernsthafte Bedeutung beizumessen sei.

Ein reichhaltiges und vielseitiges, am allerwenigsten aber politisches Programm wäre in der Lage gewesen, den Winter auszufüllen. Doch während wir uns die Winterabende problemlos vertrieben, zeichnete sich deutlich die Größe der Zeit ab, auf die Deutschland zutrieb. Größe? Zu bescheiden ist dieser Ausdruck. Sie war gewaltig; und die Gewalt ging ihr voraus. Aller Untaten, welcher die bürgerliche Presse die politische Linke gern bezichtigte, zeigte sich die Rechte fähig. Ihr Auftreten wurde zunehmend militant und zielte auf den Sturz alles dessen hin, was links der politischen Mitte stand.

Alle Ideale, welche eine humanistische Welt bislang auf ihre Fahnen geheftet hatte: Freiheit der Meinung, Menschenwürde, und nicht zuletzt Gesinnungstreue, kurz, alle Ideale, welche unter dem Begriff Demokratie verstanden werden, wurden diffamiert, und die Verteidiger derselben der Verfolgung ausgesetzt. So erschienen aufrichtige Menschen mit halbseitig geschorenen Köpfen verspätet am Arbeitsplatz, wo sie dem Gespött indifferenter Kollegen ausgesetzt waren. Wiederholte sich ihre Unpünktlichkeit durch Überfälle auf dem Weg zum Arbeitsplatz, so mußten sie mit Entlassung rechnen ...

Alfred wußte am allwöchentlichen Gruppenabend zu berichten:

»Das is'n Ding, bei unserm Betriebsratsvorsitzenden war neulich Haussuchung! Wißt Ihr, wer den bei der Polizei verzinkt hat? Unser Döskopp von Nazi hats stolz ausgeplaudert. Unser Chef hat denen die Adresse geliefert.«

»Auch so'n Nazischwein!« warf Kurt unwillig ein.

»Das weiß ich nicht, ob der Nazi ist ...« entgegnete Alfred, »klar ist nur, daß er den ganzen Betriebsrat auf die Weise loswerden will.«

Die Betroffenheit auf den Gesichtern bleibt unvergeßlich. Mehr als nur sie breitete sich in den Betrieben aus: es kam die Angst hinzu. Die Angst, den Arbeitsplatz zu verlieren – und das vielleicht nur eines unbedachten Wortes wegen. Der Blick über die Schulter, damit das rechte Wort kein unrechtes Ohr treffe, wurde Gewohnheit; denn wo eine debattierende Personengruppe beieinanderstand, war der Denunziant und sogar der Schläger oft nicht weit.

In diesem Heidehaus mußten sich die jungen Republikaner nach der »Machtübernahme« heimlich treffen, um gegenüber der Geheimen Staatspolizei nicht aufzufallen.

Agents provocateurs, oft nur unzureichend zivil getarnt, bezogen Posten vor Gewerkschaftshäusern und belästigten Ein- und Ausgehende mit Worten und Gesten, oft auch mit Drohungen, worauf jede Reaktion mit Schlägen und Tritten beantwortet wurde. Zu Hilfe gerufene Polizisten kamen in der Regel zu spät, so daß sich der braune Spuk längst in Nichts aufgelöst hatte. Die Gewerkschaften griffen zum Selbstschutz. In ihren Häusern wurden Helfer des Arbeiter-Samariter-Bundes, der sozialdemokratischen Kampfstaffeln und des Reichsbanner stationiert. Die politische Konfrontation wurde perfekt, und es fiel täglich schwerer, den Provokationen zu widerstehen. So wurden also auch die Gemäßigten unweigerlich radikaler und der Zusammenschluß mit den Linksextremen schien unvermeidlich. Fanden die christlichen Pfadfinder (bislang unpolitisch) neuerdings in der Gottlosigkeit der Linken Grund, sich zumindest ideologisch an deren Verfolgung zu beteiligen, so fühlten sich die schwarz-weiß-roten Stahlhelmer ihren braunen Verbündeten der Harzburger Front verpflichtet, sich auch durch Gewaltakte hervorzutun.

Im Januar 1933 war es, als der allwöchentliche Gruppenabend mit einer Diskussion über den Anti-Kriegsfilm »Stahlbad anno 17« endete. »Na das ist ja nun für alle Zeiten vorbei«, stellte Heinrich beim Verlassen des Jugendheimes fest. «Denn mit ihrem lausigen Hunderttausend-Mann-Heer können sie keinen Krieg vom Zaune brechen!« Nervös drehte er sich um, denn er glaubte, im Dunkel der Toreinfahrt Geräusche gehört zu haben. »Da war doch was!« murmelte er.

»Du hörst Gespenster!« Heinz zog ihn am Ärmel zum Fahrradschuppen und fügte beruhigend hinzu: »... wir sind doch hier nicht an der Front.«

In das blecherne Scheppern, das Fahrradständer von sich geben, mischten sich nun aber doch unüberhörbar Stimmengewirr und der harte Tritt zweckenbeschlagener Stiefel. Im Schein einer trüben Laterne waren, bevor sie klirrend verlöschte, für Augenblicke Personen mit uniformen Schirmmützen und Breecheshosen zu sehen. Freilich wurde es nicht völlig dunkel, denn vom Schuppen fiel ein ausreichender Schein auf den Hof und ließ erkennen, daß sich die Gespenster zum Angriff formierten, indem sie die Toreinfahrt blockierten, während andere auf den Schuppen vorzurücken begannen.

»Die wollen was von uns!« rief Kurt. Im gleichen Augenblick ertönte von drüben her auch schon der Schlachtruf: »Haut'se, haut'se, haut'se auf die Schnauze!« – »Sollt Ihr haben«, brüllte Kurt, sprang im Laufschritt auf sein Fahrrad und fuhr, die Luftpumpe über dem Kopf schwingend, mitten in die Angreifer hinein. Ein unterdrückter Schrei war zu hören; offenbar hatte er einen Treffer gelandet. »Stahlhelmer!«, stellte Horst wütend fest. »Jetzt fangen diese Hunde auch schon an. Euch solls vergehn!«

Mit diesen Worten verschwand er in der Menge. Nach der ersten Verwirrung näherten sich nun auch die übrigen Gruppenmitglieder. Mit Fahrradketten und dazugehörigen Schlössern sowie mit Luftpumpen wurde gekämpft. Bald zeigte sich, daß friedfertiges Verhalten nicht unbedingt gleichzusetzen ist mit Feigheit, wie es sich die scheinbar so tapferen Nachfolger der Feldgrauen von 1914–18 wohl erträumt haben mögen. Als in Horsts Nähe ein gellender Schrei ertönte, trat unvermittelt Ruhe ein. Unheimliche Stille folgte dem soeben von etwa 35 Personen verursachten Lärm. Doch nicht lange hielt dieser Zustand an, denn schon erschien Horsts Kopf über der Menge. Horst erwies sich zu aller Verblüffung als ausgezeichneter Stratege: »Heinrich, Hans, Paul, Alfred nach links! Heinz, Hanne, Busse, Frommherz nach rechts! Kurt, Eckart, Willy übernehmen die Mitte! Der Rest von hinten umgehen, und nun drauf ohne Rücksicht auf Verluste!«

Zu einem neuerlichen Kampf jedoch kam es mangels Gegnern nicht mehr. Die Helden zogen es vor, sich schnell zurückzuziehen. Sofort freilich war ihnen Kurt auf den Fersen: »He, mal langsam! Nehmt eure Leichen mit! Oder sollen wir die vielleicht beerdigen? Kommt gefälligst zurück, sonst gibts nochmals Dresche!«

HERBERT KRAHMER
Geb. 1915 in Leipzig.
1933: Lehrling. Nach 1945 Offsetdrucker.

Felix Lützkendorf
Das letzte Jahr der Republik in Leipzig

»Die Gerichte sind ungerecht, die Beamten sind gleichgültig, das Volk infantil.« (Hermann Hesse 1931 in einem Brief an Thomas Mann.)

Das Jahr 1932 in Leipzig lebt in meiner Erinnerung fort als ein einziger grauer Regentag, der umsäumt von roten Fahnen war.
Über den marschierenden Massen schwebten sie nebeneinander und gegeneinander. Rotfront, Reichsbanner und Sturmabteilungen. In den Straßen brüllende Marschkolonnen. Schlachtgesänge. Aufgerissene Pflasterwunden. Berittene Polizei, die fliehende Demonstranten attackierte.
Am Straßenrand die Toten, Freund und Feind, zu Pyramiden aufgestapelt, zum Abtransport bereitgelegt. Aus der Ferne Wutgeheul, Schüsse, Schlachtgesänge: »Brüder in Eins nun die Hände«. – »Mit uns zieht die neue Zeit«. – »Der Rosa Luxemburg, der haben wir's geschworen und dem Karl Liebknecht geben wir die Hand.«
Und abermals Schüsse und Wutgeheul, das erst schwieg, wenn ich daheim im kleinen Zimmer, das ich bei meiner Großmutter in Leipzig-Plagwitz bewohnte, in die Särge blickte, die auf dem Hinterhof standen. Einhundert offene Särge aus dünnem Fichtenholz, von der Polizei vorsorglich für den März bestellt, »da gruneln die Dornen am Zaun« und die Toten werden unter roten Fahnen begraben.
»100 Särge!« jubelte Hausbesitzer und Sargfabrikant Handke: »Ein Großauftrag der Polizei für das Frühjahr«. Er lud mich bei seiner Frau zum fettgekochten Mittagessen ein, um sein soziales Gewissen am unstillbaren Hunger eines armen Studenten, der ich damals war, zu bewähren.
Nach dem Essen stieg ich wieder hinauf in mein Zimmer und sah auf die stummen Särge hinunter, die wie mit offenem Rachen ihrer Toten entgegenwarteten,

Der Intendant des Leipziger Alten Theaters Detlev Sierck im Jahre 1930. Bei der Ufa führte er Regie in den Zarah-Leander-Filmen »Zu neuen Ufern« und »La Habanera«. 1940 emigrierte er in die USA und wurde jetzt als Douglas Sirk ein weltberühmter Filmregisseur.

während ich mich auf die Promotion bei Prof. Korff vorbereitete, der meine Dissertation über »Hermann Hesse und Philosophie des Ostens« schon angenommen hatte.
Diese Vorbereitungsarbeit dauerte täglich bis etwa 17 Uhr, dann schlug ich die Bücher zu und sauste in das armselige Nebenhaus hinüber, wo im ersten Stock Emmy, meine erste scheue Geliebte, auf mich wartete. Sie half dort ihrer verwitweten Mutter, die als Putzfrau arbeitete, die Büroräume des Kurt Wolff-Verlags aufzuräumen und zu reinigen.
Während wir uns hinter den großen Regalen ängstlich küßten, hatte ich einen großartigen Ausblick, Emmys Lippen schmeckend, auf die in diesem Verlag erschienene progressive Literatur, die ich mir nicht kaufen konnte.
Eines Tages, als Professor Korff gerade eine Übung über das Thema »Goethe und Lavater« abhielt, stürmten drei bebrillte Fanatiker in braunen Uniformen in das Germanistische Institut herein, knallten mit Hitlergruß die Hacken zusammen und verlangten als Abgesandte des NS Studentenbundes ultimativ die radikale Säuberung der Institutsbibliothek von jüdischen Schriftstellern. Zusätzlich forderten sie, künftig beratend beteiligt zu werden. Denn es dürfe nicht wieder vorkommen, daß eine Arbeit über den Landesverräter Hermann Hesse vergeben werde, der sich im Krieg als Deserteur in die Schweiz abgesetzt habe. Diese Dissertation dürfe nicht angenommen werden.
Sprachen es, rissen die Arme hoch, knallten die Hacken zusammen und verschwanden stiefelknallend so wieder, wie sie gekommen waren. Korff entschloß sich nach anfänglicher Verblüffung, den Vorfall dem Rektorat zu melden, ihn im Übrigen jedoch als Komödie zu betrachten, die ernst zu nehmen er sich weigerte . . .
Gleich nach den Osterferien traf ich in der Aula der Universität abermals auf den bebrillten Stoßtrupp, der diesmal von einer größeren Kampfgruppe der Studenten-SA begleitet war.
Das sächsische Kultusministerium hatte die Prüfungssemester, vor allem die Referendare des Höheren Justiz- und Schuldienstes mitsamt den jungen Assistenzärzten zu einem Aufklärungsvortrag über deren berufliche Zukunft in die Aula eingeladen. Ein Vortrag, der darin bestand, uns in vielerlei Umschreibungen zu sagen, daß wir im armen Deutschland keine Zukunft hätten.

Der angstschwitzende, aus Dresden angereiste, rundliche Ministerialrat, der uns in Gegenwart des Rektors und mehrerer Professoren mit sächsischer Fistelstimme erklärte, daß der Staat in den kommenden Jahren nicht mehr in der Lage sein werde, seinen Nachwuchs in den versprochenen Beamtenstellungen unterzubringen, wurde niedergeschrien, als er uns empfahl, uns in das Ausland vermitteln zu lassen oder in handwerkliche Berufe auszuweichen.

»Scheißrepublik! Scheißrepublik!« schrien die braunen Chöre, und der ganze Saal brüllte mit ...

Ich war damals – bei einem Ausbildungszuschuß von monatlich 68 Mark – bereits im dritten Monat Studienreferendar am Leipziger Nikolaigymnasium, wo dessen Rektor, Prof. Dr. Friedrich, wenig Freude an meinem höchst eigenwilligen Unterrichtsstil hatte.

Den ersten Schrecken bereitete ich ihm, als er mich eines Abends in der blödsinnigen blauen Boy-Uniform eines Straßenverkäufers der Frankfurter Zeitung im Leipziger Ratskeller entdeckte, wo ich mit der großen schwarzen Tasche vorm Bauch von Tisch zu Tisch ging und auch ihm eine Abendausgabe anbot, die er mir jedoch mit einem scharfen »Danke!« zurückgab.

Stattdessen befahl er mich für den nächsten Morgen in das Rektorat, wo er mir meinen mit der Würde der Schule unvereinbaren Nebenberuf strikt untersagte: »Denken Sie doch, wenn Sie in dieser Aufmachung einem Schüler begegnen. Sie begeben sich ja jeder Autorität!« Zum Glück bekam ich kurz darauf eine Anstellung als Hilfssportlehrer am Institut für Leibesübungen, um die ich mich schon lange bemüht hatte, weil sie sich mit der Referendartätigkeit an der Nikolaischule gut vereinigen ließ und mich ihr Mindesthonorar vor dem Verhungern bewahrte. Allerdings den nächsten Konflikt mit dem Rektor auch bald schon provozierte.

Ich ließ nämlich die Schüler der Tertia, die vor meiner Sportstunde schon Religion, Mathematik und Latein in sich hineingeschluckt hatten, genau nach der Stoppuhr 60 Sekunden lang so laut schreien, daß die Schule wackelte.

Minuten später stürzte der entsetzte Rektor in Begleitung des Hausmeisters, der sich mit einem Knüppel bewaffnet hatte, in die Turnhalle herein, um die Ursache dieses rätselhaften Geschreis zu ergründen.

Ich erkärte es ihm als eine pädagogische Maßnahme, mit der bei den Schülern, die drei Stunden lang in ihren Bänken eingezwängt gewesen waren, der Kreislauf wieder angeregt und die Lungen geweitet werden sollten.

Rektor Friedrich schüttelte mißbilligend den Kopf und verbot mir nicht nur diese Art lausstarker Heilpädagogik, sondern auch jedes sportbedingte Schreien auf dem Schulhof, für den ich mir indes längst schon eine andere Art von körperlicher Betätigung ausgedacht hatte.

Da es in diesem arroganten Gymnasium neben der mickrigen Turnhalle natürlich auch keine Sprunggrube gab, wandelte ich die Sportstunden zweier Oberklassen in eine Art »Arbeitsdienst« um, indem ich auf dem Schulhof von den begeisterten Schülern eine vorschriftsmäßige Sprunggrube bauen ließ ...

Noch mehr Gelegenheiten zu Zusammenstößen mit dem Rektor boten die Geschichtsstunden in einer Unterprima, die man mir vertrauensvoll übertragen hatte.

Im Lehrplan vorgesehen war für diesen Jahrgang die Geschichte der demokratischen Bewegungen im 19. Jahrhundert. Die Paulskirche mit ihren Hoffnungen und Enttäuschungen, die sie Deutschland brachte. Dazu die Anfänge und Ziele der deutschen politischen Parteien bis hin zur Reichsgründung.

Ein Themenkreis, in dem ich mich sicher fühlte, bei dem nicht nur Bismarck und Windthorst, sondern auch Namen wie Lassalle, Marx und Engels zu nennen waren.

Kaum hatte ich jedoch die letzten drei in einem Nebensatz erwähnt, brach ein ungeheurer Proteststurm los, denn über die Hälfte der Klasse gehörte schon der Hitler- oder Bismarckjugend an und wollte von Marx, Engels, Lassalle, von »demokratischen Schlappschwänzen«, von der »Judenrepublik« oder was sie sonst noch durcheinander schrien, nichts wissen.

Mich anhören oder das Thema diskutieren wollte nur eine Minderheit von sozialistischer oder liberaler Gesinnung. Eine Minderheit, die in der nun folgenden Massenschlägerei den rechten Angreifern weit unterlegen war. Im Höhepunkt des Kampfes, während ich noch überlegte, wie ich die Tobsüchtigen zur Vernunft bringen sollte, erschien Rektor Friedrich plötzlich auf der Walstatt. Mit zarter Stimme, die kaum zu hören war, rief er in die Klasse hinein: »Aufhören! Ruhe, meine Herren!« Wurde aber im nächsten Augenblick derart in das Getümmel hineingerissen, daß er in dessen Mitte in der Tiefe einer Schulbank verschwand, aus der er sich nicht mehr befreien konnte ...

Von der »Schlacht in der Schule« hatte auch Hans Natonek, damaliger Feuilletonchef der Neuen Leipziger Zeitung gehört, für den ich schon seit längerer Zeit zur Aufbesserung meiner Ökonomie Kurzgeschichten, kleinere Nachrufe und Biographien schreiben durfte.

Er ließ sich den Vorfall von mir berichten und beauftragte mich, einen Artikel zu schreiben über »Die Schwierigkeit, vor Ohren, die sie nicht hören wollen, Geschichte zu lehren«.

Ich gab mir große Mühe für einen Bericht, den ich »Geschichte für Geschichtslose« nannte. Natonek

Bei Detlev Sierck gastierte die durch Max Reinhardt berühmt gewordene Elisabeth Bergner, einer der großen Stars der Weimarer Republik.

war sehr zufrieden damit und brachte den Artikel schon am nächsten Tag mit der zwar ungenauen, aber wirkungsvollen Überschrift: »Die Schule und das Dritte Reich« unter meinem Namen.

Er hatte damit die Lunte in das offene Benzinfaß geworfen. Die Zeitung kreiste im Lehrerzimmer und bei den Schülern. Als ich kam, untersagte mit der Hausmeister im Namen des Rektors das Betreten der Schule so lange, bis eine Untersuchung die Hintergründe des Falles und meine Mitwirkung daran geklärt habe. Ich wurde beschuldigt, Schulinterna in entstellter Form in die Öffentlichkeit getragen zu haben und mich in Hinblick auf meine gesamte Führung für die Übernahme in das Höhere Schulamt als nicht geeignet erwiesen zu haben.

In diesem Augenblick tiefster Depression griff Hans Natonek ein, der eine Zukunft als Studienrat nicht gerade für erstrebenswert hielt und sich außerdem für die Ursache meiner drohenden Entlassung hielt. Er nahm mich als zweiten Redakteur in sein Feuilleton auf, was einen unfaßbaren Wandel in meinem Leben bedeutete. Anstatt mich wie bisher für 68 Mark im Monat maßregeln lassen zu müssen, durfte ich von nun an für 600 Mark Monatsgehalt – eine für mich unfaßbare Summe – einer Arbeit nachgehen, die mich befreite, freute, glücklich erfüllte.

Ich fühlte mich ermutigt, ein Theaterstück fertigzustellen. Das Stück hieß »Grenze« und konnte Ernst Tollers »Masse Mensch« und Reinhard Görings »Seeschlacht«, die meine bewunderten Vorbilder waren, nicht verleugnen. Nach einigem Zögern wagte ich es, das Stück bei der Dramaturgie des Leipziger »Alten Theaters« einzureichen.

Wochen später, in den letzten Tagen des grauen Jahres 1932, lud mich Detlev Sierck, der Direktor des Alten Theaters mit einem herzlichen Brief zu sich ein, um mir mitzuteilen, daß er sich entschlossen habe, »Grenze« zur Uraufführung zu bringen. Ich lernte bei dieser Begegnung einen bewundernswerten Mann kennen, männlich-kräftig, selbstsicher und kameradschaftlich, der mich mit großen blauen Seemannsaugen musterte. Einen Mann, der auf der Kommandobrücke eines Ocean-Liners oder auch eines Kriegsschiffes eine gute Figur gemacht hätte. Eine gar nicht so abwegige Beobachtung, da er mir auf dem Umweg über Görings »Seeschlacht« erzählte, daß er bei der Skagerrakschlacht als kaiserlicher Seekadett seine Feuertaufe erhalten habe.

Er forderte mich auf, schnellstens nach Berlin zu fahren, wo der S. Fischer Verlag das Stück auf seine Empfehlung hin schon zum Vertrieb angenommen habe und einen Generalvertrag mit mir abschließen wollte. Die Uraufführung sei übrigens für Anfang Oktober des nächsten Jahres geplant.

Ich war stumm vor Glück, solange ich ihm gegenüber saß und von ihm ständig nur Entscheidungen hörte, denen ich kopfnickend nur zuzustimmen, die ich aber dennoch kaum zu glauben vermochte.

Der graue Himmel des dahin schwindenden Jahres 1932 hellt sich auf. Mit jedem Herzschlag lebte ich nur noch dem Jahr 1933 entgegen, in dem sich mit der Uraufführung meine geheimsten Wünsche erfüllen sollten. Von rechts Marschtritte die Straße herauf und Gesang: »Die Fahne hoch, die Reihen fest geschlossen!« Von links die Straße herauf Marschtritt und Gesang: »Mit uns zieht die neue Zeit« Das war mein Lied. Die Neue Zeit gehörte mir – dachte ich.

FELIX LÜTZKENDORF
Geb. 1906 in Leipzig.
1933: Student. Später: Schriftsteller.

Heinz Haushofer
Die Krise wurde nicht gemeistert

Heinz Haushofer, heute

Ich war am 1. Oktober 1929 – Diplomlandwirt und Dr. rer. techn. – als wissenschaftlicher Hilfsarbeiter im Büro der Bayerischen Landesbauernkammer in München eingetreten. Zu meinem Arbeitsgebiet gehörte u. a. praktische Marktbeobachtung, dann aber auch »Verfolgung der agrarpolitischen Vorgänge im In- und Ausland«, wie auch sehr bald die Erstattung eines agrarpolitischen und agrarwirtschaftlichen Monatsberichts für ein Fachblatt. Zudem erlebte ich die Entwicklung der Wirtschaftskrise sowohl vom elterlichen Betrieb aus, wie in dem Stimmungsumschlag in vier Bauerndörfern um ihn herum.

Das entscheidende Faktum der Jahre 1929 bis 1932/33 war die zunehmende Verschlechterung der wirtschaftlichen Lage, die sich deutlich in der steigenden Arbeitslosigkeit, im Zusammenbruch der Kaufkraft der Verbraucherschaft und im dementsprechenden Preisverfall auf den Agrarmärkten spiegelte. Die Radikalisierung der Bauernschaft entwickelte sich – fast zahlenmäßig am Besuch von Bauernversammlungen, Wahlergebnissen usw. zu kontrollieren – ziemlich genau proportional den entsprechenden Kurven der Sozial- und Preisstatistik. Das Merkwürdige dabei aber war, daß die Bauernschaft in Altbayern immer noch in den Händen der alten, christlich-konservativen Bauernführung blieb, wie ja auch die Wahlergebnisse der zugehörigen Bayerischen Volkspartei annähernd konstant blieben. Trotzdem mußte ein sehr objektiver und mir gut bekannter Fachbeamter, der bayerische Staatsrat Dr. Hänlein, am 14. Dezember 1931 amtlich berichten: »Im ganzen bayerischen Oberland ... ist eine große Unruhe unter den Bauern ausgebrochen ... Auf die alten Bauernführer hört man nicht mehr; wie in der Revolutionszeit kommen wieder Demagogen, die längst abgehaust hatten, an die Oberfläche, sie gewinnen das Ohr der Bauern, die nunmehr fal-

schen Propheten nachlaufen. Vertreter der Staatsregierung können sich in Versammlungen nur schwer durchsetzen.« Nachdem ich in diesen Monaten als junger Kammerangestellter regelmäßig in Bauernversammlungen zu referieren hatte, fand ich diese Aussage im ganzen Land bestätigt. Im Grund gab es von 1929 bis in den Winter 1932/33 bei allen arbeitenden, im weitesten Sinn in der Wirtschaft tätigen Menschen nur ein allgemeines Diskussionsthema in den Familien, Betrieben und Dienststellen: die Krise!

Um die Demokratie zu erhalten und den Vormarsch Hitlers zu stoppen, hätte es einer Voraussetzung bedurft: die Krise zu meistern oder mindestens dem Volk eine begründete Aussicht auf ihre Überwindung geben zu können. Es ist also zwischen dem aktuellen Krisenverlauf und dem Vorhandensein oder besser: Nichtvorhandensein einer politischen Konzeption zu ihrer Überwindung zu unterscheiden.

Doch gerade hinsichtlich der letzteren Forderung des Volkes gab es ein vollkommenes Vakuum. Das läßt sich für das von mir zu beobachtende Gebiet leicht beweisen. Die hoch angesehene Friedrich-List-Gesellschaft hatte zum 11.–14. Februar 1933 zu einer lange und sorgfältig vorbereiteten Konferenz mit dem Thema eingeladen: »Deutsche Agrarpolitik im Rahmen der inneren und äußeren Wirtschaftspolitik«. Die Teilnehmerliste wies, quer durch alle Parteien, Organisationen und Fakultäten, alles auf, was in der deutschen Agrarpolitik »gut und teuer« war. Die Konferenz ergab, was die Konsequenzen für eine praktische Agrarpolitik anlangte, ein vollkommenes Fiasko. Der Vorsitzende mußte am Schluß feststellen, daß es ihr nicht gelungen sei, eine wirkliche Annäherung der widersprechenden Standpunkte zu erzielen: »Die Gewinnung einheitlicher Wegführung ist unseren Verhandlungen versagt geblieben«. Man könnte das fast als eine Art von Offenbarungseid des von Hitler damals so genannten »Systems« (oder mit heutigem Begriff »establishments«) bezeichnen. Angesichts dieser Ratlosigkeit wurde aber schon von dem »großen Staatsmann« gesprochen, der sich über den Streit der Parteien hinwegsetzt etc. etc. Den tiefen Pessimismus, der gerade bei den liberalen Intellektuellen gegenüber der Agrarfrage herrschte, drückte etwa E. Topf 1933 so aus: »Es gibt keine Möglichkeit mehr, durch staatliche Hilfe der Landwirtschaft in irgendeinem wesentlichen Punkt ihrer Einnahmen- und Ausgabenrechnung zu helfen – man muß die Dinge

122

sich selbst überlassen und sehen, was in ein paar Jahren, vielleicht nach weiteren Zusammenbrüchen und schmerzlichen Verlusten, dabei herauskommt.«

Es liegt auf der Hand, daß mit dieser Einsicht im Höhepunkt der Krise ganz einfach »keine Politik zu machen war.« Denn auf der anderen Seite bestanden nicht nur die Nationalsozialisten, sondern auch die Kommunisten darauf, ein Rezept zur Überwindung der Krise zu besitzen. Das letztere wird seit damals im ganzen heute so genannten Ostblock angewandt. Die Nationalsozialisten aber mußten in diesen Monaten das Gefühl haben, als würde ihnen die Macht zur Anwendung ihres Rezepts von der zerstrittenen bürgerlichen Gesellschaft auf einem silbernen Tablett serviert ...

Es war also nicht nur an dem, daß Hitler allein nach der diktatorischen Macht gestrebt hätte, was er sicher mit allen Mitteln tat ; was aber nie für den Erfolg genügt hätte, wenn das Versagen von Reichstag und Reichsregierung, d. h. praktisch der für einen Kurs der Mitte in Frage kommenden Parteien, ihm nicht die Tore geöffnet hätte. Man begibt sich selbstverständlich in das verbotene Gebiet des »Wenn« und »Hätte«, wenn man die Frage stellt, ob der »Dritte Weg« der Geduld, der Zuversicht, des Sachverstandes seit dem Winter 1932/33 eine reelle Chance gehabt hätte – wenn ihm der nötige politische Freiraum notfalls mit Härte (auch außerhalb der Verfassung!) zu schaffen gewesen wäre.

Eine Antwort darauf konnte der berühmte Dezember-Bericht 1932 des Instituts für Konjunkturforschung Professor Wagemanns geben, der damals vorhersagte: »Die Periode krisenhafter Wirtschaftsschrumpfung dürfte ... abgeschlossen sein« – womit er mit dürren Worten das bevorstehende Ende der Krise ankündigte. Das war ein Teil des Ausblicks auf den Silberstreifen am Horizont, den auch der Reichskanzler Brüning mit seinem Satz gemeint hatte, daß man hundert Schritte vor dem Ziel das Rennen nicht aufgeben dürfte ...

Man konnte damals den möglichen Wendepunkt schon erkennen. Ich schrieb im Dezember in meinem Wirtschaftsbericht: » ... erst nach Beendigung der Krise ... entwickeln sich die Voraussetzungen, um aus dem Regime der Stützungsaktionen in einen planmäßigen Ausbau der deutschen Agrarpolitik einzutreten«, und : »(Wenn die Wagemannsche Feststellung richtig ist) würde der allgemeine Zustand einer sich langsam konsolidierenden Wirtschaft auch dem Landwirt unter Umständen mehr bieten können, als der durch irgendwelche Eingriffe gestörten.«

Aber was vermochten solche Einsichten gegen die Tatsache der 6 Millionen Arbeitslosen im Winter 1932/33? Denn mit einem Wort von Gustav Stolper »blieb die deutsche Demokratie mit der vollen Schuld für diese belastet«, genauso wie für die Bedrohung ihrer Bauern. Der Rest, d. h. was nach der Ernennung Hitlers zum Reichskanzler am 30. Januar 1933 folgte, ist Zeitgeschichte. Was aber von Seiten der verlierenden Demokratie vorher nicht geleistet wurde, scheint mir ebenso des ernsthaften Studiums wert, wie die Ereignisse nach diesem Datum.

HEINZ HAUSHOFER
Geb. 1906 in München.
Katholisch. 1933: Wissenschaftlicher Hilfsarbeiter in der Bayerischen Landesbauernkammer als Dipl. ing. agr. und Dr. rer. techn. Nach 1945: Ministerialrat und Honorar-Professor in der TU München. (Bruder von Albrecht Haushofer).

Ludwig Marcuse
Die Gegenrevolution hat kampflos die Höhen besetzt

Hitler und die reichen Leute regierten schon fast drei Wochen, als der Schutzverband deutscher Schriftsteller für den siebzehnten Februar eine Sitzung einberief. Ossietzky sollte reden, zum ersten Mal seit seiner Rückkehr aus dem Gefängnis. Er hatte die neuen Herren mit dem Aufsatz »Kavaliere und Köpfe« begrüßt: »Die Gegenrevolution hat kampflos die Höhen besetzt. Sie beherrscht das Tal und wir leben im Tal.« Es zeigte sich, was er seit langem prophezeit hatte: »Nationalismus und Antisemitismus sind die großen revolutionär krei- *senden Jahrmarktsorgeln des Faschismus, welche das viel leisere Tremolo der Sozialreaktion übertönen.«*

LUDWIG MARCUSE
1894–1971. Publizist.
Aus: Ludwig Marcuse. Mein zwanzigstes Jahrhundert. Auf dem Wege zu einer Autobiographie. Paul List Verlag. München 1960.

Josef Ertl
In Bayern bettelten sie um Nahrungsmittel

Der Schüler Josef Ertl mit seiner Familie auf dem Bauernhof der Eltern

Die sogenannten Goldenen 20er Jahre habe ich – Jahrgang 1925 – natürlich nicht mit Bewußtsein miterlebt. Aber mit dem Niedergang der Weimarer Republik verbinden sich doch einige persönliche Erinnerungen. Geboren und aufgewachsen auf einem mittleren Bauernhof mit etwas über 20 Hektar Land im Vorstadtbereich von München, war es für mich selbstverständlich, daß ich schon früh zur Arbeit herangezogen wurde – und sei es auch nur in der Küche bei meiner Mutter, wo ich mich als jüngstes von drei Kindern besonders oft aufhielt. Bei der vielen Arbeit auf dem Bauernhof war es mir unverständlich, wenn mir Klassenkameraden in der Volksschule erzählten, ihr Vater hätte keine Arbeit. Die Schilderung massenhafter Arbeitslosigkeit prägte in mir irgendwie den Eindruck, hier sei etwas nicht in Ordnung. Konkret wurde dies für den siebenjährigen Bauernbuben dadurch, daß mir immer wieder Hasen fehlten, die ich damals mit viel Liebe aufzog. Sie seien gestohlen worden, klärte mich mein Vater auf, und zwar von Arbeitslosen. An manchen Tagen in den Jahren 1932 und 1933 kamen fünf oder sechs von ihnen auf unseren Hof und bettelten um Nahrungsmittel. Das ging nicht immer friedlich zu ; manchmal drohten sie, den Hof anzuzünden, wenn sie nichts zu essen bekämen. Meine Mutter gab nach Möglichkeit immer: Brot, Eier, Speck oder eine warme Suppe. Im Sommer während der Erntezeit forderte mein Vater einige von ihnen auf, für zwei, drei Wochen oder doch wenigstens für ein paar Tage auf dem Hof zu bleiben und mitzuhelfen; er wolle ihnen dafür Essen und Unterkunft gewähren und auch Geld zahlen – sicherlich nicht sehr viel. Oft lautete die Antwort: Das Essen wolle man schon nehmen, aber die Arbeit solle mein Vater allein machen. Landarbeit galt damals nach einem weitverbreiteten Urteil bei den Arbeitslosen als minderwertig. Für mich als

Bauernbub, der von klein auf hatte mitarbeiten müssen, war dies ein deprimierendes Gefühl, das sich mit all den anderen Erlebnissen zu einem Bild des Zerfallenden, zu einer Atmosphäre der Bitternis vermengte. In meiner Erinnerung besonders haften geblieben ist auch der Wahlkampf von 1933 ; damals war ich sieben, acht Jahre alt. Ich entsinne mich einer Unzahl von Wahlplakaten mit den Köpfen Hindenburgs und Hitlers. Mein Vater berichtete, daß es in Versammlungen zu Schlägereien gekommen sei.

Selbst für mich als Kind war aus diesen Erzählungen zu spüren, daß sich die Menschen in ihren politischen Auffassungen mehr mit Haß als mit Respekt gegenübertraten. So hatte es der Schulunterricht leicht, diesen Eindruck zu verstärken, wenn uns eingetrichtert wurde, die Parteiendemokratie sei von Übel. Hinzu kamen die ersten Berührungen mit randalierenden SA-Leuten, die mein Vater zutiefst verabscheute.

Daß solche Eindrücke einen jungen Menschen nicht faszinieren und für die Sache der Demokratie begeistern konnten, versteht sich von selbst. So ist in der Rückschau Weimar ein warnendes Beispiel für alle Demokraten. Es gab kaum einen politischen Grundkonsens; Übereinstimmungen und Gemeinsamkeiten kamen nur im Negativen, in der Ablehnung zustande. Durch die unselige Zersplitterung der Parteien, durch ihre Unfähigkeit zum Kompromiß prägte Haß die politische Auseinandersetzung. Die härteste Konfrontation zwischen Kommunisten und Nationalsozialisten war dann nur die logische Konsequenz dieses Versagens.

Ich gebe freimütig zu, daß ich als Jugendlicher den Staat Hitlers bewunderte – mag sein, daß ich wie viele in diesem Alter für Propaganda besonders anfällig war und ihr erlegen bin. Aber nach 1933 sprach eben alle Welt davon, daß es wieder Arbeit gäbe. Nach Jahren der Unfähigkeit, so schien es, war jetzt endlich jemand an der Regierung, der nach dem Chaos gegen Ende der Weimarer Republik wieder Ordnung schaffte. Dies war übrigens der einzige Punkt, wo mein Vater Anerkennung zollte, weil er zutiefst die Situation mit Arbeitslosen und wirtschaftlichem Niedergang verspürte, unbeschadet seiner grundsätzlichen Ablehnung Hitlers und seines Anhangs. Soweit ich mich zurückerinnern kann, hat mich auch als relativ jungen Menschen die Idee vom Reich fasziniert – und eines werde ich nie in meiner Erinnerung vergessen, die Rundfunkübertragung anläßlich der Rückkehr der

Saar zum Reich, die wir gemeinsam in der heimatlichen Turnhalle angehört haben. Für mich als Kind bedeutete das, daß ich in eine Zeit hineinwachsen würde, wo Deutschland mehr Geltung, mehr Bedeutung und natürlich auch für die Jugend mehr Hoffnung hatte. Dies hat meinen Eindruck verstärkt, daß die politische Führung rechtens handelte. Trotzdem habe ich später, nachdem ich als letzter meiner Klasse und erst nach Intervention von Pfarrer und Lehrer Mitglied des Jungvolks werden durfte, sehr schnell Konflikte bekommen dahingehend, daß bei mir das ewige Antretenmüssen und Exerzierenmüssen – überhaupt das Wort »Müssen« – innerliche Konflikte auslöste und ich auch nach und nach merkte, daß es sich hier nicht immer um ein Auslese-, sondern um ein Günstlingssystem handelte. Dieser Konflikt hat sich dann im Laufe der Jahre verschärft, so daß ich persönlich mehr Befriedigung fand als Segelflieger im Rahmen der Flieger-HJ, die zumindest von diesem ewigen Müssen befreite und umgekehrt meiner großen Jugendleidenschaft, dem Segelfliegen, jede Chance einräumte.

JOSEF ERTL
Geb. 1925 in Schleißheim.
Katholisch. 1933: Schüler. Heute: Bundesminister für Ernährung, Landwirtschaft und Forsten.

Hans Blüher
Papen und die konservative Bewegung

In jenem Herrenklub aber hielt zu dessen Jahresessen 1932 Franz v. Papen seine berühmte Rede gegen Hitler, die ich noch selbst gehört habe und die an seiner Stellung zu ihm gar keinen Zweifel ließ. Auf diesen Franz v. Papen, der dem Klub angehörte, richtete sich damals die gespannteste Erwartung besonders der Jungkonservativen, denn es war mit ihm etwas ganz Besonderes im Spiele. Zunächst einmal war er der einzige deutsche Reichskanzler, der schon seiner bloßen Gestalt nach würdig war, auf dem Stuhle Bismarcks zu sitzen, wenn man etwa von Brüning absehen will. Denn was sich sonst auf diesem ehrwürdigen Platze breitgemacht hatte, war oft schon rein ästhetisch genommen eine Blasphemie, ganz abgesehen von der gänzlichen Bedeutungslosigkeit und Nichtigkeit dieser Figuren, dieser Produkte des linken Volkes. Franz v. Papen aber nimmt in jeder Weise eine Sonderstellung ein. Schon rein verfassungsmäßig war er nicht durch die übliche Parteimathematik auf den Kanzlerposten gekommen, sondern durch das persönliche Vertrauen Hindenburgs. Man horchte auf. Hindenburg betrachtete sich in erster Linie als Statthalter des Kaisers und hatte sein Amt als Reichspräsident erst auf dessen Erlaubnis hin angenommen. Lag nun nicht in dieser Berufungsform ein unüberhörbarer Wille zur Wiederherstellung der Monarchie? Denn der Reichskanzler hat das Vertrauen des Monarchen und wird von ihm getragen, nicht aber von dem des Volkes. Dieses zu erringen, ist ein politisches Kalkül, sonst nichts. Es geht nicht an die Ehre, wenn man das Vertrauen des Volkes nicht besitzt. Das Vertrauen des Monarchen aber gehört zum Ethos des Staatsmannes. Daher ist Franz v. Papen auch der einzige Staatsmann, der eine politische Tat begangen hat. Die Linke versteht darunter günstige Geschäftsabschlüsse. Hier aber geschah etwas anderes: Papen entmachtete die sozialistische Regierung Preußens unter Braun-Severing und setzte eben dieses Preußen, das seinen Namen per nefas führte, unter Reichskuratel. Hier hätte sich beinahe das deutsche Schicksal wieder gewendet, und wir spürten das. Denn es war doch so: auf einmal befand sich Deutschland ganz unvorhergesehen in den Händen eines gläubigen Protestanten als Reichspräsidenten und eines gläubigen Katholiken als Kanzler. Und beide nahmen ihren Glauben ernst. Und beide waren durch Freundschaft miteinander verbunden. Was für eine Aussicht!

HANS BLÜHER
1888–1955. Dr. med. Arzt und philosophischer Schriftsteller.
Aus: Hans Blüher. Werke und Tage. Geschichte eines Denkers. Paul List Verlag. München 1953.

Karl Leuteritz
Staatsbürger, man wirbt um Dich!

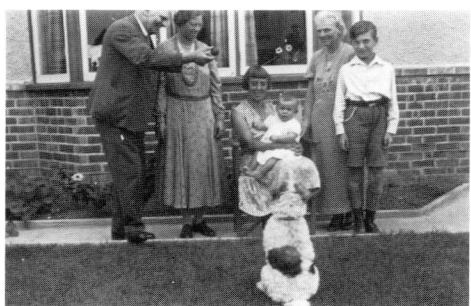

Der Schüler Karl Leuteritz mit seiner Familie, 1935

Meine Kindheit und Jugend verbrachte ich in dem Haus, das meine Eltern in der nordwestlich Leipzigs gelegenen Industriegemeinde Kleinmiltitz von 1914 bis 1953 bewohnten. 1929 bis 1933 besuchte ich die Grundschule im benachbarten Großmiltitz.

Mein Vater unternahm als Prokurist und Verkaufsleiter der in Kleinmiltitz ansässigen chemisch-pharmazeutischen Fabrik Schimmel & Co. AG (Ätherische Öle) jährliche Auslandsreisen. Meine Mutter war gebürtige Engländerin, und durch Besuche bei ihren Verwandten lernte ich schon als Kind das Ausland kennen. Beide Eltern waren, was ich erst sehr viel später erfuhr, Mitglieder der Deutschen Demokratischen Partei (DDP), die sich später Deutsche Staatspartei nannte. Bei den Reichstagswahlen 1932/33 wählten sie aber SPD, da sie nur noch dieser Partei Standvermögen gegenüber der NSDAP zutrauten.

Meinem Elternhaus gegenüber lagen Turnhalle und Sportplatz des Allgemeinen Turnvereins (ATV) Miltitz in der Deutschen Turnerschaft (DT; Turnergruß »Gut Heil«), dessen Kindergruppe ich angehörte. Daß es im Ort auch einen Arbeiter Turn- und Sportverein (ATSV ; Turnergruß »Frei Heil«) gab, erfuhr ich erst in der Schule, als mein Banknachbar mir den Spottvers zuflüsterte:
Gut Heil fährt in goldenen Kutschen,
Frei Heil muß auf dem Arsche rutschen!
Solche arrogante Dummheit sagte mir schon damals nicht zu. Meine erste eigentlich politische Erinnerung ist, daß an einem kalten Wintermorgen plötzlich weiß-grüne sächsische Fahnen auf Halbmast gesetzt wurden: König Friedrich August III. war gestorben (18. Februar 1932). Auf meine erstaunte Frage, wieso eine Republik um einen abgesetzten König trauere, bekam

ich von meinen Eltern zur Antwort, wenn der Kaiser so gewesen wäre wie dieser König, hätte 1918 die Monarchie nicht abgeschafft zu werden brauchen.

Aus dem bald darauf anlaufenden Wahlkampf zur Reichstagswahl am 31. Juli 1932 erinnere ich mich an durch die Straßen fahrende Lkw mit Transparenten, auf denen »Wählt Liste 1« und »Wählt Liste 3« zu lesen stand: Eine seltsam abstrakte Art, Stimmen zu werben! Denn daß Liste 1 SPD und Liste 3 KPD bedeutete, mußte man wissen. Konkreter und bunter ging es da beim Fahrradhändler Köhler zu, der Abzeichen mit Emblemen fast aller Parteien verkaufte.

Um diese Zeit versuchten mich ältere Mitschüler zu überreden, nicht mehr mit »Guten Tag«, sondern mit »Heil« zu grüßen. Das leuchtete mir vom Turnverein her noch ein. Als sie aber »Heil Hitler« von mir verlangten, lehnte ich ab: Den Namen eines – mir noch dazu völlig unbekannten – Menschen als Gruß zu verwenden, erschien mir unsinnig.

Als ich in diesen Dingen meine Eltern um Rat fragte, drückten sie mir eine Broschüre in die Hand: »Staatsbürger, man wirbt um Dich«, eine Sammlung der Programme aller damals im Reichstag vertretenen Parteien. Die las ich, damals noch ohne großes Verständnis, aber mit Interesse und für später mit viel Gewinn.

Bei der Präsidentenwahl waren meine Eltern trotz erheblicher Bedenken für Hindenburg. Sie schätzten ihn als aufrechten Mann, hielten ihn aber für zu alt und fürchteten, er werde den Intrigen seiner Umgebung, besonders des Generals v. Schleicher, nicht gewachsen sein.

So kam es ja dann auch. Die Ernennung Hitlers zum Reichskanzler am 30. Januar 1933 wurde noch nicht als der große Umbruch empfunden, aber der Reichstagsbrand und dann das Ermächtigungsgesetz und die »Gleichschaltung« veranlaßten meinen Vater zu der Bemerkung, jetzt hätten wir die Kommunisten von rechts.

KARL LEUTERITZ
Geb. 1922 in Kleinmiltitz.
Evangelisch. 1933: Schüler. Heute: Deutscher Botschafter in Jamaika.

Heinz Pentzlin
Nicht-Nationalsozialisten im Gefolge Hitlers

Heinz Pentzlin, heute

Im Hause des Frankfurter Professors der Soziologie und Sozialpolitik Heinz Marr kam im Wintersemester 1930/31 ein kleiner Kreis von Studenten und ehemaligen Schülern Marrs, die inzwischen Dozenten in Gießen und Marburg geworden waren, zu einem »Staatssoziologischen Kolloquium über Demokratie und Bürokratie« zusammen. Im Sommersemester 1932 folgte ein Kolloquium über »Soziologie des deutschen Parteiensystems der Gegenwart«. Die wissenschaftliche Analyse, in der alle Teilnehmer dieser Kolloquien übereinstimmten, ergab, daß die parlamentarische Demokratie, so wie sie in der Weimarer Verfassung vorgesehen war, mit den bestehenden Parteien keinen Bestand mehr haben würde und ein »charismatischer« Führer – wie es aus den Darlegungen Max Webers in »Wirtschaft und Gesellschaft« zu folgern war – die Macht ergreifen würde.

Soziologen, die am Frankfurter Institut für Sozialforschung lehrten, an deren Übungen ich gleichzeitig teilnahm, waren nicht so einhellig derselben Meinung. Doch auch bei ihnen überwog die Auffassung, daß der Weimarer Parteien-Staat keinen langen Bestand mehr haben und der Vormarsch der Nationalsozialisten zur Macht nicht aufzuhalten sein würde. Von einem befreundeten Assistenten des Instituts erfuhr ich im Sommer 1932, daß die Institutsleitung bereits Vorbereitungen getroffen hatte, um wichtige Bücher und Teile des Archivs bei der Übernahme der Regierung durch die Nationalsozialisten in die Schweiz zu bringen.

Auch einige der jüdischen Bankiers und Kaufleute in Frankfurt – die übrigens fast alle mit dem Institut für Sozialforschung und dessen Wissenschaftlern in enger Verbindung standen – waren schon frühzeitig, mindestens seit Anfang des Jahres 1932 auf den politischen Machtwechsel vorbereitet. Die Mehrzahl der Bevölkerung wollte jedoch nicht daran glauben. Die meisten, die ihre Augen nicht vor dem Tatbestand verschließen konnten, daß Hitler immer mehr Anhänger gewann und die demokratischen Parteien ihm keinen Widerstand bieten konnten, trösteten sich mit der Annahme, daß bei einer Übernahme der Regierung durch die Nationalsozialisten »der Spuk bald vorbei sein« würde, wie man es immer wieder hörte.

Erstaunt war ich, als mir im Wintersemester 1931/32 ein Studienfreund, ein hoch-intelligenter Betriebswirt und Nationalökonom erzählte, er sei in die NSDAP eingetreten. Auf meine Frage, weshalb er dies getan habe; denn er sei doch alles andere als ein Nazi und halte ihr Programm für völlig verfehlt und unsinnig, antwortete er mir, daß dieser Schritt notwendig sei. Denn es sei unvermeidlich, daß die Nationalsozialisten die Regierung übernehmen würden. Jetzt müsse man in der Partei dahin wirken, daß sie ihr Programm ändere und eine vernünftige Politik betreibe. Das sei, so wie die Dinge sich nun einmal in Deutschland entwickelten, die einzige Möglichkeit, schlimmstes Unheil zu vermeiden.

Er brachte mich in näheren Kontakt zu einem der führenden Männer der Frankfurter Wirtschaft, den ich schon früher, bis dahin allerdings nur flüchtig, kennengelernt hatte. Dieser Mann, nennen wir ihn Herrn A, vertrat die gleiche Auffassung wie mein Studienfreund. Er hatte mehrere Wirtschaftsleute aus seiner Bekanntschaft bereits dazu bewogen, in die NSDAP einzutreten. Herr A hatte laufend Wirtschaftsberichte und Vorschläge für künftige wirtschaftspolitische Maßnahmen nach München ins »Braune Haus« gesandt, wo damals Otto Wagener die wirtschaftspolitische Abteilung der Reichsleitung der NSDAP leitete. O. Wagener – ein erfolgreicher mittlerer Unternehmer, bevor er sich ganz der Partei verschrieb – wollte eine soziale Wirtschaftsordnung nach den Vorstellungen Gottfried Feders schaffen.

A und seine Bekannten glaubten, auf Hitler einwirken und die Parteiführung auf einen wirtschaftspolitisch und politisch vernünftigen Kurs bringen zu können. Sie sahen seit Beginn des Jahres 1932 keinen anderen Ausweg mehr für Deutschland. Die demokratischen Parteien, mit ihrer Hilflosigkeit gegenüber den wirtschaftlichen Schwierigkeiten, ihrer zu weit gehenden Nachgiebigkeit gegenüber den Siegermächten und ihrer Unfähigkeit, sich zu regierungstragenden Koalitionen zu einigen, hatten sie am Bestand der

parlamentarischen Demokratie verzweifeln lassen. Eine Diktatur für Deutschland erschien ihnen unabwendbar. Eine kommunistische Diktatur hielten sie für das Schlimmste. Sie meinten, daß eine Regierung der Nationalsozialisten noch auf einen guten Weg gebracht werden könnte.

So reihten sich solche Männer, die keine Nazis waren, in die Reihen der Nationalsozialisten ein.

HEINZ PENTZLIN
Geb. 1908 in Schwetz a. W.
1933: Student. Heute: Wirtschaftsjournalist.

Alma Mahler-Werfel
In Breslau wollte Franz Werfel Hitler sehen

Franz Werfel und Erich Ebermayer 1933 in Rapallo

Es war in Breslau, die ganze Stadt in Aufruhr. Ich habe stundenlang gewartet, um dieses Gesicht zu sehen. Ich ging nicht in Franz Werfels Vortrag, den ich schon oft gehört hatte, sondern setzte mich allein in den Speisesaal unseres Hotels und las einen wunderbaren Roman von Thomas Hardy. Den Kellner hatte ich bestochen, der versprach, mich zur rechten Zeit zu holen. Wohl vorbereitet stand ich dann mit vielen anderen und erwartete ›ihn‹.

Auch Franz Werfel war inzwischen vom Vortrag heimgekommen.
Ein Gesicht, das dreißig Millionen Menschen bezwungen hat, das muß doch ein Gesicht sein – immerhin!
Und richtig ... es war ein Gesicht!
Umklammernde Augen ... ein junges, verschrecktes Gesicht ... kein Duce! Sondern ein Jüngling, der kein Alter, der nie seine Weisheit finden wird.
Franz Werfel hatte sich hinter mich gestellt. Die plötzlich die Stiegenseite flankierenden SS-Männer wollten mich hinunterzwingen, aber ich sagte, daß ich ganz ruhig hinter einem stehen werde, und so beschützte mich jener dann selber.

ALMA MAHLER-WERFEL
1879–1964. Tochter des Landschaftsmalers Emil J. Schindler. 1902: Heirat mit Gustav Mahler. 1929: Heirat mit Franz Werfel.
Aus: Alma Mahler-Werfel. Mein Leben. S. Fischer Verlag. Frankfurt/Main 1960.

128

Hans Wilfred Sikorski
»Hunger – Hunger – Hunger!«

Die Not war wirklich groß, und gebettelt wurde in allen Städten und Dörfern, obwohl an vielen Haustüren Schilder warnten: »Betteln verboten« oder »Hier wird nichts gegeben!«

In diesen Tagen sah ich im Deutschen Fernsehen Bilder, die mich aufgrund meiner eigenen Erfahrung in den Kinderjahren stark berührt haben:
Einmal wurde der Hungermarsch polnischer Frauen und Kinder gezeigt, mit dem gegen die offensichtliche Unterversorgung mit den notwendigsten Lebensmitteln protestiert werden sollte, zum anderen handelte der Film von den Hungermärschen beschäftigungsloser Arbeiter in Liverpool.
Einen Teil meiner Kinderjahre verbrachte ich in Halle an der Saale, wo der Stiefvater Anfang der dreißiger Jahre als Geschäftsführer des Studentenwerks an der Martin-Luther-Universität tätig war. Wir wohnten damals – bis heute unvergessen – im Hause »Burse zur

Tulpe«, dem Haus des Studentenwerks Halle, in dem auch die Mensa der Universität untergebracht war. Das Haus lag an dem sehr breiten und schönen Universitätsring, der am Stadttheater und der Universität vorbei zur »Danziger Freiheit« und weiter zur Moritzburg führte. Diese Straße eignete sich natürlich sehr gut für Demonstrationsmärsche, und so war es zeitbedingt kein Wunder, daß nahezu regelmäßig sich demonstrierende Menschenmassen den alleeartigen Universitätsring hinab wälzten, ausgerüstet mit – meist roten – Fahnen und Transparenten und unablässig das Wort Hunger – Hunger – Hunger skandierend. Ich selbst, damals 5 Jahre alt, hatte glücklicherweise keinen Hunger zu leiden, aber die Massen faszinierten mich, und ich lief mit und schrie so laut ich konnte »Hunger – Hunger – Hunger . . .«
Diese Demonstrationszüge lösten sich meistens friedlich irgendwo auf, zuweilen wurden sie aber auch von der Polizei zwangsweise aufgelöst oder von irgendwelchen anderen politischen Gruppierungen gesprengt. Ich erinnere mich, daß es jede Woche Tote und Schwerverletzte gegeben hat; denn in Halle an der Saale war in diesen Jahren die politische Konfrontation ganz besonders ausgeprägt. Halle war als »rote Stadt« bekannt, und Max Hölz war der Führer der Kommunisten. Daneben gab es aber auch andere »Rote«, deren Fahnen drei Pfeile als Symbole zeigten. Der Kontrapunkt zu diesen beiden Gruppierungen waren die Nazis, und es bereitete uns kleinen Kerlen damals Schwierigkeiten, sie von den anderen zu unterscheiden; denn auch ihre Fahnen waren rot. Heute wissen wir: Rote Fahnen sieht man besser! Damals war solche Unwissenheit lebensgefährlich. Einer meiner Spielkameraden, wie ich 5 Jahre alt, begrüßte auf dem Kaulenberg drei Uniformierte mit einer roten Fahne, die wohl von einer Demonstration kamen oder zu einer solchen wollten, mit dem Ruf »Heil Hitler«. Die drei Männer zuckten wie von der Tarantel gestochen zusammen, liefen hinter uns her und schrieen: »Wir sollen Euch wohl die Ohren abschneiden!«
Damals wußte ich natürlich nicht, daß wir in einer Endzeit lebten, und ich fürchte fast, die Kinder in Polen und in England wissen es heute auch nicht!

HANS WILFRED SIKORSKI
Geb. 1926 in Marburg/Lahn.
Dr. rer. pol. 1933: Schüler. Heute: Musikverleger.

Martin Beheim-Schwarzbach
Schriller Fanatismus

Martin Beheim-Schwarzbach

Anfangs war ich der Weimarer Republik durchaus zugetan, schien sie doch mit der Wilhelminischen Epoche gut und gründlich aufzuräumen. Auch der Hindenburg-Mythos schien dabei nicht entscheidend zu stören. Aber die Ernüchterung stellte sich doch bald ein, der Faschismus machte Schule, oder weit mehr, er artete in schrillen Fanatismus aus. Die Ära Hitler war im Kommen. Es bedurfte nur eines einzigen Males, daß man ihn gesehen und ihm zugehört hatte, um einen Brechreiz hochkommen zu lassen, der unter dem Radau der SA, dieses Vortrupps dessen, was kam, immer stärker würgte. Hinzu kamen die sich mehr und mehr häufenden Schwächeanfälle der Republik ...
Kurzum, die Zeit für den großen, unbeschreiblich bitteren Haß war da. Wie zermürbend, wie zerstörerisch, wie ungesund war er doch, und man mußte mit ihm leben. Man mußte, also lebte man mit ihm. Es mehrten sich unter Wohlmeinenden, ja unter Gebildeten, unter zivilisierten Gemütern die ersten Zeichen der Unterwerfung, des zaghaften »Es ist doch wohl was dran«, der enttäuschten Freundschaften, die zu einer schrecklichen Stunde – und nun war der braune Tyrann schon an der Macht – einen guten und durchaus geschätzten Bekannten zum Thema der Judenverfolgung die strohdummen Worte aussprechen ließen: »Ja, es ist hart, aber – das kommt davon!«
Dieses Wort wollte nicht von mir weichen, so unscheinbar es auch klang, war es mir wie eine konzentrierte Formel, wie ein Generalnenner für das, was es an Wandlungen in unserm Lande gab. Die Mentalität, die dahinter stand, sprach Bände. Wohl wahr, es gab in meinem Freundes- und Bekanntenkreis eine Unzahl von Menschen, die zu hassen lernten wie ich. Und es gab die jüdischen Freunde in zwei Spielarten. Die einen versanken in Lähmung und Selbstmordstimmung, und die, die meinten: »Ist alles halb so

schlimm, nichts wird so heiß gegessen wie gekocht.« Ach, wie viel heißer wurde gegessen als gekocht war! Der Nachhall der Weimarer Zeit aber war nicht kräftig genug, um sie als Nostalgie zu empfinden. Sie war nun tot und erledigt, für alle Zeit.

MARTIN BEHEIM-SCHWARZBACH
Geb. 1900 in London.
Schriftsteller.

Heinrich Wiegand
Stimmungsbericht für Hermann Hesse

... Und 1926 sagten Sie zu mir, am Strand von Agnuzzo: das sei noch Ihr Trost, daß diese Leute, die heute das Deutsche schänden, diese maskierten Reaktionäre, in Deutschland eine Minderheit seien ... Auch dieser halbe Trost ging hin, weil die eine Hälfte der Arbeiterschaft Kompromisse schloß und die andere in ihrer Verbohrtheit und eigenen Ideenlosigkeit jede Niederlage der anderen als Triumph bejubelte, als Mittel zum Ziele, und dazu mit verhalf. Und beide Teile hatten niemand, der das Bessere und die menschliche Erwägung durchsetzen konnte. Die Schuld der halbpolitischen, Politik nutznießenden Intellektuellen auf beiden Seiten der soz. Arb. aber ist ... riesengroß. (Ich denke an gewisse Praktiken einiger Schriftsteller um die Weltbühne herum. Um bestimmter zu charakterisieren.)

HEINRICH WIEGAND
1895–1934. Schriftsteller. Redakteur der Leipziger (kommunistischen) Volkszeitung.
Aus: Hermann Hesse. Briefwechsel mit Heinrich Wiegand. 1924–1934. Suhrkamp Verlag, Frankfurt 1977.

Günther Grundmann
Gerhart Hauptmann schwieg

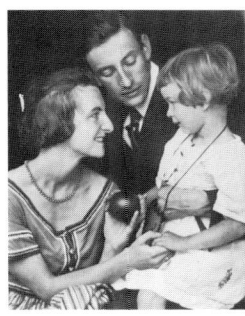

Günther Grundmann mit seiner Frau Fried und Tochter Ursula

Am 30. Januar 1933 wurden auf allen öffentlichen Gebäuden Breslaus die roten Hakenkreuzfahnen gesetzt. Für uns und unseren engeren Freundeskreis begannen Wochen und Monate großer persönlicher Unsicherheit. Vor allem waren bereits damals unsere jüdischen Freunde, wie Dr. Scheyer, und mit ihnen diejenigen gefährdet, die ihnen die Treue halten wollten. Das galt in verstärktem Maße einem Mann wie Gerhart Hauptmann wegen seines Freundeskreises sowie seiner literarischen und verlegerischen Beziehungen. Die Presse konnte sich jetzt ohne Rücksicht seiner Person und seines Werkes bemächtigen, um ihn als Dichter der Republik und sein Werk als kulturzersetzend darzustellen. Noch war freilich der Kampf um ihn nicht in ganzer Schärfe entbrannt, noch war es möglich, sein Drama »Vor Sonnenuntergang« im Deutschen Theater in Berlin aufzuführen ...

Gerhart Hauptmann, eben noch im Mittelpunkt des öffentlichen Interesses, zog sich bewußt zurück. Er hatte in seinem langen Leben immer die Gabe besessen, sich von politischen Machtkämpfen fernzuhalten. Allerdings war das, was sich jetzt in Deutschland abspielte, geeignet, die Grundlagen seiner wirtschaftlichen Existenz zu erschüttern. Denn mit der politischen Ausrichtung der deutschen Theater hing die Absetzung seiner Werke von den Spielplänen zusammen und ergaben sich die größten Schwierigkeiten für seinen Verleger S. Fischer. Das vollzog sich keineswegs schlagartig. Nur langsam traten infolge der sich verschärfenden Gesetze diejenigen Personen im politischen und kulturellen Leben von der Bühne ihres Wirkens ab, die für die Resonanz Hauptmanns entscheidend gewesen waren; so lockerte und lichtete sich der uns eben vertrauter gewordene Kreis seiner Freunde, ohne daß sich die Lücken je wieder hätten schließen lassen ...

So lange Schlesien Männern wie Brückner und Heines

ausgeliefert war, tat jedenfalls Gerhart Hauptmann als der große geistige und künstlerische Repräsentant dieses Landes gut daran, seine eben befestigte, von Liebe und Erinnerung neu geknüpfte Verbindung mit der Hauptstadt seiner Heimat zu lösen, und es nicht anders mit Städten und Gemeinden im Riesengebirge zu tun, die ihn eben noch zum Ehrenbürger ernannt hatten, um wenige Monate später die nach ihm benannten Straßen und Schulen umzubenennen. Je mehr der Kampf gegen die großen Repräsentanten der deutschen Kultur an Schärfe zunahm, desto mehr wartete man auf einen Protest jener Männer, deren Stimme nicht nur Deutschland, sondern die Welt hätte aufrütteln müssen. Es war Wilhelm Furtwängler, der den Kampf aufnahm, und der ihn bald darauf verlor, es war Thomas Mann, der aus der Schweiz mit der Niederlegung seines Ehrendoktortitels einen letzten Appell an das deutsche Kulturgewissen richtete, Gerhart Hauptmann aber schwieg – schwieg beharrlich –, aber als sich zu Ende

Gerhart Hauptmann in Agnetendorf

neigte, was damals begann, war seine große Tetralogie der Iphigenie abgeschlossen, in der er mit der Sprache des Dichters sich zum unerbittlichen und unaufhaltsamen Ablauf jener ehernen Gesetze bekannte, denen weder der einzelne Mensch noch ein ganzes Volk entrinnen können. Er sah vom ersten Augenblick an die Unaufhaltsamkeit im Ablauf des Dämonischen – verkörpert in den führenden Männern der Partei – und schwieg.

GÜNTHER GRUNDMANN
1892–1976. Dr. phil. 1933: Landeskonservator in Schlesien, Professor in Breslau. Nach 1945: Direktor der Kunstsammlung der Veste Coburg. Später Museumsdirektor in Hamburg-Altona und Professor an der Universität. Denkmalspfleger.
Aus: Günther Grundmann. Erlebter Jahre Widerschein. Bergstadtverlag W. G. Korn. München 1972.

Sabine Neumann
Wir Schülerinnen politisierten viel

1913 geboren, machte ich im Februar 1933, kurz nach der »Machtergreifung«, in meiner Heimatstadt Marburg das Abitur.

Ich wuchs in einem konservativ eingestellten Elternhaus auf (mit 5 älteren Geschwistern). Meine Eltern, absolut preußisch-deutschnational in Gesinnung und Lebenshaltung, konnten die Weimarer Demokratie nur schwer akzeptieren. Der wirtschaftliche Niedergang Deutschlands, die politische Schwäche der führenden politischen Parteien in den 20-er Jahren, die finanzielle Misere des Staates in seiner enormen Verschuldung durch die Kriegskontributionen, dies waren ständige Gesprächsthemen bei Tisch, die mich schon als Kind sehr interessierten. Die Ansichten des Vaters waren für uns Kinder dabei absolut maßgebend

und natürlich immer »richtig«. Kein Wunder, daß so der Nationalsozialismus mit seinen neuen Gedanken für uns Heranwachsende von großem Interesse wurde: der Ruf nach dem starken Mann, der die Geschikke Deutschlands energisch in die Hand nähme, nationale Gefühle und Tugenden wieder mehr zur Geltung brächte – das sprach uns Junge an! Auch die sozialen Gedanken der »Volksgemeinschaft« fanden in unserer Familie sehr offene Ohren: durch die Eltern angeregt, bemühten wir uns als Kinder schon gern um Kontakte zu sozial schwächer Gestellten.

In der Schule politisierten wir Schülerinnen der Oberstufe viel untereinander, zumeist als Anhänger der »Bewegung«. Wir holten uns NS-Zeitungen, rannten zu Partei-und Wahlveranstaltungen – eine mit Hitler

Die Hitlerjugend, spätere Staatsjugend des Nationalsozialismus, machte sich schon in der Weimarer Republik als Massenorganisation geltend. Im Oktober 1932 hatte sie bereits ca. 100000 Mitglieder.

wurde für uns ein überwältigendes Erlebnis. Wir warfen den Lehrern heimlich Broschüren in die Briefkästen, um sie überzeugen zu helfen, denn die Lehrer standen der neuen Partei als Staatsbeamte meist sehr ablehnend gegenüber. Die Jugend wurde eben emotional gepackt von den neuen Ideen, wie man es ähnlich schon bei der Wandervogelbewegung in den 20-er Jahren erlebt hatte: auch von dieser Seite her, Pfadfindergruppen, bündische Jugend u. a. stießen viele junge Leute zum Nationalsozialismus und fühlten sich hier bestätigt.

Die Einstellung von uns Jugendlichen wurde begünstigt durch die antidemokratische Atmosphäre unserer bürgerlichen Elternhäuser. Die eigene Urteilsfähigkeit war noch nicht entwickelt. Aber den Idealismus der Jugend und Begeisterungsfähigkeit für einen »Führer«, der gute Ziele anzusteuern versprach – das besaßen wir in hohem Maße! (Nicht zu vergessen, daß der Kommunismus als drohendes Gespenst im Hintergrund lauerte!) Hitlers Buch »Mein Kampf« wurde für mich eine sehr geschätzte Lektüre. Selten hat mich ein Buch derart beeindruckt und für des Verfassers Persönlichkeit und Ideen begeistert. Auch hier war man für sachliche Kritik nicht reif genug!

Die Stimmung des gewaltigen Aufbruchs der »Volksbewegung« im Frühling 1933, das Gefühl von Neu-Anfang im Staat wie im persönlichen Leben – diese Empfindungen waren ungeheuer stark und bleiben mir unvergeßlich (z. B. die Feiern zum 1. Mai mit frischem Birkengrün überall in den Straßen und an den Häusern, mit Großkundgebungen und Umzügen der Partei). Voller Schwung und Tatendrang würde es nun in eine bessere Zukunft gehen! So hofften z. B. auch zwei meiner Brüder, die vor dem Studienabschluß standen, jetzt auf bessere Chancen für ihr berufliches Fortkommen: für junge Akademiker drohte bisher wie überall in der Wirtschaft große Arbeitslosigkeit.

Im Sommer 1933 ging ich zum Freiwilligen Arbeitsdienst nach Ostpreußen. Ich war sehr angetan von dieser Arbeit mit Nicht-Abiturientinnen, arbeislosen Fabrikarbeiterinnen und Mädchen aus anderen Lebensbereichen und Landschaften. Wir wurden eingesetzt zur Hilfe bei Kleinsiedlern. Diese sozialen Gedanken für unsere Arbeit in einer neuen Gemeinschaft und die Freude an der Hilfeleistung für andere gab uns Abiturientinnen Befriedigung.

Auch meine Eltern (mein Vater war Dozent an der Universität) begrüßten den Nationalsozialismus als eine neue Möglichkeit, Deutschland wieder zu gesunden, wenn auch vieles im Auftreten der Partei und einzelner Führer sie abstieß. Die Probleme der Juden-Ausschaltung und -Ausrottung, der Kampf gegen die Kirche u. a. standen in den ersten Jahren noch nicht so im Blickfeld für unsere bürgerlichen Familien, die un-

behelligt blieben. Um so mehr wurden Arbeitsbeschaffungsprogramme, Ehestandsdarlehen, Arbeitsdienst u. a. begrüßt. Auch in gewissem Umfang der Ausbau der Wehrmacht. An einen Angriffskrieg dachten in diesen Jahren die Wenigsten.

Wie so viele trauten wir aus eigener anständiger Gesinnung heraus dem neuen Regime solche Verworfenheit und Verbrechen, wie sie mit wachsenden Erfolgen immer häufiger geschahen, einfach nicht zu. Die Gutgläubigkeit des Volkes wurde für die machtpolitischen Ziele Hitlers ausgenutzt.

Ich persönlich bin erst spät geheilt worden von meiner Sympathie für ihn und sein 3. Reich. Ich habe bis weit in den Krieg hinein das »Durchhalten« für meine Pflicht gehalten und Anders-Denkenden und -Redenden (auch über die K. Z.s.) nicht glauben wollen. Genauere Kenntnisse darüber hatte ja kaum jemand im bürgerlichen Alltagsleben.

Zusammenfassend gebe ich also für mich eine positive Einstellung zum Nationalsozialismus vor allem in seinen ersten Jahren durchaus zu. Es fehlte mir – auch gegenüber vielen Zweifeln, die man doch oft hatte – die Fähigkeit des klaren Durchdenkens und kritischen Prüfens vieler Begebenheiten. Vielleicht wollte man manches nicht genauer wissen, weil dann eine Welt, die man seit jungen Jahren mit sich trug, zusammengestürzt wäre? Mit dem Kriegsende stürzte sie dann zusammen!

SABINE NEUMANN
Geb. 1913 in Marburg/Lahn.
1933: Abitur. Bis 1936 Buchhändlerin. 1938–1976 Dipl. Bibliothekarin im öffentlichen Dienst.

Nur Lärm?

Den Mann gibt es gar nicht; er ist nur der Lärm, den er verursacht.

Kurt Tucholsky 1932 über Hitler

Rudolf Schwarz
Gewissen, nicht politisches Kalkül

Rudolf Schwarz

Jeden Tag, wenn ich in diesem Jahr während des Kirchentages in Hamburg von meinem Quartier zu den Messehallen ging, mußte ich mehrmals an einem Ehrenmal für ein altes Infanterieregiment vorüber. Jedesmal ergriff mich Empörung und Abscheu vor den Schmierereien, Farbbeutelbespritzungen und den Versuchen, die Reliefs auszumeißeln. Ich frage mich: Wie ist so etwas möglich und warum empfindest du so? Da der fanatische Wille, die Vergangenheit auszutilgen, und das haßerfüllte Nein zu ihr – dort noch Achtung, vielleicht sogar etwas Ehrfurcht vor ihr. Das sind zwei Welten.

Wir Alten sind noch erzogen im klassisch-humanistischen Geist. Uns hatte nicht Remarque mit seinem »Im Westen nichts Neues«, sondern Walter Flex mit seinem »Wanderer zwischen zwei Welten« etwas zu sagen. Ehrfurcht vor den Gefallenen, Leiden unter der Not und Erniedrigung des Vaterlandes, Ausschau nach Erneuerung und Wiederaufstieg, eine – sicher einseitige und vielleicht sogar falsche – Sicht der damaligen Regierungen, denen wir allzu leichte Kompromißbereitschaft in außenpolitischen Verhandlungen und Unfähigkeit zum Aufbau im Innern vorwarfen, bestimmten viele von uns. Durch Grenzlandfahrten ins Baltikum, in die Tschechoslowakei, nach Polen und Jugoslawien wollten wir das Unsere dazu beitragen, daß die dortigen Deutschen mit uns verbunden blieben.

Ich sehe meinen Vater, kaufmännischer Abteilungsleiter bei der MAN, vor mir, wenn er abends manchmal bedrückt vom Büro heimkam. Wieder mußten Arbeiter wegen Arbeitslosigkeit entlassen werden, wieder hatte es Tumulte gegeben oder mußten Löhne und Gehälter gekürzt werden. Straßenschlachten zwischen Reichsbanner und SA, Rotfront und den anderen sind mir im Gedächtnis geblieben.

Eines Tages hielt ein früherer kämpferischer Kommunist und Atheist, der früher selbst christliche Versammlungen gesprengt hatte, im größten Saal Nürnbergs, dem Herculessaalbau, eine einprägsame Evangelisationswoche über seinen Weg zum Christentum. Wir, drei Freunde aus der Gymnasialzeit und nun Studenten – zwei Theologen, einer Jurist –, erlebten jetzt, wie von kommunistischen Störgruppen in der Aussprache nach dem Vortrag oder schon durch Zwischenrufe jener Abend von einem religiösen in einen politischen »umfunktioniert« werden sollte und auch wurde. Die Störungen und Tumulte führten schließlich zum Einsatz der Polizei und zum Abbrechen der Versammlung. Heute klingt das banal und harmlos, weil wir heute allmählich ganz andere Demonstrationen gewöhnt sind.

All das hat uns zur Überzeugung gebracht, die Weimarer Republik hat nicht mehr die Kraft, Neues zu schaffen und eine Veränderung der Lage zum Guten herbeizuführen. Wir haben uns von ihr nichts mehr versprochen, nicht nur in politischer, sondern auch erst recht in sittlich-geistiger Beziehung. Gerade diese Gründe aber waren es dann, die unseren Weg auch nach 1933 bestimmten.

Vor wenigen Wochen habe ich einen langjährigen Freund, auch Pfarrer, beerdigt, der bereits 1928 in die NSDAP eingetreten war und also zu den »alten Kämpfern« zählte. Ausgerechnet am 30. Januar 1933, dem »Tag der Machtübernahme«, ist er wegen offensichtlichen Rechtsbruches aus der Ortsgruppe Nürnbergs und Julius Streichers ausgetreten.

Da ist kein Bruch in der Haltung vor 1933 und danach. Gerade, wenn ich das Leben dieses Freundes, der im Krieg mehrmals verwundet wurde und in russische Kriegsgefangenschaft kam, überdenke, wird mir deutlich, wie sehr damals bei vielen von uns nicht das politische Kalkül, sondern das Gewissen eine Rolle spielte. Was kann ich verantworten, was nicht? Wo ist jetzt das Recht und wo das Unrecht? Ob eine solche Fragestellung heute überholt ist? Manchmal habe ich diesen Eindruck. Ob sie aber nicht wieder im Mittelpunkt stehen sollte?

RUDOLF SCHWARZ
Geb. 1910 in Nürnberg.
1933: Student und Vikar. Im Krieg: Divisionspfarrer.
Ab 1963: Dekan.

H. S. Hegener
Am 30. Januar morgens in der Reichskanzlei

Am Montag, dem 30. Januar 1933, klingelt in der Wohnung des Oberstleutnants a. D. Duesterberg, des zweiten Vorsitzenden der rechtsnationalen Organisation Der Stahlhelm, schon früh am Morgen das Telefon. Franz von Papen läßt ihn bitten, sich sofort bei ihm in einer dringenden Angelegenheit zu melden. Duesterberg sieht auf die Uhr. Es ist erst kurz vor sieben. Als er wenig später die Wohnung Papens betritt, ruft ihm dieser zu: »Wenn nicht bis elf Uhr die neue Regierung gebildet ist, marschiert die Reichswehr.«

Duesterberg begrüßt die anwesenden Bekannten und fragt dann mißtrauisch, von wem diese ungeheuerliche Nachricht stamme. Papen scheint wirklich in großer Erregung zu sein, zumindest spielt er sie hervorragend. »Von Hindenburgs Sohn!« schreit er Duesterberg zu. Dem Oberstleutnant kommt ein furchtbarer Verdacht: Vielleicht ist dieses ganze Putschgerücht nichts anderes als ein infam erfundenes politisches Manöver? Er verabschiedet sich eilig und geht hinüber in die Reichskanzlei, um mit Oskar von Hindenburg zu sprechen.

Vor der Tür zu den Privaträumen der Familie Hindenburg steht ein Feldwebel der Reichswehr. Duesterberg stutzt. Bewacht er den Präsidenten oder überwacht er ihn bereits? Doch der Oberstleutnant wird durchgelassen und kann mit Oberst von Hindenburg sprechen.

»Ich kann Ihnen nichts sagen«, antwortet der Sohn des Präsidenten, der ausgehfertig im Zimmer steht, »ich muß sofort zum Anhalter Bahnhof, um Blomberg abzuholen. Aber dem Verräter Schleicher werde ich es heimzahlen.« ...

Das kurze Gespräch zwischen Tür und Angel macht beinahe Geschichte. Wegen der wenigen Minuten, die Hindenburgs Sohn mit Duesterberg spricht, verpaßt er um ein Haar den General von Blomberg.

Als das Auto der Präsidialkanzlei vor dem Anhalter Bahnhof hält, ist es schon acht Uhr dreißig. Der Zug aus Genf ist also vor zehn Minuten eingelaufen. Oskar springt, zwei Stufen auf einmal nehmend, die Freitreppe hinauf, stürmt durch die Vorhalle und drängt sich durch die Sperre. Unter den wenigen, die noch auf dem Bahnsteig stehen, erkennt Oskar von Hindenburg den General von Blomberg in Begleitung eines Herrn. Es ist Hammersteins Adjutant, Major Kuntzen.

Nach kurzer Begrüßung fordert Hindenburg den General auf, mit ihm in die Präsidialkanzlei zu kommen. »Mein Vater wartet schon!«

Blomberg stutzt: »Major Kuntzen bat mich, den Reichswehrminister aufzusuchen ... aber der Reichs-

präsident ist als Oberbefehlshaber die höhere Stelle«, sagt er, verabschiedet sich von dem Major und steigt in den Wagen der Präsidialkanzlei. Damit hat Schleicher auch diesen Wettlauf mit dem Schicksal verloren.

Hindenburg fragt den General gar nicht erst, ob er das Amt des Reichswehrministers übernehmen wolle und ob er sich der Aufgabe gewachsen fühle. Der Präsident als verfassungsmäßiger Oberbefehlshaber der Armee befiehlt Blomberg einfach, Minister zu werden und vereidigt ihn auch gleich. Als Direktive gibt Hindenburg dem neuen Reichswehrminister mit auf den Weg: »Mein Auftrag an Sie ist, die Truppe aus dem Parteigezänk herauszuhalten. Sie gehört dem ganzen Volk.« Blomberg schlägt die Hacken zusammen und antwortet: »Jawohl, Herr Reichspräsident!«

Wenige Minuten später gibt Meißner dem Reichskanzler von Schleicher telefonisch durch, daß er seines Amtes als Reichswehrminister enthoben sei. Dann macht er den neuen Reichswehrminister, das erste vereidigte Mitglied des kommenden Kabinetts Hitler, darauf aufmerksam, daß der zukünftige Vizekanzler, Herr von Papen, ihn erwarte.

H. S. HEGENER = HARRY WILDE-SCHULZE
1899–1979. Publizist.
Aus: H. S. Hegener. Die Reichskanzlei 1933–1945. Anfang und Ende des Dritten Reiches. Verlag Frankfurter Bücher. Frankfurt/M. 1960.

Heinrich Brüning
Die neue Regierung war in Panikstimmung

Papen wurde zum Reichspräsidenten gerufen. Er erhielt den Auftrag, über eine Regierungsbildung zu verhandeln in derselben Vermittlerrolle wie Kaas im November 1932. Nach wenigen Stunden zeigten Berichte, daß Papen diese Rolle als Tarnung benützte und daß er in bisherigen Verhandlungen die Nazis hatte irreführen wollen. Er sprach mit den Mitgliedern des alten Kabinetts, mit Ausnahme Brachts, über ein Kabinett, an dessen Spitze er selbst stehen wollte. Krosigk, Neurath und Eltz sagten zu. Papen berief Werner von Blomberg aus Genf nach Berlin, um ihn zum Reichswehrminister zu machen. Erst dann fing er an, mit den Nazis zu verhandeln. Nach dem, was ich in diesen Tagen über die Vorgänge hatte erfahren können, dachte Papen, die Nazis mit ein paar nebensächlichen Posten im Reich und in Preußen abspeisen zu können. Dabei geriet er allerdings, was Hitler anging, an die falsche Adresse. Er drohte Hitler mit Enthüllungen, aber am nächsten Tage war er schon bereit, dem Reichspräsidenten Hitler als Kanzler vorzuschlagen. Darauf stellte Hitler seine Forderungen. Diese erregten wohl Bedenken beim Reichspräsidenten und erschienen Papen so ungeheuerlich, daß er sich entschloß, mit Hitler abzubrechen und doch ein Kabinett unter seiner eigenen Führung zu bilden...

Erst einige Tage später erhielt ich genaue Nachrichten über die Vorgänge am 30. Januar. Die Minister wurden auf zehn Uhr zwecks Vereidigung zum Reichspräsidenten bestellt. Krosigk und Neurath, die nicht am vorigen Abend zum Reit- und Fahrturnier gegangen waren, glaubten, daß sie für ein Kabinett Papen vereidigt würden. Erst in letzter Minute erfuhren sie, daß es sich um ein Kabinett Hitler handelte. Zum Arbeitsminister war Seldte bestellt. Er hatte die Hoffnung aufgegeben und lag, als Meißner ihn anrufen ließ, um ihn zur Vereidigung zu holen, noch im Bett. Er erklärte, er werde kaum rechtzeitig da sein können. Man entschloß sich, Duesterberg zum Arbeitsminister zu machen. Er erschien rechtzeitig im Hause des Reichspräsidenten, wo man ihm mitteilte, er müsse Arbeitsminister werden und würde sofort vereidigt. Duesterberg, dessen Großvater Rabbiner gewesen war, nahm an. Als die Minister sich im geschlossenen Zug in das Zimmer des Reichspräsidenten zu gehen anschickten, erschien Seldte auf der Bildfläche. Duesterberg wurde die Ernennungsurkunde aus den Händen genommen und zerrissen, und Seldte erhielt seine alte Urkunde ausgefertigt.

Die neue Regierung war in Panikstimmung. Sie trat ihr

Amt an, erließ eine Erklärung und löste den Reichstag auf. Schon am selben Abend hörte ich, daß vierzig Restaurants und leerstehende Häuser als Unterkunft für die SA gemietet seien, angeblich um einen bewaffneten Aufstand niederzuschlagen.

HEINRICH BRÜNING
1885–1970. 1920–1930: Geschäftsführer der Christlichen Gewerkschaften. 1930–1932: Reichskanzler. 1924–1933: für die Zentrumspartei im Reichstag. 1931–1932: Außenminister. 1934: Exil in USA. 1951–1955: Professor in Harvard und Köln. 1955: Rückkehr in die USA.
Aus: Heinrich Brüning. Memoiren 1918–1934. Deutsche Verlags-Anstalt. Stuttgart 1970.

Was Erich Kästner an seine Mutter schrieb

Jene Jahre spiegeln sich auch in den Briefen Erich Kästners aus Berlin an seine in Dresden lebende Mutter wider.

14. März 1932
Mein liebes, gutes Muttchen! Na siehst Du, die Wahl ist recht günstig verlaufen. Und um ein Haar hätte Papa Hindenburg die absolute Mehrheit gekriegt. Bloß 169000 Stimmen haben gefehlt. Zur zweiten Wahl wird er glatt gewinnen. Du brauchst Dich also wegen des väterlichen Pfefferkuchens nicht zu sorgen. Die Nazis können ihm nichts tun ... Natonek sagte übrigens, er hätte die Koffer gepackt. Er risse aus, wenn Hitler durchkäme. Komische Kerle, wie?

ERICH KÄSTNER
1899–1974. Dr. phil. Schriftsteller.
Aus: Erich Kästner. Mein liebes, gutes Muttchen, Du! Dein oller Junge. Herausgegeben von Luise Lotte Enderle. Albrecht Knaus Verlag. Hamburg 1981.

Otto Braun
Nicht hinreichend ernst genommen

Otto Braun

Am 30. Januar 1933 wurde Hitler zum Reichskanzler ernannt ... Am 1. Februar 1933 wurde der Reichstag aufgelöst und Neuwahlen auf den 5. März anberaumt.

Der Reichsrat wie andere verfassungsrechtliche Attribute deutschen politischen Lebens gehörten bald der Geschichte an. Seine Versprechungen, die Hitler den Ländern im Reichsrat für die Zusammenarbeit und den Pressevertretern für die Pressefreiheit gab, hat er so gehalten, wie er Versprechungen zu halten pflegte und noch pflegt.

Die Preußenfrage fand nun schnell ihre Lösung. Am 4. Februar lehnte der Landtag einen nationalsozialistischen Antrag, sich zum 4. März aufzulösen, ab. Der Landtagspräsident hatte wohl mit dieser Ablehnung gerechnet, denn er hatte auf den gleichen Tag den Staatsratspräsidenten Adenauer (den späteren Bundeskanzler) und mich zur Beschlußfassung über die von ihm angeregte Landtagsauflösung zusammenberufen. Wir

lehnten seine Anregung ab. Adenauer mit einer längeren Erklärung, ich mit der kurzen Bemerkung, ich sähe keine Veranlassung, den erst vor einem Jahr gewählten Landtag aufzulösen, um so mehr, als von einer Neuwahl kaum eine wesentliche Veränderung in der Zusammensetzung zu erwarten wäre; überdies hätte ich mich immer dagegen gewehrt, bei jeder Neuwahl des Reichstages auch gleichzeitig den preußischen Landtag neu zu wählen. In der Entgegnung auf diesen letzteren Einwand entschlüpfte dem Landtagspräsidenten Kerrl die vielsagende Bemerkung, es werde wohl überhaupt nicht mehr gewählt werden, zum mindesten, meinte er abschwächend, in den nächsten vier Jahren nicht. Mir sagte er damit nichts Neues. Aber meine Parteifreunde und noch mehr die den Nationalsozialisten gleichfalls ablehnend gegenüberstehenden bürgerlichen Parteien waren leider geneigt, diese nationalsozialistischen Staatsstreichabsichten noch immer nicht hinreichend ernst zu nehmen.

OTTO BRAUN

1872–1955. 1902–1912: SPD-Stadtverordneter in Königsberg. 1918–1921: preußischer Landwirtschaftsminister. 1920–1932: Nach Kapp-Putsch preußischer Ministerpräsident. 1932: Von Papen abgesetzt. 1933: Emigration.
Aus: Otto Braun. Von Weimar zu Hitler. Hammonia Norddeutsche Verlagsanstalt. Hamburg 1949.

Der Fackelzug zur Feier der »Nationalen Erhebung« am 30. Januar 1933, wenige Tage danach für die Wochenschau propagandawirksam neu inszeniert. Er zog am Reichspräsidenten-Palais in der Wilhelmstraße vorbei. Im Fenster standen Hitler und Hindenburg. Der Volksmund erzählte, der greise Präsident habe gar nicht verstanden, um was es sich handelte. »Der Sieger von Tannenberg« habe zu Hitler gesagt: »Wo sollen wir nur mit all den gefangenen Russen hin?«

Joseph Goebbels
Vom Kaiserhof zur Reichskanzlei

29. Januar 1933.
Der Führer steckt in ewigen Verhandlungen. Ich stoße ein letztes Mal in einem Aufsatz unter dem Titel »Endlich reiner Tisch!« vor.
Nachmittags, als wir mit dem Führer beim Kaffee sitzen, kommt Göring plötzlich herein und teilt mit, daß alles perfekt sei. Am morgigen Tage werde der Führer mit der Kanzlerschaft betraut ...

30. Januar 1933.
Es ist fast wie ein Traum. Die Wilhelmstraße gehört uns. Der Führer arbeitet bereits in der Reichskanzlei. Wir stehen oben am Fenster, und Hunderttausende und Hunderttausende von Menschen ziehen im lodernden Schein der Fackeln am greisen Reichspräsidenten und jungen Kanzler vorbei und rufen ihnen ihre Dankbarkeit und ihren Jubel zu.
Mittags saßen wir alle im Kaiserhof und warteten. Der Führer war beim Reichspräsidenten. Eine unbeschreibliche Spannung nahm uns fast den Atem. Draußen standen die Menschen zwischen Kaiserhof und Reichskanzlei und schwiegen und harrten. Wie wird es drinnen?
Unsere Herzen werden hin und her gerissen zwischen Zweifel, Hoffnung, Glück und Mutlosigkeit. Wir sind zu oft enttäuscht worden, um uneingeschränkt an das große Wunder glauben zu können.
Ununterbrochen beobachten wir von einem Fenster aus den Ausgang zur Reichskanzlei. Hier muß der Führer herauskommen. Man wird es seinem Gesicht ansehen können, ob es gelungen ist ...
Der Führer kommt!
Einige Minuten später ist er bei uns im Zimmer. Er sagt nichts, und wir alle sagen auch nichts. Aber seine Augen stehen voll Wasser. Es ist so weit!
Der Führer ist zum Kanzler berufen. Er hat bereits in die Hand des Reichspräsidenten seinen Eid abgelegt. Die große Entscheidung ist gefallen. Deutschland steht vor seiner historischen Wende.
Wir alle sind stumm vor Ergriffenheit. Jeder drückt dem Führer die Hand, und es ist, als würde unser alter Treuebund hier aufs neue beschlossen.
Wunderbar, wie einfach der Führer in seiner Größe und wie groß er in seiner Einfachheit ist.

JOSEPH GOEBBELS
1897–1945. 1921: Dr. phil. Seit 1926: Gauleiter von Berlin. 1929: Reichspropagandaleiter der NSDAP. 1933: Reichsminister für Volksaufklärung und Propaganda, Präsident der Reichskulturkammer. 1944: Generalbevollmächtigter für den totalen Kriegseinsatz. 1945: Selbstmord wenige Stunden nach Hitler.
Aus: Joseph Goebbels. Vom Kaiserhof zur Reichskanzlei. Zentralverlag der N.S.D.A.P. Frz. Eher Nachf. München 1934.

Joseph Goebbels, seit November 1926 Hitlers Gauleiter von Berlin-Brandenburg, ließ sich als »Eroberer von Berlin« feiern.

Harry Graf Kessler
Ein wahrer Karneval

Der Schriftsteller und Diplomat Harry Graf Keßler, 1918 – 1921 deutscher Gesandter in Polen, engagierter Verfechter der Völkerbund-Idee.

Berlin, 30. Januar 1933. Montag

Um zwei Uhr kam Max zum Frühstück, der die Nachricht von der Ernennung Hitlers zum Reichskanzler mitbrachte. Die Verblüffung war groß; ich hatte diese Lösung, und noch dazu so schnell, nicht erwartet. Unten, bei unserem Nazi-Portier, brach sofort ein Überschwang von Festesstimmung aus.

Abends war ich Gast von Seeckt, Simons und Solf im ›Kaiserhof‹ bei einem Essen mit anschließendem Vortrag von Coudenhove über ›Deutschlands europäische Sendung‹, die Coudenhove natürlich in der Verwirklichung seiner Pan-Europa-Idee sieht...

Ich saß an einem kleinen Tisch zwischen ihm und dem berühmten Herrn v. Stauß, früher von der Deutschen Bank, der sich sehr dicke tat mit seinen intimen Beziehungen zu Hitler. Dieser habe ihm versprochen, er werde ihm jeden Wunsch, den er ihm zur Kenntnis bringe, erfüllen. Ich erlaubte mir den boshaften Scherz, ihm zu sagen, ich habe mich gefreut, vor wenigen Tagen von jemandem, der es wissen könnte, zu hören, daß Otto Wolff Hitler seine Schulden bezahlt habe; was Stauß sehr ungnädig und mit rotem Kopf aufnahm und mit einem ärgerlichen Gemurmel bestritt. An unserem Tisch präsidierte der frühere Reichsgerichtspräsident Simons. Es wurde erzählt, daß es bereits in der ersten Kabinettssitzung heute vormittag zu einem Krach zwischen Hugenberg und Hitler gekommen sei. Seeckt lud mich ein, seine Frau, die jeden Montag empfange, zu besuchen.

Berlin ist heute nacht in einer reinen Faschingsstimmung. SA- und SS-Trupps sowie uniformierter Stahlhelm durchziehen die Straßen, auf den Bürgersteigen stauen sich die Zuschauer. Im und um den ›Kaiserhof‹ tobte ein wahrer Karneval; uniformierte SS bildete vor dem Haupteingang und in der Halle Spalier, auf den Gängen patrouillierten SA- und SS-Leute; als wir nach dem Vortrag herauskamen, defilierte ein endloser SA-Zug im Stechschritt an irgendwelchen Prominenten (zweite Garnitur, Hitler selbst war in der Reichskanzlei) vorbei, die sich vor dem Hauptportal aufgebaut hatten und ihn mit dem Faschistengruß grüßten; eine richtige Parade. Der ganze Platz gepfropft voll von Gaffern.

Ich fuhr mit S. nach dem Potsdamer Platz zum Fürstenberg-Bräu. Auch über den Potsdamer Platz marschierten fortwährend kreuz und quer SA-Trupps in militärischen Formationen. Den Höhepunkt erreichte die Karnevalsstimmung aber erst im Bierhaus.

HARRY GRAF KESSLER
1868–1937. Diplomat, Publizist, Kunstmäzen, Präsident der Deutschen Friedensgesellschaft.
Aus: Harry Graf Kessler. Tagebücher 1918–1937. Politik, Kunst und Gesellschaft der zwanziger Jahre. Herausgegeben von Wolfgang Pfeiffer-Belli. Insel Verlag, Frankfurt/M. 1961.

Eugen Gerstenmaier
Am Abend des 30. Januar

Eugen Gerstenmaier mit Konrad Adenauer und dessen Nachfolger als Bundeskanzler Ludwig Erhard.

Am Abend des 30. Januar 1933 war ich wie so oft in dem gastlichen Hause meines Doktorvaters Friedrich Brunstäd in Rostock eingeladen. Als ich eintrat, stand er am Telefon und führte – ich sah es an seiner finstern Miene – ein unerfreuliches Gespräch. Er habe – erzählte er dann bei Tisch – mit Berlin telefoniert. Ich vermutete mit seinem Freund Treviranus, dem Schicksalsgenossen Brünings. In Berlin sei der Teufel los. Mit Fackelzügen und ähnlichem Unsinn werde Hitler gehuldigt. Hoffentlich sei der ganze Spuk bald vorbei. Mehr könne es nicht sein und werden. Auch die Nazis könnten nur mit Wasser kochen. Mit ihren Sprüchen und Redensarten sei die wirtschaftliche Misere schon gar nicht zu wenden, hingegen drohe die Gefahr, daß alle außenpolitischen Erfolge der vergangenen Jahre wieder vernichtet würden. Brunstäd versank in besorgtem Brüten. Als ich durch den stillen Seilergraben meiner Bude zustrebte, suchte ich nach trostvollen Argumenten gegen Brunstäds Pessimismus. Ich fand wenig oder nichts außer dem Gedanken, daß, wenn die Probe auf Hitler schon unumgänglich sei, sie dann eben auch so wie mit den anderen Regierungen der Weimarer Demokratie rasch, konsequent und für die Deutschen so desillusionierend gemacht werden müsse, daß das Hakenkreuzproblem ein für allemal ausgestanden sei.
Es war ein grausamer Irrtum. Er entsprach der Vorstellungswelt meiner frommen Vorfahren und dem Horizont des gutwilligen deutschen Bildungsbürgertums. Zwar wußte die christliche Anthropologie, insbesondere die lutherische, etwas anderes und Zutreffenderes von den Möglichkeiten des Bösen, aber das war – nicht nur für mich – weitgehend Theorie und ohne Erfahrung aus unserem bisherigen politischen Alltag. Gestützt wurde dieser Illusionismus allerdings auch von
dem Unwillen und der Unzufriedenheit mit der innenpolitischen Situation.
Mißvergnügt und mit Abscheu mußten wir nun schon seit geraumer Zeit die Prügeleien und Straßenschlachten hinnehmen, die Kanzlerstürze und Arbeitslosenziffern, die farbigen »deutschen Tage« der Rechten und die hitzigen Aufmärsche der Kommunisten, die uns abstießen und erschreckten. Seit dem Abgang Brünings verdroß uns der ganze politische Betrieb. Ein tapferer Altonaer Pfarrer, mein späterer Freund Hans Asmussen, hatte mit gleichgesinnten Pastoren nach einem besonders blutigen Zusammenstoß, dem Altonaer Blutsonntag, sein ›Altonaer Bekenntnis‹ veröffentlicht. Er wollte damit die Kirche aus ihrer etablierten bürgerlichen Zuschauerposition herausbringen. Es wurde daraus ein Anstoß, der aber erst zu etwas führte, als die beiden Kirchen zu erkennen begannen, was es mit dem »positiven Christentum« des nationalsozialistischen Parteiprogramms in der Wirklichkeit auf sich hatte.

EUGEN GERSTENMAIER
Geb. 1906 in Kirchheim unter Teck. Während der Zeit des Nationalsozialismus Mitglied der Bekennenden Kirche. 1936: im Kirchlichen Außenamt der Evangelischen Kirche in Berlin tätig. Gehörte dem Kreisauer Kreis an. 1944: Verhaftung und Verurteilung zu sieben Jahren Zuchthaus. 1945: Gründung des Hilfswerks der Evangelischen Kirche in Deutschland. 1949: Mitglied des Bundestages. 1954–1969: Bundestagspräsident. 1956–1969: Stellvertretender Vorsitzender der CDU.
Aus: Eugen Gerstenmaier. Streit und Friede hat seine Zeit. Ein Lebensbericht. Verlag Ullstein GmbH/Propyläen Verlag, Berlin 1981.

Wolfgang Altendorf
Jener unheilvolle Tag

Wolfgang Altendorf (rechts) mit seinem Bruder Erich, 1933

Die Mutter maß das Fieber. »Du kannst heute aufstehen«, sagte sie. Er war sehr froh, daß er nun zum ersten Mal seit drei Wochen wieder aufstehen durfte. Die Masern waren überstanden. Natürlich durfte er noch nicht auf die Straße. Aber es war immerhin besser, als im Bett zu liegen. Mit elf Jahren ist es sehr schwer, ruhig im Bett liegen zu bleiben, wenn man kein Fieber mehr hat und sich gesund fühlt. So beschloß er, die Eisenbahn vom Boden herunterzuholen und mit ihr zu spielen. Er mußte die Schienen selbst aufbauen. Der Vater war bereits im Amtsgericht. Dort hatte er einen Termin.

Nun klingelte das Telefon. Das Telefon stand im Hausflur. Wenn es klingelte, durfte er den Hörer abnehmen. Sein Vater hatte das so eingeführt. Er sollte lernen, mit den technischen Dingen umzugehen. Es war Herr Schneider. Herr Schneider war Meister in der Maschinenfabrik. Ob der Vater zu sprechen sei? fragte er. »Nein«, sagte der Junge, »er hat einen Termin im Amtsgericht.« »Kann ich etwas ausrichten?« Herr Schneider sagte, daß er später noch einmal anrufen würde.

Das also hatte mit der Partei etwas zu tun. Immer hatte es etwas mit der Partei zu tun, wenn Herr Schneider anrief oder wenn er zu Besuch kam.

Später stellte er das Radio ein. Es gab zuerst nichts als Musik. Nun ertönte das Pausezeichen. Es waren drei verschiedene Gongschläge. Danach kamen die Nachrichten. Von den Nachrichten verstand er nicht viel. Aber sie enthielten unbekannte, großartig klingende Worte. Es waren Zauberworte. Nur schade, daß man sie sich nicht merken konnte. Dazu waren sie viel zu schwierig. Aber plötzlich verstand er etwas. Es war nur ein Satz. Aber er stand im Raum und tönte weiter. »Wenn das mal passieren sollte«, hatte der Vater gesagt, »sind wir erledigt.« Immer wieder hatte er es gesagt. Und nun war es eingetroffen. Der Radiosprecher hatte dafür nur einen Satz verwendet, und nun waren sie erledigt, denn der Vater hatte es ja immer wieder gesagt. Der Junge rannte zur Mutter in die Küche. »Was ist denn passiert?« fragte sie. »Hast du etwas kaputtgemacht?« Er schüttelte den Kopf. Und dann stieß er das Ungeheuerliche hervor: »Er ist Reichskanzler geworden!«

»Wer ist Reichskanzler geworden?« fragte die Mutter.

»Er!« stieß er heraus. »Er! Hitler«, sagte er. »Eben ist es durch das Radio gekommen.«

Die Mutter schwieg zuerst. Dann sagte sie: »Du hast dich verhört.«

Oh, er hatte sich nicht verhört, ganz bestimmt nicht. Es war laut und deutlich durch das Radio gekommen. Der große, breite Mann mit dem Gesicht des Herrn Schneider hatte es gesprochen. »Mein Gott!« sagte die Mutter. Sonst nichts. Sie ging in den Flur ans Telefon und rief das Amtsgericht an. Aber der Vater war schon nicht mehr dort.

Die Mutter ging wieder ans Telefon. Nun rief sie Herrn Schneider an. Herr Schneider hatte es nicht gehört. Er wußte nichts davon. Sicher wußte es kein Mensch, daß er nun Reichskanzler geworden war, kein Mensch im ganzen Städtchen, außer ihm, der nur elf Jahre war und sich bestimmt nicht verhört hatte.

Endlich kam der Vater nach Hause. Auch er wußte es noch nicht. Er nahm seinen Sohn auf die Knie, sah ihn ernst an und fragte: »Hast du dich wirklich nicht verhört?« Das fragte er immer wieder. Aber er hatte sich bestimmt nicht verhört.

»Was wird nun?« fragte die Mutter. Sie war sehr ängstlich geworden. »Reg' dich nicht unnötig auf«, sagte der Vater. »Was soll denn großes werden?« Er zündete sich eine Zigarre an. Sonst rauchte er nie vor dem Essen. Diesmal zündete er sich eine Zigarre an. »Lang' kann er sich nicht halten. Eigentlich ist das sogar eine günstige Nachricht – wenn sie stimmt. Er wird sich die Hörner einstoßen. Auf diese Art und Weise werden wir ihn am schnellsten und sichersten los!«

WOLFGANG ALTENDORF
Geb. 1921 in Mainz.
1933: Schüler. Heute: Schriftsteller, Maler, Graphiker.

Georg Ehrlich
Unsere Kampfzeit in Altona

Georg Ehrlich, heute

30. Januar 1933: Machtübernahme in Altona – Nazi-kundgebung vor dem Altonaer Rathaus – SA sammelt für den Galgen Max Brauers.

März 1933: Letzte sogenannte »freie« Wahlen unter Druck und Terror.

Propaganda schon heimlich und illegal. Wahlvorstän-de nur von Nazis und ihnen zugetanen Bürgern be-setzt. Wir kontrollieren noch die Auszählung. Die Partei wird verboten – Umstellung auf illegale Arbeit.

1. Mai 1933: Treffen aller Aktiven in der Rissener Hei-de. In Spiel- und Wandergruppen aufgeteilt. Die Ge-zwungenen müssen im Hamburger Stadtpark aufmar-schieren. In der jetzt folgenden Zeit müssen verfolgte Freunde untertauchen und über die Grenzen des Lan-des gebracht werden. Die Nähe der dänischen Grenze erleichterte uns diese Aufgabe. Ein Hamburger Reichsbannermann hatte als Schutz für eine führende Persönlichkeit bei einem heimtückischen Überfall von SA-Leuten von seiner Schußwaffe Gebrauch ma-chen müssen. Er wurde über Altona, jede Nacht schlief er bei einer anderen Genossenfamilie, so auch bei unserer Mutter, versehen mit dem nötigen, nach Dänemark gebracht.

30. Juni 1934: Sogenannter Röhmputsch – Erhöhte Aktivität der Illegalen. Große Hoffnungen über bal-diges Ende der Naziherrschaft kommen auf. Wir ma-chen Familien-Treffs in Wald und Heide. Über 200 Reichsbannerleute getarnt mit Frauen und Kindern wandern nach Maschen zum alten Naturfreundehaus und nehmen an einem Volkstanzfest teil.

Die männlichen Teilnehmer verziehen sich in kleinen Gruppen im weiten Gelände und besprechen wichtige illegale Angelegenheiten.

Mit industriellem Frachtgut – Schiffsladungen, vor al-lem Holzladungen aus der Tschechoslowakei – kamen

eindrucksvolle Schriften und in Kleinstdruck auf Dünndruck die »Sozialistische Aktion« die »Kunst des Selbstrasierens« als Bindeglied zum Prager Partei-vorstand. Ein Exemplar wurde unter einer Schicht von Streichhölzern in der Schachtel durch Hunder-te von Händen geleitet. Man mußte mit der Lupe le-sen. Durch besonders ausgesuchte Genossen wur-den wichtige Nachrichten und Stimmungsberichte aus der Bevölkerung und den Betrieben gesammelt und durch geheime Kanäle ins befreundete Ausland ge-bracht ...

Durch kleine Klebezettel mit Antinaziparolen wird die Bevölkerung aufgemuntert. Die Situation der Röhmrevolte wird auf einem Klebezettel mit einer Zeichnung dargestellt. Hitler und Göring lassen durch

Auf den Gesichtern der spalierstehenden Bürger konnte man ihre Einstellung gegenüber den nach Macht drängenden Nationalsozialisten ablesen.

Eintragung der Polizei bezüglich des meldepflichtigen Georg Ehrlich. Zahlreiche Deutsche mußten sich ab 30. Januar 1933 regelmäßig bei der Polizei melden.

SS und auf Befehl der Reichswehr ihre alten Kampfkumpane umbringen.

Gleich nach der Machtübernahme wird in einem stillgelegten Teil des Zuchthauses Fuhlsbüttel ein KZ mit der Bezeichnung Kolafu, Konzentrationslager Fuhlsbüttel, eingerichtet. Wir Illegalen wissen um die Brutalität und den Terror hinter seinen Mauern. Und dennoch wird weitergemacht. Der Reichstagsabgeordnete Gerhart Seger entflieht aus dem KZ Oranienburg nach USA. Ein gedruckter Bericht geht von Hand zu Hand und berichtet über die Greuel in den KZ's.

Aus vielen Städten kommt die Nachricht von Verhaftungen illegaler Gruppen der SPD. Prozesse wegen Vorbereitung zum Hochverrat werden eingeleitet. So auch in Hamburg. Im November 1934 greift die Verhaftungswelle nach Altona über. Ca. 60 Genossen werden verhaftet und über das Gestapo-Hauptquartier Stadthaus nach dem KZ Fuhlsbüttel gebracht. Unsere Frauen und Mütter müssen unsere schmutzige Wäsche abholen. Manche Wäsche ist blutbefleckt.

Mein erster Verteidiger war Paul Nevermann, der nachher im UG in der Sprechzelle manche Belastungen und Widersprüche in den Angaben zu unseren Gunsten wenden konnte. Bald kamen die Nazis dahinter, daß er einer der Unsrigen war. Paul Nevermann mußte unsere Verteidigung niederlegen.

GEORG EHRLICH
Geb. 1904 in Hamburg. Buchbinder.

Georg Holmsten
Straßenkämpfe in Berlin

Wie ich das Ende der Weimarer Republik erlebte? Das ist nun fast 50 Jahre her. Ich zögere daher zu antworten. Versuche, persönliche Erinnerungen von später Gehörtem, Gelesenem zu scheiden. Ich verbrachte die für Zeitgenossen und Historiker gleichermaßen verwirrenden Jahre 1931 bis 1933 am zentralen Ort des politischen Geschehens, in der »Reichshauptstadt« Berlin, im besonders aufnahmebereiten Alter zwischen 18 und 20. An der Jahreswende 1932/1933 erlebten wir Primaner eines Charlottenburger Gymnasiums aus nächster Nähe die Wirtschaftsmisere und Massenarbeitslosigkeit: verbitterte Männer und Frauen auf den Straßen, in den Parkanlagen, in den Kneipen und Versammlungen der Parteien. Und auch die meisten von uns Schülern, die wir im März 1933 das Abitur machen sollten, hatten nicht nur Schulsorgen, sondern ernsthafte Existenzsorgen, ja Lebensangst. Würden wir nicht sehr bald das Millionenheer der Arbeitslosen vermehren? Wir sahen keinen Ausweg aus dem Wirrwarr der Notverordnungen, Wahlkämpfe, Straßenkämpfe, Saalschlachten, der Reichstagsauflösungen und häufig wechselnden Kabinette: Brüning-Papen-Schleicher-Hitler. Ja, dann am 30. Januar 1933 wurde Hitler Reichskanzler, eigentlich ganz legal als Chef der stärksten Partei des Reichstages. Jedoch er übernahm das Amt auf besondere Art, mit Fackelzug und Massendemonstration im Regierungsviertel an der Wilhelmstraße.

Und nur zu genau erinnere ich mich an den Tag darauf, den 31. Januar 1933. An jenem Tag, in der Schulpause kurz vor 10 Uhr, reagierten wir Primaner des Siemens-Reformrealgymnasiums zu Berlin-Charlottenburg auf unsere Art auf das Ende der Weimarer Republik. An dem Vorbeimarsch vor Hitler und Hindenburg in der Wilhelmstraße in der Nacht zum 31. Januar hatte auch der SA-Sturm 33 teilgenommen, eine der militantesten SA-Formationen Berlins, die wenige Häuser von unserer Schule entfernt Stammkneipe und Standquartier hatte und seit Jahren das Viertel terrorisierte. Die SA-Männer waren im Anschluß an die Kundgebung im Stadtzentrum durch die Straßen Charlottenburgs marschiert, berauscht von Freibier, Lieder gröhlend, schwer bewaffnet. In der Wallstraße nahe unserer Schule kam es zu einer Schießerei zwischen den Anwohnern, Kommunisten und Nazis, bei der der Sturmführer Maikowski – ein stadtbekannter Schläger – und ein Polizeiwachtmeister getötet wurden.

Der Autor zu seinem Bild: Am Tag der Reifeprüfung, am 3. März 1933, vier Wochen nach Hitlers Machtübernahme, werden die Abiturienten der Oberprima des Siemens-Reform-Realgymnasiums in Berlin-Charlottenburg aufgefordert, sich zu einem Erinnerungsfoto auf dem Schulhof zu versammeln. Jedoch nur neun Schüler folgten dem Wunsch des Klassenlehrers. Die übrigen lehnten es ab, zusammen mit ihrem langjährigen jüdischen Mitschüler Erich Nussbaum auf einem Bild zu erscheinen; ein bezeichnendes Symptom der Übergangszeit nach dem 30. Januar 1933. Nussbaum – auf dem Foto der Zweite von rechts – mußte bald auswandern und stirbt in der Emigration in Cuba. (Zweiter von links Georg Holmsten)

Ein Mitschüler, Angehöriger der Hitler-Jugend, erzählte uns in der Schulpause erregt von dem Zwischenfall in der Wallstraße, die bald darauf von den Nazis in Maikowskistraße umbenannt wurde; heute heißt sie Zillestraße nach dem populären Zeichner Berliner Volksszenen. Vor dem Klassenzimmer der Oberprima gab es eine hitzige Diskussion. Einige von uns, darunter auch ich, meinten, daß es um den Chef des berüchtigten Sturms 33, der schon manchen politischen Gegner auf dem Gewissen habe, nicht so schade sei. Das war den Hitlerjungen unserer Prima zu viel. Sie schlugen auf uns los. Wir wehrten uns, Schüler aus anderen Klassen beteiligten sich, und im Nu war im breiten Flur der Schule eine Keilerei im Gange. Der Aufsicht führende Lehrer konnte die Streithähne nur mit Mühe auseinanderbringen. Die Hauptschuldigen, darunter auch ich, wurden mit Arrest bestraft.

Die Klassenkeilerei am 31. Januar 1933 ist die einzige, die ich je in dem sonst recht friedlichen Milieu unseres Gymnasiums erlebt habe. Wir diskutierten sonst mehr mit Worten als mit Fäusten. Das war recht bemerkens-

144

wert in jenen Jahren, in denen es in Charlottenburg, dem Wohnort von Politikern miteinander heftig verfeindeter Parteien, immer wieder zu Schlägereien und auch Schußwechseln kam. Unsere Mitbürger waren immerhin Göring, damals noch Reichstagspräsident, Goebbels, der Propagandachef der NSDAP, der bald darauf zum »Reichsminister für Volksaufklärung und Propaganda« avancierte, und Thälmann, Vorsitzender der Kommunistischen Partei Deutschlands.

So mancher Passant verdrückte sich in den nächsten Hausflur, wenn die uniformierten Gefolgsleute dieser Herren durch die Straßen marschierten. Daß die Uniformierten die Straße beherrschten und immer zahlreicher wurden, war zweifellos eines der deutlichsten Anzeichen des Endes der sonst recht zivilen Republik von Weimar. Denke ich an die Jahre 1932 und 1933, so fallen mir all die Uniformen ein, die damals besonders von Männern und Jungen getragen wurden: die feldgrauen, grünen, braunen, schwarzen Uniformen der halbmilitärischen Formationen der Parteien, aber auch die Einheitstracht der Jugendbewegten mit ihren bunten Hemden und Windjacken, der ahnungslosen Jungen, die gar zu oft die militärischen Bräuche der Alten kopierten. Ja, es gab damals gar zu viele Marschierer in Uniform in Deutschland, gutgläubige Idealisten und andere, die forsch und auf Rache am politischen Gegner erpicht in die »neue Zeit« marschierten, von der Hitlers »braune Bataillone« so lauthals sangen.

Ich gehörte keiner Partei an, und daher ließen mich die neuen Machthaber in Ruhe. Ich war heilfroh, daß es mir gelang, eine Stellung als Redaktionsvolontär in einem Fachzeitschriftenverlag für Wirtschaft, Technik und Sport zu finden, wo ich als Journalist keine politischen Bekenntnisse abzulegen brauchte. Wenn ich mich recht erinnere, dachte und hoffte ich damals wie viele andere, das Kabinett Hitler würde nicht allzulange regieren und nach einigen überstürzten Maßnahmen wieder abtreten.

GEORG HOLMSTEN
Geb. 1913 in Riga.
1933: Schüler. Heute: Schriftsteller und Journalist.

Joachim von Groeling
Politik galt als etwas Schmutziges

Joachim von Groeling, 1933.

Bei der Machtübernahme Hitlers war ich 12½ Jahre alt. Ich erinnere mich an festliche Fahnenumzüge, die ich schön fand. Mein Vater teilte meine Freude nicht, sondern machte sehr besorgte Bemerkungen, die ich nicht verstand. Da ich auch in den Jahren davor von meinem Vater fast nur Klagen über die politische und wirtschaftliche Lage und zu erwartende Entwicklung gehört hatte, hielt ich ihn grundsätzlich für einen Pessimisten und Übertreiber und gab nichts auf seine Bemerkungen. Andere Menschen haben sich mir gegenüber nicht geäußert, am wenigsten die Lehrer in der Schule. Wir wurden alle unpolitisch erzogen, Politik galt als etwas Schmutziges. Es galt als unfein, darüber zu reden, besonders Kindern gegenüber.

Lehre:

Man soll das übliche Geschimpfe in der Familie über den Staat, über die Steuern, über die Wirtschaft unterlassen, aber Kindern auf ihre Fragen klare Informationen geben und auch begründete Meinungen. Man soll darüberhinaus planmäßig Interesse an politischen Vorgängen wecken und fördern.

JOACHIM VON GROELING
Geb. 1920 in Dresden.
1933: Schüler. Heute: Intendant.

Heinz Korbach
Der Systemstaat ist zerschlagen

Heinz Korbach, damals

Im Januar 1933 war ich 12 Jahre alt und besuchte die Schule in meinem Wohnort Koblenz-Pfaffendorf. Bei den Märzwahlen 1933 galt ich als der jüngste Wahlhelfer der noch nicht verbotenen Zentrumspartei; eine Tatsache, die auf bestimmte Tradition und Umweltbedingungen der Familie schließen läßt. Während mein im Jahr 1932 verstorbener Vater in erklärter Gegnerschaft zum Nationalsozialismus stand, ging in der schwierigen Zeit der Wirtschaftskrise Ende der 20-iger Jahre bis 1932 die politische Kampflinie quer durch die Familie. Geschwister meiner Mutter gehörten sowohl der SPD wie auch der SA an. Politische Entscheidungen, die weitgehendst aus der Arbeitslosigkeit heraus geboren kämpferisch eine Verbesserung der Verhältnisse anstrebten.

Wie erlebte ich selbst den 30. Januar 1933? Der vorangegangene Wahlkampf war hart. Polizeisirenen gehörten zum Koblenzer Alltag, besonders in den Bereichen der Altstadt, wo Kommunisten, SA und Stahlhelm in blutige Auseinandersetzungen verwickelt waren. Am Ende des Wahltages war man tief erschüttert:

auf der Festung Ehrenbreitstein erstrahlte in bengalischem Licht ein übergroßes Hakenkreuz.

Viele standen auf der Straße und sagten schlimme Zeiten voraus. Das Wort: »Am Ende wird es Krieg geben« hörte ich oft an diesem Abend. Am nächsten Tag begannen die Verhaftungen. Starke Gruppen der SA waren über Nacht bewaffnet und erhielten den Status von Hilfspolizisten. Mitglieder der SPD, des Zentrums und der KPD wurden von ihnen abgeführt und vorläufig festgesetzt. Als Mitglied der Katholischen Jugend gingen wir in eine kämpferische Gegnerschaft zur Hitlerjugend über. Die Auseinandersetzungen erfaßten sehr schnell die Schule, wobei es auch zu erbitterten Auseinandersetzungen innerhalb der Lehrerschaft kam.

Unvergeßlich bleibt für mich der Streit um das Hissen der Hakenkreuzfahne im Schulgebäude in den ersten Monaten des Jahres 1933, da damals schwarz-rot-gold immer noch als Reichsflagge galt. Nach dem Verbot der politischen Parteien erschienen die Straßentransparente »Der Systemstaat mit seinen Parteien ist zerschlagen, nun zerschlagt die konfessionellen Jugendverbände«. Diese Strategie war von einem ungeheueren psychologischen Druck begleitet, denn als »Staatsfeiertag der Jugend«, wie man es damals nannte, wurde der Samstag schulfrei. Zur Schule mußten nur jene, die nicht bereit waren, der Hitlerjugend beizutreten. Der Rest unserer Klasse bestand so nur noch aus fünf Schülern. In den härtesten Formen jagte man uns über den Schulhof oder ließ uns besonders schwierige Schulaufgaben machen. Nach einem Widerstand, der ein gutes Jahr dauerte, wurden wir dann mit einem Federstrich gleichgeschaltet.

Welche Lehren zog ich in jungen Jahren aus den Ereignissen von 1933?

1. Ein Gespür für das hohe Gut der individuellen Freiheit.

2. Ein besonders ausgeprägtes Gefühl für Solidarität und Kameradschaft mit Gleichgesinnten.

3. Im Jahre 1945 ein Erinnerungsvermögen, das mir den Einstieg für eine demokratische Partei besonders erleichterte und Hoffnung und Zuversicht gab.

HEINZ KORBACH
Geb. 1921 in Koblenz-Pfaffendorf.
1933: Schüler. Heute: Regierungspräsident in Koblenz.

Aus dem Regierungsprogramm vom 1. Februar 1933

Das erste Kabinett nach der »Machtübernahme« Adolf Hitlers. Von links nach rechts: sitzend: Göring, Hitler, von Papen. Stehend: Lammers, Seldte, Gereke, Graf Schwerin-Krosigk, Frick, von Blomberg, Hugenberg.

Über 14 Jahre sind vergangen seit dem unseligen Tage, da, von inneren und äußeren Versprechungen verblendet, das deutsche Volk der höchsten Güter unserer Vergangenheit, des Reiches, seiner Ehre und seiner Freiheit vergaß und dabei alles verlor. Sei diesen Tagen des Verrates hat der Allmächtige unserem Volk seinen Segen entzogen. Zwietracht und Haß hielten ihren Einzug. In tiefster Bekümmernis sehen Millionen bester deutscher Männer und Frauen aus allen Lebensständen die Einheit der Nation dahinsinken und sich auflösen in ein Gewirr politisch-egoistischer Meinungen, wirtschaftlicher Interessen und weltanschaulicher Gegensätze.

Wie so oft in unserer Geschichte, bietet Deutschland seit diesem Tage der Revolution das Bild einer herzzerbrechenden Zerrissenheit. Die versprochene Gleichheit und Brüderlichkeit erhielten wir nicht, aber die Freiheit haben wir verloren. Dem Verfall der geistigen und willensmäßigen Einheit unseres Volkes im Innern folgte der Verfall seiner politischen Stellung in der Welt.

Heiß durchdrungen von der Überzeugung, daß das deutsche Volk im Jahre 1914 in den großen Kampf zog ohne jeden Gedanken an eine eigene Schuld und nur erfüllt von der Last der Sorge, das angegriffene Reich, die Freiheit und die Existenz des deutschen Menschen verteidigen zu müssen, sehen wir in dem erschütternden Schicksal, das uns seit dem November 1918 verfolgt, nur das Ergebnis unseres inneren Verfalls. Allein auch die übrige Welt wird seitdem nicht minder von großen Krisen durchrüttelt. Das geschichtlich ausgewogene Gleichgewicht der Kräfte, das einst nicht wenig beitrug zum Verständnis für die Notwendigkeit einer inneren

Solidarität der Nationen, mit all den daraus resultierenden glücklichen wirtschaftlichen Folgen, ist beseitigt. Die Wahnidee vom Sieger und Besiegten zerstört das Vertrauen von Nation zu Nation und damit auch die Wirtschaft der Welt. Das Elend unseres Volkes aber ist entsetzlich! Dem arbeitslos gewordenen, hungernden Millionen-Proletariat der Industrie folgt die Verelendung des gesamten Mittel- und Handwerksstandes. Wenn sich dieser Verfall auch im deutschen Bauern endgültig vollendet, stehen wir in einer Katastrophe von unübersehbarem Ausmaß. Denn nicht nur ein Reich zerfällt dann, sondern eine zweitausendjährige Erbmasse an hohen und höchsten Gütern menschlicher Kultur und Zivilisation ...

Angefangen bei der Familie, über alle Begriffe von Ehre und Treue, Volk und Vaterland, Kultur und Wirtschaft hinweg bis zum ewigen Fundament unserer Moral und unseres Glaubens, bleibt nichts verschont von dieser nur verneinenden, alles zerstörenden Idee. 14 Jahre Marxismus haben Deutschland ruiniert. Ein Jahr Bolschewismus würde Deutschland vernichten ...

In diesen Stunden der übermächtig hereinbrechenden Sorgen um das Dasein und die Zukunft der deutschen Nation rief uns Männer nationaler Parteien und Verbände der greise Führer des Weltkrieges auf, noch einmal wie einst an den Fronten, nunmehr in der Heimat in Einigkeit und Treue für des Reiches Rettung unter ihm zu kämpfen. Indem der ehrwürdige Herr Reichspräsident uns in diesem großherzigen Sinne die Hände zum gemeinsamen Bunde schloß, wollen wir als nationale Führer Gott, unserem Gewissen und unserem Volke geloben, die uns damit übertragene Mission als nationale Regierung entschlossen und beharrlich zu erfüllen.

In den nach der Machtübernahme 1933 sofort eingerichteten Konzentrationslagern wurden Häftlinge als Zugtiere vor landwirtschaftliche Geräte gespannt. Was wohl unternahm Vizekanzler Franz von Papen dagegen?

Fritz Sänger
Die Partei-Bibel hatten nur wenige gelesen

Fritz Sänger, 1933

Die Nazis sind 1933 nicht auf leisen Sohlen an die Macht geschlichen! Seit diese Abart nationalistischer Vereinigungen sich – 1919 bereits – zu bilden begann, seit Adolf Hitler 1923 in einem ersten bewaffneten Demonstrationszug aller Welt bekundete, wess' Ungeistes Kind er und die Seinen seien, hatten sie immer wieder Lärm genug gemacht, an dem sie erkannt werden konnten. Diese »Bewegung«, wie sie sich nannten, hat sich rührig bewegt: Die Mitglieder nahmen wohl alle Gelegenheiten wahr, sich an Schlägereien zu beteiligen, verübten Gewalttaten aller Art und hefteten Mordanklagen an den Steckbrief, der diese »Partei« alsbald kennzeichnete.

Sie hatten auch eine »Partei-Bibel«, wie wir Jungen damals das Buch nannten, das Adolf Hitler unter dem Titel »Mein Kampf« während der Haft hat schreiben dürfen und in dem er dargelegt hatte, was alles er zu tun gedächte, wenn er einmal regieren würde. Aber dieses Buch haben nur wenige Zeitgenossen gelesen, wohl auch kaum eine nennenswerte Gruppe aus der großen Zahl der führenden Politiker jener Jahre. Wo man von seinem Inhalt berichtete, wurde man ausgelacht: »Quatsch, mein Junge«, sagte meine immer wache Mutter zu mir, »das sind Hirngespinste von Verrückten«. Sie meinte, das »gehe alles überhaupt nicht«. Sie hatte diese »Bibel« nicht gelesen, wohl aber die einzige und hatte sich die Erfahrung ihres kargen Lebens in ihr Bewußtsein und in ihr Herz genommen.

Damals war ich Sekretär der Lehrerorganisation im größten Land des Deutschen Reiches, Preußen. Sie umfaßte die meisten der in Volks-, Mittel- und Berufsschulen tätigen Lehrer. In den Zeitschriften der Lehrer, die in allen Provinzen des Landes und in den deutschen Ländern außerhalb Preußens wöchentlich erschienen, begannen erst etwa 1926 wirklich zugreifen-de kritische Auseinandersetzungen mit der neuen Richtung auf dem politischen Felde. Die Preußische Lehrer-Zeitung, die dreimal in jeder Woche im Format einer Tageszeitung erschien, das Blatt des Deutschen Lehrervereins und vor allem die beiden im Freistaat Sachsen erscheinenden Lehrerblätter, voran die Leipziger Lehrer-Zeitung, haben dann zahlreiche sachlich orientierende, aber scharf ablehnende Beiträge zum Thema Nationalismus im allgemeinen und zu den Äußerungen und Forderungen der Nazis im besonderen veröffentlicht, die auch warnend zum Widerstand aufriefen. Sie kennzeichneten die historisch-politische Heimat dieser »Bewegung«, indem sie von den alten Konservativen im Kaiserreich auf die Alldeutschen und auf die Deutschnationalen hinwiesen, in deren Reihen nun auch eine radikalere Tendenz führend wurde: Sie wollte nicht nur »national«, sondern zugleich auch »sozialistisch« sein. Mit Worten läßt sich trefflich streiten. Die Nazis haben das vielfach bewiesen.

Es war zu erwarten gewesen, daß die Lehrer in der damals jungen Demokratie, von pädagogischen Gewissen geleitet, lebhaft interessiert wurden. In einer ungewöhnlich wirksamen, stark besuchten und beachteten allgemeinen deutschen Lehrerversammlung hatten sie die Idee der Volks- und Völkerverständigung und die in internationaler Gemeinsamkeit zu leistende Arbeit für das Kind für eine friedvolle Zukunft als unentbehrlich für alle Völker bezeichnet. Ein weltweites Echo bestätigte die Aktualität jener Kundgebung, die niemand vergessen wird, der an ihr teilgenommen hat. Sie fand in der Pfingstwoche 1929 in Dresden statt. Es war eine Demonstration der Friedensidee gegenüber dem drohenden Kriegsgeschrei der äußersten politischen Rechten und ihrer heimlichen Anhänger in den noch gemäßigten Rechtsparteien. Der Geschäftsbericht des Preußischen Lehrervereins betonte noch Ende 1932 die »in ständig wachsendem Umfange« zu beachtende Zuspitzung der politischen Gegensätze im Lande und wies deutlich auf das Kommen eines lebensgefährlichen Radikalismus hin.

Später erwies sich, daß auch bei den Lehrern die frühzeitigen, wiederholten, intensiven Warnungen keinesfalls besondere Erfolge gezeigt hatten. In der Lehrerschaft hatte dennoch nur eine kleine Gruppe von Pädagogen Interesse am Schulprogramm der Nazis gezeigt. Erst mit und nach der Übernahme der Macht im Reiche änderten sich die Erkenntnisse.

Ich war bereits in den ersten Februartagen ohne Rücksicht auf einen bestehenden und auf Lebenszeit abgeschlossenen Vertrag fristlos entlassen worden. Gelegentlich konnte ich nun als Stenograph arbeiten. Zuweilen empfing ich Beamte der Polizei, die meine Bücher und meinen Schreibtisch in der Wohnung durchsuchten. Ich bekam »Auflagen« erteilt und verlor meinen Paß. Bis zum Oktober 1935 folgte ein mühsamer, beschwerlicher Lebensabschnitt. Aber ich war frei – wenigstens relativ. Dann nahm mich die alte liberale Frankfurter Zeitung in ihre Berliner Redaktion auf.

Die Warnrufe gegen die heranschwellende braune Flut und gegen den Ungeist, der sie aufblies, erschienen in den Lehrerzeitschriften noch bis in den März 1933. Dann wurde die Gleichschaltung in der Organisation und in den Redaktionen wirksam, die das Propagandamaterial der Nationalsozialisten zu übernehmen hatten.

In privater Initiative habe ich 1934 in Berlin eine wöchentlich erschienene Korrespondenz »Der kulturpolitische Dienst« herausgebracht. Sie war als übliche Hilfeleistung für die Tageszeitungen getarnt und mit Nachrichten über die Schule und über Bildungsfragen versehen, sollte aber, wie es die Absicht war, für die ehemaligen Mitarbeiter in den Lehrerorganisationen und für Interessenten solcher Themen eine bleibende Verbindung schaffen. Man sollte und man wollte wissen, wer wo verblieben war, wer lebte oder wer nicht mehr unter der Sonne atmete, was im Bildungswesen neu war und was verdammt wurde.

In der Deutschen Allgemeinen Zeitung war am 23. Mai 1933 ein mutiges Wort geschrieben worden, es lautete:

»Das Wichtigste ist heute, daß der Schar der Bekümmerten und innerlich Bedrohten ein Beispiel menschlichen Mutes und aufrechten Stolzes gegeben wird; das ist der größte Dienst, den man heute der Nation leisten kann.«

Die Anregung hatte ich aufgenommen. Bis Anfang 1935 konnte ich den Dienst herausbringen. Der Nationalsozialistische Lehrerbund sorgte dann für eine »Abgabe«.

Die Nazis haben liberal getarnte und getönte pathetische Formulierungen geboten und mit ihnen das, was sie wirklich wollten, bis in die letzte Schulstube, in das letzte Dorf, in Haus und Familie, Vereine und Gesellschaften gebracht. Für den oberflächlichen Leser von Zeitungen und Zeitschriften, der nicht kritisch bedenkt, was er liest, für den emotional eingestimmten, durch Propaganda gelenkten, für den bereitwilligen Mitläufer können Zeitungen, Zeitschriften, Rundfunk und Vorträge zu jeder Zeit eine Gefahr bedeuten. Damals war alles, was öffentlich eine Menge anzusprechen geeignet war, mundgerecht und sorgfältig im Sinne und Ungeiste der »Bewegung« zubereitet. Kritiklos verfielen Millionen dieser Propaganda, die von den Nazi-Machern rücksichtslos aus den Programmen und Proklamationen der Konservativen, der Liberalen und Sozialisten entnommen und zurechtgemacht wurde. Selbst die Melodien der Kampflieder der Kommunisten benutzten sie und änderten nur die Texte für ihre Zwecke.

Gegen diese Methode eines jenseits aller Moral verbliebenen gewalttätigen politischen Betruges, der Lüge, der Verleumdung und des stets raffinierten, jeder sich ändernden Lage sofort angepaßten Manövers kam bis zur »Machterschleichung« 1933 sachliche Information, kamen Appelle an die Vernunft, an Einsicht, kam das Drängen auf kluge politische Erwägung nicht mehr an. Infamie, Intrigen jeder Art hatten ein in unsachlich und zerstritten geführten Wahlkämpfen, in wirtschaftlicher Not zermürbtes und demoralisiertes Volk zum Denken und zur Kritik unfähig gemacht. Die Nazis nahmen die Gelegenheit wahr, sie zerstörten das Reich. Vier Jahrzehnte vorher hatte der Schweizer Dichter Gottfried Keller in einem Gedicht »Die öffentlichen Verleumder« das Bild gezeichnet, das sich 1933 der Öffentlichkeit in Deutschland bot und das die Welt mit Schrecken erfüllte. Ich will nur den ersten Vers zitieren:

»Ein Ungeziefer ruht
in Staub und trocknem Schlamme
verborgen, wie die Flamme
in leichter Asche tut.
Ein Regen, Windeshauch
erweckt das schlimme Leben
und aus dem Nichts erheben
sich Seuchen, Glut und Rauch . . .«

Wir fanden dieses Gedicht im Frühjahr 1942 in unserem Briefkasten und viele Berliner haben es später in den U-Bahnen und in den S-Bahnen, auch in ihren Briefkästen und in den Luftschutzkellern ebenfalls gefunden. Sie lasen es mit schaurernder Erregung, denn sie erlebten, was einst die Phantasie des Dichters war.

FRITZ SÄNGER
Geb. 1901 in Stettin.
Evangelisch. 1933: Sekretär des »Preußischen Lehrervereins« in Magdeburg und Berlin. Nach 1945 Chefredakteur der Deutschen Presseagentur, MdB. Heute: Journalist.

Gerhard Marcks
Nu könn'n se mit uns mach'n wat se woll'n

Gerhard Marcks, 1933

Soviel ich heute sehe, bildete sich damals, was wir heute haben: der Irrtum des Sozialismus. Es gab schon Rote, die alle Herrlichkeit im Beton und im Kommunismus sahen, und grüne Nostalgisten, die sich in irgendeine möglichst ländliche Ecke zum Meditieren zurückziehen wollten. Zu letzteren gehörte ich. Der Bauhäusler, der nichts zu suchen hatte, nachdem Gropius, der durch seinen Aufruf so viele hoffnungsvolle Künstler nach Weimar gelockt hatte, die Katze aus dem Sack ließ mit der Aufschrift am Bahnhof »Kunst und Technik eine neue Einheit« (»Gerade was wir *nicht* wollen«, murmelte Feininger).

Ich hatte mich gleich nach Dornburg zurückgezogen, wo der letzte Thüringer Töpfer mir Gelegenheit gab, eine langersehnte echt handwerkliche Werkstatt aufzuziehen, wo gearbeitet wurde und nicht geredet über »Das Geistige in der Kunst«. (Diese Töpferei blüht heute in den nach Handwerk gierigen USA unter meiner alten Schülerin Friedländer-Wildenhain, die dort ebenso bekannt ist wie der Präsident. In Deutschland machte Hitler sie kaputt. Edles Geschirr war ihr bescheidenes Ziel.) Wir machten einen anspruchsvollen Lesezirkel, der von Klassikern bis Strindberg und Walt Whitman reichte und jedesmal mit dem umgehenden Eßlöffel Schnaps endete.

Nach Bauhaus-Auflösung und Verzug nach Dessau ging ich mit einem halben Dutzend Handwerkswilliger nach Halle, das uns unter Paul Thiersch gern aufnahm. Ich sollte nichts als die kulturelle Atmosphäre beleben und konnte arbeiten nach Herzenslust an meinem Herzensthema: der menschlichen Gestalt. Ich fing an, Anerkennung zu finden. Sogar in Berlin. Eine schöne Zeit mit Reisen nach Italien, Hellas, Paris. Weniger schön war die I. Inflation, zumal für die Hausfrauen und Mütter.

Und dann kam der Zusammenbruch, von USA inszeniert, 7 Millionen Arbeitslose, die Brüning nicht von der Straße weghexen konnte. Das Volk hatte keine Geduld mehr und warf sich dem Hexenmeister Hitler in die Arme.

Auch ich. Denn er hielt anfangs schlaue Reden, wie das Karl Marx auch getan hatte, die den Willen und Umsturz mit süßen Lügen ummäntelten. Merkwürdigerweise hatte ich mich 1931 bei der Weimarer Regierung für den Arbeitsdienst eingesetzt.

Quant à moi, ich hatte natürlich unter talentlosen Kollegen Neider, war suspekt als ehemaliger Bauhäusler und gab selber mein Todesurteil ab, da ich mich für meine jüdische Kollegin beim Gauleiter einsetzte. Damit schloß dieses Kapitel. Als die Glocken Hindenburgs Tod einläuteten, sagte eine Marktfrau prophetisch: »Nu könn'n se mit uns mach'n wat se woll'n.«

GERHARD MARCKS
1889–1981. 1925: Lehrer an der Kunstgewerbeschule in Halle. 1933: entlassen. 1945: Professor an der Landeskunstschule in Hamburg.
PS: Der 93jährige schrieb diesen Text wenige Tage vor seinem Ableben.

Lieber Herr Italiaander, mehr quetschen Sie nicht aus mir raus, Ich muss meine letzten Lebenstage benutzen noch ein Püppchen, das mir am Herzen liegt zu machen.

Letzte Zeilen des letzten Briefes, an Gerhard Marcks wenige Tage vor seinem Ableben an den Herausgeber schrieb und in dem er über seine Erlebnisse berichtete.

Alf Schreyer
Rund um das Bauhaus

Alf Schreyer, 1932

Lothar Schreyer, 1933

Wenn wir heute Filme und Bilder aus der Zeit um 1933 sehen, dann müssen wir uns unwillkürlich fragen, wie ist das alles möglich gewesen? War man wirklich so blind, um nicht zu sehen, wohin der Weg führen würde, den man sich anschickte, begehen zu wollen. Jedoch auch mir, der als Jugendlicher jene Tage erlebte, fällt es nicht leicht, mich in die Zeit des Endes der Weimarer Republik zurückzuversetzen. Heute ist es leicht, Menschen zu verurteilen, die damals alle ihre Hoffnung auf eine Änderung der politischen Situation in Deutschland setzten. Es schien ja auch alles so hoffnungslos: wechselnde Regierungen, Notverordnungen, Massenarbeitslosigkeit und Straßenschlachten politischer Parteien. Und da trat immer stärker eine Partei auf, die eigentlich alles versprach zu ändern, was so hoffnungslos war. Wer hatte damals nicht Hoffnung? Ja, eine echte Volksgemeinschaft: wer wollte sie nicht? Wie viele deutsche Menschen sind damals, ohne es ahnen zu können, Wegbereiter zu Deutschlands Untergang geworden. Ja, ahnungslos und politisch unerfahren, das waren wohl die meisten unserer Mitbürger, unsere Eltern und auch wir als Jugendliche.

Nun, politisch völlig unerfahren, das waren auch meine Eltern. Ich kann mich nicht erinnern, daß in unserem Hause jemals von Politik gesprochen wurde. Von dem Buche Hitlers »Mein Kampf« hatte man nur etwas gehört, aber kaum einer hatte es je gelesen. Die Interessen meines Vaters lagen auf einem anderen Gebiet, im Bereich der Kunst und der Religion. Das war das Thema der Gespräche und nicht die Tagespolitik.

Als ich in einer Fernsehsendung über die Kirche im Dritten Reich aus dem Munde des früheren Kirchenpräsidenten Martin Niemöller, der zeitweilig KZ-Häftling war, hörte, er habe auch 1933 für Hitler vo-

tiert, mußte ich an meinen Vater denken. Er hatte auch damals für die NSDAP gestimmt und war auf Drängen von Freunden sogar Parteimitglied geworden, ein Schritt, den er schon bald bereut hat. Aber damals war er in dem Glauben und der Hoffnung gewesen, jetzt würde eine neue Blüte der modernen Kunst, der Expressionismus, einsetzen. Mit diesem Irrtum stand er keineswegs allein. So dachten auch Alois Schardt, der verdienstvolle Leiter des Kunstmuseums in Halle, Harald Busch, der in Hamburg in der Kunsthalle scheitern mußte, und zahlreiche andere Museumsleute, die noch 1933 aus ihrem Dienst entlassen wurden.

Heute erscheint es mir nahezu unbegreiflich, wie es möglich war, daß mein Vater, dessen Lebensweg konträr zum Nationalsozialismus gestanden hatte, aus einer völligen Verkennung der sich abzeichnenden neuen Lage in einem totalitären Staat, diesen Schritt vollzogen hatte. Ihm war es innerhalb der freiheitlichen Demokratie des Weimarer Staates möglich gewesen, seine künstlerischen Fähigkeiten entwickeln zu können, so wie die Gründung des Bauhauses erst in diesem Staat vollzogen werden konnte. Aber, wie schon erwähnt, in unserem Hause gab es kein politisches Buch und ein Radioapparat war auch nicht vorhanden und in der Zeitung interessierte ihn nur das Feuilleton. Und wenn Freunde und Bekannte meiner Eltern kamen, wurde nur von Kunst und Religion gesprochen, Politik war kein Thema.

Hier sollte ich doch etwas über meinen Vater Lothar Schreyer sagen, denn ich berichte ja über mein Elternhaus. Er war ein Vorkämpfer und Wortführer des Expressionismus gewesen. Im Sturm Herwarth Waldens hatte er mitgewirkt und dessen gleichnamige Zeitschrift bis 1925 als Schriftleiter geleitet. In Hamburg

Männer des Bauhauses, der 1919 von Walter Gropius in Weimar gegründeten Hochschule für Gestaltung: W. Kandinsky, W. Gropius, J.J.P. Oud.

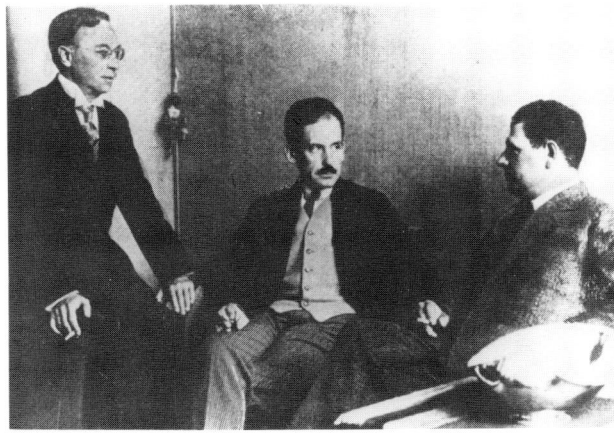

Das Gebäude des Bauhauses und der Kunsthochschule in Weimar, erbaut 1904/11 von Henry van der Velde.

Als man bei der Reichsschrifttumskammer, wo jeder Schriftsteller Mitglied sein mußte, bemerkte, wes Geistes Kind mein Vater war, erhielt er ein Schreibverbot. Nur noch unter einem Pseudonym konnte er fortan kleinere Arbeiten veröffentlichen. Nachdem er schließlich auch zu den »entarteten Künstlern« gerechnet wurde, war die wirtschaftliche Situation in unserer Familie so schlecht geworden, daß die große Wohnung aufgegeben werden mußte und Freunde finanziell halfen, um uns über Wasser halten zu können. Erst zu Ende des Jahres 1939 wurde das Schreibverbot gelockert und es wurde ihm möglich, vier Erzählungen veröffentlichen zu können.

Als ich im August 1945 aus dem Krieg heimkehrte – ich war seit 1938 Soldat gewesen –, sprachen wir nicht mehr von der trüben Vergangenheit. Wir wollten alle vergessen und waren wieder voller Hoffnung.

ALF SCHREYER
Geb. 1915 in Hamburg.
1933: Schüler und Lehrling. Nach 1945: Verwaltungsangestellter und Archivpfleger.

hatte er schon vorher die Kampfbühne als eine Stätte expressionistischer Theatergestaltung gegründet und diese auch in Berlin geleitet. Durch Walter Gropius wurde er 1921 an das Bauhaus in Weimar als Professor berufen. Vor dessen Verlegung nach Dessau im Jahre 1923 trennte sich mein Vater vom Bauhaus, da er sich mit dessen Entwicklung nicht mehr identifizieren konnte. Er hatte sich in jener Zeit immer mehr mit Religion beschäftigt und war über die Theosophie und Anthroposophie zur christlichen Mystik gelangt, wo er die Grundlage und Bestätigung seines Kunstschaffens fand. Nach einer Tätigkeit als Verlagslektor bis 1931 widmete er sich freiberuflich künstlerischen Aufgaben als ein von der christlichen Mystik bestimmter Erzähler, Essayist und Lyriker, sowie als Maler im Sinne des Expressionismus.

Schon bald mag er seine erste und auch einzige politische Entscheidung in seinem Leben als einen großen Irrtum empfunden haben, denn schon in den ersten Monaten nach der »Machtergreifung« vollzog er ostentativ seinen Übertritt in die römisch-katholische Kirche, wo er seine geistige Heimat fand. Hier bekam er auch Kontakt zu zahlreichen Männern und Frauen, die in damaliger Sicht »Staatsfeinde« waren. In seinem Kunstschaffen betätigte er sich ausschließlich auf religiöser Ebene.

Thomas Mann notierte: »Krankhaftes Grauen«

Thomas Mann, Nobelpreisträger des Jahres 1929, genoß seit dem Erscheinen der »Buddenbrooks« (1901) große Popularität. Hunderttausende hatten die erste Volksausgabe der »Buddenbrooks« für 2,85 Reichsmark gekauft. Selbst für Zigarrenwerbung stellte sich »der Zauberer« damals zur Verfügung.

Mittwoch, den 15. März 33
Diese Nacht habe ich mit Hilfe des harmlosen Calcium-Mittels, das wir durch Nikischs kennen lernten, überra-

schend gut und ausgiebig geschlafen. Ich habe, wie all diese Tage, im Bett gefrühstückt und dann einige Zeilen, eilig, an Suhrkamp geschrieben, die Streichung betreffend einer censurwidrigen Phrase im Wagner-Essay über den Nationalsozialismus. Wozu in diesem Augenblick diese Tiere reizen?

Heute morgen bin ich, wie übrigens meistens am Morgen, frei von dem krankhaften Grauen, das mich seit zehn Tagen stundenweise, bei überreizten und ermüdeten Nerven beherrscht. Es ist eine Art von angsthaft gesteigerter Wehmut, die mir in gelinderem Grade von vielen Abschiedserlebnissen her vertraut ist. Der Charakter dieser Erregung, die neulich nachts, als ich zu K. meine Zuflucht nahm, zu einer heftigen Krisis führte, beweist, daß es sich dabei um Schmerzen der Trennung von einem altgewohnten Zustand handelt, um die Erkenntnis, daß eine Lebensepoche abgeschlossen ist, und daß es gilt, mein Dasein auf eine neue Basis zu stellen: eine Notwendigkeit, die ich, entgegen der Versteiftheit meiner 58 Jahre, geistig gut heiße und bejahe.

Daher auch das eher lebendige als depressive Vorhaben, alle Amtlichkeiten und Repräsentativitäten bei dieser Gelegenheit von meinem Leben abzustreifen, die ich im Lauf der Jahre aus sozialer Gutmütigkeit, »Pflicht«, »Eitelkeit« oder wie man es nennen will, daran hängen ließ, und mich »aus den Schlingen der Welt« mit einem Ruck zu befreien, fortan in voller Sammlung mir selbst zu leben – dieser Vorsatz des Neubeginns, den ich gestern nachmittag auszuführen begann, indem ich K. die Erklärung meines Rücktritts vom Vorsitz des Schutzverbandes diktierte.

THOMAS MANN
1875–1955. Schriftsteller.
1929: Nobelpreisträger.
Aus: Thomas Mann. Tagebücher 1933–1945. Herausgegeben von Peter de Mendelsohn. S. Fischer Verlag. Frankfurt am Main 1977.

Zwei Bekenntnisse des Pastors Martin Niemöller

Martin Niemöller

An Hitler schrieb er im Jahre 1934: »*Wir brauchen Ihnen nicht zu versichern, wie dankbar wir Ihnen sind, daß Sie unser äußerlich und innerlich zersetztes Volk vom Abgrund weggerissen und zu neuer Entfaltung seiner Kräfte freigemacht haben. Wir tragen Ihr Werk mit dem Besten, das wir geben können – mit dem Gebet der Kirche.*«

Nach 1945 bekannte der Büßer Martin Niemöller: *Ich bin schuldig, weil ich 1933 noch Hitler gewählt habe, weil ich geschwiegen habe, als man gleich in der ersten Zeit Scharen von aktiven Kommunisten ohne Prozeß- und Gerichtsverfahren verhaftete und einsperrte; ja, auch im KZ noch bin ich schuldig geworden, denn wenn all die Menschen ins Krematorium geschleift wurden, habe ich mich in die Ecke gedrückt und habe nichts dazu gesagt, habe nicht einmal dazu geschrien.*«

Helmut Hentrich
Unliebsame Architekten wurden abgeschoben

Als ich von meiner Auslandstätigkeit in Frankreich und in den USA (1929–1930) und von der anschließenden Weltreise (Japan, China, Indien) 1932 nach Deutschland zurückkehrte, hatte sich mein Deutschlandbild völlig verändert. Mit dieser großen Reise war meine Ausbildung zum höheren Staatsdienst beinahe abgeschlossen. Die Reisezeit wurde mir zum größten Teil angerechnet. Der 13. Mai 1933 war für den Prüfungstermin angesetzt. Die Prüfung fand in Berlin im Hause des Preußischen Finanzministeriums am Festungsgraben statt. Da ich Kassel noch nicht kannte, fuhr ich am 28. Januar 1933 über Kassel nach Berlin. Ich erinnere mich noch an einen abendlichen Kinobesuch, wo es einen Venedigfilm von einem jüdischen Regisseur gab, der durch märchenhafte Aufnahmen mit Musik insbesondere das Wiegen der Gondeln deutlich machte. Danach wurde der Luis Trenker-Film »Der Rebell« gespielt. Dieser Kriegsfilm machte mir klar, wie sich die Zeit gewandelt hatte und was auf uns zukommen würde. Am 29. Januar traf ich abends in Berlin ein und am folgenden Tag fand der berühmte Fackelzug zur Feier des »Machtwechsels« statt.

Ich machte Ministerialdirektor Kiessling im Preußischen Finanzministerium einen Besuch, um über meine Reise zu berichten. Er war sehr interessiert und fragte mich, ob ich nach bestandenem Examen gewillt sei, in die Entwurfsabteilung des Ministeriums zu kommen, da einige größere Projekte zu realisieren seien. Ich sagte sofort dankend zu; denn nicht in die »Provinzstadt Düsseldorf« zurückkehren zu müssen, sondern in Berlin bleiben zu können, war für mich verlockend – trotz des politischen Wandels. Leider wurde Kiessling im März aufgrund des Gesetzes zur »Wiederherstellung des Berufsbeamtentums« in Pension geschickt. Nachfolger wurde ein Baurat aus Oberschlesien, der das »Goldene Parteiabzeichen« trug. So also sah die »Wiederherstellung« aus. Kurz nach seinem Amtsantritt – er mußte sich für die bevorstehende Prüfung mit den Personalakten der 6 Prüflinge befassen –, entdeckte der Baurat, daß ich Poelzig-Schüler und daneben auch im Büro von Hugo Häring und Mies van der Rohe tätig war. Das war eine Richtung, die überhaupt nicht in das neue Konzept paßte.

Eines Tages rief mich der Baurat zu sich und erklärte mir, ich müsse ihm eidlich versichern, von dem, was er mir jetzt mitteile, keinen Gebrauch zu machen, nämlich, daß für mich eine Tätigkeit in Berlin leider nicht mehr infrage komme, sondern daß ich als junger Assessor meine Tätigkeit im Preußischen Staatsdienst in Gumbinnen (Ostpreußen) aufnehmen würde.

Das war ein schwerer Schock für mich. Ich teilte die schlechte Nachricht telefonisch meinem Vater in Düsseldorf mit, der mir sagte, ich solle mich in Düsseldorf selbständig machen.

Die Prüfungszeit in Berlin nahte heran. Man wußte im allgemeinen, welche Klausurentwürfe auf einen zuka-

Berlin 1928. Feier nach der Diplom-Arbeit in der Wohnung des Architekten Adolf Schauer. Karl Otto, Dipl. Ing. Prof., zuletzt Präsident der Akademie am Steinplatz, Berlin-West; Curt Liebknecht, Dipl. Ing. Prof. (Neffe von Karl Liebknecht), zuletzt Präsident der Akademie der Künste, Berlin-Ost; Adolf Schauer, Dipl. Ing. Dr. Ing., wanderte als »Halbjude« nach Argentinien aus; Frau Schauer; Helmut Hentrich, Dr. Ing. Prof.; Robert Rascher, Dr. Ing., Abteilungspräsident bei der Deutschen Bundespost; Friedrich Tamms, Dr. Ing. e. h. Prof., Stadtplaner in Düsseldorf; Adolf Drexler, Dipl. Ing. (Tscheche), wanderte von Bratislava 1939 nach England aus; Bill Pabst, Dipl. Ing., gründete zusammen mit Karl Otto ein Büro in Mannheim, wanderte 1934 nach Verurteilung nach Südafrika aus. Er gilt dort als der »Vater der funktionellen Architektur«.

men und bereitete sich entsprechend vor. Als ich in den letzten April-Tagen zur Klausur antrat und mein Couvert mit der gestellten Prüfungsaufgabe öffnete, war es ein Golf-Club, den ich entwerfen sollte. Diese Aufgabe war bisher noch nie gestellt worden, und ich war überzeugt, daß man mir damit »ein Bein stellen« wollte. Wie gesagt, meine Vergangenheit – Lehrer wie Poelzig, Mies van der Rohe, Häring – war ein Bekenntnis zur funktionalen Architektur, die aber jetzt abgelehnt wurde.

Nun hatte ich freilich in den USA eine ganze Reihe Golf-Clubs gesehen und war der Aufgabe deshalb gewachsen. Den Gästezimmern legte ich eine Terrasse vor und verband sie mit der Golfplatzanlage durch eine schmale Treppe, damit die Gäste vor und nach dem Spiel ihre Zimmer (ohne das Haus zu durchqueren) erreichen konnten. Als ich die korrigierte Aufgabe zurückerhielt, war sie nur mit »gut« bewertet und damit die Zensur »mit Auszeichnung«, mit der ich auch das Diplom gemacht hatte, nicht mehr gegeben. Angekreidet hatte man mir, daß die von dem prüfenden Ministerialrat als Aussichtsterrasse erklärte Terrasse mit der schmalen Treppe den baupolizeilichen Vorschriften nicht entsprach. Ich war überrascht! Beim Golfspiel gibt es doch keine Zuschauer auf einer Terrasse, sondern die Zuschauer gehen von Loch zu Loch mit. Ich nehme an, der Baurat hatte niemals einen Golf-Club betreten. Ich ersuchte um eine Audienz bei ihm. Aber der alte Herr beharrte auf seiner Entscheidung: Es war unmöglich, daß sich ein Ministerialrat von einem Regierungsbauführer belehren ließ.

Die Prüfung wurde damals noch im Frack vorgenommen. Von meiner Weltreise her besaß ich solch ein Kleidungsstück. Auch die Prüfer – 4 Ministerialräte und der Direktor – erschienen im Frack. Die Mitteilung des Endergebnisses war eine feierliche Handlung. Mir wurde mitgeteilt, daß ich die Ehre hätte, von den 5 oder 6 Prüflingen aufgrund meines Diploms, meines Staatspreises, der Schinkel-Medaille und des guten Examens in die Bauverwaltung aufgenommen zu werden und meine Tätigkeit als Assessor in Kürze in Gumbinnen antreten könne.

Ich erklärte den Herren, daß Gumbinnen ein Irrtum sei, denn ich ginge nach Düsseldorf. Düsseldorf und Wiesbaden waren im damaligen Preußen die bei weitem beliebtesten Sitze des jeweiligen Regierungspräsidenten. Nochmals hieß es: »Sie gehen nach Gumbinnen!« Darauf antwortete ich: »Nein, Herr Ministerialdirektor, ich gehe nach Düsseldorf, denn ich habe mich mit dem heutigen Tage selbständig gemacht.« Der Angesprochene lief rot an, gab mir nicht die Hand zur Gratulation, wie dies üblich war. Ich war entlassen.

Der Abschied von Berlin fiel mir nicht schwer. Im Februar hatte ich den Reichtagsbrand erlebt sowie Übergriffe auf Juden und Ausländer, außerdem Verhaftungen unliebsamer Künstler, Schriftsteller und Musiker. Dagegen war es in Düsseldorf um diese Zeit noch verhältnismäßig ruhig.

Aus späterer Sicht gesehen ist mir klar, daß ich manchem Druck entgangen war, denn alle Referendare und Assessoren wurden zunächst in Jüterbog in Ausbildungslager gesteckt, wo es sehr ungemütlich herging. Dazu kamen dann später militärische Vorausbildung, der Zwang, in die Partei einzutreten und andere Bedrängnisse. An noch einen Vorgang erinnere ich mich deutlich. Das war ein Besuch bei meinem alten Lehrer Poelzig, der mich fragte, ob wir richtig handelten, das neue Regime abzulehnen oder daraus das Beste zu machen, was möglich war. Die Entscheidung fiel sehr bald. Plötzlich gehörte auch Poelzig zu denen, die ihre Auswanderung vorzubereiten hatten. Poelzig starb kurz vor der Emigration nach Istanbul. Einige meiner engeren Freunde waren mit Ernst May nach Rußland gegangen und kehrten erst zurück, als sie unter Stalin aus Rußland ausgewiesen wurden. Jüdische Freunde gingen nach USA oder Südamerika. Die mit dem System nicht einverstanden waren – wie Bill Pabst –, wanderten nach Südafrika aus. Alle brachten mit, was sie in Berlin gelernt hatten und waren nach anfänglichen Schwierigkeiten im Ausland sehr erfolgreich.

HELMUT HENTRICH
Geb. 1905 in Krefeld. 1933: Regierungsbauführer. Heute: Dipl. Ing. Dr. Ing. Professor. Regierungsbaumeister a. D.

Werner Otto von Hentig
Von den USA aus gesehen

Werner Otto von Hentig, 1929 mit seinen Kindern. Links: Hartmut von Hentig, jetzt Professor der Pädagogik, Leiter der Versuchsschule Bielefeld.

In den Jahren der Übergangszeit von der Weimarer Republik zu Hitler 1928–32 war ich Generalkonsul auf dem von Berlin geographisch fernsten Posten des Auswärtigen Dienstes: San Franzisko. Er lag auch weit außerhalb meines bisher im Osten Asiens und Europas verbrachten Dienstes.

Die Jahre nach dem Zusammenbruch hatte ich besonders eingehend sowohl mit dem Weimarer Parlament wie auch mit Berlin, d. h. dem Auswärtigen Amt und seiner neuen Leitung zusammengearbeitet. Ein Vertrauensverhältnis zwischen ihr und vor allem der Sozialdemokratischen Partei ergab sich auch aus einem von ihren Vertretern gesuchten persönlichen Verhältnis und ohne daß ich der Partei angehörte.

In San Franzisko überfiel mich die Presse, die von meiner Vergangenheit gehört hatte, mit Fragen über die inneren Entwicklungen Deutschlands: »Was können Sie uns über die Jugendbewegung berichten, was vom Kaiser?« Erst ab 1930 hieß es dann: »Was wissen Sie von Hitler?« Von Hitler wußte ich so gut wie nichts, hatte aber von der Bewegung durch meinen Bruder Hans, den späteren Kriminalpsychologen, der in München mit Rudolf Heß zusammen studierte, gehört. Bald danach brachte mir auch ein deutscher Professor der Universität Berkeley Hitlers Buch »Mein Kampf« und bat mich, es zu beurteilen. Ich las es, ohne von ihm besonders berührt zu sein und sagte, glaube ich, damals, es scheine mir die Lesefrucht eines eitlen Autodidakten zu sein.

Von Hitler wurde damals in der zu meinen Aufgaben gehörenden Filmwelt viel gesprochen. Man setzte Hoffnungen in ihn bei der Bekämpfung des Bolschewismus und glaubte zuversichtlich, mit seiner Judenfeindlichkeit aus geistiger Überlegenheit heraus fertigwerden zu können. In meinem Büro fanden sich damals Flüchtlinge der Nazibewegung ein, die ich für Idealisten hielt und denen ich Arbeit verschaffte.

Mit dem Programm Hitlers bekanntgeworden, setzte ich gewisse Hoffnungen in ihn, die durch die Alliierten in Deutschland hervorgerufene Not zu mildern, wenn nicht zu beseitigen. So fuhr ich denn 1932 nach einer schweren Auseinandersetzung mit meiner vorgesetzten Behörde über sachliche Fragen, bei denen ich für unseren Vertrauensanwalt, einen Dr. Loewy, eingetreten war, nach Berlin. Ich fand für meine Stellungnahme kein Verständnis und wurde im November 1932 von meinem Posten abberufen.

In einer ersten Versammlung der Fachschaft des Auswärtigen Amts sah ich mich zum erstenmal der Partei gegenüber. Vor mir saß, höhnisch lächelnd, ein früherer Vizekonsul der Behörde, um dessen Abberufung ich schon vor Antritt meines Postens gebeten hatte, weil er als Playboy unter Ausnutzung seiner dienstlichen Stellung das Generalkonsulat schwer belastet hatte. Nun konnte er sich, wie er meinte, an seinem Vorgesetzten rächen, denn die Fachschaft bildete sozusagen die Gegnerschaft zur alten Beamtenschaft.

Kennzeichnend für die damalige Zeit war, daß wir uns untereinander berieten, ob wir nicht als Beamte des Auswärtigen Amts geschlossen wie die Fachschaft in die Partei eintreten sollten. Die Partei war aber glücklicherweise selbst dagegen. Mich versuchte sie persönlich durch einen früheren Attaché von mir, Johann v. Leers, zu gewinnen. Er wollte mir die Partei in Entwicklung und schwerem Kampf vorführen und lud mich deshalb ein, mit ihm die alten Gastwirtschaften zu besuchen, wo die glorreichen »Saalschlachten« stattgefunden hatten. Da ich von Amerika her noch einen kleinen Ford besaß, machten wir uns auf die geplante Rundtour und fanden die größte Saalwirtschaft – ich besinne mich nicht mehr ihres Namens – nicht nur vollständig verlassen, sondern den Wirt sehr enttäuscht, denn unmittelbar nach den siegreichen Schlachten war man vor die jüdischen Kapitalistenpaläste gezogen, hatte sie besetzt und zunächst einmal ihre Weinkeller geleert. Besuch bei einigen anderen alten Nazilokalen hatte das gleiche für Leers besonders enttäuschende Ergebnis.

Vom Auswärtigen Amt zur Disposition gestellt, lebte ich den Berliner Ereignissen fern, aber doch von ihnen stark mit berührt. Der Leiter einer nationalpolitischen Erziehungsanstalt in Potsdam versuchte mich für die Partei zu gewinnen, wurde aber ganz im Gegenteil ein Freund meiner Auffassung. Ich wurde auf die nationalpolitischen Ordensburgen eingeladen. Ein mich führender Dozent gab zu, daß bei der Fülle der Unterrichtsfächer – von der Philosophie bis zur Flugzeugführung – die Ordensschüler sich höchstens eine politische Halbbildung aneignen könnten.

Vom Auswärtigen Amt wurde ich zu den Schulungsveranstaltungen der Partei in Berlin-Dahlem abgeordnet, schließlich auch von einem Ministerialdirektor im Kultusministerium gebeten, die für Amerika ausgesuchten Austauschstudenten in einer Abschiedsrede in die amerikanischen Verhältnisse einzuführen. Neben anderen guten und praktischen Ratschlägen riet ich den jungen Leuten, nicht so überschwenglich, wie das die damalige Propaganda tat, von den Straßen Hitlers zu sprechen, von denen nur einige Tausend gebaut und etwa dreitausend projektiert waren – gegen 42000 ausgebauter Fernstraßen in den Vereinigten Staaten. Das hatte prompt eine Anzeige von Parteiführern, die an diesem Kurs teilnahmen, zur Folge, daß ich die Arbeit des Führers nicht zu würdigen gewußt hätte.

Es war, wie aus Vorstehendem ersichtlich, eine Zeit des Übergangs, der inneren und äußeren Kämpfe und der wachsenden Zweifel, die dann in der sogenannten Kristallnacht und ganz entschieden der Nacht der langen Messer – der Ermordung Röhms und durch den Spruch Hitlers, daß sie rechtens sei – endete.

Hollywood, d. h. seine im Wesentlichen jüdische Filmindustrie begrüßte das Kommen Hitlers als Kämpfer gegen den Bolschewismus. Mit seinem Antisemitismus würde man schon fertigwerden.

WERNER OTTO VON HENTIG
Geb. 1886 in Berlin.
1928–1933: Generalkonsul in San Franzisko, Californien.
Nach 1945: Botschafter der Bundesrepublik Deutschland, zuletzt in Djakarta (Indonesien).

Werner Finck
Es weht ein frischer Wind, zwei, drei …

Im Herbst 1932 fing ich leicht an zu frösteln. Die Republik war am Marsch. Endlich bekam ich Witterung von dem, was in der Luft lag:

> *Wie es so regnete heut nacht,*
> *hab ich sofort: Aha! gedacht,*
> *der Sommer ist zu Ende.*
> *O mein prophetisches Gefühl!*
> *Heut morgen war's schon richtig kühl*
> *und herbstlich im Gelände.*
> *Die Sonne scheint noch immer froh,*
> *doch sieh dich vor: es scheint nur so,*
> *das sind noch Restbestände.*
> *Nein, nein, der Sommer ist vorbei*
> *und Feld und Fluren werden frei*
> *für uns're Wehrverbände.*
> *Wie schnell das ging! Ja, die Natur!*
> *Glaubt nicht, daß eine Diktatur*
> *mal ähnlich schnell verschwände!*

Schließlich war es soweit. Was vorher Manöver war, wurde Krieg. Wer nicht in Deckung ging, fiel. Und wenn er nur auffiel. Und auffallend viele sind damals nicht aufgefallen.
Heil! Heil! Man sah überall Arme, Arme, Arme, arme Nation!
Wir Kabarettisten machten in der Weimarer Republik keine Ausnahme: auch wir unterschätzten Hitler: »Ein

Verrückter!« (Als ob das was ausmacht in der Politik!) Außerdem waren wir zu feige, den braunen Horden entgegenzutreten.

> *Es weht ein frischer Wind, zwei drei*
> *Wir wollen wieder lachen,*
> *Gebt dem Humor die Straße frei,*
> *Jetzt muß auch der erwachen.*
> *Der Löwe ist das Tier der Zeit,*
> *Der Mars regiert die Stunde;*
> *Doch die geliebte Heiterkeit*
> *Geht langsam vor die Hunde.*
> *Das aber soll dem Teufel nicht*
> *und keiner Macht gelingen,*
> *Uns um das inn're Gleichgewicht*
> *Und um den Spaß zu bringen.*
> *Drum laßt des Zwerchfells Grundgewalt*
> *Am Trommelfell erklingen.*
> *Wem das nicht paßt, der soll uns halt*
> *Am Götz von Berlichingen.*

WERNER FINCK
1902–1978. Schauspieler und Schriftsteller. 1929–1935; Gründer und Leiter des Kabaretts »Katakombe«. 1948: Leiter des Kabaretts »Mausefalle«.
Aus: Werner Finck. Alter Narr – was nun? F. A. Herbig – Verlagsbuchhandlung München.

Günther Graßmann
Gedanken eines »entarteten« Künstlers

Günther Graßmann, heute

1918, gerade 18 geworden, kehrte ich nach kurzem Militärdienst ans Gymnasium zurück. Neben uns, wieder auf der Schulbank, ältere Mitschüler, die wir ihrer Fronterfahrung und ihrer Auszeichnungen wegen bewunderten. Aufgewachsen in einer halbwegs geordneten Welt, standen wir den widerspruchsvollen Zeittendenzen hilflos gegenüber. Die Revolution zeigte sich ohne den Glanz einer leuchtenden Persönlichkeit als Freiheit, die sich in Verkommenheit gefiel, die sich anbahnende Münchener Räterepublik als eine chaotische Mischung aus literarischer Weltfremdheit und blutrünstigen Drohungen gegen den »bourgeois«. Aus den Verheißungen der 14 Punkte Wilsons wurden wir in die chauvinistische Realität von Compiègne und Versailles gestürzt.

So erschien uns nationaler Widerstand als begeisternde Idee, Freikorps, Einwohnerwehr, Jugendbewegung, jedes für sich ein Konglomerat divergierender Kräfte. Fast jedes Gespräch mündete ins Politische. Ideen in grellem Schwarz-Weiß gegeneinander: Pazifismus gegen Vaterland, Revolution gegen Reaktion, Sozialismus gegen Nationalismus. So horchte man auf, als sich eine Bewegung zu Wort meldete, die das Nationale und das Soziale als vereinbar ansah. Manche meiner Freunde fanden hier Anschluß. Ich habe keinen Grund, an ihrer Redlichkeit zu zweifeln. Herkommen und andere Erfahrungen machten es ihnen möglich, über rauhe und proletarische Seiten hinwegzusehen, die mich abstießen. Hitler, den ich einmal in einem kleinen Kreis »nationaler Studenten« sprechen hörte, erschien mir als unsympathischer Außenseiter, der soldatische Röhm gefiel mir besser. Hitlers Propagandagrundsatz »eine Sache muß nicht wahr sein, sie muß nur so oft gesagt werden, bis sie geglaubt wird«, war für mich unakzeptabel.

Einziger Besuch einer öffentlichen Parteiversammlung: der Redner, Hermann Esser, appellierte an die Opferbereitschaft der Jugend. Begeisterter Marsch in die Stadt, vaterländische Lieder. Plötzlich aus den letzten Reihen das Judenlied: »Schmeißt sie raus die ganze Judenbande …« usw. Ich weiß heute noch die Stelle, wo ich den Zug verließ und endgültig wußte, daß ich da nicht hingehöre.

Der Vorgang behielt für mich symbolhafte Bedeutung: Unterwanderung und schließlich Überwältigung der nationalen Bewegung durch verhetzte Schlägertypen. Die Entwicklung läßt sich nicht aus dem gängigen Schema rechts gegen links begreifen. Hitler hielt nichts von der nationalen Bewegung, wie sie etwa Herr von Kahr verkörperte. Er verachtete das Bürgertum. Auch später kamen seine aussichtsreichsten Gegenspieler, Stresemann und Brüning, aus dem rechten bürgerlichen Lager. Der frühe Tod Stresemanns wurde hier ebenso als Katastrophe begriffen wie die Entlassung Brünings, die man als Verrat an der nationalen Sache ansah. Ich erinnere mich genau, wie mein Vater, als diese Nachricht im Radio kam, den Apparat mit den Worten abstellte »finis germaniae«.

Ein mit Freunden unternommener Versuch, in einer von Alfred Rosenberg geleiteten Versammlung gegen die Ideen einer »völkischen Kunst« zu protestieren, führte zum blutigen Hinauswurf. Nach der »Machtergreifung« wuchs die Unsicherheit bei den Gegnern. Einesteils war da die Hoffnung, daß Hitler, in die Verantwortung gestellt, zu Mäßigung finden könnte, andererseits zeigte sich schnell die völlige Wehrlosigkeit, als es in kürzester Zeit gelungen war, alle Medien gleichzuschalten. Die Allgemeinheit stand im gelenkten Strom einseitiger Propaganda. Kritik und unerwünschte Nachrichten kamen über den engsten Kreis zuverlässiger Freunde nicht hinaus. Die spätere Vorstellung, es hätte nur einer größeren Bereitschaft zum Nein-Sagen bedurft, geht an der Realität vorbei. Aktionen, Proteste oder gar Streik setzten gleichzeitiges Handeln einer größeren Menge voraus, die nicht mehr zu erreichen war. »Schreien« wird völlig unwirksam, wenn es erstickt und niedergebrüllt werden kann.

So verkennt etwa auch die Meinung von Historikern, bedeutende Männer hätten durch ostentatives Auswandern ein »Zeichen setzen« sollen, den Zustand von damals. Je prominenter ein Emigrant war, um so sicherer wurde seine Leistung in einer Form darge-

Ein Blatt des Kataloges der Ausstellung »Entartete Kunst«, die Hitler
1937 als Verfemung mißliebiger Künstler der Moderne in München
und dann auch in anderen Städten veranstalten ließ.

stellt, daß jeder, der nicht über ein spezielles Fachwissen verfügte, seinen Weggang als Gewinn ansehen mußte. (Einstein, Beckmann, Th. Mann). Das so einleuchtende Rezept »ohne mich« kann zwar das Entstehen einer Diktatur verhindern, eine bestehende aber nicht mehr beseitigen. Wir stellen uns heute nicht einmal in Gedanken den moralischen Konflikten, vor die jeder, vom Staatsanwalt bis zum einfachen Lehrer, gestellt war, der auch nur den kleinsten Zipfel von Verantwortung zu tragen hatte. Denn jenseits aller bequemen oder ängstlichen Anpassung, um Existenz und persönlichen Einfluß zu erhalten, stand das in einer Diktatur zur Unlösbarkeit gesteigerte Problem: wer gehen mußte, aber auch, wer aus Gewissensgründen ging, machte einem Gewissenlosen Platz. Wohl jeder erinnert sich daran, wie erleichtert er war, wenn er im zuständigen Blockwart keinen NS-Roboter, sondern einen ansprechbaren Menschen fand.
Ich denke an den mir gut bekannten Konservator einer staatlichen Gemäldegalerie, dem ich nicht nur persönlich die Rettung einiger meiner als »entartet« beschlagnahmten Bilder verdanke, sondern von dem ich auch weiß, daß er, als die Beschlagnahmekommission in der Galerie wütete, eine Mappe mit unersetzbaren Nolde-Aquarellen in aller Ruhe zum Stapel der bereits gesichteten Werke stellte. Obwohl Alt-Pg, war er für verfemte Künstler immer zu sprechen und hat durch stille Hilfe und Obstruktion mehr geleistet und riskiert als sein Chef, der nach kaum vernehmbarem Protest sich ins Privatleben zurückzog und nachher mit weißer Weste zurückkam.
Ich frage jene, die sich ernsthaft mit den Konflikten von damals auseinandersetzen wollen, was sie etwa als Direktor einer Heil- und Pflegeanstalt nach dem Erlaß der Euthanasiegesetze getan hätten. Konnte man, wenn die sehr eingeschränkten dienstlichen Möglichkeiten erschöpft waren, vor jene, für die man verantwortlich war, hintreten und sagen, ich will ein unbescholtener Mann bleiben, ich komme wieder, wenn alles vorbei ist; oder mußte man mit Hartnäckigkeit, frisierten Berichten usw. um jeden einzelnen kämpfen? Auch der Fall ist nicht konstruiert.
Kaum jemand bringt heute die Kraft der Phantasie auf, sich Hitler auf der Höhe seiner Erfolge vorzustellen. Das heißt auch, sich einzugestehen, wie von aller Welt verlassen seine Gegner damals dastanden; denn neben allem anderen war ihm ja auch die Verständigung mit Frankreich gelungen. Dem Gegner blieb Resignation, wehrlose Wut, gelegentlich Flucht in den politischen Witz. »Was machen wir denn, wenn der nächste Krieg vorbei ist? Dann fahren wir einmal mit dem Fahrrad um ganz Großdeutschland herum. Ja, aber, was tun wir dann am Nachmittag?« Das Unheil ging seinen Weg.

GÜNTHER GRASSMANN
Geb. 1900 in München.
1933: freischaffender Maler. Später: Professor an der
Städel-Hochschule Frankfurt/M.

Marianne Clemens
Der Landgerichtspräsident in »Schutzhaft«

Ich habe 1932 Abitur gemacht. Aus den letzten Schuljahren erinnere ich mich an lebhafte und besorgte Debatten in meinem Elternhaus und bei Freunden über »die Völkischen« und die Kommunisten, an das Entsetzen über ihre »Saalschlachten« und Überfälle gegeneinander. Die beiden extremen Gruppen wurden als gefährliche Feinde unseres Rechtsstaates angesehen, aber ich glaube nicht, daß man sich in den liberalen bürgerlichen Kreisen eine wirkliche »Machtübernahme« der einen oder anderen vorstellen konnte. Hitler wurde nicht wirklich ernstgenommen. Er galt eher als verrückt, jedenfalls als so primitiv, daß kein ernsthafter, kein denkender, kein zivilisierter Mensch von ihm überzeugt werden konnte. Sein Buch konnte man schon des schlechten Deutschs wegen nicht lesen, hieß es. Seine Anhänger galten als Gescheiterte, als Zukurzgekommene, die sich nun wichtig machten. Nach den vielen Regierungswechseln der zwanziger Jahre hat man wohl auch seine Wahl im Januar 1933 zunächst nur als ein kurzes Interim angesehen.

Im Winter 1933 war ich in München wegen eines Skiunfalls im Krankenhaus. Dort erreichte mich die Nachricht, daß mein Vater in seinem Dienstzimmer (er war Landgerichtspräsident in Sachsen) von einem Trupp SA-Männern verhaftet worden war. Er war in »Schutzhaft« genommen worden, jetzt im Gefängnis. Ich ließ mich sofort »auf eigene Verantwortung« aus dem Krankenhaus entlassen und fuhr nach Hause. Ich durfte meinen Vater besuchen. Er war verzweifelt, aber im Grunde konnte er die Tragweite des Geschehens auch jetzt noch nicht begreifen. Er war unabsetzbarer Richter auf Lebenszeit. Er glaubte an Verfassungs- und Gesetzestreue. Es mußte ein »Übergriff«, eine ungesetzliche Handlung sein, die revidiert werden würde. Ihm war nichts vorzuwerfen, als daß er ein liberaler Jurist war. Er hatte schon damals für die Änderung der §§ 175 und 218 des Strafgesetzbuches gekämpft. Er war im Vorstand der Demokratischen, später der Staats-Partei. Er hatte jüdische Freunde. Seine Freunde, einige wenigstens, sahen die Situation anders. Sie rieten mir, alles zu versuchen, um meinen Vater so schnell wie möglich aus dem Gefängnis herauszubekommen, und ihn dann zu überreden, die Stadt eilends zu verlassen, um »nicht mehr im Blickfeld zu sein«. Alles geschah damals noch sehr »lokal«. Durch inständiges Bitten erreichte ich wirklich bei dem mir als zuständig genannten Mann (der Gruppenleiter oder irgend so etwas Herrliches war), daß er

gnädig mit mir ins Gefängnis ging, die Tür aufschließen ließ und meinen Vater befreite. Eine unwahrscheinliche Sache im Nachhinein. Möglich ist, daß ihn die Sache reute, oder daß mein völlig irritierter Vater oder ich ihm leid taten. Wahrscheinlicher ist, wie ich glaube, daß damals das hierarchische Denken noch so tief saß, daß der Mann es genoß, daß die Tochter des Landgerichtspräsidenten vor ihm weinte und ihn anflehte, und daß er seine Allmacht zeigen wollte.

Mein Vater ist dann wirklich sehr schnell zu meinem Großvater nach Mecklenburg gereist, was damals »sehr weit« von Sachsen entfernt war. Er mußte sich dort zwar täglich bei der Polizei melden, was er als ungeheuer diffamierend empfand. Aber er ist nicht wieder verhaftet worden. Er wurde aufgrund neu erlassener, verfassungswidriger Gesetze aus seinem Amt entlassen, und seine ihm zustehende Pension wurde »wegen politischer Unzuverlässigkeit« so sehr gekürzt, daß er und meine Mutter kaum noch davon leben konnten. Jedenfalls konnten sie für meine und meiner Schwester Ausbildung nichts mehr tun. Ich hätte nun nur noch unter den allergrößten Schwierigkeiten studieren können. Eine Folge der großen Arbeitslosigkeit war, daß ein zweiter Verdienender in der gleichen Familie als »Doppelverdiener« entlassen wurde. Für einen unausgebildeten Jugendlichen war es kaum möglich, bezahlte Arbeit zu finden. Mein Mann (Walter Clemens) und ich beschlossen deshalb, das geplante Studium aufzuschieben. Dieser groteske Spuk des nationalsozialistischen Regimes konnte ja höchstens ein Jahr dauern – meinten wir. Wir würden heiraten, würden allerdings zunächst keine »Familie« gründen, keine Kinder in die Welt setzen, bis eben diese Welt wieder in geregelten normalen Bahnen lief. Was jetzt geschah, konnte unmöglich von längerer Dauer sein...

MARIANNE CLEMENS
Geb. 1912 in Leipzig.
1933: Hausfrau.

Günter Dietz
Das vergebliche Aufbegehren junger Künstler

Günther Dietz

Ich verbrachte meine Kindheit und Jugend in Leipzig. Eines Tages habe ich auf dem Schulweg in dem Vorort Plagwitz in einem Schaufenster eine große Fotografie gesehen. Sie zeigte Hitler im sogenannten Stresemannanzug vor Hindenburg. Ich stand mit mehreren Schulkameraden vor dem Schaufenster und bemerkte vorlaut, er sähe wie ein dressierter Dackel aus, der einen Spazierstock verschluckt hat. Das Foto erinnerte mich allerdings auch an eine Zeichnung von Paul Klee, die darstellt, wie sich zwei Männer voreinander verbeugen, weil sie sich gegenseitig in einer höheren Stellung vermuten. Meine Kenntnis über Paul Klee verdankte ich meinem Vater, der in Dessau eine Tapetenfabrik gehabt hatte, die allerdings infolge der Wirtschaftsmisere in der Weimarer Republik pleite ging. Mein Vater interessierte sich sehr für das Dessauer Bauhaus und seine Lehrer, und so wurde ich früher als andere Jugendliche mit der modernen Kunst vertraut.

Was das Schaufenster anbetrifft, so will ich noch bemerken, daß meine Äußerung eine Frau hörte, die mir drohte, mich bei der Schulleitung anzuzeigen. Davor hatte ich wirklich große Angst. Diese Angst hielt mindestens zwei Jahre an. In uns war damals überhaupt sehr viel Angst, was vielleicht heutige Generationen gar nicht verstehen können.

Ich bekam ein Stipendium für die Kunstakademie in Leipzig. An dieser damals berühmten Hochschule studierten auch viele Ausländer – wie zum Beispiel Engländer –, was sich allerdings nach der Machtergreifung Hitlers bald änderte. Verstört von den Vorgängen in Deutschland reisten sie ab.

Nun, was sich ereignete war wirklich ungeheuerlich. Unsere hochgeehrten und geliebten Professoren wurden durch nationalsozialistische Nichtskönner ersetzt, die in SS- und SA-Uniformen erschienen und die bisherigen Lehrer ablösten. Diese Tatsache empörte uns. Übrigens trugen wir alle lange Haare aus Opposition zur Hitlerjugend und deren militärischem Haarschnitt. Haare waren also schon damals ein Symbol der Regime-Gegner – wie heute.

Die Nazis an der Akademie führten ein, daß alle Studierenden an einem Wochentag Sportübungen durchzuführen hätten. Auch das behagte uns nicht, empörte uns. Wir waren schließlich junge Künstler! Mein Vater versuchte, mich vom Sport freizustellen, was ihm aber leider nicht gelang.

Man spürte innerhalb der Akademie sehr bald eine strenge Spaltung. Auf der einen Seite die Nazis, auf der anderen Seite die Nazigegner. Zu ihnen gehörte Professor Willi Geiger, der auch mein Lehrer war. Sein Atelier befand sich über dem Haupteingang der Akademie. Uniformierte Studenten hißten dort eine Hakenkreuzfahne. Von seinem Fenster aus schnitt Geiger die Fahnenschnur durch, so daß die Fahne auf die Straße fiel. Geiger wurde daraufhin entlassen. Später wäre er deshalb wohl eingesperrt worden.

Die neuen Akademieprofessoren vertraten natürlich andere Kunstrichtungen als unsere bisherigen Lehrer. Sie waren auf patriotischen Realismus mit nationalsozialistischen Akzenten eingeschworen. Ihr Programm galt natürlich für alle Semester, für die Anfänger genauso wie für die Meisterklassen.

Durch Kunstbücher waren wir über die Kunstgeschichte informiert, und wir wollten noch viel mehr wissen. Aber viele Kunstbücher in der Bibliothek wurden beschlagnahmt, man begann, von »entarteter Kunst« zu sprechen. Erlaubt waren nur noch Bücher über die alten Griechen oder über die Romantiker der deutschen Schule. Ich war durch ein Buch, das mein Vater besaß, für van Gogh begeistert. Aber auch der galt als »entartet«. Wir wußten überhaupt nicht mehr, was wir denken und fühlen sollten.

Die Akademie besaß in ihrer Kompositionsklasse allerlei Gipsmodelle (Gipsfüße, Gipshände, Gipsbrüste), die wir zu zeichnen hatten. Im Magazin dieser Klasse gab es auch Stoffe, Uniformen, Möbelstücke usw. Als ich der Kompositionsklasse angehörte, suchte ich mir einen bestimmten Stuhl und eine französische Uniform aus. Angeregt durch Bilder van Goghs lackierte ich diesen Stuhl rot, drapierte auf ihm eine französische Uniformjacke aus dem Krieg 1870/71 und fügte schließlich noch eine französische Militärmütze hinzu. Dann versuchte ich das Ganze in Öl zu malen. Dies löste natürlich den Protest der NS-Lehrerschaft aus. Mir wurde angedroht, von der Akademie gejagt zu werden, falls ich nicht »das ekelhafte Bild« zerstören würde. Was blieb mir anderes übrig, als mein Vorhaben aufzugeben? Schließlich wollte ich weiterstudieren. Ich flüchtete jetzt in die Landschaftsmalerei, das war neutral, und da konnte wenig geschehen.

Direktor der Akademie war der berühmte Maler und Grafiker Walter Thiemann, dem wir hervorragende Schriften zu verdanken haben und der den Insel-Verlag als Einbandgestalter beriet. Zu meinen Professoren gehörten auch Spemann, Heroux und der schon erwähnte Geiger. Bei Kolb lernte ich Radieren und Kupfertiefdruck, was mir heute sehr zugute kommt, da ich mich um die Demokratisierung der Kunst durch eine besonders hervorragende Wiedergabetechnik bemühe. Rolf Italiaander wird meine Erfahrungen an der Leipziger Akademie bestätigen können, denn er nahm ja selber seinerzeit an Abendkursen teil.

Einen Trost haben wir alle, daß z. B. die genannten Lehrer nicht vergessen sind, sondern heute mit ihren Arbeiten u. a. im Klingspor Museum in Offenbach am Main vertreten sind. Jedenfalls gingen wir damals durch eine sehr harte Lebensschule, aber vielleicht war das gut für uns.

Wir, die Oppositionellen meines Jahrgangs auf der Akademie, waren als kritische Gegner des Nationalsozialismus die ersten, die zur Wehrmacht und somit auch bei Kriegsausbruch sofort an die Front versetzt wurden.

GÜNTER DIETZ
Geb. 1919 in Lüneburg.
1933: Student. Heute: Künstler.

Gleich nach der Machtübernahme sprachen die Berliner von einem Einbahn-Verkehr in Richtung des KZ Oranienburg, in das Männer und Frauen aller Berufskreise willkürlich eingeliefert und sehr bald auch bestialisch behandelt wurden. Viele kehrten nicht zurück, daher Einbahn-Verkehr ...

Walter Clemens
Ein unglaubhafter Klient?

Besonders eine der vielen Episoden aus den ersten Jahren des nationalsozialistischen Regimes beschäftigt und bedrückt mich noch heute: Eines Tages – ich war damals Rechtsanwalt in Hamburg –, teilte mir ein bis dahin nicht bekannter Klient mit, daß er als politischer Gegner des Nationalsozialismus (nicht als Krimineller) mehrere Monate in einem Konzentrationslager festgehalten worden wäre. Er schilderte ausführlich, wie er dort in unbeschreiblicher Weise gequält und gefoltert worden war. Diese Mitteilung und die Schilderung meines Klienten hatten nichts mit der erbetenen Beratung zu tun. Er wollte sich offenbar nur dadurch erleichtern, daß er sich einem anderen Menschen anvertraute. Dabei betonte er, daß seine Schilderung gegen das ihm bei seiner Entlassung auferlegte Schweigegebot verstieße. Mir erschien diese

damals unglaubwürdig. Ich nahm vielmehr an, daß er als unbescholtener Mann durch die rechtswidrige Freiheitsberaubung nervlich so gelitten hätte, daß daraus die ebenso phantastische wie irreale Beschreibung seiner Behandlung während der Haft zu erklären wäre.

Ich war zwar vor und nach 1933 stets ein kompromißloser Gegner der Nationalsozialisten gewesen. (Ich bin niemals Mitglied der NSDAP oder einer ihrer Gliederungen geworden.) Deshalb traute ich ihnen nach allen Gewalttaten und Rechtsbrüchen, die sie sich vor und nach dem 30. Januar 1933 hatten zuschulden kommen lassen, vieles, sehr vieles zu, was mit den Prinzipien eines Rechtsstaates unvereinbar ist. Indessen lag es damals noch außerhalb meiner in der Zeit der Monarchie und der Weimarer Republik geprägten Vorstellungswelt, daß ein abendländischer Staat sich dazu erniedrigen könnte, seine politischen Gegner nicht nur ohne Gerichtsverfahren ihrer Freiheit zu berauben, sondern auch noch während ihrer Haft zu mißhandeln. Erst Jahre später wurde ich – durch eine

Vielzahl von glaubwürdigen Informationen belehrt – zu der erschreckenden Überzeugung bekehrt, daß die Schilderung meines Klienten der Wahrheit entsprochen hatte.

Diese späte Einsicht ist heute kaum mehr zu verstehen. Sie lag sicherlich u. a. daran, daß es keine freie Presse gab, so daß der außerhalb des nationalsozialistischen Partei- und Regierungsapparates stehende Bürger darauf angewiesen war, sich aus einer Fülle der widersprüchlichsten Gerüchte, deren Wahrheitsgehalt kaum je mit Sicherheit festzustellen war, seine Meinung zu bilden. Sie lag aber wohl entscheidend daran, daß dieser Bürger das 20. Jahrhundert als ein »fortschrittliches« empfand, in dem Rechtssicherheit und Humanität selbstverständlich und unantastbar waren.

WALTER CLEMENS
Geb. 1904 in Freiburg im Breisgau.
1932–1936 Syndikus.
1936–1950 Rechtsanwalt. 1950–1972 Richter in Hamburg.

Ursula Sobottka
Alles wird anders und besser

Klassenbild 1933

An der Tür klingelt es. Unsere Nachbarin steht davor: strahlend, lachend, laut herausschreiend: »Unser Hitler ist Reichskanzler geworden! Nun ist es zu Ende mit allem Elend! Unsere große Zeit fängt an! Jetzt kann ich mein Parteiabzeichen endlich immer sichtbar zeigen! Auf Wiedersehen, auf Wiedersehen! Ich bin ja so glücklich!«

Ich erinnere mich genau an die freudige Ausgelassenheit der Nachbarin und, angesteckt davon, fragte ich – die Elfjährige – meine Mutter: »Ist das alles wahr? Das ist doch toll, alles wird anders und besser!«

»Ich weiß nicht, ich bin da nicht so sicher wie die Hitlersche von Nebenan«, lautete die zögernde Antwort meiner Mutter.

Abends lief ich mit vielen Kindern durch Berlin-Lichterfelder Straßen. Es war aufregend. An einer Ecke stand ein Mann auf einem Stuhl, ein anderer beleuchtete ihn mit einer Fackel. Der Mann auf dem Stuhl schrie auch sein Glücklichsein über die Veränderung heraus. »Deutschland ist erwacht!«

Wir liefen weiter. An anderen dunklen Straßenecken hatten sich Menschen versammelt und wieder schrie einer über das große Glück, das nun auf uns zukomme! Ich will es nicht leugnen: Ich war angesteckt vom Glückstaumel der auf den Straßen Jubelnden. Meine Meinung stand fest: Wenn sich auch viele – so wie meine Mutter – nicht unbedingt über den Hitler freuten, aber über die Tatsache, daß nun alles anders, besser und schöner werden wird, darüber müßten ja einfach alle glücklich sein!

Die neue Zeit brachte es nun mit sich, daß wir Gedichte auf unseren lieben Führer lernen sollten. Von einem weiß ich noch die erste und letzte Strophe, weil ein kleines Erlebnis damit zusammenhängt. Das Gedicht fängt so an:

> Du bist in dem Wachsen der Ähren,
> Du bist in der Kinder Gesang,
> Du bist in dem Schürfen des Pfluges
> und in der Glocken Klang . . . .
>
> Wo immer Deutsche schaffen,
> da klingt auch Dein Name dazu,
> Gott schuf eines Volkes Seele
> und diese Seele bist Du

Meine Freundin und Schulbanknachbarin hatte es aufgesagt und hinterher der Lehrerin erklärt: »Meine Mutti und meine Omi meinten, der Schluß müsse anders lauten, nämlich so:

> Wo immer Deutsche schaffen,
> da klingt auch Dein Name dazu,
> Gott schuf ein Volk von Affen
> und der größte Affe bist Du

Unsere großartige Lehrerin tätschelte meiner Freundin nur die Schulter und sagte ganz freundlich und ruhig: »Setz Dich mal wieder auf Deinen Platz, meine Liebe.« Man muß sich klarmachen, daß positive und negative Äußerungen über unseren Staat eng beieinander liegen. Wahrscheinlich glaubten unsere Lehrer noch, daß das Ganze ein absehbarer Spuk sein würde, und großzügig wie eine Ur-Mutter nahm unsere geachtete Klassen-Lehrerin sich liebevoll sowohl der Nazi-Begeisterten als auch deren offenkundigen jungen Gegner an. Eine Tatsache, die uns allen ermöglichte, nach dem überstandenen Krieg anläßlich des 80-jährigen Geburtstages unserer da noch lebenden Klassen-Lehrerin zusammenzukommen und mit ihr und allen Anwesenden über Hitler-Gedichte und über die nazitreue Hermann-Göring-Mitschülerin (die dann auch dabei war) zu lachen, obwohl wir dann erfuhren, daß gerade sie nach der Stunde Null beim Einmarsch der Russen gar nichts zu Lachen hatte und zur Belehrung oder Besserung für mehrere Jahre unweit Berlins in ein russisches Gefangenenlager kam.

URSULA SOBOTTKA
Geb. 1921 in Berlin. Evangelisch. 1933: Schülerin. Heute: Verlagsvertreterin.

Hans Joachim Hildenbrand
Der Betrug mit dem Fackelzug

Als ich an einem der ersten Januartage des Jahres 1933 zur Schule gehen wollte, lag vor unserem Wohnhaus in Berlin-Steglitz ein Mann, blutüberströmt, am linken Arm eine Hakenkreuzbinde, in der Hand noch Reste von Flugblättern haltend. Es kamen aus dem Halbdunkel des Morgens Nachbarn und Passanten herbei, die mich wegdrängten. Schließlich erschien ein klappriger Krankenwagen und die Blutlache wurde mit Sägespänen zugedeckt. Ich hörte aus dem Stimmengewirr, daß der Mann einige Messerstiche erhalten hatte, aber lebte.

Es war für mich ein gruseliges Erlebnis.

Ich wußte, daß die Hakenkreuzträger zu einem Hitler gehörten, der an die Regierung wollte. Mein Vater gab sich damals große Mühe, mir alle Zusammenhänge zu erklären. Er zeigte mir auch einen Marschblock von Kommunisten, voran eine Schalmeienkapelle, dahinter ein »Vorsänger«, der rief plötzlich ganz laut: »Berlin bleibt ...« – jetzt der Marschblock im Chor – »rooot!«

Ich weiß nicht mehr genau, was es für ein Wochentag war, glaube aber, daß wir aus der Schule heimgeschickt wurden. Mein Vater war auch zu Hause und nicht in seinem Büro. Es klingelten viele Nachbarn und sprachen mit meinen Eltern. Dann sagte mein Vater zur Mutter: »Zieh den Jungen warm an, wir fahren in die Stadt, der Hitler ist an die Macht gekommen.« Wir fuhren mit der Straßenbahn 74 bis zum Potsdamer Platz und gingen zur Wilhelmstraße. Es wurde schon dunkel. Die Wilhelmstraße war bereits mit Menschen vollgestopft; so viele hatte ich zuvor noch nie gesehen. Wir mußten weitergehen bis in die parallel laufende Mauerstraße. Erst dort bekamen wir einen Platz am Straßenrand, so daß ich auch etwas sehen konnte. Vor uns marschierten Kolonnen in SA-Uniformen, manche mit Mänteln, manche ohne. Einige mit Fahnen. Aber alle mit Fackeln in der Hand. Die waren aber schon fast abgebrannt. Jedoch einige Meter weiter wurden neue Fackeln ausgegeben und dann marschierten sie weiter. Kamen noch einige Male an uns vorbei. Dieselben Leute natürlich. Und mein Vater sagte: »Da siehst du den Betrug. Die ziehen immer im Kreise herum – als seien es Hunderttausend.«

HANS JOACHIM HILDENBRAND
Geb. 1926 in Berlin-Schöneberg.
1933: Schüler. Nach 1945: Oberingenieur, Mitinhaber einer Gesellschaft für Automation und Datentechnik.

Reichskanzler Adolf Hitler, Vizekanzler Franz von Papen und Reichsminister General von Blomberg.

Sigurd von Ilsemann
Der Ex-Kaiser faßte neue Hoffnung

28. Januar 1933

Auch der gestrige Abend verlief sehr harmonisch und nett. Das hohe Geburtstagskind (Wilhelm II.) war allerbester Stimmung und hat die vielen Gäste sehr genossen...

Der Kaiser sagte zum König von Sachsen: »Wir wollen der Republik, die uns abgesetzt hat, keine Konzessionen machen und durch Verleugnung der uns zustehenden Titel dies stillschweigend anerkennen. Wir waren Monarchen, wir sind Monarchen und wollen es auch wieder werden.«

1. Februar 1933

Der Kronprinz fährt heute abend wieder ab, er hatte eine Halsentzündung. Gestern sagte er mir, wie glücklich er sei, daß in Deutschland jetzt eine nationale Regierung gebildet sei, für die er seit einem Jahr gearbeitet habe.

Der Kaiser ist über die neue Regierungsbildung ebenfalls begeistert. Dommes hatte einen eingehenden Bericht über die Vorgänge in Berlin geschickt, den ich draußen im Ameronger Wald im Zelt vorlesen mußte.

Durch die Regierungsbildung in Deutschland und durch sensationelle Zeitungsgerüchte ist die Frage der Rückkehr des Kaisers auf den Thron wieder in den Vordergrund getreten. Von allen Seiten wird in Doorn angefragt, ob und wann der Kaiser nach Deutschland zurückkehre. Es sind sogar mehrere französische, englische und amerikanische Presseleute in Doorn erschienen, um festzustellen, was in Doorn vor sich geht. Sie werden enttäuscht sein.

25. Februar 1933

I. M. (= Hermine, des Kaisers zweite Frau) ist in Berlin und schreibt, daß sich das Bild dort sehr verändert hätte. Man habe ihr jetzt sogar eine besondere Polizei-Abteilung zur Verfügung gestellt. Sie hat bereits mit Papen und anderen politischen Führern konferiert. Nun ist sie wieder in ihrem Element...

1. März 1933

Vorgestern abend steckten die Kommunisten in Berlin das Reichstagsgebäude an, daraufhin werden sehr scharfe Notverordnungen von der neuen Regierung erlassen, vor allem auch deswegen, weil aus Papieren, die man im Liebknechthaus gefunden hat, hervorgeht, daß die Kommunisten in diesen Tagen Unruhen hervorru-

fen und weitere Gebäude in Brand stecken wollten. Es war in dem beschlagnahmten Material auch die Rede davon, daß die KPD bei einer Revolution führende Persönlichkeiten abschießen wollte.

Darauf hat I. M. an den Kaiser geschrieben, daß ihr und das Leben seiner Söhne in Gefahr gewesen sei, wenigstens so erzählt S. M. es heute jedem von uns, und mit Empörung fügt er dann hinzu, daß Hindenburg und Brüning von all diesen Gemeinheiten der Kommunisten gewußt hätten, unter ihrer Führung sei dies alles möglich gewesen. Es ging wieder einmal über den alten Feldmarschall her.

6. März 1933

Die größte Wahlschlacht Deutschlands ist geschlagen, die neue nationale Regierung hat einen vollen Erfolg errungen. Der Aufbau kann beginnen. Der Kaiser macht einen recht befriedigten Eindruck. Hofft der hohe Herr wirklich, daß die Nazis ihn auf den Thron bringen werden? Ich persönlich bekomme meine Auffassung, daß es mit der Monarchie noch lange Weile hat, durch dieses Wahlergebnis nur bestätigt, denn die einzige Partei, die die Forderung nach der Monarchie auf ihre Fahnen geschrieben hat, die Deutschnationalen, haben keine Erfolge errungen trotz der so günstigen Konstellation. Und die Nazis wollen, soviel ich sehe, bis auf weiteres von einer Monarchie nichts wissen. Eigentlich müßte der Kaiser aus dem gestrigen Tage den Schluß ziehen, daß die Monarchie zunächst nicht wiederkehren wird.

SIGURD VON ILSEMANN
1884–1952. Offizier im Kaiserlichen Hauptquartier. Seit 1918 Flügeladjutant des Kaisers bis zu dessen Tod 1941. Aus: Sigurd von Ilsemann. Der Kaiser in Holland. Aufzeichnungen aus den Jahren 1918–1941. Eine Auswahl. Herausgegeben von Harald von Königswald. Deutscher Taschenbuch Verlag. München 1971.

Rolf Italiaander
Des Ex-Kaisers Statthalterin in Berlin

Wilhelm II. mit seiner zweiten Ehefrau Prinzessin Hermine

Viele Deutsche waren glücklich, daß die Fürsten 1918 abgedankt hatten, denn sie hielten sie für überflüssig, wenn nicht gar schädlich für die Evolution der Gesellschaft. Aber viele Deutsche in der Zeit der Weimarer Republik waren noch immer auf ihren Kaiser und auf ihre Könige stolz, dazu auf all die vielen Prinzen und Prinzessinnen der kleineren Fürstentümer. Und die Monarchisten beneideten jene Völker, die noch Könige und Königinnen hatten. Zur »Grünen Woche« in Berlin erschien regelmäßig Prinz Heinrich der Niederlande, ein ehemaliger Herzog von Mecklenburg. Der Gatte von Königin Wilhelmina kam anschließend nach Leipzig und traf sich hier völlig ungezwungen mit Niederländern und Deutschen zu Jagdausflügen oder geselligen Abenden. Und wenn ich, der Student, von einer Begegnung mit ihm erzählte, wurde ich beneidet. Dann dachte ich an den berühmt gewordenen spöttischen Ausspruch des abgedankten Königs von Sachsen: »Ihr seid mr ja scheene Rebubliganer.« Das war es eben, was mit Recht so oft gegeißelt worden ist. Vollblut-Republikaner waren die wenigsten Deutschen. Und die Konservativen setzten noch immer Hoffnung auf die Hohenzollern oder andere Fürstenhäuser. Es gab auch in der Weimarer Republik zahlreiche monarchistische Vereinigungen, die auf eine Neuinthronisierung der Fürsten hinarbeiteten.

Die Tagebücher des Kammerherrn Sigurd von Ilsemann, der mit dem Ex-Kaiser in Doorn lebte, bezeugen, daß Wilhelm II. eine Zeitlang selber die Hoffnung hegte, von Hitler aus dem Exil zurückgerufen zu werden. Aber Wilhelm II. mußte sehr bald einsehen, daß der »böhmische Gefreite« seine Macht nicht mit ihm teilen wollte.

Da war freilich eine Frau, die unablässig für die Rückkehr des Kaisers arbeitete: die zweite Ehefrau des Ex-Kaisers Wilhelm II. war in erster Ehe mit der Tochter des Herzogs Friedrich von Schleswig-Holstein, Auguste Viktoria, getraut, die ihn ins Exil begleitete und im Juni 1921 starb. Der Kaiser schloß zum Entsetzen vieler seiner Anhänger – denn Auguste Viktoria war beliebt – schon ein Jahr nach dem Tode seiner Frau Freundschaft mit der verwitweten Prinzessin Hermine von Schönaich-Carolath, geborene Prinzessin Reuss. Er heiratete die 35jährige im selben Jahr.

Der Kaiser war abgesetzt, also ein Ex-Kaiser. Hermine nannte sich jedoch nicht Ex-Kaiserin, sondern Kaiserin und Königin, obwohl niemand sie gekrönt hatte. Sie veröffentlichte in den zwanziger Jahren in London bei Hutchinson ein Buch »Days in Doorn«, und es heißt auch da: »By the Empress Hermine (wife of the ex-kaiser).« Sie war eine vitale und willensstarke Frau, die sicherlich nicht nur aus Liebe geheiratet hatte, sondern auch um politisch eine Rolle zu spielen. Ihr Buch schließt mit dem Satz: »Gekrönt oder nicht gekrönt, er ist mein Kaiser und König.«[*]

Die Statthalterin des Ex-Kaisers hielt u. a. enge Kontakte mit dem »Hohenzollernbund, Front der Kaiserlichen«. Sie versuchte in der Weimarer Republik Publizisten und Politiker dafür zu gewinnen, daß ihr Gemahl aus dem Exil auf seinen Thron zurückgerufen wurde. Die »Kaiserin und Königin« hatte in Berlin Wohnrechte im Palais Kaiser Wilhelms I., Unter den Linden 9 (Ecke Franz-Josef-Platz). Immer wenn sie aus Doorn nach Berlin kam, gab sie hier Empfänge. Es war offensichtlich auch für Republikaner eine Ehre, zu einem der stadtbekannten Tee-Nachmittage bei Hermine eingeladen zu werden. Journalisten, Schriftsteller und auch Historiker gingen mit Vorliebe hin, um hier noch immer gefragte »Hofnachrichten« zu empfangen.

Mitte der dreißiger Jahre, als ich persönlich große Existenzschwierigkeiten hatte, wurde ich von einem älteren ehemaligen Marineoffizier eingeladen, kostenfrei bei ihm zu wohnen, bis sich meine Verhältnisse gebessert hatten. Er war ein nobler Mann, der gutherzig meinte, ich müßte geschichtliche Persönlichkeiten seines Kreises kennenlernen. Er veranlaßte es, daß ich am 7. März 1939 zu einem Konzertabend »bei Kaisers« (wie er selber witzelte) eingeladen wurde.

---

[*] Es entstand unter Mitarbeit von George Sylvester Viereck, an den der im vorliegenden Buch abgedruckte kritische Brief von Sigmund Freud gerichtet ist.

Am Klavier spielte ein schüchterner Herr Hans-Martin Theopold Stücke von Schubert, Mozart, Beethoven, Chopin usw. Vorschrift war Frack. Ich mußte mir ein solches Kleidungsstück leihen. Der sehr monarchistisch gesonnene populäre Schauspieler und Theaterleiter Ralph Arthur Roberts (Komponist von »Auf der Reeperbahn nachts um halb eins«) schenkte mir eine schicke weiße Weste. Für mich war die Begebenheit keineswegs ohne Interesse. »Ihre Majestät die Kaiserin und Königin« war eine charmante und umsichtige Gastgeberin. An jedem der kleinen Tische war ein Platz freigehalten, denn sie wollte sich in jeder Runde für eine Weile aufhalten, um mit den Gästen zu plaudern. Flüsternd wurde politisiert. Ich war gewarnt, irgendeine Bemerkung gegen die Nazis zu äußern (»So ganz koscher ist der Kreis nicht.«). Aber den Bemerkungen der anderen Gäste entnahm ich, daß sie alle gegen das Hitler-Regime eingestellt waren.

Bei der Verabschiedung passierte dies. Mir war gesagt worden, die Gastgeberin erwarte beim Weggehen einige persönliche Worte. Ich litt unter schwerem Rheumatismus und hatte soeben vernommen, daß der Kaiser in Doorn wegen seines Rheumatismus täglich Holz hacke. Tolpatschig sagte ich: »Ich hoffe, daß sich der Kaiser dank des Holzhackens weiterer Gesundheit erfreut.« Der lustige Ralph Arthur Roberts raunzte dazu: »Dann hätt'ste auch gleich sachn könn', er solle für immer im Exil bleiben! Ha ha ha.« Als Liebhaber aller Künste erhielt ich aus Doorn drei Bücher Wilhelms II. über seine kunsthistorischen Studien geschickt.

Hermine hatte mir nach dem Konzert anvertraut, sie habe in diesen Tagen den Dichter Jochen Klepper gesprochen. Dieser strenggläubige Protestant hatte eine jüdische Frau und jüdische Adoptivtöchter. 1942 schied er mit seiner Frau und einer Tochter (die zweite konnte ins Ausland fliehen) durch Gift freiwillig aus dem Leben in Berlin-Nikolassee. Wir wohnten nahe beieinander und hatten mehrfach Gedanken ausgetauscht, wie man den Mördern entkommen könne. In seinen Tagebüchern »Unter den Schwingen deiner Flügel« schreibt Klepper als einer der wenigen Zeitgenossen über Besuche im Palais Unter den Linden Nr. 8. Am 9. Dezember 1938 notierte der Dichter über Hermine:

»Sie empfing mich aufmerksam allein zum Kaffee; auch hatte sie, um mir eine Freude zu bereiten, ein Service der Königin Luise decken lassen. Sie sagte, sie habe geahnt, daß meine Bitte um dieses Zusammensein zu zweien etwas Ernstes und Dringliches bedeute – eine Rücksichtnahme gegen sie.

Wir haben mit großer Wärme und Offenheit von dem beiderseitigen schweren Kummer gesprochen. Man

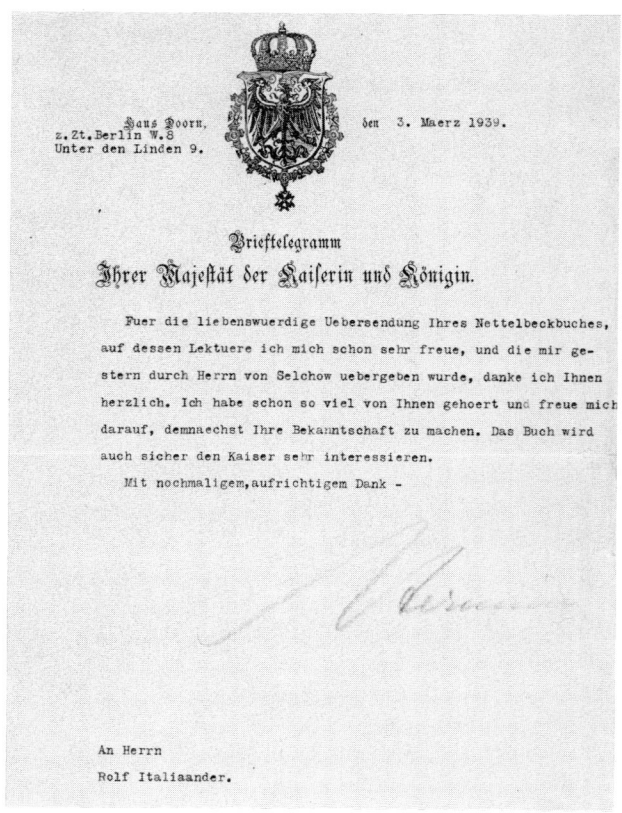

Prinzessin Hermine verwendete die Brieftelegramme der verstorbenen Kaiserin und Königin Augusta Victoria.

hat mir die Kaiserin als ›nazistisch‹, ›antisemitisch‹ hingestellt; ich dürfe mir mit einer Bitte für die Töchter nichts vergeben. Wie anders war dann alles. Sie kennt ihre Ohnmacht, die in Deutschland gleich groß ist wie in Holland; sie kennt die Starrheit der Holländer. Aber ich müsse, sagte sie mir mit einer Herzlichkeit, die nichts mehr mit ›tenue‹ zu tun hat, glauben, daß nur Widerstand von außen es sei, wenn sie die Töchter nicht in holländischen Familien unterbringe. Denn daß das streng überwachte Doorn ausscheidet, ist ja für uns selbstverständlich. Jeden Dank lehnte sie ab: Sie danke vielmehr immer wieder mir, denn ich sei der einzige, der nach ihrem Leben frage; dem der Gedanke komme, ob sie in der Einsamkeit von Doorn wenigstens Räume habe, in denen sie sich wohlfühle – denn auch die hat sie nicht, weil jede Veränderung ihr als eine Pietätlosigkeit gegen Kaiserin Auguste Viktoria ausgelegt werde. Ich sei der einzige, der ihr Leben als eine eigene Existenz begreife; der sich völlig in ihre Situation versetze. Und nur ein einziger steinalter Mann aus dem Adel meine es gut mit ihr. Oft im Gespräch kamen ihr die Tränen, und sie erzählte mir das ganze Martyrium, das sie durchmache: ohne Pathos, ohne Verbrämung, ohne Theatralik –, sondern nur unglücklich und vereinsamt. Was sie unter Sozialdemokratie und Nationalsozialismus durchmache – seit 14 Tagen ist ihr Sohn verhaftet –, sei nichts gegen die Intrigen, denen sie aus der kaiserlichen Umgebung ausgesetzt sei. Vom Dritten Reich sprach sie mit demselben Bemühen um Gerechtigkeit, wie Hanni und ich es uns unter immer größeren Schmerzen und Unmöglichkeiten abringen. In ihrer Müdigkeit und Verzweiflung dankte sie mir einmal übers andere, daß ich ihr einen Inhalt für ihr Leben in Doorn gegeben habe: aus ehrlichster Überzeugung habe ich ihr nämlich klargemacht, welchen Wert private, stimmungsmäßige Aufzeichnungen für künftige Dichter und Historiker besitzen, wo es sich doch in Doorn um den tragischen Ausgang des Kaisertums handele.«

Am Dienstag, dem 7. März 1939, war Jochen Klepper nochmals im Palais, also am selben Tag, da das Hauskonzert stattfand, an dem ich teilnahm: »Das Frühstück bei der Kaiserin war nett und lebhaft und aufmerksam. Die Kaiserin selbst durch ärztliche Behandlung angegriffen, aber zu uns wieder von betonter Aufmerksamkeit, zog sich auch nach Tische mit uns beiden in eine Sofaecke zurück, sagte, wie resultatlos ihre Bemühungen um die Töchter wären; was sie sagte, können wir aus eigenem Wissen nur bestätigen: Holland und Amerika greifen das Dritte Reich fanatisch an, ohne den von seinen Maßnahmen Betroffenen zu helfen.«

Hermine gelang es weder in den Jahren von Weimar noch in denen von Hitler, ihren Gatten auf den Thron zurückzubringen. Der letzte deutsche Kaiser starb im Juni 1941. Hermine floh bei Kriegsschluß aus den Niederlanden zu ihrer Schwester nach Rossla. Nachdem Thüringen von den Amerikanern geräumt und den Russen überlassen wurde, verbrachten diese die Fürstin nach Frankfurt an der Oder, wo sie 1947 starb – ob eines natürlichen Todes, wird bezweifelt. Ihrer wird hier deshalb gedacht, weil sie offenbar mehr als andere Fürstlichkeiten dafür wirkte, aus der Weimarer Republik zu guter Letzt eine Monarchie werden zu lassen.

Es wurde in allgemein gut informierten Kreisen erzählt, daß der ehemalige Kaiser auf Anraten seiner zweiten Frau im Jahr 1932 aus seiner Privatschatulle eine Million Mark an Hitler gezahlt hätte, um sich dessen Gunst zu erkaufen. Der »Führer« habe Hermine versprochen, »dann kann der Kaiser durch das Brandenburger Tor seinen Einzug in Berlin halten« – um nur wieder in der Reichshauptstadt Wohnung zu nehmen oder gar auf den Thron zurückzukehren, blieb wohl offen.

Der Kaiser soll zunächst den im Niederländischen Palais Unter den Linden residierenden Generalbevollmächtigten, Exzellenz Friedrich von Berg-Markiessness (ein alter Freund des Kaisers, ehemals Chef des Civil-Kabinetts, Oberpräsident und Landeshauptmann a. D. von Ostpreußen, Adelsmarschall) angewiesen haben, diese Summe aus dem Schatullenvermögen nach München zu überweisen. Berg weigerte sich und erklärte, der Kaiser könne über das Schatullenvermögen nicht verfügen. Wenn diese Zahlung erfolgen sollte, dann allenfalls aus dem Privatvermögen des Kaisers. Daraufhin erhielt er ein Telegramm aus Doorn: »Ich bin gewohnt, daß meinen Befehlen Folge geleistet wird! Wilhelm I. R.« Berg bat daraufhin um seine Entlassung, die prompt telegrafisch erfolgte. Ewald von Kleist, ein Günstling von Hermine, wurde sein Nachfolger und zahlte die Million. 1935 versöhnte sich der Kaiser mit Friedrich von Berg in Doorn, nachdem er eingesehen hatte, daß es mit dem Einzug durch das Brandenburger Tor nichts wurde.

Es kam durch diese Affäre zu neuen Zerwürfnissen innerhalb der Hohenzollern-Familie, außerdem mit den konservativen Mitgliedern des Hofes des exilierten Monarchen, die »den Handel um den Thron des Kaisers für absolut unwürdig erklärten«. Die von Jochen Klepper erwähnte Isolierung Hermines in Doorn, über die sie sich dem Dichter gegenüber beklagte, dürfte auch auf dieses sehr kostspielige Vabanque-Spiel der Fürstin mit zurückzuführen sein. Daß Hermine von Hitler – schon ehe er Reichskanzler war – mehrmals empfangen wurde, brachte ihr sicherlich auch den Ruf ein, doch eine »Nazisse« zu sein.

Nach Abschluß des Beitrages las ich noch einmal in den faszinierenden »Tagebüchern« von Harry Graf Kessler, der folgendes mitteilt: Überraschend und mir neu war, daß Brüning, wie er ganz offen erzählte, 1932 gleich nach der Präsidentenwahl eine monarchistische Restauration einzufädeln versuchte. »An die Spitze des Deutschen Reichs gehörte eine Uniform.« Daher sei er immer überzeugter Monarchist gewesen. Wer Monarch sei, sei ziemlich gleichgültig. 1932 habe er an den Prinzen Louis Ferdinand gedacht, der einen offeneren Kopf habe als die meisten Fürsten. Er, Brüning, habe in diesen Sachen eine Unterredung mit dem Kronprinzen gesucht, die bei dem General von Willisen stattfinden sollte. Aber Schleicher habe von der Sache Wind bekommen, den Kronprinzen daran gehindert, der Einladung zu Willisen Folge zu leisten, und statt dessen ein Frühstück bei sich angesetzt, wo Brüning und der Kronprinz sich trafen. Die Begegnung habe geheim bleiben sollen, aber Schleicher habe sie schon gleich am nächsten Tage der Pressekonferenz bekanntgegeben. Die ganze Aktion sei dann verpufft. Auch der alte Hindenburg habe Schwierigkeiten gemacht. Vor der Präsidentenwahl habe er, Brüning, unbedingt die Sozialdemokraten gewinnen und halten müssen. Aber gleich nach der Wahl habe er diese Schritte zu einer Restauration unternommen (!).

Karl-Günther von Hase
Wirkungen einer teuflischen Propaganda

Karl-Günther von Hase, 1933

Bei der Machtübernahme durch die Nationalsozialisten am 30. Januar 1933 war ich Untersekundaner (15 Jahre alt) des Prinz-Heinrich-Gymnasiums in Berlin-Schöneberg. Bei dem Versuch, mich zu erinnern, was ich *damals* von der Weimarer Republik dachte, fällt mir nicht viel Gutes ein: der Versailler Vertrag (der der Republik ungerechterweise angelastet wurde), 6 Millionen Arbeitslose, eine zu große Zahl von Parteien im Reichstag und in den Länderparlamenten, blutige Auseinandersetzungen der Polizei mit Nationalsozialisten und Kommunisten, Straßenschlachten, Prügeleien vor Wahllokalen, Notverordnungen und Hunger bei manchen mittellosen Mitschülern – das waren Probleme, mit denen die Weimarer Republik und die sie tragenden Parteien nicht fertig zu werden schienen. Die Republik verstand es auch nicht, für sich zu werben. Lediglich am Verfassungstag wurde einmal im Jahr in der Schulaula eine langweilige Routinefeier abgehalten.

So kam es, daß nach den ebenfalls gescheiterten Experimenten der Regierungen Papen und Schleicher eine Mehrheit des deutschen Volkes bereit war, der Koalition von Nationalsozialisten und Deutschnationalen eine Chance zu geben. Der Beginn einer Ernüchterung kam schnell. Für mich war die erste die gewaltsame Auflösung meines Jugendbundes – der Freischar junger Nation –, die während ihres Bundestreffens zu Pfingsten 1933 im Münsterlager auf Weisung des Reichsjugendführers Baldur von Schirach erfolgte. Auch merkten wir bald, daß an unserem Gymnasium das Lehrerkollegium nach parteipolitischen und nicht nach fachlich qualitativen Gesichtspunkten besetzt wurde. Unser sehr fähiger, im ersten Weltkrieg als Frontoffizier hoch dekorierter – das spielte damals eine Rolle – Direktor, der einer Partei des linken Spektrums nahestand, wurde zum Studienrat degradiert und durch einen zwar gutmütigen, aber unfähigen Parteigenossen ersetzt. Die Spannung im Lehrerkollegium mit mancher unschönen Intrige und mangelnder Zivilcourage verunsicherte auch das Zusammengehörigkeitsgefühl und die kameradschaftliche Verbundenheit der Schüler. Außerdem wurde durch Einführung des Staatsjugendtages und Änderung des Lehrplanes zu Lasten der wissenschaftlichen Fächer immer weniger gelernt und immer mehr marschiert. Widerstand regte sich zu dieser Zeit aber wenig. Die erste Welle breiteren Unverständnisses löste die jede Rechtsstaatlichkeit verhöhnende und verletzende Behandlung der Röhm-Affäre vom 30. Juni 1934 aus. Trotzdem gelang es dem NS-Regime, in den ersten Jahren Zweifel in der Bevölkerung und in der Jugend immer wieder durch außenpolitische und wirtschaftliche Erfolge zu überspielen, unterstützt durch eine professionell erstklassige, aber – wie erst später erkennbar wurde – teuflische Propaganda.

Die Qualitäten der Weimarer Republik sind erst in das Bewußtsein der Bevölkerung getreten, als die Verbrechen des Nationalsozialismus am Ende des Krieges allen offenkundig wurden. Zu diesen Qualitäten gehörten bei allen echten Schwächen

a) die Rechtsstaatlichkeit

b) die Vertragstreue

c) ein in wesentlichen Bereichen funktionierender Beamtenapparat in Preußen und den anderen Bundesländern

d) die Erhaltung des deutschen Reiches (trotz Amputation aufgrund des Versailler Vertrages und der inneren Spannungen und Separationsbestrebungen in der ersten Nachkriegszeit) als de jure und de facto Nachfolger des von Bismarck gegründeten Deutschen Reiches

e) ein hoher Stand von Wissenschaft, der allerdings im wesentlichen noch der vorzüglichen Schul- und Hochschulverfassung vor dem ersten Weltkrieg zu danken war

f) ein Aufstreben von Kultur und Kunst in Berlin, das sich damit trotz des Machtverfalls des Deutschen Reiches ebenbürtig gegenüber den Kulturleistungen anderer Weltstädte erwies

g) die Vorbereitung wirtschaftlichen, militärischen und wissenschaftlichen Wiederaufstiegs, den später der Nationalsozialismus als eigene Leistung für sich in Anspruch nahm.

Gescheitert ist die Weimarer Republik an der Zerrissenheit der Bevölkerung, die zwischen monarchischer Nostalgie und mangelndem Vertrauen in das parlamentarische System kein positives Verhältnis zur Republik fand. Die Weimarer Verfassung war modern, aber zu idealistisch. Die Verfassungswirklichkeit war enttäuschend. Die Alliierten des 1. Weltkrieges, insbesondere Frankreich, haben beim Niedergang der Weimarer Republik kräftig und ahnungslos mitgewirkt, indem sie der Weimarer Republik verweigerten, was sie später dem NS-Staat beinahe freiwillig gaben.

Die Lehren, die aus der Beurteilung der Weimarer Republik im Rückblick zu ziehen sind, gipfeln in der Erfahrung, daß man das Gute, das man hat, oft als selbstverständlich hinnimmt, zu gering einschätzt und nicht bereit ist, für seine Verteidigung energisch einzutreten. Erst, wenn es zu spät ist, Willkür, Chaos und Verlust der Freiheit eingetreten sind, wird man schmerzlich belehrt, was man verloren und welchen schlechten Tausch man vollzogen hat. Daran sollten wir heute denken, wenn eine Minderheit unsere Bundesrepublik und ihre freiheitliche Ordnung zu zerstören sucht.

KARL-GÜNTHER VON HASE
Geb. 1917 in Wanger, Kreis Breslau.
1933: Schüler. Bis März 1982: Intendant des Zweiten Deutschen Fernsehens.

Alard von Schack
Zu spät!

Alard von Schack, 1932

Mein Vater war Kammerherr am Hofe des Königs von Preußen, des deutschen Kaisers, gewesen. Von unseren Hausangestellten ließ er sich nicht etwa »Herr Senatspräsident« anreden, mit dem höchsten Richtertitel also, den ihm die Weimarer Republik gegeben, sondern »Herr Kammerherr«. In dem alten, geschnitzten Schrank auf der Diele unserer Berliner Wohnung bewahrte er den gold- und silberverzierten Kammerherrenfrack auf, den er bei Hoffesten getragen hatte, dazu einen Zweispitz und weiße Kniehosen. Als wir Kinder uns einmal damit verkleiden wollten, wurde er beinahe ärgerlich.

Ich war nicht sonderlich interessiert an Dingen der Monarchie, die ich mit Bewußtsein nicht mehr erlebt hatte. Aber ich war auch kein überzeugter Republikaner. Schwarz-Weiß-Rot waren meine Farben, und ich war gegen die »Roten«. Soweit prägte mich das Elternhaus. Nicht nur das: ich erlebte als aufwachsender Gymnasiast fast täglich – so scheint es mir rückblickend – die erbitterten Wahlkämpfe mit Plakatkleben, Plakatabreißen, Lastwagen voller Fahnen und Sprechchöre, Schlägereien bis zu Barrikadenkämpfen in Neukölln und im Wedding, wo ganze Straßenzüge von der Polizei mit Waffengewalt gegen die ebenso bewaffneten »Roten« zurückerobert werden mußten. Die Schwäche der staatstragenden Parteien, der bürgerlichen besonders, wurde mehr und mehr offenbar.

Und da waren noch die Nazis und ihre SA. Ein Trupp dieser Braunen hatte meinen Vater einmal stramm, mit erhobenem Arm, gegrüßt, als er in voller Uniform eines Majors der Reserve im Ersten Garderegiment zu Fuß zu einer Denkmalseinweihung – nahe bei uns – ging. Das hatte uns Eindruck gemacht, obwohl mein Vater mißtrauisch blieb. Auch ich blieb zunächst abwartend. Als ein Klassenkamerad mich fragte, ob ich nicht in den NS-Schülerbund eintreten wolle, sagte ich nein. Ich neigte nicht dazu, mich irgendwie zu organisieren, schaffte mir aber als Abzeichen eine Wolfsangel an, eine Art halbes Hakenkreuz, wie es damals gelegentlich in der Jugendbewegung getragen wurde. Eines Abends, als ich badete, schoß jemand mit einem Tesching durch die Fensterscheibe in das beleuchtete Badezimmer. Die Kripo stellte fest, daß es der Bäckerjunge von nebenan gewesen war. Der Verdacht war nicht von der Hand zu weisen, daß politische Gründe ihn bewegt hatten. Mein Vater empfahl mir, die Wolfsangel künftig im Schubfach zu lassen.

Dann aber kam, als ich schon Student im 2. Semester war, der schwere Winter 1932/33 in Berlin mit Millionen von Arbeitslosen und dem Anwachsen der radikalen Parteien auf beiden Seiten. Eine meiner Tanten war Hausdame beim Prinzen August Wilhelm von Hohenzollern, einem Sohn des letzten Kaisers. »Auwi«, wie er genannt wurde, war zu den Nazis übergegangen und als Redner im Sportpalast angekündigt. Ich ging hin. Auwi trat im schlichten Braunhemd, ohne alle Rangabzeichen, ans Pult und schilderte, wie er mit der SA, unter Lebensgefahr, in die roten Viertel marschiert sei, um dort dem Terror die Stirn zu bieten. Das imponierte mir. Ich sagte mir: das kannst du auch. Ich trat in den NS-Studentenbund ein und besorgte mir für den Notfall eine kleine Pistole (ohne Waffenschein). In unserer SA-ähnlichen Uniform marschierten wir, inmitten der anderen Braunen und von Polizei bewacht, vor das Karl-Liebknecht-Haus und in die berüchtigte Prinz-Handjery-Straße. Es geschah nichts Ernstliches. Mein Vater ließ mich gewähren. Auch er sah offenbar nicht Größe und Art der Gefahr, die auf uns zukam.

Es folgte der 30. Januar 1933, der Tag, an dem der alte Reichspräsident von Hindenburg Hitler zum Kanzler berief. Ich war gerade noch 18 Jahre alt. Mein Studentensturm, den ich anrief, bestellte mich für den Abend in den dunklen Tiergarten: Antreten zum Fackelzug. Meine Stimmung war freudig-versöhnlich. Nun war es ja geschafft, die dunkle Zeit schien vorüber; ich dachte daran, in einigen Wochen in Italien, in Rom zu sein, wohin meine Eltern zeitweilig verzogen. In dieser Stimmung – illusionär, wie wir jetzt wissen – zog ich mit meinen Kommilitonen durch das Brandenburger Tor, über den Pariser Platz, durch die Wilhelmstraße,

an Hindenburg zuerst und dann an Hitler vorbei, die man nur undeutlich hinter ihren Fenstern sah.

Damit war für mich das Abenteuer des Kampfes, der Illegalität, zu Ende. Die »legalen» Nazis, besser gesagt: die Nazis, die die Macht ausübten, langweilten mich zuerst, dann schreckten sie mich allmählich. Außer der Funktion eines Redakteurs der Freiburger Studentenzeitung im Sommer 1933 übernahm ich nie ein Amt während jener Zeit. Man machte mich zum Sturmmann in der SA (mit einem Balken auf dem Kragenspiegel), entzog mir das aber wieder, als ich öffentlich mit Juden Tennis gespielt hatte. Nach dem Röhmputsch und seinen Morden im Sommer 1934 kehrte sich mein Vater wütend vom Hitlerregime ab und machte sich und mir Vorhaltungen. Ich ging in mein Zimmer und legte schluchzend den Kopf auf den Schreibtisch. Zu spät! Diktatoren, einmal am Ruder, sind nicht so leicht zu beseitigen.

ALARD VON SCHACK
Geb. 1914 in Berlin.
1933: Student. Heute: Publizist in Bonn.

Carl Zuckmayer
San die Juden wirklich so schlimm?

Der Antisemitismus war natürlich der raffinierteste, weil wirksamste psychologische Schachzug der Nationalsozialisten, an den ihre Führer und Wegbereiter aber auch wirklich glaubten: denn man bilde sich nicht ein, daß je eine Propaganda Erfolg habe, von der ihre Initiatoren nicht selbst überzeugt sind ... Auch die ›Rassentheorie‹, völlig verblödet in einem Reich, dessen élan vital ebenso wie seine Nobilität der fortgesetzten Durchdringung des deutschen Elements mit slawischen, magyarischen, romanischen, sogar asiatischen Völkerschaften entsprang (um nur die Hauptgruppen zu nennen), auch die Rassenlehre und damit der Antisemitismus, obwohl es beiderlei Unfug auch in anderen Völkern gibt, hatten ihren Motor im alten Österreich, wo der unverzeihliche Herr Schönerer, ein Scharlatan auf jedem Gebiet, ihm eine vulgärpolitische Basis geschaffen hatte, etwa zur selben Zeit, in der – gleichfalls in Österreich – Theodor Herzl den Zionismus geistig fundierte. Im Bauernland des westlichen Österreich aber, ganz im Gegensatz zu Wien und den östlichen Grenzländern, kannte man keine oder fast keine Juden.

›Der Jud‹ war etwas, wovon man in Märchenbüchern gelesen hatte, wie vom Zauberer und von der Hexe. »Is der Schuschnigg a Jud?«, fragte mich einmal einer der ›Waldbauern‹, die einige Kilometer oberhalb Henndorfs am Fuß oder in den Tälern der bewaldeten Bergzüge ihre abgelegenen Höfe hatten und die ich auf meinen Wanderungen gern besuchte. »Warum glaubst du das?« fragte ich zurück. »Weil die Hütler« – so nannte man dort, vereinfachend, die Nazis –, »weil die Hütler so auf ihm herumschimpfen.« Ich erklärte ihm, daß der Schuschnigg kein Jud sei, sondern ein Katholik wie er selber. Er schien beruhigt. Aber dann grübelte er weiter: »San die Juden wirklich so schlimm?« Ich beruhigte ihn auch darüber. »Aa'mol«, sagte er nachdenklich, »aa'mol möcht i an sehn.«

CARL ZUCKMAYER
1896–1977. Schriftsteller.
Aus: Carl Zuckmayer. Als wärs ein Stück von mir. Erinnerungen. Horen der Freundschaft. S. Fischer Verlag. Frankfurt 1977.

Evelinde Manon
Immer mehr BDM-Mädchen …

Mit meinem glatten Pagenkopf und meiner Kleidung war ich 1933 ein Anachronismus. Denn seinerzeit trug man möglichst hellblonde Zöpfe und die BDM-Uniform mit Kletterweste. Etwa zwei Jahre früher hatte ich die ersten BDM-Mädchen in ihren braunen sackähnlichen Kleidern in der Schule auftauchen gesehen. Sie spielten zuerst kaum eine Rolle, aber ehe man sich versah, wurden sie immer stärker und gaben bald den Ton an. 1933 erschien dann schlagartig die ganze Klasse in den mittlerweile schwarz-weißen BDM-Uniformen, bis auf drei »jüdisch angehauchte« und eine Outsiderin. Und wir vier wirkten zwischen den anderen fast wie Verfemte, zumal auch die Lehrkräfte sofort nach der Machtübernahme den Unterricht mit dem Hitlergruß begannen.

Die hundertprozentig überzeugten Nationalsozialisten kamen überwiegend aus Familien mit deutschnationaler Gesinnung und dieser verschwommenen Mischung aus Heldenkult, Kriegsverherrlichung, Haß gegen alle Andersdenkenden, Andersartigen, und einer starren Sexualmoral. Ich erinnere, wie die Mutter einer Mitschülerin sagte, sie brauche sich um die Moral ihrer heranwachsenden Töchter keine Sorgen zu machen, denn für sie kämen zum Heiraten nur SS-Männer in Frage (und die dürften nur unberührte Mädchen zur Frau nehmen). Und die Brutstätte der heutigen Rechtsextremisten sind wiederum die ehemaligen Nazifamilien. Heute wie damals die gleichen Ideale, die gleiche Intoleranz, der gleiche Anspruch, die wahren Patrioten zu sein, (dabei wäre es um Deutschland weiß Gott besser gestellt gewesen, wenn es nach den anderen gegangen wäre) und beängstigenderweise auch wieder die gleiche Bereitschaft, für »die Idee über Leichen zu gehen«. Erstmal nur theoretisch. Aber wohin das führt, haben wir leider erlebt. Das »Juda verrecke«, das mir schon als Kind in Sprechchören und von Häuserwänden entgegenblaffte, wurde später in den Vernichtungslagern zur grausamen Wirklichkeit. Die Schritte dahin begannen langsam. Und darauf kann man nicht genug warnend aufmerksam machen, wie allmählich, fast unmerklich, so etwas vor sich geht: bis hin zum Terrorregime mit allen Machtbefugnissen. Als erstes machte man die Hellhörigen und Mahner mundtot, die Schriftsteller, Journalisten und Kabarettisten. Zu den Intellektuellen zu gehören, galt als schändlich und undeutsch.

Zu Anfang nahm sich alles noch relativ harmlos aus.

Und wenn Ausschreitungen vorkamen, wurden sie mit »wo gehobelt wird, fallen Späne« bagatellisiert oder populär gemacht. Es gehörte jedoch schon zu jener Zeit mehr Mut dazu, sich gegen den Trend zu stellen, als mit dem Strom zu schwimmen, wie etwa die unendlich vielen Mitläufer, die Hitler entscheidend mit zur Macht verhalfen.

Immerhin hatte ich das Glück, ein sehr religiöses Mädchenlyzeum zu besuchen, dessen Direktorin offensichtlich gegen die Braunen eingestellt war. Trotzdem hatte sie nun das Podium zu räumen, wenn die neu ernannte Schulführerin die Nationalfeiern leitete sowie die jeden Montag stattfindenden Flaggenparaden abhielt. Mit erhobenem Arm mußten wir außer dem Horst-Wessel-Lied auch »Unsere Fahne flattert uns voran« schmettern, jenes Hitlerjugendbekenntnis, das mit »ja, die Fahne ist mehr als der Tod« endete. An Begriffe wie reinarisch, halb- oder volljüdisch, entartet, an Schimpfworte wie Volksfeind, internationales Judentum, Neinsager und an die Schilder vor Restaurants und Geschäften »Juden unerwünscht« oder »Juden ist der Zutritt verboten«, hatte man sich längst gewöhnt. Und wie rasch all diese Ungeheuerlichkeiten zur Selbstverständlichkeit, zum Alltag, werden können, sollte eine weitere Warnung sein.

Der wichtigste Ansatzpunkt, um Ähnliches zu verhüten, scheint mir rechtzeitige und gründliche Information über politische Entwicklungen und Tendenzen zu sein. Aber wer hört sich das schon an? Und wer hat denn damals Hitlers »Mein Kampf« durchgelesen? Oder gar auf die Warner gehört? Die Jugend gewiß nicht. Sie war fasziniert von der neuen heroischen Zeit, schrie sich heiser an den Heilrufen bei Massenkundgebungen und folgte blindlings dem geliebten Führer. Und der wußte dieses biegsame Material auszunutzen und geschickt zu mißbrauchen. Natürlich hat auch die Wirtschaftskrise der dreißiger Jahre zum Erfolg Hitlers beigetragen. Denn während die Arbeitslosen von heute ihr eigenes Auto fahren und nach Mallorca oder weiß Gott wohin in die Ferien reisen können, litten die Arbeitslosen von damals wirklich Not. Der arbeitslose Mann unserer Zugehfrau besohlte für seine Familie die Schuhe selbst und konnte sich nicht das Fahrgeld für die Straßenbahn leisten. In solchen Zeiten sind die Menschen gegenüber »Heilsverkündern« natürlich besonders anfällig.

Aber auch bei unserem heutigen Wohlergehen nehmen schon seit Jahren Neonazis und Wehrsportgruppen besorgniserregend zu. Und man sollte den Anfängen wehren, bevor der Ruf nach dem starken Mann noch fordernder wird. Äußert man aber seine Befürchtungen, so bekommt man meist zu hören, bei den Rechtsradikalen handele es sich nur um ein kleines ungefährliches Häuflein. »Sie sehen das völlig falsch«, heißt es dann, »die Gefahr kommt von links«. Hat man nicht vor 1933 wörtlich das Gleiche gesagt? Und waren nicht anfangs die Nazis ein noch kleinerer Haufen gewesen, den man viel zu wenig ernstgenommen hat?

Wenn nun schon wieder die Millionen Toter in den KZs und Vernichtungslagern als »Lüge und Legende« hingestellt werden und Pazifismus, diese Grundvoraussetzung des Christentums, zum Schimpfwort verteufelt wird – genau wie einst in der Hitlerzeit –, so klingt das schon sehr bedenklich. Und all diejenigen, die Deutschlands düsterste Vergangenheit noch miterlebt haben und nicht durchs Alter verklärt als rosige Jugend erinnern (nach dem bequemen Motto »es war alles halb so schlimm«) sollten nicht müde werden, als Mahner und Warner aufzutreten, auf daß es keine Wiederholung geben möge.

EVELINDE MANON

1933: Schülerin. Evangelisch. Heute: Fotografin (Schwester von Hanns Theodor Flemming).

Evelinde Mannon, geb. Flemming und Hanns Theodor Flemming

Hanns Theodor Flemming
»Intellektueller« wurde zum Schimpfwort

Das Ende der Weimarer Republik und den Beginn des Dritten Reiches erlebte ich im Alter von siebzehn Jahren. Ich war damals Obersekundaner am Wilhelm-Gymnasium in Hamburg. Da ich im Jahre 1933 damit begann, regelmäßig ein Fakten-Tagebuch zu führen, bin ich in der Lage, alles, was ich seitdem erlebt habe, anhand meiner Aufzeichnungen nachzulesen und durch lebendig gebliebene Erinnerungen zu ergänzen. Während mir die anfänglichen Eintragungen rückblickend allzu lapidar und manchmal dürftig erscheinen, blieben die mit ihnen verbundenen Erinnerungen vergleichsweise bildhaft im Gedächtnis.

Eintragungen wie »Hitler Reichskanzler« (30. Januar), »Abends Hitlerrede im Radio gehört« (2. März), »Reichstagswahl« (5. März), »Schulfrei wegen des nationalsozialistischen Wahlsieges« (9. März), »Im Radio Eröffnung des Reichstags – Hindenburg und Hitler – gehört« (21. März), oder »Schulfrei wegen Hitlers Geburtstag« (20. April) besagen an sich nicht viel, andere Notizen wie »Mit der Klasse Ausflug nach Lütjensee ins Haus Türkheim, dort selbst gekocht und Saufabend« (17. März) oder »Im English Club bei Philippi politische Debatte« (12. Mai) wecken hingegen persönliche Erinnerungen an überraschende Situationen in den ersten Monaten nach der Machtergreifung Hitlers.

Ein Wort zu meiner persönlichen Situation um die Wende 1932/33. Von einer teils angeborenen, teils milieubedingten Haltung her habe ich das Ende der Weimarer Republik und den Beginn des Dritten Reiches anders erlebt als die Mehrzahl meiner Schulkameraden und Altersgenossen. Mein Vater Consul Max Leon Flemming, ein Großkaufmann rheinischen Ursprungs, galt als Kunstmäzen und Sammler von Gemälden von Picasso, Chagall, Marc, Macke, Kandinsky, Nolde, Schmidt-Rottluff, Pechstein u. a. in den zwanziger Jahren bei den konservativen Hanseaten als recht exzentrisch. In seiner Gesinnung war er extrem liberal und kosmopolitisch eingestellt. Meine Mutter hingegen, eine Bremerin, bei der ich nach der Scheidung der Eltern in der Heimhuderstraße meine Kindheit und Jugendzeit verbrachte, war zwar gleichfalls ziemlich extravagant, doch in ihrer Haltung deutsch-national gesonnen. Nachdem mein Vater während der Weltwirtschaftskrise sein Vermögen und seine Sammlung verloren hatte, erfuhr ich als Teenager die materiellen Nöte der damaligen Zeit auf bitterste Weise. Andrerseits bewegte ich mich in einem Milieu, in dem es tatsächliche oder potentielle Nationalisten oder Nationalsozialisten kaum gab.

Von früher Kindheit an war ich – ähnlich wie meine Schwester – ein Individualist und Einzelgänger. Auf der Schule wurde ich einerseits als »Intellektueller« bezeichnet, was damals ein Schimpfwort war, andererseits wegen meiner unüblichen Lockenfrisur und geringen Neigung zu handgreiflichen Auseinandersetzungen als »Mädchen« gehänselt. Schon immer haßte ich die brutale Mentalität kollektiver Gesinnung, die auf dem Schulhof oder bei Ausflügen, in der Turnstunde oder auf dem Sportplatz herrschte und damals durch den von der Schule veranstalteten »Wehrsport« noch an Boden gewann. Mit Ausnahme eines der beiden Juden in meiner Klasse, mit dem mich eine bis heute noch nach Chicago hin bestehende Freundschaft verband, hatte ich als Outsider kaum Freunde. Auch mit meinem langjährigen deutsch-nationalen Klassenlehrer lag ich in ständiger ideologischer Fehde. Was sich 1933 ereignete, erregte bei uns Schülern damals keinerlei Überraschung. Denn das geistige Klima für die politische Wende war besonders durch das Gymnasium und seine Lehrer längst entsprechend vorbereitet. Schon Jahre zuvor mußten wir dort die Kriegsbücher von Ernst Jünger, Walter Flex, Edwin Erich Dwinger und Werner Beumelburg lesen, auch Hans Grimms »Volk ohne Raum«, während ich mich zu Hause allein intensiv mit Rilke und George, Stirner und Nietzsche beschäftigte. Eine Anti-Einstellung zur Demokratie wurde gelehrt, die Weimarer Republik

galt – leider vielleicht nicht ganz zu Unrecht – als schwach und labil, der Reichstag als Schwatzbude. Parallelen zur heutigen Situation, in der die Abiturienten (wie ich selbst als Hochschullehrer beobachten konnte) durch die Ideologie von linken Lehrern und die Haltung der Alternativen gegen die Bundesrepublik und ihr gesellschaftliches System indoktriniert werden, drängen sich auf.

Dennoch war die Situation um 1933 im weltoffenen Klima der Hansestadt Hamburg damals auch zuweilen bemerkenswert anders. Obwohl nach Hitlers Machtergreifung zahlreiche Gymnasiasten plötzlich in Stahlhelm-, SA- oder HJ-Uniformen zum Unterricht erschienen, wurden die beiden Juden in meiner Klasse unvermindert kameradschaftlich behandelt. Meine oben angeführte Tagebucheintragung vom 17. März 1933, aber auch spätere Notizen bis zum Abitur zeugen davon, wie wir sogar Klassenabende in ihren Häusern verlebten. Im »English Club«, einer freiwilligen Schülervereinigung von Liebhabern der englischen Sprache, fanden auch nach 1933 noch freimütige Diskussionen statt, in denen man – allerdings auf Englisch – seine Anti-Nazi-Gesinnung offen zum Ausdruck bringen konnte. Auch mein Abitur im Februar 1935 bietet ein aufschlußreiches Dokument. Obwohl ich als Klassenbester bestand, wurde ich während der öffentlichen Abiturfeier in der Aula des Wilhelm-Gymnasiums vom neuen Oberschulrat gerügt, aus meinen Aufsätzen spräche keine nationalsozialistische Gesinnung. Das Lehrerkollegium aber hatte sich zuvor in einer von ihm anberaumten Sonderkonferenz geweigert, die sehr guten Noten aus politischen Gründen herabzusetzen.

HANNS THEODOR FLEMMING
Geb. 15. 12. 1915 in Hamburg.
1933: Schüler. Heute: Professor für Kunstgeschichte emer. und Kunstkritiker.

Friedrich G. Conzen
Die Tragweite nicht erkannt

Wie Harry Graf Kessler in seinen »Tagebüchern« berichtet, spielten auch kleine Butiker, die Käse und saure Gurken verkauften, plötzlich eine politische Rolle, weil sie sich dem »Nationalsozialismus in die Arme warfen«. Kessler schreibt von einem Aufbruch des kleinen Mittelstandes und damit der Ungeistigkeit.

Mein Elternhaus war katholisch, relativ unpolitisch und jedenfalls gegenüber dem Nationalsozialismus sehr, sehr skeptisch.

Nach dem Abitur studierte ich Kunstgeschichte und Betriebswirtschaft in Bonn. In der Nacht des 30. Januar 1933 war ich mit Kommilitonen im »Kieferstübchen« in Bonn. Nachdem wir die Rede Hitlers gehört hatten, haben wir uns vorsätzlich betrunken, weil wir wußten: »Unsere schönste Zeit ist vorüber!«

Womit ich nicht sagen will, daß wir die Tragweite der Regierungsumbildung erkannt hätten. Aber wir spürten doch, daß das alles nicht gut gehen konnte. Allerdings meinten wir auch, in einigen Monaten würde Hitler gemäßigter sein, denn außer Hitler waren nur Frick und Göring, später Goebbels Nazis, die Mehrzahl waren deutsch-nationale und konservative Minister.

Wir hofften, daß diese Kräfte imstande seien, Hitler in Grenzen zu halten. Es geschah nicht, und das war eigentlich für uns ein Wunder, wenn auch ein schlimmes. Im übrigen waren immer weniger Leute arbeitslos und das erkannten wir als Leistung an. Zum Nachdenken zwang uns die Tatsache, daß immer mehr bekannte Persönlichkeiten aus dem Ausland Hitler ihre Aufwartung machten. Also konnte er doch nicht so »böse« sein, wenn das Ausland ihn anerkannte?

Als schließlich die Olympiade in Berlin stattfand und ein so positives internationales Echo fand, da waren bei uns noch mehr Zweifel ausgeräumt. Es war eben schlimm, daß das Ausland Hitler auf alle mögliche Weise stützte, statt ihm die kalte Schulter zu zeigen. Man muß es aber begreifen, wenn wir nicht in den Widerstand gingen. Schließlich wollten wir unsere Zukunft nicht gefährden.

Als Studenten des Kunsthistorischen Institutes der Universität Bonn unternahmen wir eine zehntägige

Exkursion im April 1933 nach Paris. Die Franzosen waren uns gegenüber mißtrauisch. Sie fragten, ob wir etwa auch Emigranten seien? Zum ersten Mal hörten wir davon, daß doch viele Deutsche geflohen waren, was uns wiederum nachdenklich stimmte.

Uns wurde für unsere Rückkehr eine »Abreibung« zugesagt. Wir stiegen deshalb in Köln einzeln aus dem Zug, um als Gruppe nicht aufzufallen. Das sind alles Kleinigkeiten, jawohl, aber auch diese belasteten unser Leben und unser Fortkommen.

Ich erinnere mich noch an eine Begebenheit in München, wo ich an einem Seminar bei dem hochgeschätzten Kunsthistoriker Wilhelm Pinder teilnahm und außerdem die Vorlesungen des beliebten Theaterhistorikers Kutscher besuchte.

Pinder war ein mutiger Mann, der uns katholische Studenten aufforderte, Widerstand zu leisten. Das war leichter gesagt als getan. Allerdings tat sich auch Pinder nicht als Widerständler hervor, sondern erwähnte sogar in einer Vorlesung, daß die Katholische Kirche in Rom mit dem NS-Deutschland seinen Frieden gemacht hätte, immerhin wäre das beachtlich. Freilich verunsicherte uns das aufs neue, denn Pinder selbst war doch fraglos gegen das NS-Regime. Aber es ging eben alles durcheinander damals, was, wie ich nochmals unterstreichen muß, für uns die geistige Orientierung sehr schwer machte.

Durch den Nationalsozialismus berühmt wurde der Architekt Troost. Wir sahen das Modell von ihm für das Haus der deutschen Kunst in München. Ich fragte Pinder, was er von dem Troost'schen Bau halte. Er witzelte: »Ich bin untröstlich.« Am gleichen Morgen hörte ich in einer Kutscher-Vorlesung über Walther von der Vogelweide. Darin interpretierte Kutscher ein Gedicht, aus dem ich nun Pinder zitierte: »Wie wäre es mit den Worten von Walther von der Vogelweide: ›Trost mag ich es nicht gern geheißen, vielmehr gar ein klein Tröstelin!‹« Ich wurde dadurch geradezu als besonderer Kenner von Walther von der Vogelweide angesehen – was allein meine Schlagfertigkeit war.

In München war ich Mitglied der katholischen Corporation »Ottonia«. Offen kritisierte man das Regime nicht, sondern nur im geheimen, eben aus Existenzangst. So wurde uns sogar geraten, in den Nationalsozialistischen Deutschen Studentenbund einzutreten, um dort Einfluß zu gewinnen und Schlimmeres zu verhüten.

Wir versuchten es, allerdings mußten wir künftig ein-

mal in der Woche, um 6.00 Uhr morgens, zum Früh-
sport antreten. Körperliche Ausbildung war wohl den
Nazis wichtiger als geistige. Allerdings war der NS-
Studentenbund in München großzügiger als beispielsweise die Ortsgruppen im Rheinland es waren.
Als ich nach Düsseldorf zurückkam, spürte ich hier
einen anderen »Geist«. Ich wurde von München aus,
ob ich wollte oder nicht – der Reiter-SA überwiesen
und mußte hier auch Stalldienst leisten. Einige Monate lang habe ich das getan. Schließlich blieb ich ganz
einfach weg. Ich wollte ja Kunsthistoriker werden und
nicht Pferdeknecht. Schließlich gab ich aber mein Studium auf, denn als Student war man gezwungen, ein
Jahr Arbeitsdienst abzudienen. Mein Vater hatte dafür Verständnis; ich trat in die väterliche Firma ein.
Ich bezweifle, daß sowohl die Jüngeren wie die Älteren damals wirklich wußten, woran eigentlich die Weimarer Republik zugrunde ging, und wieso die Nazis
an die Macht kamen. Man wirft uns Älteren heute
vor, wir hätten nicht genügend getan, um die Republik zu retten. Die Deutschen waren in den zwanziger
und dreißiger Jahren längst nicht so politisiert, wie sie
das heute sind. Politik galt als lästiges Übel, mit dem
man sich nicht befassen wollte.
Was den Kampf der Nazis gegen die Juden anbetrifft,
so möchte ich noch folgendes erwähnen: Erst 1981 traf
ich einen jüdischen Bekannten namens Baum wieder,
der jetzt in Israel lebt. Wir tauschten unsere Gedanken über »Holocaust« aus. Herr Baum war 1938 aus
Düsseldorf ausgewandert. 1941 war er in die britische
Armee eingetreten, und er hatte etwa im Jahre 1942
erstmals Aufnahmen vom KZ gesehen. Was er auf den
Fotos sah, konnte er als ehemaliger Deutscher nicht
glauben. Er behauptete damals, das wäre typische britische Propaganda, die Deutschen seien zu solchen
Greueltaten nicht fähig. Wenn schon ein Jude das
nicht glaubte, wie konnten wir es glauben, so wir von
der Sache Kenntnis bekamen?
Aber was wirklich in Deutschland und in den von
Deutschen besetzten Gebieten vorging, wußten wir
doch nur gerüchteweise. Das soll keine Entschuldigung sein, nur ein Hinweis dafür, warum auch viele
gläubige Katholiken sich nicht anders verhielten, als
sie sich tatsächlich verhalten haben.

FRIEDRICH G. CONZEN
Geb. 1913 in Düsseldorf.
Katholisch. 1932/33: Student. Heute: Dr. h. c., Kaufmann.
Präsident der Hauptgemeinschaft des deutschen Einzelhan-
dels. Präsident der Industrie u. Handelskammer Düssel-
dorf.

Anton Betz
Wie ein Münchner Verlag
»gleichgeschaltet« wurde

Verleger Anton Betz

*Der Vorsitzende des Aufsichtsrates C. Haniel war am
19. März nach München gekommen, gab sich zuversichtlich und machte am 26. und 27. März mit mir Besuche bei den neuen Machthabern. Esser, der die Kontrolle über die Presse übernommen hatte, bezeichnete
die Münchner Neueste Nachrichten als »jüdische Jour-
naille«, die ausgerottet werden müsse. Himmler tobte
über die unbelehrbare MNN und behandelte uns so, als
ob wir gar nicht da seien. Wir meldeten uns bei Röhm,
der in der bayrischen Staatskanzlei residierte. Die Flure
waren mit SA-Wachen besetzt, die Fotos der Ministerpräsidenten Kahr und Held mit Seitengewehren an der
Wand aufgespießt. Röhm war durch den Besuch Ha-
niels beeindruckt, Haniel kapitulierte vor ihm, Röhm
sicherte Schutz zu. Am Abend des 27. März marschierte ein SA-Trupp auf, besetzte mein Zimmer und das
Sekretariat. Der Truppführer entriß mir das Telefon
und zeigte mir den Verhaftungsbefehl, unterschrieben
von Heydrich. Gleichzeitig fand in meiner Wohnung
eine Haussuchung statt. Im Verlagshaus und in meiner
Wohnung beschlagnahmte und entführte Polizei und
Gestapo meine gesamte Korrespondenz, die seitdem
verschollen ist.
Ein aus zwölf Mann bestehender SA-Trupp brachte
mich um Mitternacht in das Polizeigefängnis in der Ett-
straße. Hier empfing mich der SS-Chef Heydrich mit
den Worten, er freue sich, nunmehr auch den Leithund
der schwarzen Herde in seinem Haus zu sehen. Ich
wurde in eine Einzelzelle eingesperrt.*

ANTON BETZ
Geb. 1893 in St. Ingbert (Saar). Zeitungsverleger.
Rheinische Post, Düsseldorf. 1963–1967: Präsident des
Bundesverbandes deutscher Zeitungsverleger. Erster Auf-
sichtsratsvorsitzender der Deutschen Presseagentur.
Aus: Anton Betz. Zeit und Zeitung. Notizen aus acht Jahr-
zehnten. 1893–1973. Droste Verlag. Düsseldorf 1973.

Wilhelm Kollmar
Vergebliche Hoffnung für die Juden

Obwohl Hitler, Rosenberg, Streicher und viele andere seit den frühen zwanziger Jahren kriminelle Judenhetze betrieben, wurden auch die Juden selbst kaum hellhörig. Viele nahmen die Nationalsozialisten und ihre Rassentheorien nicht ernst. Selbst der jüdische Kunsthändler Alfred Flechtheim veröffentlichte 1924 in seiner kosmopolitischen Zeitschrift »Der Querschnitt« eine Anzeige zu Gunsten der NSDAP.

Die Judenverfolgung durch Hitler wird zumeist nicht richtig gesehen. Es entsteht der Eindruck, als habe sich dieser grauenhafte Vorgang vorrangig abgespielt. Demzufolge erhebt sich die Frage, warum die Deutschen dieses alles geduldet und nichts dagegen unternommen haben. Auch das Attentat auf Hitler 1944 geschah nicht wegen der Verbrechen an den Juden. Es geschah, um dem Verbrechen am deutschen Volk Einhalt zu gebieten.

Nach »Holocaust« und anderen Darlegungen müssen viele Mitbürger, welche die Herrschaft Hitlers nicht oder nur in früher Jugendzeit miterlebt haben, den Eindruck gewinnen, daß das beherrschende Thema der antisemitischen Einstellung Hitlers, seinem »Stürmer« und seinen Kampfgenossen gegolten habe. Dieses gibt indes ein irreführendes Bild. Zwar war die Ausschaltung der »jüdischen Elemente« ein wichtiger und bekannter Programmpunkt, aber das störte Millionen Arbeitsloser nicht, Hitler in Erwartung einer besseren Beschäftigungslage die Stimme zu geben. Man nahm übrigens in den Anfängen Hitlers an, daß sich sein nach außen gezeigter Judenhaß allmählich legen werde, nachdem die Ausschaltung einer führenden Schicht von Juden in höheren Ämtern erfolgt war. Diese Auffassung wurde dadurch unterstützt, daß Veröffentlichungen erschienen, wonach Hitler selbst und einige seiner Parteifreunde nicht »rein-arischer« Herkunft wären.

Ich selbst habe den Aufstieg Hitlers in Berlin erlebt. Meine Frau, Vilma Mönckeberg, und ich hatten privat und geschäftlich manche Gelegenheit, in unserem jüdischen Bekanntenkreis hilfreich zu sein, was durchaus nicht immer leicht war. Ich möchte hier keine Einzelheiten anführen, es aber doch nicht unerwähnt lassen, daß ich u. a. bei der Übergabe des Kempinski-Unternehmens in Berlin in »arische Hände« wertsichernde Hilfe leisten konnte.

Ich glaube, daß die Stimmung in Berlin in jener Zeit in folgendem Abschnitt meiner Lebenserinnerungen treffend wiedergegeben ist: »Wie im Traum erscheinen mir dagegen rückschauend die politischen Ereignisse dieser Jahre in Berlin. Hitler und seine Spießgesellen, die SA und SS-Gruppen. Ich höre noch deutlich den knallenden Marschtritt der Kolonnen und das Gegröhl der Kampflieder in den nächtlich düsteren Straßen. 1933 begann sein unheilvolles Wirken, das erst 12 Jahre später ein schreckliches Ende nehmen sollte.«

Mit dem Krieg begann die zweite Phase in der Judenverfolgung. Es ging ihm jetzt vor allem um die Beseitigung der in den besetzten Nachbarländern lebenden Juden. Solange sich die Verfolgung auf jüdische Inlandsdeutsche bezogen hatte, gab es noch Augenzeugen von dem brutalen Abtransport. Jetzt indessen, als sich die Greueltaten zumeist im Osten vollzogen, spielte sich alles hinter einem dichten Vorhang ab. Sicher sind auch hier viele Hilfen für die armen Verlorenen erfolgt. Aber wehe dem, den die Gestapo dabei erwischen konnte. Nach dem Kriege wurde der folgende Fall aus Kopenhagen bekannt. Der dortige Botschafter hatte den Mut, eine große Anzahl von Juden (es sollen 2000 gewesen sein), die vor dem Abtransport standen, rechtzeitig zu informieren und diesen noch eine Gelegenheit zu geben, in das neutrale Schweden zu entkommen.

Es kann nicht wundernehmen, daß die Schrecken des Hitler-Krieges allmählich alle anderen Untaten übertönten – auch die Judenverfolgung. Jetzt war der deutsche Arier selbst in die entsetzliche Lage eines bis zum Tod verfolgten Wesens geraten.

WILHELM KOLLMAR
Geb. 1891. Bis 1936 Wirtschaftsprüfer. Ab 1937 Industrie-Kaufmann.

Hans Leip
Gleichschaltung im PEN-Club in Hamburg

Hans Leip, 1933

Mir fehlt jeder Nerv für politische Beurteilung. Ich stand seit je allem unbeteiligt, stets nur beobachtend gegenüber: ein unbekehrbarer Eigenbrödler. Mein Hamburger Seminargenosse Hans Podeyn, der bei den Sozis emporstieg, wollte mich überreden, seiner Partei beizutreten. Er schob mir ein Mitgliedsbuch zu. Bevor ich unterschrieb, sah ich mir den Verein an. Er tagte in einem Lokal in der Wexstraße. Der düstere Raum war tabakverwölkt. Es wurde Bier getrunken und Karten gespielt. Ich fragte kühn, was man denke, gegen den wachsenden Radau der Kommunisten und Hitleristen zu tun. –

»Ach watt«, entgegnete man: »Die Idioten drücken sich gegenseitig die Gurgel ab!« Ich gab das Parteibuch zurück.

War sowieso nie in einer Partei. Mir als Hanseaten behagte die Weimarer Republik nicht. Nur Friedrich Ebert bewunderte ich. Und dann kam der hochgeputschte österreichische Gefreite mit dem kümmerlichen Tropfenfänger unter der Nase.

1933: Überall knatterte der Befehl zu »Gleichschaltung«. Ein gewisser Schuldirektor Dr. Bruno Peyn hatte die Hamburger Schriftsteller zu einer Versammlung beordert. Er stellte die neue Leitung des Schriftstellerverbandes vor. Das halbe Dutzend der Herren stak wie er in brauner Uniform. Ich kannte keinen und bat, sie möchten ihre Veröffentlichungen nennen. Es kamen nur Kläglichkeiten heraus. Ich mußte lächeln. Dr. Peyn schrie mich an: »Ich werde Ihre Bücher dem öffentlichen Zugriff entziehen!«

Bald darauf erschien bei einer Sitzung der Hamburger Gruppe des PEN-Clubs im Uhlenhorster Fährhaus ein ungebetener Gast und sagte, er sei amtlich der neue »Vorsitzer«. Ich fragte auch ihn, was er bislang geschrieben habe. Er stammelte etwas von einer medizinischen Doktorarbeit. Daraufhin schlug ich vor, diese PEN-Gruppe aufzulösen. Er widersprach gekränkt. Er wandte seine dürftige Erscheinung gegen mich. Ich sagte kühl: »Sie sehen gar nicht wie ein Arier aus!« Er stotterte: »Ich bin Dinarier.« Ich antwortete: »Dann ersetzen Sie das erste i besser durch ein ü.«

Meumann, Feuilletonleiter des Fremdenblattes, rang hinter mir die Hände und hauchte: »Mensch, seien Sie doch vorsichtig!« Aber das lag mir nicht. Und der neue Mann verschwand bald in der Versenkung.

Peyn jedoch zitierte mich in sein Blankeneser Haus. Es war ihm, so hörte man, aus Parteigunst zugeschoben worden, nachdem der jüdische Besitzer es verlassen hatte. Der beauftragte Literaturgewaltige und Pauker – er hatte ein paar mäßige plattdeutsche Bühnenstücke verfaßt – riet mir, von nun an betont deutschvölkischer zu schreiben und alles Rassenschänderische wie etwa im »Nigger auf Scharhörn« oder im Roman »Die Blondjäger« strikt zu vermeiden. Auch bemängelte er, daß im erst kürzlich bei einem jüdischen Verlag (Enoch) erschienenen Buch »Jan Himp und die kleine Brise« der Titelheld nicht in die Hitlerjugend eingetreten sei.

Peyn brüstete sich ein wenig zu auffällig mit seiner urniederdeutschen Ahnenreihe. Robert Walter nun, von ihm ebenfalls befuchtelt, Verfasser guter Prosa und Dramen, forschte in betreffenden Kirchenbüchern nach. Siehe da, er fand eine jüdische Großmutter des SA-Getarnten säuberlich ausradiert. Das war eine höchst »peynliche« Entdeckung. Der Bloßgestellte schwieg von da an.

HANS LEIP
Geb. 1893 in Hamburg.
Schriftsteller und Maler. Prof. h. c.

Ruth Buchholz
Vaters Arbeitsplatz wurde »eingespart«

Emil Maetzel, gezeichnet von seiner Tochter Ruth

Im liberalen Hamburg dauerte im Frühjahr 1933 alles etwas länger. Nach der Machtübernahme am 30. Januar war von der »Gleichschaltung« zuerst wenig und dann nur langsam zunehmend mehr zu merken. Erst nach der Reichstagswahl Anfang März trat die sozialdemokratische Landesregierung zurück. Das »Gesetz zur Wiederherstellung des Berufsbeamtentums«, erlassen Anfang April, war eines der Gesetze, die die »Säuberung« voranbrachten.

Der Oberbaurat und Maler Emil Maetzel, unser Vater, war zu der Zeit Leiter der Städtebauabteilung in der Baubehörde, als der weltweit bekannte Fritz Schumacher Oberbaudirektor war. Schumacher, gerade 64 Jahre alt geworden, legte man nahe, seine Pensionierung einzureichen. Unser Vater war 55 Jahre alt. Aus »rassischen« oder »politischen« Gründen konnte man sich seiner nicht entledigen. Aber das Gesetz enthielt den § 6, der angewendet wurde, wenn eine Stelle eingespart werden sollte. Unser Vater erhielt seinen Entlassungsbescheid aufgrund des § 6. Auch bei seinem langjährigen Mitarbeiter Baurat Richard Tüngel (der nach dem Kriege maßgebend am Wiederaufbau der ZEIT mitwirkte) wandte man diesen § 6 an. Beide Stellen wurden sehr bald neu besetzt. 1919 gehörte unser Vater – ebenso wie unsere Mutter, die Malerin Dorothea Maetzel-Johannsen – zu den Gründungsmitgliedern der »Hamburgischen Secession«, jener Künstlergruppe, die in den 20er Jahren wichtige kulturelle Impulse gab. Im März 1933 hatte sie im Kunstverein an der Neuen Rabenstraße ihre letzte Ausstellung. Kaum war diese eröffnet, wurde von oben ihre Schließung angeordnet. Als von ihr verlangt wurde, ihre jüdischen Mitglieder zu entfernen, löste sie sich in solidarischer Einmütigkeit selbst auf.

Wer damals unseren Vater in seinem Büro an der Blei-

chenbrücke besuchte, mag gewiß erstaunt gewesen sein: an gelb gestrichenen Wänden hingen expressionistische Holzschnitte, und überall standen Negerplastiken aus seiner umfangreichen Sammlung. Das war in einer Behörde ungewöhnlich und sicherlich manchem Kollegen oder Besucher ein Ärgernis: es bewies geistige Unabhängigkeit und freiheitliche Gesinnung. Hätte im Laufe der NS-Zeit ein höherer Beamter weiter so leben können? So waren wir zunehmend froh, daß ihm – zumindest in der Behörde – persönliche Widerwärtigkeiten erspart blieben ...

Auch das war im Jahre 1933, als ein uns befreundeter Studienrat, Lehrer an der Lichtwarkschule, während des Unterrichts aus der Klasse geholt und ihm draußen vor der Tür eröffnet wurde, er habe seine Sachen zu packen und nach Hause zu gehen. Er durfte sich nicht einmal von der Klasse verabschieden. Er bekam seine Entlassungspapiere nie. Dieser Dr. G. Heine (kein Jude!) war bis 1923 Mitglied der Kommunistischen Partei gewesen, dann aber ausgetreten (also 10 Jahre vor der »Machtergreifung«). Er ist dann bald ins Ausland gegangen und erst 1948 zurückgekehrt. – Manchmal habe ich mich gefragt, wie oft wohl Intrige oder persönliche Animositäten in solchen Umbruchzeiten eine Rolle gespielt haben.

RUTH BUCHHOLZ
Geb. 1911 in Hamburg.
1933: Hausfrau. Heute: Malerin.

Karl Klasen
Warum trat die Regierung sang- und klanglos ab?

Karl Klasen, heute

Mein Vater war Angestellter. Wir lebten in geordneten, aber bescheidenen Verhältnissen. Geboren 1909, trat ich als Jura-Student in Hamburg der sozialistischen Studentengruppe bei, ohne dort besonders aktiv zu werden. Ab 1930, als es sich deutlicher zeigte, daß die Nationalsozialisten immer stärker wurden, trat ich weiteren linken Verbänden bei, weil ich glaubte, sie allein würden in der Lage sein, ein Gegengewicht zum Nationalsozialismus zu bilden. So wurde ich 1931 Mitglied der SPD und sogar später des Reichsbanners Schwarz-Rot-Gold.

Für uns jüngere Leute, die fest auf die Stärke der SPD und der sozialistischen Arbeiterbewegung vertrauten, war die erste große Enttäuschung vor der Machtergreifung Hitlers, daß es der Regierung Papen/Schleicher ohne Schwierigkeiten möglich war, die damalige Regierung Braun/Severing in Preußen abzusetzen. Wir hatten fest darauf vertraut, daß diese Regierung mit ihrer starken Polizei nicht sang- und klanglos abtreten würde.

Als am 30. Januar 1933 die Machtübernahme Hitlers erfolgte, saßen wir am Lautsprecher und hörten mit Sorge die Berichte, in denen als Besonderheit und mit lauter Stimme gepriesen wurde, daß Hitler, der neue Reichskanzler, sich in der Reichskanzlei gleich an den Schreibtisch gesetzt und unverzüglich die Arbeit aufgenommen habe. Diese Selbstverständlichkeit wurde als so etwas Besonderes immer wieder hervorgehoben, daß ich glaubte, alle Deutschen würden darüber lachen. Im Gegenteil: überall wurde gejubelt.

Deutlich erinnere ich mich der Stimmung auf dem Hamburger Rathausmarkt, als der neue NS-Senat sich der Bevölkerung von dem Balkon des Rathauses vorstellte. Der Rathausmarkt war überfüllt von Menschen, die immer wieder in Hochrufe ausbrachen. Besonderer Jubel erklang stets aufs neue, wenn Polizi-sten in ihren Uniformen – am Arm die Hakenkreuzbinde – hoch zu Pferde erschienen.

Ich selbst und meine Freunde, die dem Nationalsozialismus kritisch gegenüberstanden und den Organisationen der SPD angehört hatten, wir fühlten uns sehr verlassen. Zunächst hatte man die Hoffnung, daß die Gewerkschaften irgendwie durch einen Streik oder ähnliche Aktivitäten zeigen würden, daß es noch Gruppen des Widerstandes in der Bevölkerung gäbe. Später hatte man die Hoffnung, die damaligen Alliierten würden es sich nicht gefallen lassen, daß die neue Regierung sich an viele abgeschlossene Vereinbarungen nicht hielt. Aber auch hier geschah nichts. Eines der deprimierendsten Erlebnisse in dieser Hinsicht war für uns die gute ausländische Beteiligung an den Olympischen Spielen 1936 in Berlin.

Dies schreibe ich nicht, um irgend jemandem Vorwürfe zu machen, sondern nur um zu zeigen, wie hoffnungslos deprimiert bis zur Machtübernahme die Mehrzahl der Bevölkerung durch die lang anhaltende, heute unvorstellbar große Arbeitslosigkeit war.

Als Beispiel hierfür möge noch folgendes gelten: Einmal traf ich auf einer Fahrt mit der U-Bahn den früheren Vorsitzenden des Vereins Sozialdemokratischer Juristen in Hamburg, den Rechtsanwalt Ruscheweyh, nach 1945 Präsident des Hanseatischen Oberlandesgerichts. Ruscheweyh, der vor 1933 in der SPD in Hamburg eine große Rolle spielte – er war der letzte Präsident der Hamburger Bürgerschaft vor der Machtübernahme –, war auch über alles, was nun geschah, sehr deprimiert und sah der Zukunft ebenfalls mit großen Bedenken entgegen. Ich erinnere mich noch genau seiner Worte, die er zu mir sagte: »Aber wissen Sie, Herr Klasen, eines müssen wir zugeben: das, was war, kann nicht wiederkommen, denn wir hatten auch vollkommen abgewirtschaftet.«

Nach 1933 verschwand dieser Pessimismus zum großen Teil. Weitgehend erfüllte die Bevölkerung wirtschaftlich ein starker und großer Optimismus. Es kehrte wieder Ordnung ein. So konnte ich zum Beispiel auf meinem Heimweg vom Holstenplatz zum Hafen den Groß-Neumarkt in Hamburg wieder ungefährdet überqueren. Das war vorher nicht immer möglich gewesen, weil dort häufig Schießereien zwischen politischen Gegnern stattfanden. Das hörte nun mit einem Schlage auf.

Viele populäre und von uns Jüngeren als besonders klug geschätzte Männer traten der NS-Partei bei. Auf mich wirkte damals sehr ernüchternd, daß der Reichsbankpräsident, Herr Schacht, der als besonders intelligent galt, sich auch Hitler anschloß. Nach meinen Erinnerungen war eines der schwierigsten Probleme für uns Jüngere damals, trotz aller vorliegenden, wie wir glaubten nur kurzfristigen, aber doch offensichtlichen Erfolge der Überzeugung treu zu bleiben, daß der von Hitler eingeschlagene Weg nicht zum Guten, sondern letztlich zur Katastrophe führen mußte. Die Anfangserfolge sprachen scheinbar so eindeutig für Hitler, daß man immer wieder an der Richtigkeit seiner eigenen Gegnerschaft zweifeln mußte.

Persönlich kam für mich noch die Sorge um die berufliche Zukunft hinzu. Meine Eltern hatten für meine Ausbildung erhebliche finanzielle Opfer aufbringen müssen. Sie hatten bisher geglaubt, wenn ihr Sohn erst einmal das Assessor-Examen bestanden hätte, würden auch für sie wirtschaftliche Erleichterungen eintreten. Der Gedanke, daß diese Hoffnung durch den politischen Umschwung enttäuscht werden könnte, bedrückte sehr. Die damals auszufüllenden Fragebögen waren eine Sorge für die ganze Familie.

Der damalige Hamburger Justizsenator, ein verhältnismäßig liberaler Mann, erklärte mir und meinem Freunde Otto X, der in ähnlicher Lage war, daß er bereit wäre, uns in den Staatsdienst zu übernehmen, falls wir, die er als Verführte ansah, uns bessern würden. Selbstverständlich haben wir beide erklärt, daß wir bereit seien, uns zu bessern, wissend, daß dies Bessern durch den Eintritt in irgendeine NS-Organisation zum Ausdruck kommen müßte. Nach dieser Unterhaltung beim Justizsenator sagte mir mein Freund Otto X, wenn er schon in einen Verband eintreten müsse, so würde er in die Reiter-SS gehen. Da bekäme er wenigstens eine vernünftige Uniform und könnte das Reiten lernen. Nach einigem Nachdenken sagte ich ihm, im Grunde genommen hätte er recht, aber das brächte ich doch nicht fertig, und so erwarb ich die Mitgliedschaft im Stahlhelm.

Mein Berufsziel war, Richter zu werden. So wurde ich nach meinem Examen als Assessor zum Hilfsrichter an eine Zivilkammer berufen. Obgleich ich nunmehr auf dem Wege war, mir meinen Berufswunsch zu erfüllen, schien mir dies jetzt nicht mehr die richtige Zeit dafür zu sein, da ich Sorgen hatte hinsichtlich der zukünftigen Stellung der Richter im Dritten Reich. Aus diesem Grunde habe ich mich dann bemüht, obgleich die Tätigkeit im Zivilgericht (wir hatten damals auch noch einen jüdischen Vorsitzenden) mir sehr viel Freude machte, eine Stellung in der Wirtschaft zu finden. Durch einen großen, glücklichen Zufall kam ich als 2. Syndikus zur Deutschen Bank in Hamburg, die ich persönlich bis zu diesem Zeitpunkt überhaupt nicht kannte.

In der Zwischenzeit war der Stahlhelm, der mich dienstlich in keiner Weise in Anspruch nahm, in die SA überführt, und ich war plötzlich Mitglied der SA.

Als ich am 15. Oktober 1935 nach viermonatiger Tätigkeit als Hilfsrichter bei der Deutschen Bank eintrat, war einer meiner ersten Gänge dort zur Personalabteilung, um mir das Einverständnis zu holen, daß ich aus der SA austreten und dafür die Mitgliedschaft der Arbeitsfront erwerben könne. Letztere enthielt nur die Verpflichtung zur Zahlung eines kleinen monatlichen Betrages. Der Leiter der hamburgischen Personalabteilung der Bank gab mir ohne Zögern sofort zu diesem Schritt seine Zustimmung, und so kam ich sehr schnell von der SA wieder frei. Auch ergab sich für mich während der Dauer des Dritten Reiches in keiner Weise die Notwendigkeit, die Parteimitgliedschaft zu erwerben oder aktiv in irgendeiner Parteigliederung zu arbeiten. Im Gegenteil: durch eine Parteimitgliedschaft wäre ich bei meinen Vorgesetzten nicht nur im Ansehen nicht gestiegen, sondern ich wäre vielmehr gesunken ...

Wenn ich heute auf diese Jahre zurückblicke, dann rechne ich es mir als Pluspunkt an, daß ich schon damals relativ früh erkannte und auch unbeirrt an meiner Überzeugung festhielt, daß Hitler für uns alle ein großes Unglück sei. Auf der anderen Seite konnte ich die Mitgliedschaft in der NSDAP vermeiden, ohne daß ich hierzu irgendwelche besonderen Opfer oder gar Mutproben hätte vollbringen müssen.

KARL KLASEN
Geb. 1909 in Hamburg.
1933: Dr. jur. und Referendar. 1969–1977: Bundesbankpräsident.

Jesco von Puttkamer
Augenzeuge beim Festakt in Potsdam

1933 war ich 14 Jahre alt. Zu jung, um die politischen Zusammenhänge zu begreifen, aber wach genug, um meine Umwelt zu beobachten. Wir lebten damals in Potsdam. Mein Vater war ein gerade pensionierter Reichswehr-General, der zwar gemäß seinem Fahneneid der Weimarer Republik treu gedient hatte, der seinen Kaiser gleichwohl nicht vergaß. Ich wuchs also in einem konservativem Hause auf.

Damals gehörte ich dem Scharnhorst an. Das war die Jugendorganisation des Stahlhelm. Der wiederum war die deutschnationale militärisch organisierte Frontkämpfervereinigung mit starkem Einfluß auf der Rechten. Die Stahlhelmführer, die uns Jungen betreuten, taten nicht viel, um uns politisch aufzuklären. Nationale Gesinnung war selbstverständlich. Die Nazis nahmen sie nicht sehr ernst. Die SA war für sie eine Horde von Rabauken und Hitler ein Demagoge.

Das kannte ich von zu Hause. In meiner Erwachsenen-Umwelt waren die Nazis einfach nicht existent. Am Tag der Machtergreifung, dem 30. Januar, hieß es: »Der Spuk geht bald vorüber.«

Am 21. März wurde ich Augenzeuge eines »historischen Ereignisses«. Der »Tag von Potsdam« brach an. Es war Hitlers erfolgreichster Propagandaschachzug, um die konservative Oberschicht Deutschlands mit seiner Machtergreifung zu versöhnen. Deshalb ging er an das Grab Friedrichs des Großen.

Da der Scharnhorst als Staffage nicht gefragt war, machte ich mich mit dem Fahrrad auf zur Garnisonskirche. Es gelang mir auch, unter den Zuschauern in der Nähe des Portals einen Platz zu ergattern. Und da sah ich sie alle, alle, die mir als Vorbilder geläufig waren:

Den Feldmarschall von Hindenburg und den Feldmarschall von Mackensen, den Kronprinzen und die anderen kaiserlichen Prinzen, zahllose Generale der Kaiserlichen Armee neben den Reichswehrgeneralen, Nazigrößen in Maßen und kaum Zivilisten. Nur einen in der Mitte: Hitler. Er trug an diesem Tag einen schwarzen Cut mit gestreifter Hose und Zylinder. Vor dem Reichspräsidenten machte er eine tiefe Verbeugung. Anderntags ging das Bild dieser Verbeugung um die ganze Welt. »Der Gefreite neigt sich vor dem Feldmarschall«, schrieb die NS-Propaganda darunter. Und siehe da, es wirkte. »Ganz so schlimm kann es eigentlich nicht werden«, hieß es nun in konservativen Kreisen.

Aber schon etwas mehr als ein Jahr später ließen die Nazis die Maske fallen. Am 30. Juni 1934 wurde die sogenannte Röhm-Revolte niedergeschlagen. Ich war damals nicht mehr in Potsdam, sondern in Neustrelitz, einer verträumten mecklenburgischen Klein- und Residenzstadt. Mein Vater, im Zuge des Aufbaus der Wehrmacht wieder einberufen, leitete dort eine Dienststelle. An den Neustrelitzern ging der 30. Juni als ein Tag wie jeder andere vorbei. Als sie am nächsten Tag die Zeitungen lasen, da haben die wenigsten begriffen, daß sich Hitler zum erstenmal mit nacktem Mord seiner Gegner entledigt hatte.

Aber ich sollte etwas mehr mitbekommen. Wie alle militärischen Dienststellen, war auch die meines Vaters alarmiert worden. Es galt doch, die angeblich putschwillige SA im Auge zu behalten. Der erste Kommentar meines Vaters war: »Das Pack bringt sich gegenseitig um.« Das schien ihn nicht sonderlich zu enervieren. Als dann aber allmählich durchsickerte, daß nicht nur SA-Führer ermordet wurden, daß unter den Opfern auch die Generale von Schleicher und von Bredow waren, daß Dutzende aus allen Schichten verschwanden (die Angehörigen erhielten später nur eine Urne), da kamen die Zweifel.

Bruchstücke von der Diskussion, die mein Vater mit seinem Stabschef bei uns im Hause hatte, sind mir bis heute im Gedächtnis. Es ging um Fahneneid und Pflichterfüllung, um Gehorsam und Treue zum Staat. Es ging um die Erkenntnis, daß jetzt die letzte Chance sei, um Deutschland vor der totalen Gleichschaltung zu bewahren und es folgte die Feststellung, daß ein deutscher Soldat nicht putscht und die resignierende Einsicht, daß das Volk ohnehin nicht folgen würde.

So wie bei uns zu Hause, ist in jenen Tagen an vielen Plätzen diskutiert worden. Es entstanden dabei erste Zellen des Widerstandes. Aber ebenso wahr ist, daß das Menetekel des 30. Juni von den meisten Mitbürgern schnell vergessen wurde. Man hielt sich künftig heraus und arrangierte sich. Die Generale bekamen eine neue Aufgabe. Hitler führte die allgemeine Wehrpflicht ein. Die Pflicht rief.

Diese beiden Jugenderlebnisse haben mich später oft beschäftigt. Warum waren sie alle da, am Tag von Potsdam, die Repräsentanten des Nationalen Deutschland, die man deshalb im Ausland die »Steigbügelhalter Hitlers« nannte? Oder warum hat die Reichswehr das Morden am 30. Juni tatenlos hingenommen? Diese Überhöhung sogenannter nationaler Ideale, die bei dem einen, und die Unfähigkeit zum

Widerstand, die bei dem anderen Ereignis zum Ausdruck kommt, ist integraler Bestandteil dessen, was meiner Erwachsenen-Umwelt von damals ihre »preußische Erziehung« war.

Nun ist wohl wahr, daß ohne die Ideale: Ehre, Treue, Gehorsam, Pflichterfüllung und nationale Gesinnung, Preußen nicht Preußen gewesen wäre. Aber ebenso wahr ist, daß die preußische Erziehung die Warnung vor ungesundem Nationalismus ebensowenig kannte, wie die ethische Pflicht zum Widerstand

unter außergewöhnlichen Umständen. Für beides war in dieser Mentalität kein Platz. Es war unvorstellbar. Die Nationalsozialisten haben davon profitiert.

JESCO VON PUTTKAMER
Geb. 1919 in Neustrelitz/Mecklenburg.
1933: Schüler. Heute: Botschafter der Bundesrepublik Deutschland in Schweden.

Am 21. März 1933 wurde der »Tag von Potsdam« gefeiert. In der Garnisionkirche zu Potsdam »huldigte« der neuernannte Reichskanzler Adolf Hitler dem greisen Reichspräsidenten, Generalfeldmarschall Paul von Hindenburg. Die Konservativen bedauerten es, daß der konservative Reichspräsident an diesem »Festakt« teilnahm. Es hieß, er sei von seinem ehrgeizigen Sohn, Oskar von Hindenburg, dazu gezwungen worden. Der Volksmund witzelte: »Hindenburch kommt immer wieder vorne durch.«

Johann Adolf Graf Kielmansegg
Als junger Offizier in der Reichswehr

Mittagspause bei einem Marsch vom Sennelager nach Erfurt. Mitte: Oberleutnant Graf Kielmansegg, 30. Juni 1934.

Sie wollen einen Bericht mit Erlebnissen aus der Zeit vor und nach 1933. Das ist in der geforderten Kürze gar nicht so einfach. Was an den meisten wissenschaftlichen und pseudowissenschaftlichen Darstellungen und Analysen der damaligen Zeit zum mindesten den stört, der mit dabei war, ist, daß sie von heute her, von dem, was man heute weiß, denkt und urteilt, gesehen sind. Deshalb ist Ihre Fragestellung ebenso richtig wie wichtig: Wie begann das alles im Alltag, was sah der Normalbürger und was sah er nicht? Aus welchem Blickwinkel sah er es und aus welcher Einstellung? Natürlich war das tausendfach verschieden. Aber es gab gewisse Grundauffassungen, die jeweils großen Gruppen der Bevölkerung gemeinsam waren, und ich meine damit nicht zuerst die parteipolitische Einstellung.

Ich erwähne dies vor allem auch deshalb, weil ich damals einer kleinen Berufsgruppe eigener Art angehörte, die zwar nicht außerhalb solcher Auffassungen stand, aber durch ihren besonderen Status und durch ihre Erziehung mehr oder weniger vom Alltag distanziert war, aber in dieser Distanz außerordentlich einheitlich in ihrer geistigen Strukturierung. Es war die Reichswehr der Weimarer Republik, das sogenannte 100000 Mann Heer. Besonderer Status: Durch den Versailler Friedensvertrag nicht nur in der Zahl weit unterhalb aller Deutschland umgebenden Militärmächte begrenzt, sondern in fast allem genau reguliert und kontrolliert und dazu waffentechnisch unmodern gehalten. Besonderer Status auch, weil ohne Wahlrecht und politische Betätigungserlaubnis und zu einer grundsätzlich unpolitischen Haltung erzogen, womit politisches Denken nach außerhalb des Normalinteresses geschoben wurde.

Für den Soldaten der Weimarer Republik gab es eigentlich nur zwei übergeordnete Dinge: den Staat, dem man loyal zu dienen hatte und dem man auch dann loyal diente, wenn man die Demokratie nicht sehr liebte, und das Vaterland, für das zu leben und gegebenenfalls zu sterben, die Sinngebung für den Soldaten war. Was »die da oben« zu Nutzen oder Schaden (d. h. was man dafür hielt) von Staat und Vaterland taten oder unterließen, das war es, wonach man sie beurteilte, und nicht so sehr danach, welcher Partei sie gerade angehörten. Kommunisten waren ja nicht dabei.

Diese Einstellung des Soldaten war wichtig dafür, wie er Hitler und die »Bewegung« beurteilte. Sicher hat auch die weitgehende Einheitlichkeit des Denkens der Reichswehr eine Rolle gegenüber Hitler gespielt. Es gab sie ganz einfach deshalb, weil die Armee so klein war und weil alles langdienende Freiwillige waren. Mannschaften mußten 12 Jahre dienen (auch dies eine Bestimmung von Versailles), Unteroffiziere bis zu 18 und Offiziere mindestens 25 Jahre, die natürlich 1933 noch nicht erreicht waren.

Nationaldenkend waren wohl alle, auf jeden Fall positiv gegenüber Soldatentum und Soldatsein, politisch in der angedeuteten ungebundenen Weise rechts der Mitte, wobei viele der älteren, der »Kriegssoldaten«, mehr nach rechts tendierten und viele jüngere mehr nach der Mitte hin. Ich glaube nicht, daß es damals einen einzigen Sozialdemokraten in der Reichswehr gab, aber das war nicht nur Schuld der Reichswehr, sondern auch der Sozialdemokratie, wie es mir Kurt Schumacher (der SPD-Vorsitzende) nach dem Kriege als einen großen Fehler bestätigte.

Wenn ich an mich als fünfundzwanzigjährigen Soldaten zurückdenke (so alt war ich 1932), dann bewegte ich vom Privaten und Beruflichen abgesehen drei Dinge in Kopf und Herz: das Unrecht des Versailler Vertrages (er enthielt wirklich Unrecht, das sehr stark als solches empfunden wurde) und seine Folgen, die wirtschaftliche Notlage und riesige Arbeitslosigkeit sowie die zunehmende Schwäche und Unregierbarkeit der Weimarer Demokratie. Das ging ungezählten anderen genau so. Ich sah das alles deutlich, aber nicht klar sah ich das Wieso, das Warum, das Wohin. Man war mehr und mehr bedrückt, man dachte, daß es so nicht mehr lange weitergehen könnte, man wartete darauf, daß irgend etwas passierte, ohne allerdings auf den Gedanken zu kommen, daß man selbst etwas passieren lassen könnte oder dabei zu sein hatte, wenn etwas passierte. Das war nach unserer Vorstellung nicht Sache des Soldaten (vergessen Sie nicht, Herr Italiaander, ich schreibe dies alles aus der Sicht des damaligen Soldaten). Es gab allerdings eine Ausnahme, nämlich, wenn Gefahr von den Kommunisten drohen sollte, denn Kommunisten waren Feinde des Staates und des Vaterlandes. Als solche sah ich Hitler und die Nationalsozialisten nicht. Und was die Demokratie anging, hatte Hitler ausdrücklich erklärt (ich weiß nicht mehr wann, aber sicher vor 1932), daß er die Macht legal und im Rahmen der bestehenden Verfassung anstrebe. Daran hat er sich zunächst auch formal gehalten, und ich habe in der ersten Zeit geglaubt, daß es nicht nur formal wäre.

Und Hitler versprach, alles in Ordnung zu bringen, d. h. die Folgen des Versailler Vertrages, die Arbeitslosigkeit, die Regierungsschwäche. Vordergründig gesehen hat er das dann auch getan; mit welchen Methoden, das erkannten so bald nicht sehr viele, schon gar nicht Soldaten, die völlig mit sich und ihrer sich plötzlich ausweitenden militärischen Aufgabe beschäftigt waren. Und um welchen späteren Preis? Das erkannten noch weniger Menschen. Ich glaube, von der jungen Generation niemand. Schließlich war Hitler ohne Zweifel national; der Unterschied zwischen national und nationalistisch war mir wie vielen weder aufgegangen noch von irgend jemand klargemacht worden. Dies alles war für den Soldaten sehr wichtig, und zu dem, was es darüber hinaus bedeutete bzw. bewirkte, kann ich nur auf Sebastian Haffners »Anmerkungen zu Hitler« hinweisen.

Sie fragen, ob man spürte, daß Hitler unaufhaltsam zur diktatorischen Macht hinstrebte. Mir wurde das erst klar nach dem 30. Juni 1934. Als er Reichskanzler wurde, verfassungsgemäß ernannt, sah man, daß er nicht ohne andere Parteien regieren konnte. Im Kabinett war er von Nicht-Nationalsozialisten eingerahmt. Auch nach den – wie sich später herausstellte – letzten freien Wahlen vom 5. März 1933 war die Partei weit von der absoluten Mehrheit entfernt. Nein, die Gefahr der Diktatur sah ich damals noch nicht. Allerdings sah ich auch nicht, wie innerlich schwach die anderen politischen Kräfte geworden waren, und daß die Idee, sie könnten Hitler sozusagen unter Aufsicht halten, eine Illusion war. Dies zu erkennen fehlte mir politische Erfahrung, und ich hatte noch nicht genügend gelernt, politisch zu denken. Aber auch gelernte Politiker sind diesem Irrtum erlegen.

Sie haben nach Erlebnissen gefragt. Nun, daß der Soldat in der von Ihnen angesprochenen Beziehung nicht allzuviel erleben konnte, geht hoffentlich aus dem Vorstehenden hervor, das, so meine ich, auch ohne Erlebnisschilderung ein Beitrag zum Erleben des En-

des der Weimarer Republik ist, besser gesagt, ein Versuch, etwas beizutragen.

Aber es gab auch Erlebnisse. Zwei für mich signifikante will ich erzählen. Zuvor aber noch ein Wort, wie der Soldat grundsätzlich mit nur wenigen Ausnahmen (die Ulmer Offiziere zum Beispiel) der Nationalsozialistischen Partei gegenüberstand. Lange nahm man sie nicht ernst. Ich glaube, ich bin berechtigt, in diesem Bezug »man« genau so gut wie »ich« zu schreiben. »Mein Kampf« wurde nicht gelesen. Das änderte sich mit den großen Wahlerfolgen. Was sich nicht änderte war, daß man die Partei gar nicht mochte, ihre Art nicht, ihr Auftreten nicht. Und schon gar nicht ihre Gewalttätigkeit, soweit man davon erfuhr, und das war nicht viel. Zuvörderst galt diese Einstellung der SA, von der SS wußte man damals so gut wie nichts, und sie gewann ihre Rolle ja auch erst nach dem 30. Juni 1934, nach der Ermordung Röhms.

Hitler selbst sah man anders, für sich allein, ein Phänomen übrigens, das sich bei vielen Soldaten fast bis Kriegsende weitgehend erhalten hat. Das Warum dieser Tatsache, auf das meines Wissens noch niemand richtig eingegangen ist, wäre mindestens eine Doktorarbeit wert. Ich selbst hatte im Grunde alles andere als ein klares Bild von Hitler, ein richtiges schon gar nicht. Die Zeitungen waren so oder so viel zu einseitig Partei für oder (wie bis 1933 meistens) gegen ihn. Gelegentlich konnte man ihn in Wochenschauen sehen. Der Rundfunkempfänger war keineswegs (weil zu teuer) ein allgemeines Haushaltsgerät (daher die Schaffung des Volksempfängers), und Fernsehen gab es noch nicht. In den Wochenschauen konnte man sehen, daß Hitler Menschen begeisterte und mitriß. Wie machte er das eigentlich? Ich habe Hitler im Kriege zeitweise aus der Nähe erlebt. Da war von Begeistern keine Rede mehr. Aber daß und wie er Menschen beeinflußte, selbst durch das Medium des Dolmetschers, das habe ich mehr als einmal erfahren. Wie ihm das gelang, könnte ich auch heute noch nicht erklären, aber daran, daß es so war, besteht kein Zweifel.

Ich war 1932 in Hofgeismar bei Kassel in Garnison, als eine Versammlung mit Hitler in Kassel angekündigt wurde. Ich wollte diesen Mann einmal selbst sehen und hören, um einen eigenen Eindruck von dem Trommler, wie er damals genannt wurde, zu bekommen. So fuhr ich mit einem Kameraden verbotenerweise nach Kassel. Die Versammlung fand in einem Riesenzelt statt, das fast schon besetzt war, als wir lange vor der Anfangszeit eintraten. Es sollen 7000 Menschen dagewesen sein, eine für damalige Zeit sehr große Zahl. Hitler kam weit über eine Stunde zu spät. Als er sprach, konnte ich seinen Gesichtsausdruck nicht erkennen, weil ich zu weit wegstand, jawohl stand, denn es waren längst nicht genug Sitzplätze vorhan-

Die Tätigkeit als Ausbilder war für die Laufbahn des Berufsoffiziers in der Reichswehr sehr wichtig. Ein Hauptmann unterrichtet die Unteroffiziere am Sandkasten über Taktik und Gefechtslage. (1932)

den. Ich konnte ihn auch nicht gut hören und verstand seine Rede nur teilweise. Ich glaube, daß er etwa einundeinhalbe Stunde sprach.

So erhielt ich das kaum, weshalb ich hergekommen war: einen eigenen Eindruck von diesem Menschen. Ich glaube, daß es vielen anderen auch so ging. Und doch war ich beeindruckt, sehr stark und nachhaltig sogar. Hier waren Tausende von Menschen wie auch ich mit der Bahn oder mit dem Rad teilweise von weiterher gekommen (das Autozeitalter für jedermann war noch nicht angebrochen), hatten, wie ich in Gesprächen feststellte, schon drei bis vier Stunden gewartet, als ich kam, harrten dann noch einmal fast drei Stunden aus, um dieses einen Mannes willen. So etwas hatte es bislang noch nicht gegeben. Und alle waren die ganze Zeit friedlich, freundlich, vergnügt, erwar-

tungsvoll. Diese Erwartungshaltung füllte spürbar das Zelt. Niemand wurde laut, ungeduldig, streitsüchtig; Volk war Familie geworden. Ob Polizei anwesend war, weiß ich nicht, vermutlich, aber nötig war sie nicht. Als der kam, der dies alles bewirkt hatte, bevor er überhaupt da war, Hitler also, gab es lauten Jubel, dann aufmerksame Stille, viel Beifall und als er ging, wieder Jubel.

Ich fuhr keineswegs begeistert, jedoch sehr nachdenklich nach Hofgeismar zurück. Ich hätte nichts über Hitler selbst und über das, was er geredet hatte, sagen können, das mußte ich erst in der Zeitung nachlesen. Aber ich hatte zum erstenmal erlebt, wie ein Mann mit dem, was er sagte, genau in eine aus der allgemeinen Situation entstandene Erwartung »hineinpaßte« und so Massen anzog, wie er die Menschen in die

187

Hand bekam und in der Hand behielt und – das war genau zu spüren – eine persönlich ausgerichtete Gefolgschaftsbereitschaft weckte. Mit »Rattenfänger« ist dies Phänomen nicht abzutun. Sicher waren in der Menge auch Gegner, aber man merkte sie nicht, und sie versuchten nicht, sich bemerkbar zu machen. Das war kein Politiker, wie man sie gewöhnt war, da oben auf dem Podium, das war eben ein Führer. Das Gefährliche war, daß man nicht wußte, was für ein Führer. Für mich, der ich neun Jahre Latein und viel römische Geschichte gelernt hatte, war er seitdem ein fast grandioser Volkstribun. Das hielt vor bis zum Röhmputsch, der keiner war, am 30. Juni 1934, mit dem mein zweites Erlebnis verbunden ist.

Dazwischen lag aber ein sozusagen indirektes Erleben, der 21. März 1933, der Tag, wo in der Garnisonkirche von Potsdam »der Feldmarschall und der Gefreite des Weltkrieges die Tore zu einem neuen Deutschland aufstießen«, wie man es damals lesen konnte. Dieser Tag wird heute gern ridikülisiert oder als Theater, als Show, abgetan. Sicher, Hitler war, wie Haffner sagt, ein großartiger Regisseur, und so gesehen kann man von Theater sprechen. Aber mit der Inszenierung dieses Tages hatte er genau die Stimmungslage und das getroffen, worauf mindestens zwei Drittel der Bevölkerung warteten. Die Show war so gut, daß sie für Wahrheit genommen wurde und unter die Haut ging. Hitlers tiefe Verneigung vor Hindenburg an diesem Ort, in diesem Rahmen, hatte eine große Wirkung, gerade auch auf die Soldaten, besonders auf uns junge.

Danach aber kam zu dem, was »oben« geschah und wogegen man zunächst nichts oder nicht sehr viel hatte, etwas anderes hinzu, welches das strahlende Bild vom 21. März verdunkelte. Die Partei und ihre Gliederungen krochen aus den Löchern und waren auf einmal in einer unangenehmen und ärgerlichen Weise überall. Die Reichswehr, und man kann hier wirklich einmal das Ganze auch für den einzelnen setzen, lehnte das ab und dabei insbesondere die SA immer stärker.

Am 29. Juni 1934 machte sich mein Regiment zum Rückmarsch vom Sennelager in die Garnisonen fertig. Ich war kurz vorher in den Regimentsstab versetzt worden; vorher hatte ich den Maschinengewehrzug geführt und kannte daher dessen Leute alle gut. Am frühen Nachmittag kam völlig überraschend ein telefonischer Alarmbefehl von der Division. Es müsse mit inneren Unruhen gerechnet werden. Das Regiment müsse bis zum nächsten Morgen ein Detachement mit schweren MG mit der Bahn nach Erfurt zur Sicherung der Kasernen bringen und solle im übrigen planmäßig abmarschieren, aber scharfe Munition ausgeben. Ich übergehe das Hin und Her, das es gab. Es klappte al-les, und es kam bei uns zu keinen Zwischenfällen. Jeder wußte, daß mit »inneren Unruhen« nur die SA gemeint sein konnte, deren Machtanspruch niemand verborgen geblieben war, und es konnte nur Hitler sein, der sich auf die Reichswehr gegen die SA stützte.

Als alle Befehle gegeben waren, ging ich zu meinem alten MG-Zug, der beim Munitionsgurten war. Da entdeckte ich einen Soldaten, der, an sich nicht schlecht, das Gegenteil eines Musters an Sorgfalt war. Er saß ganz hingegeben auf dem Rasen und arbeitete exakt und sorgsam mit der Nachgurtezange. Diese Arbeit war nötig, um die von Hand in die Stoffgurte gesteckten Patronen genau auf gleiche Höhe zu bringen, unerläßliche Voraussetzung für das technische Funktionieren der Waffe. Ich sagte zu ihm: »Nanu, was ist denn mit Ihnen los, so sorgsam und eifrig sind Sie doch sonst nicht?« Er sah mich sehr ernst an und erwiderte: »Aber, Herr Oberleutnant, morgen darf es doch keine Hemmung geben!« In diesem kleinen Satz steckt die Einstellung der Soldaten zur Partei einerseits und zu Hitler andererseits. Hitler wußte das, als er später sagte, daß er sich an diesem Tage für das Heer entschieden habe und dies die Truppe wissen ließ.

Als ich erfuhr, was geschehen war, mehr noch, als durchsickerte, wie es geschehen war, gingen mir die Augen auf, erst langsam, dann schneller. Als ich 1944 mit gefesselten Händen im Kellergefängnis der Gestapo saß, da wußte ich schon seit längerem, was ich am 21. März 1933 noch nicht gewußt, ja nicht einmal geahnt hatte: daß an diesem Tag die Weimarer Demokratie endgültig zu Ende gegangen war, daß mit diesem Tag das Ende von Freiheit und Recht in Deutschland begonnen hatte.

Ich weiß nicht, lieber Herr Italiaander, ob das, was ich angeregt durch Ihre Fragestellung niederschrieb, überhaupt in Ihren Buchplan paßt. Aber es ist eine Skizze, weitstrichig und lückenhaft, wie ein junger Soldat, ein einzelnes Individuum, in der Zeit vor und nach 1933 stand und wie er diese sah. Ich glaube, daß dies so oder ähnlich für viele der damaligen jungen Nachkriegssoldaten der Reichswehr gilt.

JOHANN ADOLF GRAF KIELMANSEGG
Geb. 1906 in Hofgeismar bei Kassel.
1933: Leutnant in der Reichswehr. Nach 1945: Berufssoldat in der Bundeswehr. Zuletzt General und Oberbefehlshaber der Verbündeten Streitkräfte (NATO) Europa-Mitte.

Iring Fetscher
Wie es in Dresden war

Am 30. Januar 1933 war ich Sextaner im König-Georg-Gymnasium zu Dresden. Die Schule war ein Reformgymnasium, in dem moderne Sprachen und Kunst besonders gepflegt wurden. So kam es wohl auch, daß unter den Schülern eine relativ große Zahl von Juden war. An den 30. Januar selbst habe ich keine Erinnerung, wohl aber an die Wochen danach. Zum erstenmal wurde uns bewußt, daß die Politik einen Einfluß auch auf unser Leben haben kann. Die drei jüdischen Mitschüler – Pfingst, Meth und Wasser hießen sie – blieben noch ein, zwei Jahre auf unserer Schule. Ein Lehrer, der uns bis dahin moderne Kunst nahegebracht hatte, schaltete von einem Tag zum andren auf gotische Schriftübungen um und suchte durch seinen Spott über den ängstlichen, rothaarigen Sextaner Pfingst seine nationalsozialistische Gesinnungstreue zu beweisen. Ich erinnere mich noch an mein Staunen über die völlig unmotivierten Ausfälle dieses Lehrers. Daß meine Eltern gegen die Nazis waren, wußte ich.

Als Pfadfinder – wenn auch nicht gerade begeisterter – fanden wir die Hitlerjugend eher uninteressant und spießig. Erst später sollte es den Nazis auch bei mir gelingen, den Generationsgegensatz zu ihren Gunsten auszunützen. Zunächst einmal fanden wir unsere Lehrer ziemlich würdelos. Einer nach dem anderen steckte sich Hakenkreuzabzeichen an. Viele versuchten – als »Märzgefallene« – in die Partei einzutreten. Andere traten dem Stahlhelm bei. Ein Mathematiklehrer, der sich später als strammer »Schuljugendwalter« und Kontrolleur der Gesinnungen »bewährte«, hielt uns eine kleine Rede, in der er die Nazi-Machtergreifung mit der Französischen Revolution und Goebbels mit Robespierre verglich. Das war nicht etwa kritisch gemeint, sondern sollte nur seiner begeisterten Zustimmung Ausdruck geben. So wenig hatte er den Sinn der Ereignisse verstanden.

Die meisten bürgerlichen Eltern der Kinder, die in meine Klasse gingen, waren eher liberal oder konservativ. Kaum eines – so scheint es mir – kam aus sozialistischem oder gar kommunistischem Haus. Auf einer Wanderung unterhielt ich mich mit einem der jüdischen Mitschüler, und wir stimmten in der Befürchtung überein, daß nach dem Tod Hindenburgs, der doch schon sehr alt war, die eigentliche Diktatur Hitlers erst zum Vorschein kommen werde. Das war kaum eine Folge unserer Klarsicht, sondern eher ein Echo der Befürchtungen der Eltern. Nach dem Tod

Hindenburgs im Sommer 1934 legte ich ein Heft mit Zeitungsausschnitten an und begann einen kindlichen Kult um den »toten Helden«. Obwohl wir daheim nicht sehr kirchlich gesinnt waren, lehnten wir doch die Worte Hitlers bei der Beisetzung »toter Feldherr, geh nun ein in Walhall'!« als taktlos ab. Als ob es auf Takt noch angekommen wäre. An die Röhm-Affäre erinnere ich mich als an eine undurchsichtige Skandalgeschichte, bei der es vor allem um Homosexualität ging, vor der sich ja »anständige Menschen« überall fürchten. Der politische Aspekt war uns Elf- und Zwölfjährigen kaum schon bewußt.

Endlich: das Straßenbild. In den Villenvierteln von Dresden hatten schon immer viele schwarz-weiß-rote Fahnen geweht, jetzt wurden sie in der Mitte mit einem Hakenkreuz versehen. Hie und da tauchten auch schon »reine« Hakenkreuzfahnen auf. In den kleinbürgerlichen Quartieren sah man Hakenkreuzfähnchen – manchmal bis 10 an einem einzigen Haus. Die kleinen Flaggen mit den drei Pfeilen der Sozialisten und mit Hammer und Sichel der Kommunisten waren bald ganz verschwunden. Wir wußten, daß die Fahnen weniger Ausdruck der Überzeugung als der konformistischen Furcht waren. Das Parteiabzeichen galt als »Versicherungsmarke«. Die Achtung vor der älteren Generation – vor allem vor den Lehrern – schwand angesichts ihres widerstandslosen Opportunismus schnell dahin. Paradoxerweise war das vermutlich einer der Gründe, der es den Nazis später erleichterte, die »Jugend für sich zu gewinnen«. »Wer die Jugend hat, hat die Zukunft«, lautete ein Spruch von Hindenburg, den die Nazis gern kolportierten, weil sie eher die Jugend hatten als die schwarz-weiß-roten Konservativen, durch deren Unterstützung sie an die Macht gelangt waren.

Daheim zogen sich die Eltern oft zu politischen Gesprächen zurück, um uns Kinder »nicht unnötig zu belasten«. Ich erinnere mich noch, daß meine Mutter sagte: »Der Junge muß doch in diesem Staat leben.« Versuche meiner Mutter, uns im Ausland – es war an die Tschechoslowakei und an die Schweiz gedacht – Quartier zu machen, scheiterten. Schließlich blieben wir im Lande, wie viele andere auch, mein Vater verlor – durch das »Gesetz zur Wiederherstellung des Berufsbeamtentums« – seine Professur und wurde praktischer Arzt.

Mit Witzen half er sich über seine Trauer hinweg. Ich wurde von einem Pfarrer der »bekennenden Kirche« konfirmiert und meine Eltern kauften in einer katholischen Buchhandlung ein. Kleine Inseln ideologischen Widerstands konnten sich halten. Meine Anpassung an die veränderte Umwelt bestand in sportlichem Ehrgeiz: im Boxen und Reiten. Ein toleranter Deutschlehrer erlaubte uns im Schullandheim sogar

ironische Theaterstücke über die »Altmetallsamm-
lung« und die staatlich verordnete Ideologie. Die jüdischen Mitschüler aber mußten – einer nach dem andren – die Schule verlassen. Nur von einem weiß ich
mit Gewißheit, daß er – in England – überlebt hat.

IRING FETSCHER
Geb. 1922 in Marbach/Neckar.
1933: Schüler. Heute: Professor für Politikwissenschaft und
Sozialphilosophie an der J. W. Goethe-Universität Frankfurt am Main.

*Sofort nach der Regierungsübernahme Hitlers machten Fahnenfabri-
kanten Riesengeschäfte, denn die meisten Bürger fühlten sich verpflichtet, ihre alte oder neue Gesinnung durch Hakenkreuzflaggen zu
beweisen. Ab 1. Februar wurde jedermann von Hauswarten, Block-
warten und anderen Obleuten kontrolliert, ob er auch die rechte Flagge hißte. Ganz wenige Deutsche hatten jetzt noch den Mut, Fahnen
mit dem Sowjetstern oder Fahnen mit den drei Pfeilen der Sozialdemokratischen Eisernen Front zu flaggen.*

Nele Prüfer
Papa hat Arbeit bekommen

Bis März 1939 wohnten wir in Berlin. Vor 1933 sprachen wir natürlich über Hitler und seine Partei. Manche glaubten, er käme, manche glaubten es nicht. Die allgemeine Stimmung damals schätze ich so ein: Die Arbeitslosigkeit ist so groß, und kein Ausweg ist zu sehen. Der verspricht, sie zu beseitigen. Versuchen wir's doch mal mit dem. – Nur wenige konnten sich vorstellen, was kommen würde. Die große Masse ahnte nicht, daß Hitler eine Diktatur errichten, Millionen von Menschen umbringen und einen Krieg beginnen würde. Wer glaubt schon das Unmögliche, das Unglaubwürdige? Ja, zwei unserer Freunde sagten es voraus, aber die Gesamtbevölkerung konnte nicht so viel Weitblick haben, dachte nur an Arbeit und Brot.

Wir waren nicht in der NSDAP, meine Eltern nicht, alle unsere Freunde nicht. Aber mein Schwiegervater. Er war Ingenieur, hatte immer leitende Posten innegehabt, war seit 1926 arbeitslos. Er war schon vor 1933 in der SA. Er sprach nicht viel darüber, aber es tat ihm offensichtlich gut, an etwas mitzuarbeiten, was er für richtig hielt. Meine Schwiegermutter war begeistert für Hitler und sagte: »Wenn er kommt, dann gibt es Brot.« Sie behielt recht. 1933 bekam mein Schwiegervater Arbeit, zwar nicht in seinem Beruf, aber als Personalchef in einem Warenhaus von HERTIE (früher Hermann Tietz, jüdisch).

Eine Freundin war Lehrerin, ihr Mann, Ingenieur, seit Jahren arbeitslos. Er bekam 1933 Arbeit, sie wurde im Sommer 1933 als »Doppelverdiener« entlassen. So »schuf« man Arbeitsplätze. (Auch, wie bekannt, durch den Bau von Autobahnen und durch Rüstung.)

Es muß 1932 gewesen sein, vielleicht etwas früher. Wir hatten nahe Freunde, ein Ehepaar, älter als wir, der Mann »Arier«, die Frau Jüdin. Eines Tages trafen wir bei ihnen den Bruder der Frau (also Jude), der sagte: »Sicher werden die Nationalsozialisten kommen, aber sie werden nicht lange bleiben. Zum Schluß siegt die katholische Kirche!« Das war einleuchtend und ein Trost. Er irrte. Er ist später emigriert, noch zeitig genug. Das Ehepaar hatte, wie das später hieß, eine »privilegierte Ehe«, sie hatten nämlich eine Tochter. Sie haben alle überlebt, wenn auch die Tochter im Zuchthaus. Sie hatte mit Freunden gemeinsam Karl Marx gelesen. Die Eltern waren noch dankbar, daß sie nicht ins KZ kam.

Ich hatte 1921 mein Lehrerinnenexamen gemacht. Ab 1929 bekamen wir arbeitslosen »Junglehrer« eine städtische Unterstützung, erst 80, dann 100 Mark im Monat. Dafür mußten wir an einer Schule hospitieren und Arbeitsgemeinschaften besuchen. Einmal kam eine Kollegin ganz vergnügt in die Arbeitsgemeinschaft und sagte: »Wir sind eben die verlorene Generation. Damit habe ich mich abgefunden.« Wir hatten damals 6 Millionen Arbeitslose. In Berlin standen sie in Scharen auf Straßen und Plätzen herum. Pfingsten 1932, also vor der Nazi-Zeit, bekam ich meine erste Stellung als Lehrerin (1935 gekündigt). Morgens mußte ich um 6 Uhr 5 aus dem Hause, um um 8 Uhr den Unterricht zu beginnen. Aber man war ja froh, endlich Arbeit zu haben.

Im Frühjahr 1933 fing es an, daß immer mal wieder ein Kind strahlend ins Klassenzimmer kam und sagte: »Papa hat Arbeit bekommen.« Da mußte man sich doch mitfreuen. Aber ein Freund erinnerte immer wieder an ein Plakat (ich glaube, eines der Deutschen Volkspartei), auf dem es geheißen hatte: »Wer diesen Mann wählt, wählt den Krieg.« Sie behielten recht, das Plakat und der Freund.

NELE PRÜFER
Geb. 1901 in Berlin.
Evangelisch. 1933: Lehrerin. Heute: Lektorin.

Die Arbeitsämter waren während der Wirtschaftskrise 1929–33 vom frühen Morgen an überfüllt. Der Arbeitsvermittler rief die jeweils offenen Stellen aus.

Gertrud Fussenegger
Davongekommen

Gertrud Fussenegger

Die Frau im Witwenschleier packte meine Hand und wies heftig – mit dem Ausdruck des Hasses – auf einen jungen Franziskanerbruder, der vor uns die Straße überquerte. Er hinkte und sein helles rundes Gesicht sah etwas blödsinnig drein. Die Frau preßte meine Hand und schüttelte meinen Arm dabei. »Schau dir das an!« murmelte sie halberstickt. »SO ETWAS lebt! – und mein Richard, mein Richard mußte fallen.«

Ich war ein Kind, vielleicht erst fünf und sicher nicht älter als sechs Jahre alt. Trotzdem glaubte ich zu verstehen, was die Frau meinte, denn davon war damals im Ersten Weltkrieg bei uns zu Hause oft die Rede: Die Besten fallen. Die Schlechten kommen davon. Obgleich ich mich im Augenblick ein wenig wunderte, was denn an dem jungen hinkenden Franziskanerbruder so Böses sein sollte, so war ich doch bereit zu glauben, daß der Tod des Mannes Richard für unsere Nachbarin ein nie wieder gutzumachendes Unglück sei. Und nun sagte mir die Nachbarin, die ich Tante Christine nannte, daß sie den Tod ihres Mannes gegen das Leben des jungen Idioten abwog und daß sie daran etwas empörend fand.

Die kleine Szene ist mir im Gedächtnis geblieben, sie wurde mir später Schlüsselszene für ein ungeheures und sehr schreckliches Panorama.

»Die Besten sind gefallen.« Diesen Refrain hörten wir immerfort: am Familientisch, wenn sich die Erwachsenen über die Zeit unterhielten, in bitterem Ton klagten, anklagten, verurteilten. Mit demselben Refrain schlossen so viele Ergüsse in Zeitungen, Zeitschriften; er tönte durch bei öffentlichen Reden und Kriegsopferfeiern.

Dagegen war die moralische Horrorfigur der Kriegsgewinnler. Ihn gab es in jedem Witzblatt, bösartig und bissig karikiert. Kein Wunder: er hatte gepraßt, während andere bittere Not gelitten; er hatte sich gemä-

stet, während andere starben. Er war davongekommen. DAVONGEKOMMEN.

Das war am Ende der schärfste, aber unauslöschliche Vorwurf. Und die verhaßte Witzblattfigur, der DAVONGEKOMMENE, trug oft jüdische Züge.

In den meisten Köpfen setzte sich die Vorstellung fest, »der Jude« habe durch den Krieg gewonnen. Daß Juden mit an der Front gestanden, daß viele von ihnen auch gefallen waren, das entschwand dem Bewußtsein. Nicht, daß man es geradezu geleugnet hätte. Denn vielleicht kannte man selbst einen oder den anderen Juden, der in der Tat . . . Aber man glaubte nicht ganz daran. Zuckte die Achseln: Jaja, mag sein. Ein weißer Rabe. Aber die anderen. Immer die anderen. Und wie immer, wenn Neid und Bitterkeit am Werk sind, schattete Verdacht auf dem Beneideten, er habe sich nur durch böse Unterschleife Vorteile verschafft.

Das hatte vielfach noch nichts mit handfestem Antisemitismus zu tun. Man war – als »Bürgerlicher« – doch aufgeklärt. Man war doch kultiviert. Zum Juden von nebenan war man höflich, freundlich, schloß sogar Freundschaft mit ihm. Liebesverhältnisse waren nicht selten, Ehen waren weit rarer. Der Jude galt als mangeur des cœurs. Hier sickerten wieder Neid und Mißgunst ein.

Einen ersten antisemitischen Affront erlebte ich in München. Ich ging mit einem jungen Mann im Englischen Garten spazieren. Es war Januar oder Februar 1932, ein sonniger Mittag. Die Wege wimmelten von Promenierenden.

Ich kannte meinen Begleiter nur flüchtig. Ich wußte lediglich, daß er einen italienischen Namen hatte – er sah auch wie ein Italiener aus –, und daß er Jurist war.

Unser Gespräch war noch gar nicht recht in Gang gekommen, da sahen wir auf dem schwarzerdigen Weg vor uns einen Schlüsselbund liegen. Es waren etliche dosische Schlüssel daran und eine Hülse aus schwarzem Leder. Mein Begleiter hob den Schlüsselbund auf und steckte ihn ein; er werde ihn sogleich zum Fundamt tragen. Aber eine halbe Minute später kam uns ein älteres Ehepaar eiligen Schrittes und mit besorgten Mienen entgegen. Sie suchten etwas, ganz offenbar waren sie die Verlierer des Schlüsselbundes.

Mein Begleiter sprach sie an: »Haben Sie etwas verloren?«

»Ja, einen Schlüsselbund.« – Ich hätte den beiden den Schlüsselbund nun ohne weiteres ausgehändigt. Aber mein Jurist wollte sich offenbar etwas aufspielen. »Wieviel Schlüssel waren an dem Bund?« – Der alte Mann antwortete: »Sechs – oder sieben –.« »Sechs oder sieben? Sie müssen doch wissen, wieviele Schlüssel Sie haben!« »Ich sag es Ihnen doch: eine ganze

Menge.« »Das ist doch keine Antwort!« Dem Alten platzte der Kragen. Er zog los: »Sie frecher Judenbub, Sie Judenschlingel!« – Auch die alte Frau begann zu zetern: »Sie sehen doch, wir suchen ...« Verwirrt zog mein Begleiter den Bund aus der Tasche, händigte ihn aus, ergriff die Flucht. Verwirrt stolperte ich hinterdrein. Was sollte ich sagen? Ich hatte das Benehmen meines Bekannten gegen die alten Leute ungehörig gefunden. Ich hatte den Ausdruck des alten Mannes noch ungehöriger gefunden. Am unmöglichsten aber wäre es mir gewesen zu fragen: »Sind Sie nun wirklich Jude?« Wir trennten uns rasch und sahen uns nie mehr wieder.

Infiltration, tropfenweise.

So wuchsen Mauern auch dort, wo keine gewesen waren. Und doch erklärt es das Spätere nicht. Wieso konnte ein Hirn auf die Idee verfallen, die nach Auschwitz führte? Mir war das lange ein Rätsel und da es das scandalum unserer Generation bleibt – ein quälendes Rätsel – bis ... Ja, bis mir eines Tages Tante Christine einfiel mit ihrem haßerfüllten gezischten Satz: »Schau dir das an! SO ETWAS lebt – und mein Richard mußte fallen.«

Nun fielen sie wieder, so viele Richarde. Ein Krieg war entfesselt worden, ein, wie sein Entfesseler wohl wissen mußte, ungerechter und dabei blutiger Krieg. Was die Nachkriegszeit aufgehäuft hatte an Bitternissen gegen die Davongekommenen, das kam nun wieder herauf und schlug um in die fürchterliche perverse Logik: Wenn die einen sterben, sollen es auch die anderen; und wurden die einen in Kesselschlachten verheizt, so sollten auch die anderen in eine ähnliche Hölle gehen. So dachte Hitler. So lehrte er andere denken. Es waren nicht viele. Noch immer zu viele.

Aus den Beneideten und Verhaßten wurde zum zweitenmal SO ETWAS.

Auch aus den Ärmsten der Armen, Idioten, Wahnsinnigen, Krüppeln wurde SO ETWAS. Ihr Tod kaufte keinen anderen los.

Aber er steht als Schatten über uns, den DAVONGEKOMMENEN.

Carl von Ossietzky
Ein gutes Menschenalter lang?

Der erste große Verlierer des Umschwunges wird der Herr Reichspräsident sein. Unter ungeklärten Verhältnissen, zwischen absterbendem Parlamentarismus und aufgehender Diktatur, konnte er eine autoritäre Mittlerrolle einnehmen. Diese wichtige Stellung schwindet, je mehr sich der klare Rechtskurs festigt. Die Autorität wird sich zukünftig im Reichskabinett verkörpern, der Reichspräsident selbst wieder zu einer ausschließlich repräsentativen Gestalt werden.

Eine Frage wird in diesen Tagen immer wieder gestellt: Welche Chance hat diese Regierung der geeinten Rechten? Bedeutet sie den Übergang zu einer Dauerherrschaft oder nur eine dramatische Episode?

Die gegenwärtige Regierung ist bis zum Zerspringen mit sozialen Disharmonien geladen. Der ärgste Zündstoff ist in den SA enthalten, die erwarten, jetzt, nach der Machtergreifung durch ihren Führer, in irgend einer Form dem Staate einverleibt zu werden. Gelingt das nicht, gelingt es auch nicht, Hugenberg zu verhindern, die gesamte Wirtschaft gegen sich aufzubringen und überhaupt eine halbwegs volkstümliche mittlere Linie zu finden, so wird diese Regierung so schnell und schattenhaft vorübergehen wie das Kabinett Schleicher.

Gelingt es ihr dagegen, die deutsche Misere auf einem eben noch erträglichen Niveau zu stabilisieren, verzichtet sie darauf, den sozialpolitischen Fundus allzusehr anzutasten, verzichtet sie überhaupt auf manche der mitgebrachten Konfliktsgelüste, so hat sie jede Möglichkeit für sich, ein System zu schaffen, das für ein gutes Menschenalter vorhält.

»Die Weltbühne«, 7. Februar 1933

GERTRUD FUSSENEGGER
Geb. 1912 in Pilsen.
Katholisch. 1933: Studentin. Heute: Schriftstellerin.

Hans Dieter Schwarze
1933 – war das? ist es so?

Hans Dieter Schwarze, heute

1.

Sie hieß Frau Uphues, doch ja, ich glaube es noch genau zu wissen. Frau Uphues wurde aus dem Haus geholt, gezerrt von Männern in braunen Uniformen, Kerlen, Heldenbäuchen, Sportsfreunden mit Zigaretten. Sie sollte zur Wahl gebracht werden ins Restaurant Kahls an der Sternstraße.

Warum weigerte sich die alte Frau, in eine Zelle zu gehen, im Festsaal?

Sie konnte nur eine Hexe sein, diese alte Uphues, und wir Kinder schrien ihr entgegen, als sie endlich die Etagentür öffnete. Männer packten die Frau, und wir liefen in ihre Wohnung, deren Tür offenblieb.

Die Zimmer rochen. Hexen stinken und genieren sich wohl, in ein gutes, teures Restaurant zu gehen, wo gewählt wird, für Hitler, mit Spaß und Fahnen und Bier und Luft im großen Saal, wo erst kürzlich Karneval gefeiert wurde.

Oder, nein, hieß sie nicht Uphues? War ich damals nicht in ihrer Wohnung, sah ich nur hinein und ängstigte mich so sehr, daß ich mir bis heute einrede, ein Mutmolch und drin gewesen zu sein in ihren Ecken, 1933, im Frühjahr, mit Sechs?

2.

»Evangelische Baracken
mit 'n Pißpott auf 'n Nacken« –
hatte man uns lutherischen Kindern eben noch nachgerufen. Den Reim hab ich mir bis heute bewahrt. Kaum war Hitler, diese Radiostimme, da, hörten die katholischen Kinder im Viertel auf, uns Verse nachzurufen. Friede! Ich muß damals schon feige gewesen sein, zur Einschulungszeit in der Comenius-Schule, sonst hörte ich den Pißpottreim nicht bis heute so deutlich. Hitlervater half mir Furchtsamem vor den Straßenkatholiken, die zur Fronleichnamsprozession Rosetten auf die Gullys legten, und wir Evangelischen mußten jetzt nicht mehr knien, oder im Haus versteckt bleiben, bis der Zug mit den Kindern, die uns gestern beschimpft hatten, vorbei war. Wir hatten jetzt eine übergeordnete Hilfe, von einer Radiostimme.

3.

In einem Lindengarten saß eine Hitlerjugendgruppe, einer spielte Gitarre. Eine kleine Träumergemeinde, sanft, nicht so laut wie die vielen in der Schule beim brutalen Fußball; nicht so hart wie der geschäftige Großvater mit dem fordernden Gesicht. Ich meldete mich, gegen den Widerstand meiner Mutter, die mich für zu jung für so etwas hielt, zu den Stillen, wie ich sie erlebte, 1934.

4.

Oder war alles anders? Was weiß ich noch? Wem weise ich nach? Sitze ich Wunschbildern auf, Träumen, torkelnden Kühnheiten, schönen Ängsten und reise schon lange nicht mehr?

Die lauten Gitarren. Die Linden sind saniert. Colonialparaden heute. Ich werde wieder in Marschkolonnen verschwinden. Schrittlos. Ungereimt. Endgültig. Zwischen unversehrten hellen Restaurants.

HANS DIETER SCHWARZE
Geb. 1926 in Münster.
1933: Erstkläßler.
1981: Schriftsteller und Regisseur.

194

Claus Arndt
Mein Vater erhielt sofort »Hausverbot«

Adolf Arndt mit seinem Sohn Claus, Anfang der dreißiger Jahre

Das erste Wetterleuchten der heraufziehenden Nazibarbarei erreichte unsere Familie schon, bevor Reichspräsident von Hindenburg verfassungswidrigerweise den erklärten Gegner der Weimarer Reichsverfassung, Adolf Hitler, zum Reichskanzler ernannte:

Meine Mutter weigerte sich, am Heiligen Abend (1932) zu bescheren, ehe mein Vater zu Hause war. Wir Kinder empfanden es als äußerst qualvoll, so lange darauf warten zu müssen, daß die Kerzen am Weihnachtsbaum angezündet wurden und wir zu unseren Geschenken durften. Ich werde das nie vergessen. Mein Vater aber saß inzwischen als Richter der politischen Strafkammer beim Landgericht Berlin und verhandelte im sogenannten Kurfürstendamm-Prozeß darüber, ob 150 wegen schweren Landfriedensbruchs inhaftierte SA-Leute zu Weihnachten freigelassen werden könnten. Diese Männer hatten auf Berlins Prachtstraße randaliert und die Scheiben jüdischer Geschäfte demoliert. Die Freilassung hing davon ab, ob der Reichstagsabgeordnete und Nazigauleiter von Berlin, Dr. Goebbels, als Zeuge Schuld und Verantwortung für die Inszenierung des Pogroms zu übernehmen bereit war. Der aber wand sich im Beistand eines Rechtsanwalts namens Roland Freisler, um auf Kosten der von ihm Verführten eine reine Weste zu behalten. Erst spät am Abend des 24. Dezember gab er seine Rolle als Anstifter und Organisator zu und ermöglichte es der Strafkammer so, die 150 Haftbefehle außer Vollzug zu setzen und die SA-Leute freizulassen.

Als Hitler dann in die Wilhelmstraße eingezogen war, erreichte meinen Vater schnell ein »Hausverbot« des preußischen Justizministeriums für das Gebäude des Landgerichts. Als mein Vater sich auf seine von der Verfassung garantierte richterliche Unabhängigkeit

berief und dennoch zur Sitzung erschien, verhinderten SA-Leute vom Sitzungssaal aus, daß das Gericht mit meinem Vater das Beratungszimmer verließ, indem sie die Tür hinter der Richterbank mit Tomaten, Eiern und anderen Wurfgeschossen bombardierten. Die preußische Schutzpolizei griff dennoch nicht ein, die SA hatte doch den Status einer Hilfspolizei erhalten. Als man auch das Beratungszimmer zu stürmen drohte, brachte ein Justizwachtmeister meinen Vater durch den Lieferanteneingang der Gerichtskantine aus dem Gebäude heraus und in Sicherheit. Nicht sehr viel später floh die Familie aus Berlin und lebte in Marburg an der Lahn davon, daß mein Vater Kriminalromane unter einem Pseudonym verfaßte.

Doch vorher sollte ich selbst noch zu spüren bekommen, woher der Wind in Deutschland jetzt wehte: Ich besuchte die Zinnowwaldschule in Berlin-Zehlendorf, ein Institut, an dem besonders viele Sozialdemokraten den Versuch unternahmen, Unterricht modern nach reformerischen Ideen zu gestalten. Und so blieb es natürlich nicht aus, daß die Verschleppung zahlreicher Lehrer – oder deren Flucht in die Illegalität oder ins Ausland – immer umfangreichere Unterrichtsausfälle hervorriefen. Uns Kindern machte das natürlich Spaß und kam uns alles andere als ungelegen, wenngleich doch viele von uns zumindest ahnten, daß hier Schlimmes geschah. Es dauerte Wochen, ehe der Unterricht sich wenigstens formal normalisierte – ich erlebte es bis zu unserer Flucht aus Berlin nicht mehr. Ganz deutlich ist mir auch in Erinnerung geblieben, wie schwer es war, meine kleine Schwester nun daran zu hindern, aus dem Kinderwagen heraus zu krähen: »Sieh mal, lauter Nazis!«, wenn die SA wieder einmal in ihren braunen Uniformen unsere Straße entlang marschierte. Woher sollte ein kleines Mädchen wie sie auch ahnen, wie gefährlich ein solcher Ausruf zu jener Zeit geworden war?

CLAUS ARNDT
Geb. 1927 in Marburg/Lahn.
1933: Schüler. Nach 1945: Dr. jur., Senatsdirektor a. D.
Mitglied des 5., 6. und 7. Deutschen Bundestages
(Sohn von Adolf Arndt, SPD-Politiker).

Berta Drews-George
Bert Brechts »Johanna« wurde abgesetzt

Berta Drews-George mit ihrem Mann Heinrich George auf Bornholm während Filmaufnahmen 1932.

»Komm mit in den Bürgerbräukeller, dort spricht ein neuer Messias, der uns Rettung verspricht!« Es ist eine jüdische Kollegin, die mir dies vorschlägt (ich höre den Namen Hitler zum erstenmal). Abends spielen wir an den Münchener Kammerspielen Brechts Sensationserfolg »Die Dreigroschenoper«. Und wenn wir uns Hand in Hand an der Rampe beim Schlußgesang zusammenfanden (»Bedenkt das Dunkel und die große Kälte in diesem Tale, das von Jammer schallt«), erglühten wir in brüderlicher Liebe für die Verfolgten und Zukurzgekommenen.

1932 war ich längst in Berlin und die Frau Heinrich Georges. Ich war durch Karl Heinz Martin an die Volksbühne geholt worden. George gehörte dem Ensemble des Staatstheaters für einen Teil des Jahres an. Seit 1930 leitete dieses Theater Ernst Legal. Er wurde als SPD-Mann immer mehr zum Gegenstand politischer und künstlerischer Anfechtungen. Ende 1932 bat er in einem Brief seinen langjährigen Schauspielerfreund um Unterstützung im Kampf um seine Stellung als Intendant bei einer zu erwartenden politischen Veränderung. Impulsiv schrieb George unter seinen Vertrag 1932/33 (der ihm ein ansehnliches Gehalt sicherte) die Klausel: »Herr George behält sich vor, im Falle einer Entlassung Herrn Legals diesen Vertrag vorzeitig zu lösen.« Mit dieser Klausel hatte er Stellung genommen. Man wird es ihn spüren lassen.

Am 30. Januar 1933 wurde Adolf Hitler Kanzler. Der Machtwechsel war vollzogen. Man mußte mit Veränderungen rechnen.

Wir hatten den großen Erfolg von Molnars »Liliom« mit Hans Albers an der Volksbühne nicht ausnützen können (die Nachfrage hätte das Repertoire-System gesprengt), und so hatte Karl Heinz Martin die Inszenierung im Admiralspalast neu herausgebracht. Als Partnerin von Hans Albers wurde ich »ausgeliehen«, da Heinz Hilpert, der neue Leiter der Volksbühne, mich nicht vor Februar 1933 brauchte. Dann sollte ich Bert Brechts »Die heilige Johanna der Schlachthöfe« spielen. Ich war sehr glücklich darüber. Meine Berliner Karriere schien sich aufs trefflichste zu entwickeln.

Es muß in der ersten Hälfte des Februar 1933 gewesen sein, als während der Vorstellung zu später Stunde ein Anruf der Sekretärin Hilperts mich kurz und eindringlich aufforderte, das gesamte Rollenmaterial der »Johanna« am nächsten Tag der Volksbühne zurückzugeben und mit niemandem darüber zu reden. Konsterniert und verärgert spielte ich den letzten Akt zu Ende. Ich brannte darauf, mit George zu sprechen.

Ich glaubte nicht an die »geheimnisvolle« Notwendigkeit dieser Maßnahme, war vielmehr fest überzeugt, daß man sich für eine andere Schauspielerin entschieden hatte. George hörte sich mein langatmiges Lamento schweigend an und meinte schließlich, daß er nicht an eine plötzliche Umbesetzung glaube, vielmehr politische Bedenken, die sich gegen Brecht richten, der Grund sein könnten. Das wiederum reizte meinen Widerspruch: Brecht, der so hochgeschätzte, seit der »Dreigroschenoper« umjubelte Dichter! Welche politische Einschränkung konnte ihm etwas anhaben! Georges nachdenklicher Ernst hätte mir zu denken geben müssen.

Es vergingen auch nur ein paar Tage, und ich sollte erneut spüren, woher der neue Wind wehte. Molnar war Jude und man verfügte, daß »Liliom« nicht weitergespielt werden dürfe. Lediglich vier Vorstellungen wurden noch bewilligt. Nach dieser Bekanntmachung spielten sich tumultuarische Szenen an der Vorverkaufkasse ab. Es gab Geschrei, und als es zu Handgreiflichkeiten kam, griff die Polizei ein.

Nicht genug damit! Hilpert schrieb mir, daß auch die zweite Rolle, die ich bei ihm spielen sollte (es handelte sich um eine Paraderolle in dem Schauspiel »Der General und das Gold«, gemeint ist Johannes August Suter), verloren sei. Bruno Frank war Jude und sein historisches Drama »nicht erwünscht«. Für mich brach eine Welt zusammen. Hilpert konnte mir nichts Gleichwertiges anbieten und bat um Geduld.

BERTA DREWS-GEORGE
Geb. 1901 in Berlin.
1933: Schauspielerin an der Volksbühne Berlin.
Heute: Schauspielerin am Berliner Schillertheater.

Boleslaw Barlog
Der Wandel in den Berliner Theatern

Boleslaw Barlog

Es war mir gelungen, endlich, im Jahre 1930, ans Theater zu kommen. Ich war Regieassistent und Komparse, zuerst bei Karl Heinz Martin und später bei Heinz Hilpert, und zwar an der Alten Volksbühne in Berlin im Theater am Bülowplatz. Hier war alles sozialdemokratisch ausgerichtet, zum Teil sogar kommunistisch.

Am 30. Januar 1933 wurde ich im Theater dringend ans Telefon gerufen. Meine Mutter sagte weinend: »Hitler ist soeben zum Reichskanzler ernannt worden. Jetzt ist alles aus!«

Wir im Theater bekamen »die neue Zeit« sehr deutlich zu spüren. Ein paar eingefleischte Nazis unter uns, die bis dahin ihr Parteiabzeichen unsichtbar unter dem Rockaufschlag getragen hatten, holten das Hakenkreuz hervor und trugen es nun offen. Sie versuchten, das Heft der Führung des Hauses in die Hand zu bekommen, scheiterten aber am mannhaften Widerstand unseres Direktors Heinz Hilpert und seines geschäftsführenden Mitdirektors Siegfried Nestriepke, die beide bis zur Selbstgefährdung sich dem braunen Spuk entgegenstellten.

Aber die alte, mehr unbeschwerte Zeit der künstlerischen Arbeit war von dieser Stunde an nicht mehr gewährleistet. Langsam, aber sicher, versank die deutsche Kunst im Sumpf der beginnenden Barbarei. Ich werde diesen Telefonanruf vom 30. Januar 1933 nie in meinem Leben vergessen.

BOLESLAW BARLOG
Geb. 1906 in Breslau.
Katholisch. 1933: Regieassistent. Heute: Regisseur.

Zu den Theaterstars der Weimarer Republik, die auch im »Dritten Reich« Erfolg hatten, gehörte Gustaf Gründgens. Hier in einer Szene der Revue »Alles Schwindel« des jüdischen Autors Schiffers und des jüdischen Komponisten Spoliansky mit Margo Lion am Kurfürstendamm-Theater in Berlin.

Oscar Fritz Schuh
Anfälligkeit für Ideologie ist wie ein Virus

Oscar Fritz Schuh

Ich habe den Beginn des Nazi-Regimes 1933 in Hamburg erlebt. Die Nationalsozialisten hatten bei der letzten Wahl im Herbst 1932 sehr viel Stimmen verloren, und wir glaubten, die Gefahr sei endgültig gebannt. Dann kam dieser furchtbare Hindenburg, eine der stupidesten politischen Gestalten der Weltgeschichte und hat im Januar 1933 Hitler zum Reichskanzler ernannt ... Wenn man bedenkt, daß sogar Thomas Mann in einem seiner früheren Bücher »Betrachtungen eines Unpolitischen« (das er dann später allerdings zurückgezogen hat, aber leider zu spät) eine Lanze für Hindenburg gebrochen hat, so wird man verstehen, daß sogar sehr viele Intellektuelle Hindenburg damals gewählt haben, denn auch da hätte es andere Lösungen gegeben.

Hamburg hat damals nicht gerade enthusiastisch auf den Beginn der Naziherrschaft reagiert. Ich kann mich erinnern, daß Sabine Kalter im Frühjahr 1933 die Lady Macbeth sang. Jeder wußte, daß sie Jüdin war; drei Monate nach dem Beginn des Dritten Reiches ein Anlaß für die hanseatischen Premierenbesucher, ihr nach ihrer ersten Arie spontan und ostentativ zu applaudieren. Es war wie ein Orkan, der Extrabeifall galt der Leistung; primär aber war es eine politische Demonstration. Dies bleibt dem Hamburger Publikum unvergessen.

Trotz meiner bis dahin weitgehend unpolitischen Haltung hatte ich doch gespürt, daß Hitlers Ernennung zum Reichskanzler einen Einschnitt bedeutete. Sie war etwas anderes als die bisher üblichen häufigen Regierungswechsel. Unsere Gegnerschaft zu den Nationalsozialisten war weniger rational-politischer, als ästhetisch-emotionaler Art. Die »Bewegung« stieß uns ab, weil sie uns teutonisch, spießig vorkam. Das Kleinkarierte, Kleinbürgerliche hat uns, die wir ein für allemal von den zwanziger Jahren geprägt waren,

angewidert. Die Geistesgrößen dieser Zeit waren unsere Götter. Nicht nur dies. Auch die Konventionen der Zwanziger Jahre waren für uns bestimmend. Gültig war nur, was in Berlin Gültigkeit besaß.

Mit dem Beginn der Nazi-Zeit ging in mir eine psychologische Veränderung vor, die mich selbst überraschte. Ich versuche, sie so objektiv wie möglich zu schildern. Natürlich wollte ich ungeachtet der politischen Verhältnisse weiterkommen, und für jeden begabten Theatermann gab es bisher nur ein Ziel: Berlin. Das hatte ich nun plötzlich nicht mehr im Auge. Der Impuls war erloschen. Ich war mit einemmal ein »Staatsfeind«; jedenfalls fühlte ich mich so. Das war meine neu gewonnene Exklusivität. Sie verlieh mir ein unge-

Der erste Weltstar wurde in der Weimarer Republik kreiert: Marlene Dietrich, die schon 1930 ein amerikanisches Engagement annahm. Ihren Durchbruch erzielte sie 1929 mit dem J. v. Sternberg-Film »Der blaue Engel« nach dem Roman »Professor Unrat« von Heinrich Mann. In Berlin wurden Puppen gehandelt, welche die hochversicherten Beine der Dietrich und den Kopf Heinrich Manns zeigten. Ein Angebot von Dr. Goebbels, nach Deutschland zurückzukehren, lehnte sie ab.

ahntes, fast rauschhaft elitäres Bewußtsein. Heute würde ich es Überheblichkeit nennen. Meine neue Seelenlage ermöglichte es mir, jedermann zu verachten, der sich in einer führenden Position befand. Ein bequemer Standpunkt, aber damals gab er mir Kraft. Von frühester Jugend an hatte ich das Leben als Kampf aufgefaßt. Nun wurde der Satz von Rilke »Wer spricht von Siegen? Überstehen ist alles.« mein Leitmotiv. Die Lust am Kampf erlosch von einem Tag auf den anderen. Vielleicht war das nur eine Ausrede. Ich wußte, in einer Zeit wie dieser macht ein Typ wie ich keine Karriere.

Vor der »Machtergreifung« war in der nationalsozialistischen Zeitung Hamburgs öfter vom »Juden Schuh« die Rede. Es lag wohl an meiner Art zu inszenieren, die man als »entartet« ansah. Unmittelbar nach dem 30. Januar bat mich Intendant Karl-Heinz Strohm, lange bevor dies allgemein gefordert wurde, um meinen Ariernachweis. Die Scherereien müßten aufhören. Aber es kam noch besser. Die Frau des damaligen Regierenden Bürgermeisters von Hamburg, Krogmann, bezeichnete mich öffentlich als den »Typ von der Lubbe«. Bürgermeister Krogmann war ein Überläufer; beinahe über Nacht hatte er sein Herz für die Nazis entdeckt. Wie viele seines Schlages war er eine unangenehmere Erscheinung als mancher »alte Kämpfer«. Einige Nazi-Funktionäre waren überrascht von dem Ausmaß, den der Antisemitismus anzunehmen begann. Als ich den damaligen Hamburger Kultursenator Ahrens fragte, ob es passieren könnte, daß eine so große Sängerin wie die Jüdin Sabine Kalter eines Tages nicht mehr in Deutschland auftreten dürfte, war er ganz entrüstet: »Wofür halten Sie uns? Das richtet sich doch nur gegen die Miesen und Kleinen. Gegen die Großen haben wir gar nichts!«

Wie schrieb Hannah Arendt später in ihrem Buch von der »Banalität des Bösen«? »Noch heute ist in Deutschland die Vorstellung von den ›prominenten Juden‹ nicht verschwunden. Während die Kriegsteilnehmer und andere privilegierte Gruppen nicht mehr erwähnt werden, beklagt man das Schicksal ›prominenter‹ oder ›berühmter‹ Juden immer noch auf Kosten aller anderen. Es gibt nicht wenige, besonders unter den Gebildeten, die heute noch öffentlich die Tatsache beklagen, daß Deutschland Einstein aus dem Land verjagt hat – ohne zu begreifen, ein wieviel größeres Verbrechen es war, Hänschen Cohn von nebenan zu töten, auch wenn er kein Genie war.«

Auf einem offiziellen Empfang küßte Ahrens Frau Kalter demonstrativ die Hand. 1934 meinte er einmal, ein Mann wie ich müsse doch in die Partei eintreten. Gottlob hatte ich eine schlagfertige Antwort parat: »Herr Senator, das möchte ich nicht, das sähe doch nach Opportunismus aus: Jetzt einzutreten, wo Sie gesiegt haben, läßt sich moralisch nicht verantworten!« Ahrens fiel darauf rein: »Das ist ein großartiger Standpunkt!« sagte er, »darauf bin ich noch gar nicht gekommen! Kann ich etwas für Sie tun?« Ich antwortete: »Herr Senator, wenn Sie erreichen könnten, daß ich mehr Gage bekäme, wäre ich sehr dankbar!« Ich habe mehr Gage erhalten.

Im Überschwang ihrer soeben erst errungenen Macht, fühlten und benahmen sich die Nazis wie die Neureichen – die sie ja auch waren. Bald ließen sie ihre alten Kämpfer fallen und versicherten sich der Prominenz. Plötzlich konnten sie sich einen Furtwängler, einen Gründgens leisten; das war nun ihr Furtwängler, ihr Gründgens. Es wurden Kommissionen gebildet, vor denen Schauspieler und Sänger vorsingen und vorsprechen mußten, die alte Parteigenossen waren. Wenn sie den Ansprüchen nicht genügten, wurde ihnen eiskalt verkündet: »Mein lieber Parteigenosse, Sie werden umgeschult!«

In den Betrieben wollte man ein ruhiges und friedliches Klima. Man interessierte sich kaum für politische Äußerungen irgendeines Prominenten gegen das Regime. Auch hier der Standpunkt der Neureichen: Das sind jetzt unsere Theater, unsere Leute. Der konservative Grundzug war unübersehbar, das Wort Revolution wurde in Fragen der Kunst nicht gern gehört, das großbürgerliche Theater mit Stars und Primadonnen sollte glanzvoll mit viel Geld etabliert werden. Das blendete so manchen. Aber es gab auch andere Gründe dafür, daß viele, die anfangs gegen Hitler waren, sich langsam, wenn auch zögernd, zu ihm bekannten. Erstens hatten die meisten »Mein Kampf« nicht gelesen oder das Buch nicht ernst genommen. Zweitens fanden sie alles »gar nicht so schlimm« wie zuerst befürchtet. Auch daß die Konkurrenz der Juden ausfiel, war sicher für viele ein bewußtes oder unbewußtes Motiv mitzumachen, auch wenn sie es jederzeit geleugnet hätten.

Erstaunlich war, daß ehemalige Kommunisten viel schneller Nazis wurden als sogenannte Liberale. Man hat damals zum erstenmal begriffen, daß Anfälligkeit für Ideologie ein Virus ist.

OSCAR FRITZ SCHUH
Geb. 1904 in München.
Evangelisch. Seit 1923 Regisseur.

Jakob Bamberger
Das »Zigeunerleben« war niemals lustig!

Der Sinti Jakob Bamberger wurde 1938 und 1939 zweiter deutscher Meister im Fliegengewicht. Durch Stockschläge und »Humanexperimente« in Konzentrationslagern wurde er zu einem kranken Mann.

1913 wurde ich in Ostpreußen geboren. Ich erinnere mich noch gut, wie ich schon als Kind meinen Eltern in ihrem Wanderkino geholfen hatte. Das war 1927, als es in vielen Dörfern noch keinen Strom gab. Damals hatten wir Projektoren mit Karbid- und Petroleumlampen. Ich weiß noch, wie ich als Kind auf einem Pferd mit einer Glocke in der Hand durchs Dorf ritt und die Filmvorführungen ausrief.

So haben wir Sinti schon damals deutsches Kulturgut mit dem Kino in ländliche Gegenden gebracht. Wanderkinos hatten damals die Familien Rose und Bamberger. Mein Vater hatte neben dem Wanderkino noch Pferdehandel. Schon 1933 hatte mein Vater durch das Kino und durch den Handel ein eigenes Haus kaufen können. Natürlich fuhren wir mit dem Kino weiterhin auf die Dörfer in den umliegenden Landkreisen und hatten dort nach vorhergehender Anmeldung beim Bürgermeister in Vereinshäusern oder Gemeindesälen die Filme vorgeführt. Wir haben uns immer an die Vorschriften gehalten, uns eingefügt, einen Gewerbeschein ordnungsgemäß gehabt und auch unser Steuerbuch richtig geführt.

Das Wanderkino hatte mein Vater bis 1935. Dann ging es los mit den Verfolgungen aus rassischen Gründen. 1935 kam das Verbot, daß Sinti nicht mehr herumreisen durften. Wir mußten das Kino vermieten und ließen es unter dem Namen unseres ehemaligen Filmvorführers weiterlaufen. Steuern und Abgaben haben wir immer bezahlt, und wir waren auch nie vorbestraft. Vorstrafen bekamen wir erst, als die Nazi-Zeit kam, da wurden wir wegen jedem Scheißdreck gleich verurteilt. 1935 bis 1939 arbeitete ich bei der Eisenbahn in Frankfurt am Main.

1933 begann ich aktiv mit dem Boxsport, und ich gehörte bis 1940 zu den deutschen Spitzensportlern im Fliegengewicht. 1934 wurde ich in die Olympiakern-mannschaft aufgenommen. 1938 und 1939 wurde ich zweiter deutscher Meister. 1940 wurde ich nur noch dritter. Als »Zigeuner« hatte ich nämlich, da die Nazi-Zeit immer grausamer wurde, inzwischen mit drei Gegnern gleichzeitig zu kämpfen. Es war nicht nur der Gegner im Ring, sondern ich hatte jetzt auch Ringrichter und Punktrichter gegen mich. Weil ich aber wie ein Wirbelwind durch den Ring fegte, konnten sie mich aus der Olympiakernmannschaft nicht herausschmeißen.

Als ich 1941 in die Tschechoslowakei fliehen wollte, wurde ich an der Grenze geschnappt und ins Konzentrationslager Flossenbürg bei Weiden eingeliefert. Dort bekam ich bei der Strafkompanie zum erstenmal 25 Stockhiebe. Während meiner Haft in mehreren Lagern bekam ich insgesamt 75 Stock- oder Peitschenhiebe. Davon trafen nicht alle aufs Gesäß, sondern viele Schläge gingen auf den Rücken und die Wirbelsäule. Da mir damals die Wirbelsäule verletzt wurde, habe ich im Alter jetzt oft starke Schmerzen.

Nach dem Krieg hatte ich einen Wandergewerbeschein, und ich handelte hauptsächlich in den ländlichen Gegenden von Bayern mit Textilien aller Art und mit Kurzwaren. Ich hatte wiederum mein Buch fürs Finanzamt, und ich habe alle meine Steuern bezahlt. Heute wollen uns die Behörden weismachen, die »Zigeuner« hätten nie Steuern bezahlt. Wir Sinti zahlen seit jeher viele Steuern. Wir sind keine Steuerhinterzieher und Betrüger!

Wir lieben nicht das Wort »Zigeuner«, denn es ist zum Schimpfwort geworden. Schon in der Weimarer Republik – in der man doch so viel von Menschenrechten sprach! – hätten unsere Bürgerrechte geschützt werden sollen. Es geschah nicht. Wir hoffen, daß die Bevölkerung der Bundesrepublik endlich lernt, unsere Minderheit als das zu respektieren, was wir tatsächlich sind – jedenfalls keine »ziehenden Gauner« (= Zigeuner), sondern Menschen wie alle anderen auch.

JAKOB BAMBERGER
Geb. 1913 in Königsberg.
Katholisch. 1933: beim väterlichen Wanderkino.
Heute: Rentner.

Eva Bornemann
Politische Gesinnung gehört nicht ins Knopfloch

Eva Bornemann, 1933

Ein Geschichtsbewußtsein mußte mein Vater, ein promovierter Chemiker, schon als junger Mensch gehabt haben, denn er hatte sich hartnäckig und erfolgreich gewehrt, irgendeiner studentischen Verbindung, für die man ihn keilen wollte, beizutreten. Das war zu Beginn unseres Jahrhunderts. Als er mich, ich glaube, es war 1928, einmal mit einem schwarz-rot-goldenen Abzeichen auf dem Kleid aus der Schule kommen sah, nahm er es mir weg und sagte zu mir: »Man trägt seine politische Gesinnung, oder die der Eltern, nicht im Knopfloch.« Und verbrannte das Schleifchen. Das hat mir damals viel zu denken gegeben, denn ich nahm mir die Worte meines Vaters immer sehr zu Herzen.

Wie viele Berliner waren wir ständig im Umzug begriffen. Die Wohnungsnot war schon damals, Ende der zwanziger Jahre, sehr groß; geeignete und zugleich erschwingliche Behausungen waren rar. Wohnungssuchende machten sogenannten Kettentausch: Das bedeutete: Du stellst mir deine Wohnung (als Tauschobjekt) zur Verfügung, ich dir meine, und wir tauschen sie dann weiter, bis wir das Geeignete gefunden haben.

Bei einer dieser Kettentauschaktionen kam uns auch eine Wohnung in Steglitz unter; wir wollten aber nicht nach Steglitz ziehen. Trotzdem boten wir dem Steglitzer Wohnungsinhaber unsere im Bayerischen Viertel gelegene Wohnung an. Er lehnte höflich ab mit der Begründung, es gebe da »gewisse Imponderabilien«.

Die »Imponderabilien« wurden bei uns zu Hause ein Schlagwort: Es war ein Euphemismus für »Juden«, denn Steglitz galt damals als eine judenfreie, deshalb auch antisemitische Wohngegend.

Wie »imponderabil« wir dann nach und nach wurden, habe ich selbst, obwohl ich damals noch Schülerin und später angehende Germanistikstudentin und Publizistin war, am eigenen Leib erfahren. Zum Glück hatten meine Eltern bereits vor dem Ersten Weltkrieg eine Vorsichtsmaßnahme getroffen, die sich für sie und für mich als lebensrettend im wahrsten Sinne des Wortes erweisen sollte: Sie hatten dafür gesorgt, daß ich in England zur Welt kam und deshalb neben meinem deutschen auch einen englischen Paß besaß.

Mit diesem in meiner Aktenmappe ging ich am 1. April 1933 – dem ›Boykott-Tag‹ – in die Berliner Universitätsbibliothek. An den beiden SA-Männern, die den Eingang bewachten, vorbei. Ich kann mich noch erinnern, wie mein Herz damals klopfte und wie die Zeilen des Buches, das ich mir geholt hatte, vor meinen Augen verschwammen.

Die Eltern hatten sich Sorge um mich gemacht: Was wird aus der Tochter, die ausgerechnet Germanistik und Publizistik studierte und die ihr Studium abbrechen mußte, denn ihr britischer Paß galt in Nazi-Deutschland nicht? Auch hatte ich keine große Lust, unter den herrschenden Umständen noch ein paar Semester weiterzustudieren, denn nach der Ideologie der Nationalsozialisten war ich ein Mensch letzter Klasse, eine jüdische Frau. Wozu sollte die denn studieren?

Also setzten mich meine Eltern Anfang September 1933 auf einen Zug nach Harwich. Auf dem Bahnsteig standen meine Familie und meine Freunde; mein ganz spezieller Freund aber stand abseits von allen und winkte mir traurig nach. Er war garantiert arisch und sah außerdem noch aus wie ein fleischgewordener nordischer Gott.

Meiner Eltern und meines Freundes wegen bin ich in den Jahren 1934 bis 1937 öfter aus London nach Berlin gereist. Jedesmal war es beklemmender und jedesmal wurde mir bewußter, daß höchste Gefahr – für meine Eltern – im Verzuge war. Als sich dann die berüchtigte »Kristallnacht« ereignete und mein Vater nur zufällig nicht abgeholt worden war, weil er gerade seine Mutter im Altersheim besuchte, rief ich am nächsten Tag aus London bei den Eltern an. »Wann kommt ihr endlich?« Darauf hatte mein Vater geantwortet: »Im Augenblick habe ich vollauf damit zu tun, mein Geld von einer Behörde zur anderen zu tragen. Wenn nichts mehr übriggeblieben ist, kommen wir.«

Er hat es wahrgemacht und ist kurz vor Toresschluß und sozusagen mit dem letzten Schiff mit meiner Mutter zusammen nach England gekommen. Daß er noch bis zum Schluß und auf seinem Gebiet arbeiten konnte, verdankte er der Tatsache, daß er als Patentanwalt, der er inzwischen geworden war, für einen Erfinder arbeitete, dessen Forschungsergebnisse – es war ein System der Holzverzuckerung – für die Wirtschaft der damaligen Machthaber von größter Bedeutung war. Dieser Wissenschaftler hatte darauf bestanden, sich in Patentangelegenheiten nur von meinem Vater beraten zu lassen. Aber das geistige Klima der Jahre ab 1933 war für diejenigen, die von den Nationalsozialisten als ausrottenswürdiges Ungeziefer betrachtet wurden, so unerträglich geworden, daß man dort einfach nicht mehr atmen konnte. So jedenfalls hatte es meine Mutter, Doktorin der Germanistik und eine der ersten Frauen, die das Abitur machen durften, formuliert.

Meine Eltern hatten Glück. Alle übrigen, damals noch lebenden Mitglieder meiner Familie sind in deutschen KZs gestorben oder umgebracht worden. Daß dieser Holocaust einmal über Juden und andere, den Herrschenden verhaßte Minderheiten und über Widerständler kommen würde, hatte mein Vater vorausgeahnt, vorausgesagt. Aber damals, als junger Mensch, hatte ich es nicht glauben wollen. 1933 habe ich dann die Schrift an der Wand deutlich lesen können. Aber ich war 21 Jahre alt, das Leben lag vor mir. Was dann später für ein Fleckerlteppich daraus geworden ist, steht auf einem anderen Blatt.

EVA BORNEMANN
Geb. 1912 in London.
Jüdisch. 1933: Studentin. Heute: Publizistin, Literarische Übersetzerin, Redakteurin.

Franziska Weidner
Der Riß durch die Familie

Die Gründung der Weimarer Republik bedeutete für mich Zehnjährige das Ende der Kindheit. Zwar waren das Elend und das Hungern und Frieren im 1. Weltkrieg ebenso wie die von beiden Eltern verabscheuten »Putschversuche« vorbei, und es gab eine neue Rechtsstaatlichkeit mit sehr vielen Parteien. Aber der Vater konnte den Untergang des Kaiserreiches nicht verwinden, weigerte sich, für »die Roten« zu arbeiten und ließ sich mit 50 Jahren pensionieren. Die Mutter war die kritischere von den beiden, wählte Gustav Stresemann, der für die Aussöhnung von Deutschland und Frankreich eintrat, während der Vater sich ganz rechts hielt. Auch genoß sie die kulturellen Bemühungen der jungen Republik, die sich auch auf die kleinen Städte erstreckten. Es gab jetzt Konzerte, Vorträge und sogar Theateraufführungen durch die Berliner Volksbühne. Das von der Tochter besuchte Lyzeum erhielt statt des anschließenden Lehrerinnenseminars eine gymnasiale Oberstufe, die zur Hochschulreife führte, und so taten sich für die ersten 16 Abiturientinnen neue Horizonte auf. Mit großen Erwartungen fuhr ich in mein 1. Semester nach Greifswald.

Die Eltern hatten mich, einer Familientradition folgend, für die Schullaufbahn bestimmt, und so mußte ich mir die Fächer entsprechend zusammenstellen. Heimlich aber hoffte ich auf eine Position, etwa als Dolmetscherin, beim Völkerbund, der für mich ein Garant des Friedens war. Daher kümmerte ich mich in Greifswald nur wenig um Politik, die Vorlesungen und mein Privatleben füllten mich völlig aus. Zwar versuchten die an der Universität vertretenen Parteien die Anfänger zu gewinnen, doch überzeugte mich keine vollständig. Gehaßt aber habe ich die »Männerbünde« der Korporationen, sogar die nicht schlagenden, in denen ältere Verwandte gewesen waren. Durch einen schönen Zufall gelangte ich für mein 3. Semester an die hochangesehene Heidelberger Universität, wo auch das politische Leben unvergleichlich viel reicher und reger war. Ich ging oft zu den Diskussionen, fühlte mich aber zu unreif, um den Mund aufzumachen. Es folgten zwei Semester an der ruhigen »Arbeitsuniversität« Göttingen, doch nach dem Tod der Mutter ging ich 1930 nach Greifswald zurück, weil der vereinsamte Vater mich in der Nähe brauchte.

Die politische Landschaft hatte sich schon geändert. Stresemann war 1929 gestorben, und Brüning versuchte durch Notverordnungen die schweren Wirtschaftskrisen zu bekämpfen. Wir Studenten führten ein armseliges Leben. Wenn wir einmal ins Kino gehen wollten, mußten wir auf das kümmerliche Mensaessen zu 60 Pfg. verzichten. Aber die Arbeitslosen waren schlimmer dran, und mit dem Ansteigen ihrer Zahl wuchsen die radikalen Parteien. In den Hörsälen tauchten die ersten Braunhemden auf. In den Semesterferien hatte ich Hitlers »Mein Kampf« gelesen, ein Buch, das meinen Vater begeisterte, mich hingegen entsetzte. Auch glaubte ich nicht an den Erfolg eines Mannes, der seine Eroberungsziele im Osten derart deutlich kundgab – darauf konnte doch das Ausland unmöglich hereinfallen! Die legale Wahl Hitlers zum Reichskanzler am 30. 1. 1933 hatte ich sehr niedergedrückt zur Kenntnis genommen, aufgeschreckt wurden wir Freunde erst durch den Reichstagsbrand vom 27. 2., hinter dem wir die Nazis vermuteten. Von nun an marschierten immer wieder Gruppen mit Hakenkreuzfahnen durch die stillen Straßen von Greifswald, und wir bogen in Nebenstraßen ein oder suchten hinter fremden Haustüren Schutz, um nicht die Hand zum Gruß heben zu müssen. Doch ich versuchte, mich auf die andrängenden Arbeiten für das Große Staatsexamen zu konzentrieren, das ich im Juli 33 bestand, und vor der Promotion im Dezember bewilligte mir der Vater eine Erholung bei unseren Verwandten in Halberstadt. Dort hatte sich die früher so heitere Atmosphäre völlig verändert. Der Onkel war Studienrat für Mathematik und glaubte sich, ebenso wie seine unverheiratete Lehrerinnenschwester, in einer gesicherten Position. Die Uralttante war inzwischen gestorben, und niemand hätte je daran gedacht, daß sie einmal für ihre Abkömmlinge eine schwere Hypothek bilden würde. Sie war eine kleine halbjüdische Klavierlehrerin namens Leo gewesen und erst bei ihrer Heirat zum christlichen Glauben übergetreten. Durch Hitlers Rassenwahn gerieten aber nicht nur alle »Volljuden«, sondern auch die »Halb«- und »Vierteljuden« in Gefahr. Im Freundeskreis meines Onkels wurde schon gepackt, und er selbst, wie auch etwas später seine Schwester, mit einer kleinen Pension entlassen. Die Demütigung aber, daß man ihn als »unzumutbar« aus der Badeanstalt wies, traf ihn fast noch schlimmer. Auch die beiden verheirateten Schwestern begannen für ihre Familien zu bangen. Der Gymnasialprofessor in Berlin stand kurz vor der Pensionierung, doch sein einziger Sohn war, um in die Schullaufbahn zu gelangen, in die SA eingetreten, die weniger »Bekenntnisse« verlangte als die Partei. Leider war er groß, schlank, blauäugig und damit ein begehrtes Objekt für die verhaßte SS. Die Verwandten beschworen mich, meinen Vater vom Eintritt in die Partei zurückzuhalten, weil er dann die »jüdische Versippung« hätte zugeben müssen, was mir sogar gelang. Aber natür-

lich wurde auch die Pastorenfamilie in Mitleidenschaft gezogen, der Onkel kam als »Bekennender Christ« für eine Weile ins Gefängnis, und beide theologischen Schwiegersöhne wurden auf halbes Gehalt gesetzt. Doch mein Vater glaubte, wie so viele Deutsche, der »Führer« wisse von allen diesen Dingen nichts. Erst der unglückliche Ausgang des Krieges öffnete ihm die Augen, und tief verzweifelt starb er in Potsdam kurz vor dem Einmarsch der Russen. Mein Onkel wurde in derselben Woche das Opfer einer amerikanischen Bombe – er hatte so sehr auf seine Rehabilitierung durch die Amerikaner gehofft.

Ich selbst verließ Greifswald kurz vor Weihnachten 1933. Der Horizont war jetzt dunkelbraun umwölkt. Die jüdischen oder linkseingestellten Professoren hatte man schon entlassen, und überall dröhnten die schwarzen Stiefel. Meine Zukunftsaussichten waren trübe. Dem Völkerbund gab Hitler keine Chancen, er verließ ihn 1935, und selbst mein Vater sah ein, daß ich mich für die Schullaufbahn nicht melden konnte. Aber auch die wissenschaftliche Bibliothekarslaufbahn, zu der ich alle Voraussetzungen mitbrachte (2 Prädikatsexamen), blieb mir verschlossen, Hitler hatte sie bereits für Frauen gesperrt. Daher bewilligte mir der Vater noch einen Spanischkursus mit Maschineschreiben und Stenographie in einem – wie sich bald zeigte – abscheulich nazistischen Fremdspracheninstitut in Leipzig, aus dem ich, bald nachdem ich den Status einer »Lehrkraft« erreicht hatte, wegen so mancher antihitlerischen Äußerung flog. Es blieb für mich nur zweierlei: in Büros zu jobben oder zu heiraten. Ich tat beides. – Bald war die Republik nur noch eine Erinnerung. Sie war damals für ein die Freiheit nur wenig liebendes Volk zu schwierig gewesen.

FRANZISKA WEIDNER
Geb. 1908 in Dieuze/Lothringen.
1933: Studentin. Heute: Literarische Übersetzerin.

Alphons Silbermann
Die Zeiten der Anpöbelungen in Köln

Wer wie ich aus einer gutbürgerlichen jüdischen Familie stammt und 1926 zu studieren begann, für den war die Bezeichnung »Weimarer Republik« reichlich fremd. Wir lebten einfach in Deutschland unter einem republikanischen Regime. Was heutzutage in jeder politischen Schrift als »Weimarer Republik« apostrophiert wird, war damals noch nicht als eine Bezeichnung für die geschichtliche Nachfolge des Kaiserreichs oder als ein historischer Vorläufer des Nazismus gebräuchlich.

Unumwunden gesagt, scherte sich mein Jahrgang 1909, der zu jung war, um auf der Schule über die »Weimarer Republik« unterrichtet gewesen zu sein, keinen Deut um Inhalt, Konzeption, Ausmaß oder Ideologie dieser Staatsform. Durch unsere Eltern wohlbehütet durch den ersten Weltkrieg, Revolution, Inflation und die Zwanziger Jahre geführt, kam uns diese Republik mit allem, was diese Bezeichnung impliziert, immer erst dann zu vollem Bewußtsein und Interesse, wenn es uns in unserer Eigenschaft als Jude betraf.

Emanzipierte und assimilierte Juden, die wir waren, nannten wir uns »Deutsche Staatsbürger jüdischen Glaubens«, waren Familienangehörige Mitglieder im »Reichsbund jüdischer Frontsoldaten« und stimmten in den Chor derjenigen ein, die da verkündeten, daß die besagte Republik von den aufkommenden Nazikrawallmachern nicht tangiert werden könne. Erst als man es physisch und geistig zu fühlen bekam, daß in dieser Republik Judenfeindschaft, Judenhaß, kurz gesagt, Antisemitismus nicht verschwunden, sondern sich gar verstärkt hatte, öffneten sich unsere bis dahin gläubig verschlossenen Augen.

Es begann für mich in Freiburg im Breisgau, wo wie in allen deutschen Universitätsstädten Juden in keine der damals noch einflußreichen Studentenverbindungen aufgenommen wurden. Sozusagen der Not gehorchend, gab es daher eine jüdische Verbindung, den Kartell-Convent (KC), in die ich eintrat. Auch dort vertraten wir in erster Linie unsere Interessen als Staatsbürger jüdischen Glaubens oder, anders ausgedrückt, als Verteidiger der uns zukommenden republikanischen Gleichberechtigung, indem wir beispielsweise darauf bestanden, bei Universitätsfeiern mit unseren Uniformen, Säbeln, Fahnen und Farben mitzuziehen, obwohl wir von allen anderen Verbindungen offiziell und betont als »nicht satisfaktionsfähig« angesehen und dementsprechend auch behandelt wurden. Verglichen mit späteren Ereignissen, darunter z. B.

die Enteignung des Hauses unserer Verbindung, waren dies alles noch »milde« Vorkommnisse, waren dies Diskriminierungen, an die man als Jude nicht nur gewohnt war, sondern die auch zu keinerlei Reflexionen über das mögliche Ende eines republikanisch-demokratischen Regimes führten.

Es begann die Zeit der Anpöbelungen, die bis dorthin gingen, wo ich als Examenskandidat auf der Eingangstreppe zur Universität Köln zusammengeschlagen wurde, und später dann, als ich mich als Justizreferendar von meinem Chef, einem nazistischen Landgerichtsrat, anflachsen und beleidigen lassen mußte. Auch das wurde durchgestanden; denn schließlich hörten wir sowohl aus dem Munde unserer Eltern, Freunde und Verwandten sowie aus dem der jüdischen Gemeindeleiter und Funktionäre nach wie vor den Satz, der Abertausende in den Tod führen sollte: »Es wird schon nicht so heiß gegessen, wie es gekocht wird.« Daß dieser selbsttäuschende Satz sich nicht bewähren sollte, ebensowenig wie das inzwischen konkret gewordene Bewußtsein, doch eigentlich in einem republikanisch-demokratischen Parteienstaat zu leben, wurde mir in aller Eindeutigkeit vor Augen geführt, als mein Doktorvater, der eminente Staatsrechtler Hans Kelsen, damals Dekan der juristischen Fakultät, uns jüdischen Doktoranden sagte, wir sollten schnellstens unsere Arbeiten abliefern – bald würde es zu spät sein. Kelsen, selbst Jude, war übrigens der einzige unter den Professoren, der uns noch als Doktoranden annahm.

Bedrohungen und Diskriminierungen begannen sich zu häufen und so denn auch jene Auswanderungsgespräche, wie sie in der ersten Folge des Films »Holocaust« nicht hätten besser und realistischer dargestellt werden können. Für uns Juden hieß die Parole »Rette sich wer kann; denn für uns ist das Ende eines Lebens in Deutschland gekommen«.

Von heute aus zurückblickend sei damit gesagt, daß, als ich vor der Nazibande über die Grenze nach Holland floh, es für mich kein *Ende* der Weimarer Republik gab, da ich, ihre Konzeption und ihren politisch-ideologischen Inhalt betreffend, nie einen *Anfang* habe feststellen können.

ALPHONS SILBERMANN
Geb. 1909 in Köln.
Jüdisch. 1933: Justizreferendar.
Heute: Professor der Soziologie an der Universität zu Köln.

Hans Bausch
Frühe Erfahrungen

Hans Bausch, heute

Da mein Vater 1929 als Zentrums-Abgeordneter in den Badischen Landtag gewählt worden war, begann meine politische Bildung sozusagen schon in der Kinderstube. Als Achtjähriger nahm ich lebhaften Anteil an der politischen Karriere meines damals 39jährigen Vaters. Sehr deutlich erinnere ich mich politischer Versammlungen in ländlichen Gemeinden, die ich durch die geöffneten Fenster eines Gasthaussaales verfolgen konnte. Die Namen von Politikern prägten sich mir mühelos ein, erst recht als wir ein Radio bekamen und mein Vater nicht nur die Nachrichten des Drahtlosen Dienstes, sondern auch des schweizerischen Senders Beromünster regelmäßig abhörte.

Mit den Millionenzahlen der Arbeitslosen wußte ich freilich damals genauso wenig anzufangen wie später im Krieg, wenn der Großdeutsche Rundfunk Zahlen über die versenkten Bruttoregistertonnen bekanntgab; aber mit der Realität kam ich sehr wohl in Berührung, weil kaum ein Tag verging, an dem es nicht an der Wohnungstür klingelte und einer dastand, der sagte: »Ein armer Arbeitsloser bittet um eine kleine Unterstützung!« Zu essen bekamen die Arbeitslosen immer etwas bei meiner Mutter in der geräumigen Küche. Doch Geld wollte sie nicht geben, weil man befürchtete, es werde in Schnaps umgesetzt. Die karitativen Verbände erfanden schließlich ein Gutschein-System, und so drückte ich jedem »Bettler« einen Gutschein für fünf Pfennig in die Hand, wenn ich es war, der die Haustür geöffnet hatte. Die Gutscheine konnten in Lebensmittel- und Bekleidungsgeschäften eingelöst werden. Schließlich wurden »Volksküchen« eingerichtet, und zweimal in der Woche fiel bei uns zu Hause das Mittagessen aus, weil meine Mutter mithalf, aus einer Art Gulaschkanone Essen an die Arbeitslosen auszugeben.

Klaglos und voller Einsicht ertrug meine Mutter die Kürzung ihres Haushaltgeldes, als mein Vater ihr in meiner Gegenwart jene Gehaltskürzungen erläuterte, die man später die Brüning'schen Notverordnungen nannte. Schließlich war Brüning unser (Zentrums-) Mann! Mein Vater war Beamter mit dem schönen Titel »Landesökonomierat«, und zwar in dem nicht viel mehr als sechstausend Einwohner zählenden Städtchen Waldshut am Hochrhein, an der Schweizer Grenze so ziemlich mitten zwischen Basel und Konstanz. Wer unsere parteipolitischen Feinde und Gegner waren, wurde mir aufgrund vieler kleiner Erlebnisse zwischen 1929 und 1933 durchaus klar. Zur Jahreswende 1931/32 fragte mich mein Vater, ob ich mir ein Sondertaschengeld verdienen wolle, die Glückwunschkarten zum Neuen Jahr seien zu adressieren, drei Pfennig je Adresse. Nie werde ich das in gelbes Leinen gebundene Landtagshandbuch vergessen. Mein Vater schlug die Seiten mit den Namen und Lebensläufen der Abgeordneten auf und meinte: »Da schreibst du immer: Herrn Soundso MdL; aber diejenigen, bei denen hinter dem Namen »Nat Soz« oder »Kommun« steht, die kriegen keine Glückwunschkarte zum Neuen Jahr!«

Brünings Sturz als Reichskanzler erfuhr ich durch ein Extrablatt der Lokalzeitung auf dem Weg von der Schule zum Sportplatz. Natürlich hatte ich keine Ahnung von den komplexen Hintergründen. Das Gefühl jedoch, nun werde es uns immer schlechter gehen, stellte sich spontan ein. Mit meinen Klassenkameraden konnte ich darüber nicht reden. Sie waren unpolitisch wie die meisten ihrer Väter und hielten mich für einen »Spinner«, der nur nachplappert, was sein Vater sagt. Von den meisten ihrer Lehrer wurden sie in dieser Ansicht bestärkt. Es war der Musiklehrer, der mir klarmachte: »Politik hat in der Schule nichts zu suchen!«

Der erste politische Witz, der mir in Erinnerung geblieben ist, lautete: Papen hat sich den Arm gebrochen. Wie denn? Beim Ankurbeln der Wirtschaft!

Die Wahlkämpfe des Jahres 1932 erlebte ich im Windschatten von Wahlhelfern der Baden-Wacht (einer Saalschutztruppe des Badischen Zentrums), fast so martialisch uniformiert wie die SS, der Mitglieder des Kolping-Vereins und anderer »Sympathisanten«. »Fest steht der Zentrumsturm« war auf einem riesigen Wahlplakat zu lesen. Am nächsten Morgen war dieses Plakat mit roten Zetteln überklebt: »Am Zentrumsturm nagt ein Würmchen«. Am Abend war darunter ein weiterer Zettel geklebt: »Armes Würmchen!« Ich klebte an Telegrafenmasten kleine Handzettel, deren tieferen Sinn ich erst später begriff. Auf einem war gedruckt: »Schlagt Hitler den Gendarmen samt Hauptmann Röhm den Warmen«. Ein Plakat aber hat mich deswegen am tiefsten beeindruckt, weil mein Vater – mit einer Gasvergiftung aus dem Ersten Weltkrieg zurückgekehrt – mir viel von den Schrecken des Krieges erzählt hatte. Auf diesem Plakat stand: »Wer Hitler wählt, wählt den Krieg!«

Am 30. Januar 1933 um 12.30 Uhr sagte mein Vater während des Mittagessens: »Hans, schalt doch mal Beromünster ein, ob wir schon eine neue Regierung haben!« Der Schweizer Sender brachte nichts Neues aus Berlin. Als wir um 13.15 Uhr den Süddeutschen Rundfunk abhörten, erfuhren wir, Hitler sei Reichskanzler geworden. Mein Vater, der mit einem kleinen Nickerchen auf die Nachrichtensendung gewartet hatte, fuhr auf, nahm mich in den Arm und sagte: »Hans, jetzt mußt du den gleichen Quatsch mitmachen wie ich!« Meine Frage »welchen Quatsch?«, beantwortete er mit fast gebrochener Stimme: »Jetzt mußt du Soldat werden und eines Tages ins Feld ziehen.«

Auf der Grundlage einer Verordnung aus dem Jahre 1917 wurde mein Vater im März 1933 zum ersten Mal in Schutzhaft genommen, verhaftet zum Schutz seiner eigenen Person. Ein Reichsredner der NSDAP namens Ivan Jungbluth war in die kleine Kreisstadt gekommen, um aufzuräumen. Der mit meiner Familie befreundete Landrat versprach meiner Mutter alle möglichen »Hafterleichterungen«. Und so schob ich denn eines Abends mit unserem »Dienstmädchen« Anna auf einem Leiterwagen eine Matratze durch die Waldshuter Bismarckstraße und klingelte am Tor des Gefängnisses. Fast drei Wochen lang brachte ich meinem Vater zur Mittagsstunde im Henkelmann das Mittagessen. Seine Wünsche nach Taschentüchern schrieb er mit einem verkohlten Streichholz auf den abgerissenen Rand einer Zeitung. Zeitungen nämlich durften ebenso wie Zigarren oder Wein in unbegrenzter Menge am Gefängnistor abgegeben werden, was aus der Rückschau erstaunen mag.

Da die Justiz noch einigermaßen funktionierte, mußte mein Vater schließlich aus dem Gefängnis entlassen werden. Doch nun begann ein Katz- und Mausspiel. Mein Vater wurde noch zweimal in Schutzhaft genommen, einem dienstlichen Disziplinarverfahren als Beamter ausgesetzt, strafversetzt und degradiert, erneut strafversetzt. Im August 1940 reichte seine physische Kraft nicht mehr aus, eine Lungenerkrankung zu überstehen, die wohl auch durch die Gasvergiftung des Ersten Weltkriegs mit verursacht worden war. Er starb sechs Wochen nach der ersten dreistündigen Haussuchung durch die Gestapo im Zimmer eines siebzehnjährigen Schülers, dessen Name als Bruchsaler Gruppenführer des Katholischen Jugendbundes Neudeutschland in einer Liste gefunden worden war. Meine Mutter und ich haben diese Haussuchung verschwiegen; aber der 50jährige hatte wohl nach all diesen Verfolgungen keine Kraft mehr. Weitere sechs Wochen später erreichte mich der Stellungsbefehl zur Wehrmacht, um den ich mich bemüht hatte, um aus den Fängen der Gestapo zu entrinnen. Man möge mir glauben, daß ich in den viereinhalb Jahren meiner Soldatenzeit immer an die Zeit danach gedacht und mich entsprechend verhalten habe.

So viel im Rückblick auf einen kleinen nebenberuflichen Politiker aus dem Milieu des politischen Katholizismus der Weimarer Republik. So viel aber auch von einem Vater, der mir schon als Kind einen politischen Weg gewiesen hat. Die Mutter – ich will nicht ungerecht sein – ist diesen Weg mitgegangen, tapfer und mit Tränen.

Aber wie soll ich das alles eigentlich meinen Enkeln erklären?

HANS BAUSCH
Geb. 1921 in Waldshut am Hochrhein.
1933: Schüler. Heute: Professor Dr. phil., Intendant des Süddeutschen Rundfunks, Stuttgart.

Auch Sozialdemokraten konnten Massen auf die Beine bringen. Der Parteitag in Leipzig am 1. Juni 1931.

Lotte Neumann Redlin
»Braunes Herz unter der Weste«

Am 30. Januar 1933 machte ich in Kassel mein schriftliches Abitur in Deutsch. Wir saßen brütend über unserer Arbeit, als draußen die Zeitungs-Extra-Boten schrien: »Hitler kommt an die Macht!« Es berührte uns wenig, nur erstaunte es uns, als unser Englischlehrer, der gerade Aufsicht führte, sich mit der Hand unter die Jacke griff und verkündete: »Hier unter der Weste schlägt schon immer ein braunes Herz!« Das war für mich der Beginn der Hitler-Ära.

Zu Hause, in einem Akademikermilieu mit musischem Akzent, hatte man der Weimarer Republik gleichgültig gegenübergestanden. Man lebte bescheiden, das Beamtengehalt war nicht groß, die Ausbildung der Kinder verschlang viel Geld. Da aber in der näheren Verwandtschaft keine Arbeitslosigkeit war, spürte man nichts von der wirtschaftlich schlechten Zeit. Der Vater war mehr Deutsch-Nationaler, sah es nicht allzu gern, wenn die Familie in den jüdischen Geschäften kaufte, war aber befreundet mit jüdischen Ärzten und pflegte den musikalischen Umgang mit ihnen.

In der Klasse gab es vor 1933 schon Mitschülerinnen, die mit dem Nationalsozialismus sympathisierten. Wir hatten auch 2–3 Kommunistinnen, die lauthals gegen das Deutschlandlied protestierten. Aber generell waren wir alle recht unpolitisch. Ich war ein Theaternarr und Bücherwurm, ging für 40 Pfg. 3mal wöchentlich in die Oper, las alles, was es nur zu lesen gab. Hitlerreden mußten wir uns dann bis zum Abitur noch hie und da anhören. Man verstand nichts, absolut kein Wort, so schlecht waren wohl die Lautsprecher, so wenig hatte er damals Ahnung von Sprechtechnik.

Nach dem Abitur ging ich dann in den freiwilligen Arbeitsdienst nach Zierenberg, weil ich mal herauswollte. Meine Eltern waren entsetzt! 4 Landwirtschaftslehrerinnen betreuten uns 30 Mädchen, und es ging mehr wie in einer Landwirtschaftsschule zu. Wir halfen bei der Ernte, beim Förster im Wald, in der Geflügelzucht, wir lernten kochen. Es gab noch keine Fahne, kein Hitlerbild, keine Tracht, kein Abzeichen – kurz, vom Nationalsozialismus war noch nichts zu merken.

Da mein Vater 1934 nach Königsberg versetzt wurde, fing ich eine 2jährige Lehre in der Buchhandlung Gräfe und Unzer an. Auch in dieser Zeit merkte man noch wenig von der Hitler-Ära. Wir hatten noch jüdische Kollegen. Es wurde für sie aber schwierig, ihre Prüfung vor der Reichsschrifttumskammer abzulegen.

Unser Chef, Konsul Koch, war sehr zurückhaltend in politischen Dingen, genau wie unsere Kunden. Die jüdischen und ausländischen Autoren waren zwar aus den Regalen verbannt, wurden aber unter der Hand weiterverkauft.

1935–1936 war ich in Hamburg bei Lucas Gräfe, einer, gemessen an Königsberg, kleineren Buchhandlung. Hier machte ich auch meine Gehilfenprüfung, schrieb über ein Buch von Jean Giono, einem italienischen Dichter, und mein Chef bekam einen Rüffel, daß er einen Lehrling über einen ausländischen Autor (zudem ein Friedensverkünder) eine Arbeit schreiben ließ.

Einen Monat ging ich noch nach Leipzig in die Buchhändlerlehranstalt. Hier wehte mehr nationalsozialistischer Wind. Ich sollte einen Vortrag über ein dickes Buch »Juden in Deutschland« halten. In diesem Buch hatte man von den guten und weniger guten jüdischen Autoren die gemeinsten und schlüpfrigsten Stellen zusammengestellt (heute würde man sagen: Pornostellen). Man wollte damit demonstrieren, wie die reine deutsche Jugend dadurch verseucht wurde. Ich weigerte mich, darüber ein Referat zu halten. 1935 verlobte ich mich und kam dadurch in eine Familie, die dem NS-Staat positiv gegenüberstand. Mein Schwiegervater, Marburger Mathematikprofessor, gehörte zu den Hitler-Gläubigen und Arglosen, die bis zum Schluß nicht glauben konnten, welch finstere Motive die Partei vertrat. Der Konflikt (meine Familie war 100% gegen das Regime – meines Mannes Familie stand ihm wohlwollend gegenüber) belastete unsere Ehe.

Immer wieder fragt man sich: Warum war man in den Jahren nach 1933 so gleichgültig? Warum hat man den Kopf in den Sand gesteckt? Bis zum Krieg glaubte man nicht, daß Hitler solche Macht bekommen könnte. Im Krieg hatte man mit sich und der Familie zu viele Sorgen, und es ging ums Überleben. Wollen die Nachgeborenen nicht daraus lernen?

LOTTE NEUMANN REDLIN, GEB. v. JAN
Geb. 1914 in Straßburg.
Evangelisch. 1933: Abiturientin. 1942: Kriegerwitwe. Nach 1945: Lehrerin.

Katharina Schultze-Dahlke
Die Zustände an den Schulen

1927 heiratete ich. Mein Mann war Ingenieur in guter Position, ich seit 1927 fest angestellte Lehrerin in Berlin. 1932 wurde mein Mann arbeitslos, wie viele Ingenieure. Das war schmerzlich, aber ich konnte meine Familie allein ernähren.

Ich war in Berlin-Rahnsdorf an einer Knabenschule. Im Kollegium herrschte ein gutes Miteinander, unser Rektor war ein angenehmer Leiter, wir fühlten uns alle wohl. In der Schule wurde oft politisiert, zum Teil sehr begeistert. Ich war oft anderer Meinung, schwieg aber. Mich drückten private Kümmernisse, zur Arbeitslosigkeit meines Mannes kam der Tod meiner Mutter.

Mein erster kleiner Zusammenstoß kam mit meinem Rektor 1932/33, als bei meinen Schülern braune Hemden, prompt darauf die blauen Hemden der Kommunisten auftauchten. Ich versuchte, ihnen das Tragen der Uniformen in der Schule auszureden. Der Streit nahm unangenehme Formen an, ich holte den Rektor. Er versuchte ihnen die Vorzüge der neuen Partei und die Persönlichkeit Hitlers nahezubringen, umsonst, es gab keine Ruhe. Der Chef verlor die Nerven: »Genug davon, die blauen Kittel sind verboten!« Ich fragte: »Und die braunen?« – »Das ist eine gute Partei, die können überall, auch in der Schule, getragen werden!« Dann knallte die Tür, ich war mit dem Krach allein. Gott sei Dank, es läutete, ich ging zum Rektor ins Amtszimmer: »Herr Rektor, man kann es doch nicht den Braunen erlauben und den Blauen verbieten!« – »Meine liebe Frau Schultze, man wird in Zukunft noch viel mehr erlauben und erleben!«

Und dann kam der Märztag 1933! Ein schöner Frühlingstag mit großer Schulfeier. In braunen Hemden sahen wir auf dem Schulweg viele unserer Schüler, im Konferenzzimmer begrüßten mich drei Kollegen in brauner Uniform mit »Heil Hitler!« Ich war wirklich überrascht und platzte heraus: »Ich hatte euch alle für vernünftige Männer gehalten!« – »Ja, das sind wir ja auch, darum sind wir ja auch in der Partei!« Dann stand der Rektor in brauner Uniform mit goldenem Parteiabzeichen auf dem Podium und hielt eine flammende Rede vom »Völkerfrühling, wie ihn die Welt noch nie erlebt hat und von Adolf Hitler, dem großen Führer, der uns herrlichen Zeiten entgegenführen wird«. Unser deutscher Gruß heiße jetzt »Heil Hitler!«.

Und wie sah es in unserem Wohnbezirk aus? Ruhige Nachbarn, von denen wir wußten, daß sie Sozialdemokraten waren, hatten sich heimlich und spurlos mit

wenig Gepäck aus dem Staube gemacht. Wir hörten, daß sich manche nachts im Gebüsch am Müggelseeufer versteckten. Der Grund dafür wurde uns an einem späten Abend klar. Auf dem Heimweg hörten wir in der Bahnhofstraße in Köpenick entsetzliches Schreien, Peitschen, Röcheln . . .

In der Schule vermied ich jedes Grüßen, aber wenn ich es nicht umgehen konnte, tat ich es mit einem fröhlichen »Guten Tag«. Eines Tages nahm mich der Rektor mit in sein Amtszimmer. »Ich muß mit Ihnen den »deutschen Gruß« üben!« – »Ich kann ihn, Herr Rektor!« Ich nahm stramme Haltung an, legte wie die Männer Hand an die Gürtelschnalle, streckte den rechten Arm hoch und sagte sehr deutlich: »Heil Hitler!« Ihm kam die ganze Sache wohl auch komisch vor: »Frau Schultze, nehmen sie das alles sehr ernst!« Ich antwortete: »Herr Rektor, ich nehme alles sehr ernst!« Er kannte meine Verhältnisse, darum wohl fuhr er ruhig, väterlich, belehrend fort: »Sie sind eine intelligente Frau mit guten pädagogischen Fähigkeiten. Solche Kräfte braucht unsere junge Partei, in der Sie Aufstiegsmöglichkeiten haben.« Ich zuckte die Achseln und verabschiedete mich.

Als ich im August 1933 aus den Ferien nach Hause kam, lag meine Kündigung ab September 1933 nach 17jähriger Dienstzeit auf dem Tisch. Der Grund: Doppelverdienst. Mein Mann hatte tatsächlich 1 ½ Monate Arbeit bekommen. Die Firma ging pleite. Geld hatte er nicht gekriegt. Alle meine Reklamationen bei der obersten Behörde waren vergeblich. Ein ganz Freundlicher, natürlich mit Parteiabzeichen, sah in meine Akten, schüttelte bedenklich den Kopf: »Frau Schultze, nehmen Sie die Abfindungssumme von 3000 Mark. Man hätte Ihnen nach allem, was hier drin steht, ein Verfahren anhängen können (er las mir alle meine gemachten Äußerungen vor).« Ich ging und war bis 1945 nicht mehr Lehrerin.

Nach dem Krieg (ich war also wieder Lehrerin) bemühte man sich, meinen Fall aufzurollen. Aber alle Unterlagen waren unauffindbar. Vernichtet? Verbrannt? Wir waren zufrieden, wieder arbeiten zu können. Ich als Rektorin an der neuerbauten Renée-Sintenis-Schule in Berlin-Frohnau. Mit meinem 65. Jahr wurde ich in den Ruhestand versetzt. Allerdings nur mit einer Pension von 16 Dienstjahren (1945 – 1961) und nicht von 33 Dienstjahren.

Erschütterndes erlebte meine Familie, von der zwei Schwestern und ein Schwager den »Zeugen Jehovas«

(Bibelforscher) angehörten. Sofort nach der Machtübernahme wurde diese Vereinigung verboten. Meine Schwestern hielten sich an das Verbot. Mein Schwager, der eine leitende Stelle einnahm, missionierte weiter als »Seifenverkäufer«. Nachdem etwa 10 turbulente Haussuchungen ohne seine Anwesenheit in seiner Wohnung stattgefunden hatten, war er plötzlich verschwunden. Endlich erfuhren wir, daß er im Tegeler Gefängnis saß. Erst nach Monaten wurde er nach Hause entlassen. Ein an Leib und Seele gebrochener Mann, er starb kurze Zeit danach. Für seine Beerdigung war jede Feierlichkeit verboten. Meine tapfere Schwester stand an der Gruft und sagte: »Das Vaterunser zu beten kann uns keiner verbieten.« Wir beteten es alle. Die Gestapo, die natürlich anwesend war, trat in Aktion, nahm mehrere der »Zeugen« fest. Wir erfuhren später, daß sie im KZ saßen.

Als meine unverheiratete Schwester eines Abends heimkam, stand ihre Wohnungstür offen. Zwei Männer nahmen sie fest und fuhren mit ihr in der »grünen Minna« weg (so erzählten es uns die Nachbarn am nächsten Tag). Niemand konnte uns über sie Auskunft geben. Nach schrecklicher Ungewißheit und monatelangem Suchen erfuhr ich, daß sie bei der Gestapo am Alexanderplatz festgehalten wurde. Ich ging hin und bekam nach einem sadistischen Verhör 10 Minuten Sprecherlaubnis; es war an ihrem Geburtstag. Danach wurde sie ins Frauengefängnis gebracht. Im Winter erhielt ich nochmals 10 Minuten Sprecherlaubnis. Später erfuhr ich, daß ihr und mehreren »Bibelforschern« im Amtsgericht Moabit ein offizieller Prozeß gemacht werden sollte. Ich war anwesend und hörte das Urteil. »Die Strafe ist mit der Haft abgesessen! Hedwig Dahlke ist damit frei!« Ich wartete 3 Stunden, bis ein Pförtner mir sagte: »Die hat die Gestapo abgefahren, wahrscheinlich in ein KZ.« Wir mußten noch einmal 8 Monate warten. Dann stand sie plötzlich vor uns. Als der Fall 1951 wegen Wiedergutmachung aufgerollt werden sollte, hatte sie ihrem Leben in aller Stille ein Ende bereitet. Sie hatte ihr Leid nie überwunden.

KATHARINA SCHULTZE-DAHLKE
Geb. 1895 in Berlin.
1933: Lehrerin. Nach 1945: Rektorin.

Sigmund Freud protestierte gegen erbärmliche Lügen

An George Sylvester Viereck

Wien IX, Berggasse 19,
Ostersonntag, 16. April 1933

Lieber Herr Viereck

Sie schicken mir die Botschaft des ehemaligen deutschen Kronprinzen und Ihre Zuschrift an die New York Herald Tribune ohne etwas Handschriftliches hinzuzufügen. Ich nehme an, Sie erwarten eine Gegenäußerung von mir. Ich hätte mit dieser auch nicht gekargt, und sie wäre ausführlich geworden, wenn ich nicht besorgt hätte, daß Sie sie irgendwie publizistisch verwendeten. Darum beschränke ich mich auf wenige Bemerkungen, die für Sie allein bestimmt, sich der Veröffentlichung widersetzen.

Ich sage also nur, es tut mir leid, daß Sie sich durch Parteinahme für so erbärmliche Lügen, wie die im Brief Ihres kaiserlichen Vetters, herabgewürdigt haben.

Zur Beurteilung der Sachlage genügt es, daß man drei Äußerungen zusammenstellt: die Versicherung des Kronprinzen, daß niemand in Deutschland »had to suffer injustice on account of his religion«; Ihr eigenes Zugeständnis, daß »if those who wish to purge their country of such elements invoke racial or religious prejudice, they are guilty of the same fault as those to whose course they take exception«, und die schlichte Rede von N. Chamberlain, er kümmere sich nicht um die angeblichen Greuel, sondern halte sich an die offiziellen Äußerungen und Maßregeln der Bewegung.

Mit tiefem Bedauern

Freud

SIGMUND FREUD
1856–1939. Prof. Dr. med. Begründer der Psychoanalyse.
Aus: Sigmund Freud. Briefe 1873–1939. Ausgewählt und herausgegeben von Ernst und Lucie Freud. S. Fischer Verlag. Frankfurt 1960.

Otto Heuschele
Verratenes abendländisches Erbe

Otto Heuschele, 1950

Die Fragen, die Sie an mich richten, sind berechtigt, ist doch vielen Angehörigen der jüngeren und jüngsten Generation noch immer rätselhaft, daß die Geschichte zwischen den beiden Weltkriegen so verlief, wie das geschehen ist. Ich versuche eine Antwort zu geben, soweit dies auf dem zur Verfügung stehenden Raum möglich ist.

Ich bin in Schwaben geboren und lebe bis heute in diesem Land. Hier erlebte ich den Ersten Weltkrieg und war noch kurze Zeit Soldat. Nach Kriegsende studierte ich vor allem in Tübingen und Berlin Geisteswissenschaften. In diesen ersten Tübinger Nachkriegsjahren habe ich die Spannungen miterlebt, die an der Universität zutage traten. Ich begegnete Kommilitonen, aber auch Professoren, die unsere Niederlage im Krieg nicht begreifen konnten. Sie erfanden die berühmte »Dolchstoßlegende«. Noch heute erinnere ich mich eines Professors der Geschichte, der in seinen Vorlesungen immer wieder diese Auffassung aufgriff. Es gab natürlich auch andere, und zu ihnen möchte ich mich in aller Bescheidenheit zählen, die das sichere Gefühl erfüllte, für uns beginne nun eine Epoche der Selbstbesinnung und des Friedens, vor allem zwischen den Völkern Europas. Es schien uns aufgetragen zu sein, durch unsere Arbeit und unsere geistige Haltung die Grundlagen für ein neues Leben in einem neuen Europa zu schaffen.

Das Jahrzehnt, in das wir damals eintraten, war hier in Württemberg von einem altbewährten demokratischen Lebensgefühl geprägt. Natürlich gab es auch hier Parteien, Gruppen und Bewegungen von Rechts bis Links, zwischen ihnen war aber fast ausnahmslos ein Gespräch möglich. Die Nationalsozialisten konnten hier keine großen Erfolge erzielen.

Nach Abschluß meines Studiums arbeitete ich in einem Verlag, begann aber gleichzeitig mit meiner Arbeit als Schriftsteller. Das Parteiengezänk interessierte mich wenig. Ähnliches beobachtete ich bei fast allen Vertretern meiner Generation, mit denen ich Kontakte hatte und die mit dichterischen Arbeiten hervortraten. Ich war und bin immer der Überzeugung gewesen, der Dichter könne seinem Volk entscheidend vor allem mit seiner dichterischen Arbeit dienen. Bis heute habe ich es als eine besondere Fügung betrachtet, daß ich in diesen zwanziger Jahren zum Europäer wurde und daß die Idee eines auf geistige Fundamente begründeten Europas ein zu erstrebendes Ziel, ja eine unumgängliche Notwendigkeit sein müsse. Von dieser Idee beseelt, gab ich 1927 das Jahrbuch »Die Ausfahrt« heraus. Verpflichtende Vorbilder für dieses Bemühen waren für mich Männer wie Albert Schweitzer, Hugo von Hofmannsthal, Stefan Zweig, Romain Rolland, mit denen ich persönlich verbunden sein durfte.

Als die Spannungen in den Jahren 1930/32 immer heftiger wurden, als die politischen Parteien sich bekämpften und dies meist auf niedrigem Niveau und ohne Würde, als die Minister und Regierungen wechselten und die europäischen Staaten noch keineswegs zu ahnen schienen, was in Deutschland wirklich geschah, war es mir ein Anliegen, die jungen Menschen für die Idee Europas zu gewinnen. Ich veröffentlichte im »Verlag der Marburger Flugblätter« im Herbst 1932 eine kleine Schrift »Ein Brief an junge Menschen«. Die Antwort darauf war ein offener umfangreicher und böswilliger Angriff eines führenden Nationalsozialisten in Form eines Briefes »eines jungen Menschen an Otto Heuschele«, der in der Berliner-Börsen-Zeitung Nr. 267 vom 11. Juni 1933 erschien.

Inzwischen war Hitler zur Macht gekommen. Von der Röhm-Revolte im Jahr 1934 ab war es für viele Menschen klar geworden, was ich vorausgefühlt hatte, daß damit ein Zweiter Weltkrieg nicht zu vermeiden sein werde, wenn es der Wehrmacht nicht gelingen würde, die Diktatur zu brechen oder wenn die Westmächte nicht rechtzeitig das dämonische Element, das in der deutschen Führung vorwaltete, erkannten.

Damit komme ich zum Kern Ihrer Frage: Die Entwicklung, die zu den Geschehnissen nach 1933 führte, hat natürlich im einzelnen vielerlei Gründe. Man kann die Weltwirtschaftskrise, die Arbeitslosigkeit, das völlig unverständliche Verhalten der Parteien und vor allem der Splitterparteien im Reichstag und endlich die Zustimmung zum Ermächtigungsgesetz nennen. Der entscheidende Moment indessen liegt darin, daß im damaligen Deutschland Macht und Geist nicht zusammenzuführen waren. Unter Geist verstehe ich hier die Zusammenfassung aller Kräfte im Bereiche des Geistes in Verbindung mit Ethik und Religion. Den Begriff Macht möchte ich im Sinne von Jacob Burckhardt verstanden wissen, der in seinen »Weltgeschichtlichen Betrachtungen« bekennt: »Sie ist kein Beharren, sondern eine Gier.«

In den zwanziger Jahren war aus dieser Situation heraus das begründet worden, was mit dem Begriff Europa umschrieben wird. Ich erinnere an einige Namen, die in diesem Zusammenhang nie vergessen werden sollten: Richard Graf Coudenhove-Kalergi, Denis de Rougemont, Salvador de Madariaga und Carl J. Burckhardt. Ich rufe auch die Begegnung führender europäischer Geister im burgundischen Pontigny in Erinnerung, von der einer der bedeutendsten deutschen Vorkämpfer für ein geistiges Europa, Ernst Robert Curtius, schrieb: »Pontigny ist ja ein Europa im kleinen, ein europäischer Mikrokosmos.«

Wäre es den Deutschen damals gelungen, das abendländische Erbe, das die führenden Geister unseres Volkes bewahrt und vermehrt haben, gegen die Macht der nationalsozialistischen Ideologie einzusetzen, hätte diese Macht nicht siegen können. Deutschland, damals in der Mitte des »Alten Europa« liegend, kam hier die besondere Aufgabe zu, das abendländische Erbe rein zu erhalten und gegen alle Zerstörungen durch einseitige Ideologien zu schützen.

Die Welt, in der wir heute leben, ist gegenüber der Zeit vor 1933 völlig verändert, eines aber ist geblieben und zur Aufgabe für uns alle in dieser Epoche geworden: aus dem abendländischen Geisteserbe die Kräfte zu nehmen, die uns vor jeder Macht und Bedrohung schützen, das heißt, wir müssen Macht und Geist zu einer Einheit verbinden, die uns vor allen dämonischen Mächten zu bewahren vermag. Hugo von Hofmannsthal hat in seiner Münchner Rede »Das Schrifttum als geistiger Raum der Nation« im Jahr 1927 die Situation so umschrieben: »Daß der Geist Leben wird und Leben Geist, mit anderen Worten: zu der politischen Erfassung des Geistigen und der geistigen des Politischen, zur Bildung einer wahren Nation.«

Diese Vision sollte nach allem, was wir im letzten halben Jahrhundert nicht nur in Europa, sondern in der Welt erleben mußten, denen als ein Leitbild dienen, die über das Schicksal der Völker und schließlich, im Hinblick auf die Vernichtungswaffen, der Menschheit zu entscheiden haben. Der Schrecken, der über der Welt liegt, wäre damit, wenn nicht gebannt, so doch gemildert.

OTTO HEUSCHELE
Geb. 1900 in Schramberg im Schwarzwald.
Evangelisch. 1933: Schriftsteller. Heute: Prof. h. c., Schriftsteller.

Friedrich Meinecke
Hat der Hitlerismus eine Zukunft?

Es war eben zu viel Kriminelles am Tun und Treiben der Hitlerleute, um ihm einen höheren geschichtlichen Rang zugestehen zu können.

So erschütternd und beschämend nun aber auch die Tatsache ist, daß es einem Verbrecherklub gelingen konnte, das deutsche Volk zwölf Jahre hindurch zu seiner Gefolgschaft zu zwingen und einem großen Teile dieses Volkes den Glauben beizubringen, einer großen »Idee« zu folgen, so enthält doch gerade diese Tatsache auch noch ein Element von Beruhigung und Trost. Das deutsche Volk war nicht etwa von Grund aus an verbrecherischer Gesinnung erkrankt, sondern litt nur an einer einmaligen schweren Infektion durch ein ihm beigebrachtes Gift. Hätte sich dieses noch lange im Körper auswirken können, so hätte allerdings der Fall hoffnungslos werden können. Das war der trübste Gedanke, der mich in den zwölf Jahren quälte, daß es der Partei gelingen könnte, sich dauernd am Ruder zu halten und dem ganzen Nachwuchse des Volkes ihr eigenes entartetes Wesen einzuprägen . . .

FRIEDRICH MEINECKE
1862–1954. Historiker. 1948 Mitbegründer und erster Rektor der Freien Universität Berlin-Dahlem.
Aus: Friedrich Meinecke. Die deutsche Katastrophe. Betrachtungen und Erinnerungen. Eberhard Brockhaus Verlag. Wiesbaden 1946.

Josef Felder
Der Reichstag kapitulierte

Josef Felder

Als Spitzenkandidat der SPD für Schwaben gehörte Josef Felder als Abgeordneter des Wahlkreises 24 (Oberbayern-Schwaben) 1932/33 dem Reichstag an, gleichzeitig war er Vorsitzender der SPD in Augsburg. Er ist der einzige Überlebende der 94 SPD-Abgeordneten, die am 23. März 1933 namentlich gegen das Ermächtigungsgesetz stimmten.

Am 21. März 1933 inszenierten die neuen Herren den Staatsakt in der Garnisonskirche von Potsdam und klassifizierten ihn mit Hitler und Hindenburg zum »Tag der nationalen Erhebung«. Wie zum Hohn war der SPD-Fraktion auch die Einladung zugegangen. Sie flog ohne Debatte in den Papierkorb.

Die SPD-Fraktion hatte am 22. und am Vormittag des 23. März noch eingehend über ihre Haltung zum Ermächtigungsgesetz beraten. Es handelte sich um die Entscheidung darüber, ob die Fraktion überhaupt an der Sitzung teilnehmen solle. Es gab einige Kollegen, darunter den Reichsbanner-Vorsitzenden Höltermann, die hartnäckig die Meinung vertraten, dem Präsidenten Göring eine scharfe Entschließung zu übermitteln und dann abzureisen. Diese Meinung fand keine Mehrheit. Otto Wels, der Vorsitzende der Partei, der im Verlauf des Wahlkampfes von dem Nazi-Abgeordneten Dr. Ley tätlich angegriffen wurde, wehrte sich ebenso wie der um viele Jahre jüngere Dr. Schumacher energisch gegen ein Fernbleiben von der Sitzung. Die Abgeordnete aus Schleswig-Holstein, Louise Schröder, forderte leidenschaftlich: »Keiner darf fernbleiben! Ich gehe hinüber, und wenn sie mich in Stücke reißen. Man muß vor aller Welt den Nazis widersprechen!« Jeder Satz der Rede, die Otto Wels halten wollte, wurde nun in reger Diskussion abgewogen.

Die Ankündigung der Kanzlerrede auf dem weiten Gelände zwischen dem durch Brand schwer beschädigten Reichstagsgebäude und der provisorisch für die Tagung des Plenums hergerichteten Krolloper hatte eine riesige Menschenmenge in Bewegung gesetzt. Agitatoren der NSDAP peitschten sie unaufhörlich mit Zurufen auf. Sprechchöre brandeten zu den Fraktionszimmern, die teilweise im Reichstag noch benutzbar waren, hinauf, um den Abgeordneten der bürgerlichen Mitte und der SPD begreiflich zu machen, daß der Reichstag bewußt unter äußersten Druck gesetzt werde.

So wurde der Weg vom Wallotbau zur Krolloper zum Dornenpfad. Die Schutzpolizei hielt eine schmale Gasse in der Menschenbrandung für die Abgeordneten frei. Vor uns gingen die Deutschnationalen, die auch eine Fraktionssitzung abgehalten hatten. Der SPD-Abgeordnete Dr. Wilhelm Hoegner, der ebenso wie Dr. Schumacher durch seine Reichstagsrede gegen die Nazis und seine Referententätigkeit im ganzen Reichsgebiet bei den Nazis besonders gehaßt war, rief einem Deutschnationalen empört zu: »Was nun geschieht, ist auch Ihr Werk, können Sie es je verantworten?« Unmittelbar vor dem Portal der Krolloper erlebten wir die Verhaftung des ehemaligen Ministers Carl Severing. Auf Intervention von Göring kam er wieder frei und konnte nachträglich noch seine Neinstimme abgeben.

Hitler und sein Gefolge kamen in Parteiuniform im Sturmschritt und mit erhobener Hand. Die Botschafter und Gesandten der fremden Mächte und die sonstige Prominenz erwarteten ihn in den vollbesetzten Logen stehend, während die gestiefelten Nazis die Hacken zusammenschlugen wie eine preußische Gardekompanie. Die bürgerliche Mitte und die SPD nahmen sichtlich betroffen und schweigend Platz. Der Diktator war eingerahmt von Papen und Hugenberg. In der Mitte hinter der Regierungsbank thronte auf besonders erhöhtem Podest vor dem riesigen, die ganze Wandfläche des Saales einnehmenden Hakenkreuz der Reichstagspräsident Hermann Göring in großer Gala.

In diesem Augenblick geschah etwas Ungewöhnliches: SA- und SS-Leute betraten in völlig unzulässiger Weise den Raum der Abgeordneten und bildeten einen dichten Kordon um die Sitze der SPD. Ihre gezischten Drohungen und billigen Witze verstummten erst, als Hitler mit seiner programmatischen Rede begann. Bei jedem seiner sarkastischen Hiebe gegen die SPD fieberten die braunen Gäste um uns, und es sah mehr als einmal so aus, sie könnten den Zeitpunkt einer »persönlichen Abrechnung« mit uns nicht erwarten. Aber Hermann Göring hielt sie mit einer Handbewegung und ironischem Lächeln immer wieder in Schach. Sehr auf das noch schwankende Zentrum gezielt, gab Hitler in gemäßigter Tonart innen- und außenpolitische Zusagen, verbunden mit dem Hinweis auf das Weiterbestehen von Reichstag und Reichsrat und die Rechte des Reichspräsidenten. Abschließend drohte er aber den Parteien für den Fall der Ablehnung des Ermächtigungsgesetzes unverhohlen mit Gewalt.

Die Sitzung wurde nun für die Dauer von drei Stunden unterbrochen, um den Fraktionen – im alten Reichstag – Zeit für ihre Schlußberatungen zu lassen. Warnend, ja beschwörend kam der Abgeordnete Joos

Theodor Heuss, 1932

Otto Wels, seit 1931 Parteivorsitzender der SPD, im Reichstag

nochmals zu uns: »Reist ab oder sagt ja, ihr seid in Lebensgefahr!« Auch der Zentrumsabgeordnete Dr. Dessauer warnte mehrere Kollegen. Die Fraktion billigte einige Abwesenheitsmeldungen aus menschlich sehr erklärbaren Gründen. Über 20 Abgeordnete befanden sich in »Schutzhaft«, so daß die verbleibenden 94 nun die endgültige Entscheidung zu treffen hatten. Es kam zu einem dringenden Appell jüngerer Abgeordneter, Otto Wels solle die Antwort der SPD an Hitler ihnen überlassen. Auch Dr. Schumacher war dazu bereit. Mit klarer, zornbebender Stimme antwortete der Parteiführer: »Kein anderer als ich hat in dieser schweren Stunde die Verpflichtung, das Nein der Sozialdemokratie auszusprechen.« Otto Wels führte dann in der Sitzung u. a. aus:

»Die Verfassung von Weimar ist keine sozialistische Verfassung. Aber wir stehen zu den Grundsätzen des Rechtsstaates, der Gleichberechtigung des sozialen Rechtes, die in ihr festgelegt sind. Wir deutschen Sozialdemokraten bekennen uns in dieser geschichtlichen Stunde feierlich zu den Grundsätzen der Gerechtigkeit und der Menschlichkeit, der Freiheit und des Sozialismus. Kein Ermächtigungsgesetz gibt Ihnen

die Macht, Ideen, die ewig und unzerstörbar sind, zu vernichten. Sie selbst haben sich ja zum Sozialismus bekannt. Das Sozialistengesetz hat die Sozialdemokratie nicht vernichtet. Aus neuen Verfolgungen kann die deutsche Sozialdemokratie neue Kraft schöpfen. Wir grüßen die Verfolgten und Bedrängten. Wir grüßen unsere Freunde im Reich. Ihre Standhaftigkeit und Treue verdienen Bewunderung. Ihr Bekennermut, ihre ungebrochene Zuversicht verbürgen eine hellere Zukunft.«

Höhnisches Gelächter der Rechten übertönte unseren Beifall, und dann stürzte Hitler förmlich ans Rednerpult: »Spät kommt ihr, doch ihr kommt!« Und nun folgte eine Flut von böswilligen Behauptungen und Anklagen gegen die Sozialdemokratie, unter völliger Mißdeutung politischer und geschichtlicher Fakten. Zwischenrufe aus den Reihen der SPD mischten sich mit den Heil- und Bravorufen der Rechten. Göring zu uns gewandt: »Ruhe! Jetzt rechnet der Führer ab!« Die bürgerliche Mitte verhielt sich schweigend. Hitler wußte in diesem Augenblick, daß bei Zentrum, Bayerischer Volkspartei und Staatspartei die Entscheidung bereits in positivem Sinne für seine Diktaturvorlage gefallen war. So umging er in listiger Weise die dem Zentrum wiederholt zugesagte schriftliche Botschaft mit den geforderten Rechtssicherungen. Den Sozialdemokraten aber rief er am Schluß seiner Rede höhnisch zu: »Sie, meine Herren, werden nicht mehr benötigt! Ich will gar nicht, daß Sie für das Gesetz stimmen! Deutschland soll frei werden, doch nicht durch Sie!«

Prälat Kaas bekundete nun mit bewegter, von Zweifeln und Sorgen erfüllter Stimme die Zustimmung des Zentrums. Die Bayerische Volkspartei hielt es für zweckmäßig, nicht ihren langjährigen Fraktionsvorsitzenden, den Bamberger Prälaten Leicht, sondern den kriegsbeschädigten Max-Joseph Ritter von Lex ans Podium zu bemühen. Für die Staatspartei sprach der Altliberale Dr. Reinhold Maier. Die Zweidrittelmehrheit war gesichert. Die namentliche Abstimmung leitete Göring mit einigen schwulstigen Sätzen ein. Während die Auszählung erfolgte, wurden im Rekordtempo alle vorliegenden Anträge an die »zuständigen Ausschüsse« überwiesen. Die in Haft befindlichen Abgeordneten seien doch gut aufgehoben, sagte sarkastisch der Nazi-Schriftführer, und der Fraktionsvorsitzende Frick nickte ihm zu. In diesem Augenblick winkte Göring den bisherigen Reichstagspräsidenten Paul Löbe zu sich heran und meinte großzügig: »Empfehlen Sie Ihren Leuten, nach der Beendigung der Sitzung noch im Hause zu bleiben, denn draußen ist eine große Menschenansammlung, die den Führer sehen will. Es könnte Schwierigkeiten geben.« Gegen die im Flüsterton von Löbe weitergegebene »Empfehlung« wandte sich sofort Wilhelm Hoegner. Er meinte, nach der Räumung der Tribünen, der Abfahrt der ausländischen Diplomaten und dem Weggang der übrigen Abgeordneten ergäbe sich für die Nazis die beste Gelegenheit, willkürlich mit uns zu verfahren.

Inzwischen verkündete Präsident Göring mit triumphierender Stimme und brausendem Beifall der Rechten das Abstimmungsergebnis: 444 Ja gegen 94 Nein. Hitler hatte seine »legale« Vollmacht. Die historische Sitzung war um 19.45 zu Ende.

Die meisten Abgeordneten der SPD konnten nach der Rückkehr in die Heimat nicht mehr in ihre Wohnungen zurück. Sie wechselten fast täglich ihre Quartiere, manche auch die Heimatstadt oder das Land.

Zu denen, die zustimmten, gehörten Theodor Heuss, Hermann Dietrich, Heinrich Landahl, Ernst Lemmer, Reinhold Maier. Die Klärung der verschiedenen Motive im Verhalten zu diesem »Ermächtigungsgesetz« erfolgte im württembergisch-badischen Landtag im Frühjahr 1947 durch einen parlamentarischen Untersuchungsausschuß, den einige seiner Mitglieder, die als Reichstagsabgeordnete jenem Gesetz ihre Stimme gegeben hatten, beantragten. Dort hat Theodor Heuss auch über die Verhandlungen mit Brüning berichtet, und Reinhold Maier hat seine früheren Erwartungen vorgetragen, die Führung der Reichswehr werde den Weg in die Illegalität zu verhindern wissen. Heuss hat sich darin getäuscht, wie wohl alle in der Bewertung der kommenden Dinge. Heuss schrieb hierzu: »In jener Vernehmung habe ich den Ausdruck gebraucht, daß ich für das Nein gerne votiert hätte aus reinem historischem Stilgefühl – Illusionen über das Gewicht eines Ja oder Nein konnte ich nicht haben.«

Theodor Heuss hatte die feste Überzeugung, das »Ermächtigungsgesetz« werde für den praktischen Weitergang der nationalsozialistischen Politik keinerlei Bedeutung haben. Hitler habe selber gelegentlich später von diesem formalen Akt wegwerfend gesprochen – er beließ den Reichstag als Kollegium für Demonstrationsreden.

Brüning empfand das Ermächtigungsgesetz als die demütigendste und entwürdigendste Vorlage, die je einem Parlament unterbreitet wurde. Er wird dies sicher Heuss bei seinem Gespräch gesagt haben. Es ging also am 23. März 1933 um die *Selbstentmachtung* des Deutschen Reichstages. Und es ist einfach unbegreiflich, wie ein so kluger und besonnener Mann wie Heuss nur aus »historischem Stilgefühl« kurz schwankte.

Das Ermächtigungsgesetz, verabschiedet nur infolge der Kapitulation der bürgerlichen Parteien, »legalisierte« den Machtantritt der Nazis nach innen, vor allem aber nach außen, und war Hitler ebenso wichtig wie seine das Ausland bewußt täuschende »Friedensvorlage« vom 17. Mai 1933.

JOSEF FELDER
Geb. 1900 in Augsburg.
Seit 1920: SPD-Mitglied. 1929–1933: Stadtrat in Augsburg. 1946–1955: Herausgeber und Chefredakteur des Südostkurier Bad Reichenhall. 1955–58 Chefredakteur des »Vorwärts«, Bonn 1957–69 Mitglied des Deutschen Bundestages.

Das Schicksal der Reichstagsabgeordneten

In die Fremde wurden getrieben	*113*	*in Zuchthäuser und Gefängnisse*	*58*
als Emigranten expatriiert	*53*	*Ums Leben gekommen sind*	*186*
Verhaftet wurden von der Gestapo	*403*	*davon wurden hingerichtet*	*45*
davon bei der »Gewitteraktion«	*76*	*in Verbindung mit dem 20. Juli 1944*	*11*
In meist jahrelange KZ-Haft gerieten	*311*	*In Konzentrationslagern starben*	*83*

Aus: Walter Hammer. Hohes Haus in Henkers Hand. Rückschau auf die Hitlerzeit, auf Leidensweg und Opfergang Deutscher Parlamentarier. Europäische Verlagsanstalt. Frankfurt/M. 1956.

Joachim-Ernst Berendt
Der Koffer war alles, was er mitnehmen konnte

Joachim-Ernst Berendt

Am 30. Januar, dem Tag von Hitler's »Machtergreifung«, war mein Vater mit mir – ich war elf – in den Grunewald gefahren. Die Seen waren gefroren. Wir liefen mit Schlittschuhen über den Grunewaldsee von einem Ende zum andern, schnallten ab, wanderten hinüber zur Krummen Lanke, schnallten wieder an, schlittschuhten auch über sie und dann auch noch über den dritten, den Schlachtensee. Als wir in Nikolassee in die S-Bahn stiegen, war der Zug voller SA-Leute. Bei jeder Station stiegen weitere zu. Hitler hatte »sein Volk« gerufen. Und alle kamen: zum »historischen Fackelzug« die Linden hinunter.

Mein Vater sagte: »Nun wird alles besser werden.« Ich wußte nicht, was besser werden sollte. Ich war nur erschrocken. Über den Lärm und die Derbheit. Über die Gemeinheit dieser Gesichter, die Schaftstiefel und die Schulterriemen dieser Menschen. Über ihre Rücksichtslosigkeit anderen Reisenden gegenüber. In jeder ihrer Gesten lag, was sie – ich weiß nicht, ob bereits damals oder erst später – sangen: »Denn heute gehört uns Deutschland und morgen die ganze Welt.«

Nie zuvor hatte ich solche Lieder gehört. Ich war mit klassischer Musik aufgewachsen, sang – mit meinem kleinen Jungensopran – Bach- und Händelarien auf der Empore in der Kirche meines Vaters. Die Musik war auch damals schon das Wichtigste in meinem Leben. Über sie habe ich, ohne als elfjähriger Knirps groß drüber nachdenken zu können, begriffen: Wer solche Lieder gröhlt – singen kann man's nicht nennen –, der kann nicht »gut« sein.

Ich fragte meinen Vater, was denn nun besser werden würde. Er sagte: der »Parteienhader«, die Arbeitslosigkeit, der »Versailler Schandvertrag«. Mit all dem würde nun Schluß gemacht. Aber der das sagte, war der gleiche Vater, der mich zwei Jahre später auf ein Internat schickte, damit ich nicht in die Hitlerjugend mußte, der drei Jahre später auf der Kanzel seiner Kirche vor der »Unmenschlichkeit des Nationalsozialismus« warnte, der den Mut hatte, vier Jahre später – 1937 – in einer Predigt vor Hunderten von Menschen zu sagen, der »nächste Krieg, der jetzt geplante«, werde dem »germanischen Hochmut dieser Partei und dieser Menschen endgültig das Lebenslicht ausblasen«, und der 1941 im Konzentrationslager Dachau sein Leben ließ.

Als wir am Bahnhof Weissensee ausstiegen und nach Hause gingen, blieb mein Vater vor einer Anschlagsäule stehen. Sie war von oben bis unten mit Parteiplakaten beklebt. Um die zwanzig Parteien gab's damals in Berlin. »Auch das hört jetzt auf«, sagte er und zitierte das Kaiserwort: »Ich kenne keine Parteien mehr, ich kenne nur noch Deutsche.«

Ich sehe diese Plakatsäulen – Litfaßsäulen nannten wir sie – noch heute vor mir. Ich habe gelegentlich Plakate heruntergerissen – ich weiß nicht, ob's die richtigen waren – ich riß einfach an denen, an denen auch meine Schulfreunde rissen. In Wirklichkeit interessierten mich die Säulen, weil ich sie lustig fand – mit den vielen, bunten Plakaten in vielen verschiedenen Formen und Farben. Es sah aus wie ein Puzzlespiel.

Heute denke ich oft: Zwanzig Parteien polarisieren ein Volk weniger als die zwei großen, in die heute unsere Gesellschaft – in genau diesem Sinne: zerfällt. Und ich verstehe, womit die Allergie gegenüber den Parteien in unserem Volk zusammenhängt: Mit Konfliktscheu. Mit Unfähigkeit, Konflikte fair auszutragen. Mit dem Nicht-Ertragen-Können des Andersdenkenden. 41 Terrorismus-Opfer – in zehn Jahren! – versetzen 50 Millionen Deutsche in Hysterie. Aber Tausende von Verbrechen, Zehntausende von Rauschgift-, Hunderttausende von Verkehrstoten lassen sie kalt. Denn die Verbrecher, die Rauschgifthändler, die Verkehrsverletzer denken wie sie. Die Terroristen – 200 aktive hat das Bundeskriminalamt als Höchstzahl geschätzt – denken anders. Dieses Volk empfindet schon das Anders-Denken als Bedrohung.

Später an diesem Abend, am 30. Januar 1933, kam meine Schwester nach Hause. Sie war beim »historischen Fackelzug« gewesen. Das kleine Mädchen, noch ein Jahr jünger als ich, war begeistert – und doch auch erschrocken. Vor den Schaftstiefeln, dem Gröhlen.

Links von unserem Haus, in der Parkstraße in Berlin-Weissensee, lag ein Versammlungslokal der Kommunistischen Partei. Eines der typischen Berliner Gartenlokale mit dem Schild »Hier können Familien Kaffee kochen«. Als wir an diesem Abend – immer noch: der 30. Januar 1933 – daran vorbeikamen, war es nur noch ein Trümmerhaufen. Die Wirtsfrau – alles andere als Kommunistin – rannte weinend auf meinen Vater zu: »Herr Pfarrer, Herr Pfarrer, das sind ja keine Menschen mehr. Was sollen wir denn nur machen? Dieses Haus ist doch alles, was wir besitzen.« Ein paar Monate später war das Gasthaus – nun wieder aufgebaut – Versammlungslokal der SA.

Rechts von unserem Haus gab es ein jüdisches Wohnheim. Es wurde nun leerer. Wir merkten es zuerst an den Kindern. Wir hatten mit ihnen gespielt. Jetzt waren sie nicht mehr da. Ab und zu sah man einen Menschen, den man gekannt hatte, mit einem Koffer die Straße hinuntergehen. Wenn man ihm dann nicht mehr begegnete, begriff man – Wochen oder Monate später: An diesem Tag war er fortgegangen. Der Koffer war alles, was er mitnehmen konnte.

Ich habe es nie akzeptieren können, wenn später die Menschen sagten: »Wir haben von allem nichts gewußt.« Jeder von uns hat Nachbarn gehabt. Es gab acht Millionen Juden in Deutschland. Jeder muß mindestens einen gekannt haben, der plötzlich verschwand. Jeder muß eingeschlagene Fensterscheiben, zerstörte Läden und Lokale gesehen haben. Wir alle wurden angehalten, »Mein Kampf« zu lesen. Da steht alles drin.

Hitler als Unglücksfall deutscher Geschichte? Der Nationalsozialismus als vorübergehender Fehltritt – 1933 begonnen, 1945 abgeschlossen? Das ganze eine Episode? Zwölf Jahre, die angesichts der Zeitläufe, in denen sich die Geschichte eines Volkes abspielt, nicht der Rede wert sind? Was ich erlebt habe, sieht anders aus – und man sage mir nicht, ich sei zu jung gewesen. In diesem Alter besitzt man Antennen, und die haben aufgenommen: Hitler als Konzentrat und als Resultat deutschen Wesens. »Die faschistoiden Deutschen«: man vergebe – bat Bernward Vesper – den Pleonasmus. Die Gesichter, die mich damals, am 30. Januar 1933, erschrocken haben, ihre Art zu reden und aufzutreten: das alles ist auch heute noch da.

JOACHIM-ERNST BERENDT
Geb. 1922 in Berlin – Weissensee.
1933: Schüler. 1945: Mitbegründer des Südwestfunks. 1979: Polnischer Kulturpreis. Heute: Schriftsteller (u. a. »Das Jazzbuch«, das mit 1,2 Mill. Exemplaren meistverkaufte Musikbuch der Welt, »Mein Lesebuch«, »Ein Fenster aus Jazz«) und Musikkritiker.

Christopher Isherwood
Leb wohl, Berlin!

Christopher Isherwood (rechts im Bild) mit seinem Freund, dem Lyriker W. H. Auden, die zusammen mit ihrem Kollegen Stephen Spender in Berlin lebten.

Strahlender Sonnenschein heute. Ganz milde ist es und warm. Ich machte ohne Mantel und Hut meinen letzten Morgenspaziergang. Die Sonne scheint, und Hitler ist Herr dieser Stadt. Die Sonne scheint, und Dutzende meiner Freunde – meine Schüler aus den Arbeiterkursen, die Männer und Frauen, die ich bei der Internationalen Arbeiter-Hilfe kennen lernte – sind im Gefängnis, sind möglicherweise tot. Aber nicht an sie denke ich – an die klaren Köpfe, an die Zielbewußten, Heldenmütigen; sie erkannten die Gefahr und nahmen sie auf sich. Ich denke an den armen Rudi in seiner albernen Russenbluse. Rudis Als-ob, sein Indianerspiel, ist Ernst geworden; jetzt werden die Nazis es mit ihm spielen. Die Nazis werden ihn nicht auslachen, sie werden ihn als das nehmen, was er nur vorgab zu sein. Vielleicht wird Rudi gerade in diesem Augenblick zu Tode gequält.

Ich betrachte mein Gesicht in der Spiegelscheibe eines Ladens und bin entsetzt, mich lächeln zu sehen. Man kann nicht anders – man muß lächeln, wenn das Wetter so schön ist. Die Straßenbahnen fahren die Kleiststraße hinauf und hinunter wie sonst. Die Straßenbahnen, die Leute auf dem Bürgersteig und die Teepuppen-Kuppel des Bahnhofs Nollendorfplatz haben etwas seltsam Vertrautes, eine auffallende Ähnlichkeit mit etwas, das man von früher her als normal und erfreulich in Erinnerung hat – wie eine sehr gute Photographie.

Nein. Auch jetzt kann ich es immer noch nicht glauben, daß dies alles vorbei ist ...

CHRISTOPHER ISHERWOOD
Geb. 1904 in High Lane (England). Schriftsteller.
Aus: Christopher Isherwood. Leb' wohl Berlin. Ein Roman in Episoden. Ullstein Verlag GmbH, Berlin 1974.

Werner Helwig
Nur noch Sprache ist Heimat

Werner Helwig, 1932

Seit der Reichsgründung Bismarcks läuft im deutschen Volk der Wunschtraum (oder das Wunschtrauma …) nach einem Nationalbewußtsein unterschwellig mit. Ein Nationalbewußtsein, wie es dem Franzosen, Engländer, Spanier und gewissermaßen auch dem Italiener selbstverständlich ist. War dieses Bewußtsein bei uns schon im Begriff, sich zu etablieren? Half es, als formende Wunschkraft, mit, den Sieg von 1870/71 zu erringen? Daß diese Wunschkraft – ihre Äußerungsform war Tüchtigkeit – weltgefährlich werden könne, war die Befürchtung der mitlebenden Nationen. Durch den Weltkrieg 1914/18 wurde sie gezielt zertrümmert, und durch den diktierten Friedensvertrag von Versailles sollte diese Zertrümmerung auf ewig zementiert werden. Anstatt die enttäuschten Deutschen durch eine paneuropäische Wirtschaftskonzeption auf ein anderes, durchaus ja in der Luft liegendes Spielfeld festzulegen, darin sich die Sehnsucht nach einem Nationalbewußtsein hätte positiv erfüllen können. So aber mußte ein ungeheuerliches Ressentiment entstehen, das diesen Hitler als seine Zornfigur geradezu provozierte. Wäre er nicht gewesen und gekommen, hätte man ihn erfunden.

Er nun verstand es, die Trümmer dieses Traums vom Nationalbewußtsein in seinem Sinne zu mißbrauchen – ja, ihn so endgültig in der falschen, das heißt seiner Richtung zu verbrauchen, daß nach dem Zusammenbruch dieses Korrekturunternehmens (der Erste Weltkrieg, der daraus resultierende Versailler Vertrag) die Suche nach einem deutschen Selbstverständnis endgültig atomisiert war und blieb. Und die Grundwelle der deutschen Sehnsucht nach sich selbst mündete mit dem Rest ihrer Kraft im deutschen Wirtschaftswunder und erschöpfte sich darin endgültig. Dieser unser sozusagen Dritter Weltkrieg, der uns eine zeitlang die Welt unterwarf, indem wir uns ihr unterwarfen, steht heute am Ende seiner Möglichkeiten, wurde also wiederum verloren, indem ihn die Weltwirtschaftskrise (eigentlich eine Folge unseres Aufschwungs) mit sich in den Abgrund reißt. Denn eine Rettung aus dieser Krise ist realiter nirgends in Sicht. Wir leben da, weltweit mitverheddert, in einem Zustand provisorischer Verzögerungen, durch welche die begründenden Fehler in ihren unabdingbaren Konsequenzen nur gestundet, nicht aufgehoben werden. Und Deutschland – was ist es heute? Ein Konglomerat von Wirtschaftsgruppen, die miteinander gegeneinander existieren und die ihren Rest von Beständigkeit genau aus diesem Umstand beziehen.

Privat bezogen: fühle ich mich (Emigrant seit 1933) als Deutscher? Ich empfinde mich, staatsrechtlich gesehen, als abhängig von einem Konglomerat von Wirtschaftsgruppen, die ihr Gesicht, ihren »nationalen« Ausdruck ständig wechseln. Nur noch die deutsche Sprache als solche gilt mir als »Heimat«. Und wenn ich mich in Restdeutschland aufhalte, dient sie mir als Verständigungsmedium. In welchem wiederum ein echtes »Verständnis«, ein wirkliches »Sichverstehn« mit den deutschen Zeitgenossen kaum mehr möglich wird.

Dies also wäre mein Resümee, dem ich nichts hinzuzufügen wüßte. Ein Resümee des Moments, der gerade ist.

WERNER HELWIG
Geb. 1905 in Berlin.
1933: Schriftsteller, auf Dauer emigriert. Nach 1945: Schriftsteller und Ethnologe, in der Schweiz lebend.

Heinz Pentzlin
Der Zusammenbruch der Wirtschaft

Am 27. März 1930 endete mit dem Rücktritt der Regierung Hermann Müller die Staatsform der parlamentarischen Demokratie, wie sie die in Weimar beschlossene Verfassung des Deutschen Reichs vom 11. August 1919 geschaffen hatte. Danach gab es bis zur Berufung Adolf Hitlers zum Reichskanzler keine Regierung mehr, die sich auf eine Mehrheit des Parlaments stützen konnte. Falsche Beurteilung der wirtschaftlichen Entwicklung und die Unfähigkeit der Parteien, sich über dringend notwendige Maßnahmen zu einigen, hatten das Ende herbeigeführt.

Hermann Müller sah sich mit seinem Kabinett, dem Minister der »Großen Koalition« – der SPD, der Demokratischen, der Zentrums- und der Volkspartei – angehörten, zum Rücktritt gezwungen, weil die Angehörigen dieser Parteien sich nicht über eine Erhöhung der Beiträge zur Arbeitslosenversicherung einigen konnten. Hierüber war es schon im Herbst 1929 zu einer Regierungskrise gekommen.

Das Steigen der Zahl der Arbeitslosen seit dem Frühsommer 1929 hatte ein Loch in der Kasse der Arbeitslosenversicherung gerissen. Um es zu stopfen, sollten die Beiträge von 3 auf 3 ½ Prozent der Löhne und Gehälter heraufgesetzt werden. Das bedeutete je ein viertel Prozent mehr für die Arbeitnehmer und die Arbeitgeber. Die Abgeordneten der Volkspartei wollten dies ablehnen. Stresemann, der schwer erkrankt war, eilte darauf am Nachmittag des 2. Oktober – gegen den Rat seines Arztes und ohne auf die Bitten seiner Frau zu hören – in die Fraktionssitzung und beschwor seine Parteigenossen, bei der Beschlußfassung im Reichstag sich wenigstens der Stimme zu enthalten. Er hatte damit Erfolg. Am 3. Oktober wurde die Beitragserhöhung beschlossen und eine Regierungskrise vermieden. Stresemann

Collage mit Ausschnitten aus der Hamburger Tageszeitung »Volk und Zeit«.

aber war am frühen Morgen um 5 Uhr als Folge seiner Überanstrengung gestorben.

Im März 1930 ging es wieder um eine Erhöhung des Beitrages zur Arbeitslosenversicherung, um einen weiteren halben, aufgeteilt in je zwei Viertel, Prozent. Die Abgeordneten der Volkspartei verweigerten ihre Zustimmung. Ein Kompromißvorschlag des Fraktionsvorsitzenden der Zentrumspartei Heinrich Brüning, der einen Staatszuschuß, aber auch eine Überprüfung der Möglichkeiten für einen Ausgleich zwischen den Einnahmen und Ausgaben der Versicherungsanstalt vorsah, stieß auf entschiedene Ablehnung des Arbeitsministers Rudolf Wissel und seiner Parteigenossen der SPD.

Kurzsichtigkeit und parteitaktische Überlegungen bestimmten hier – wie vordem schon und bald mit noch schlimmeren Folgen – das Verhalten der Reichstagsfraktionen. Man sah den Ernst der Lage nicht und wollte ihn auch nicht sehen, um sich nicht zu Maßnahmen genötigt zu fühlen, die bei den Wählern Anstoß erregen konnten.

Die Deutsche Volkspartei hatte einen Teil ihrer Anhängerschaft und ihre wichtigsten Geldgeber in den Industriekreisen, die unbedingt jede zusätzliche Belastung der Unternehmen, und sei es auch nur um ein viertel Prozent der Lohnsumme, vermeiden wollten. Die SPD stützte sich vor allem auf die Gewerkschaften, deren stärkster Vertreter in der Regierung der Arbeitsminister war. Die Gewerkschaften kämpften auch nach dem starken Einbruch auf dem Arbeitsmarkt weiter für Lohnsteigerungen – sie taten es bis zum Herbst 1930. Damit verschafften sie den Arbeitern, die ihre Arbeitsplätze behielten, bei den damals sinkenden Preisen erhebliche Besserungen ihres realen Einkommens, während gleichzeitig Millionen arbeitslos wurden.

Für die Fortführung der Lohnkämpfe war eine intakte Arbeitslosenversicherung eine wichtige Voraussetzung. Der Kompromißvorschlag Brünings, der vielleicht zu einer Änderung im System der Arbeitslosenversicherung hätte führen können, war für sie deshalb nicht annehmbar. Daß sich nach dem von ihnen erzwungenen Rücktritt der Regierung die »Große Koalition« nicht wieder zusammenfinden konnte und damit keine Mehrheit für eine demokratische Regierung mehr finden lassen würde, stellten sie bei ihrem Vorgehen nicht in Rechnung. Jetzt zeigte sich auch, daß die Zusammenarbeit und das gegenseitige Verständnis zwischen Gewerkschaften und Unternehmern, das während der Gründung der deutschen Republik und in der ersten Zeit des Wiederaufbaus nach dem Kriege bestanden hatte, in den wenigen Jahren günstiger wirtschaftlicher Entwicklung – von 1924 bis 1928 – völlig verloren gegangen war.

Schon im August 1918, als der Zusammenbruch der Front in Frankreich sich abzeichnete und danach auch ein Zusammenbruch der alten Staatsform zu erwarten war, hatten sich Gewerkschaftsführer der Bergarbeiter mit führenden Unternehmern dieses Wirtschaftszweiges zusammengefunden, um darüber zu beraten, wie in Zusammenarbeit den bevorstehenden wirtschaftlichen Schwierigkeiten begegnet werden könnte. Bald kamen Gewerkschaftler und Unternehmer anderer Wirtschaftszweige hinzu. Im Oktober waren die Grundsätze für die Zusammenarbeit weitgehend ausgearbeitet. Am 5. November 1918 faßten Vertreter der Gewerkschaften und der Unternehmer die Beschlüsse, aufgrund derer am 15. November das Abkommen über die Bildung einer paritätischen Arbeitsgemeinschaft mit einem »Zentralausschuß« für die Regelung aller sozial- und wirtschaftspolitischen Aufgaben unterzeichnet wurde.

Aus der Erkenntnis, daß auf die Unternehmer bei der Bewältigung der bevorstehenden wirtschaftlichen Schwierigkeiten nicht verzichtet werden konnte und die privat-kapitalistische Wirtschaft die besten Leistungen zum Nutzen der gesamten Bevölkerung erbringt, stellten sich die Gewerkschaftsführer, an ihrer Spitze Carl Legien, auf den Boden dieser privat-kapitalistischen Wirtschaft. Die Unternehmer, an der Spitze Hugo Stinnes – der viel angefeindete »Erzkapitalist«, der für die Gewerkschaftler der bevorzugte Verhandlungspartner war – sicherten den Arbeitnehmern ihre während des Krieges errungenen Rechte, vor allem die Beibehaltung der Betriebsräte und den Achtstundentag zu.

Die Arbeitsgemeinschaft mit der erfolgreichen Tätigkeit des Zentralausschusses hatte an der Abwehr und Zurückdrängung der kommunistischen Kräfte, die eine Räterepublik mit zentralgesteuerter Staatswirtschaft nach sowjetischem Vorbild in Deutschland errichten wollten, den gleichen Anteil wie die sozialdemokratischen Politiker unter Führung Eberts und Scheidemanns, die sich für die demokratische Staatsform einsetzten. Die zur Arbeitsgemeinschaft stehenden Gewerkschaftler teilten aber auch das Schicksal der zur Demokratie stehenden Sozialdemokraten – ein Schicksal, das durch den unheilvollen Zwiespalt in der deutschen Arbeiterbewegung zwischen Marxisten und Revisionisten begründet ist.

Im Gegensatz zum orthodoxen Marxisten, der glaubt, das Heil für die Arbeiterschaft nur durch einen revolutionären Umsturz erreichen zu können, verschließt sich der »Revisionist« nicht der Einsicht, daß die höheren wirschaftlichen Leistungen und die besseren Lebensbedingungen im privatwirtschaftlichen System zu erreichen sind. Er versucht deshalb, für die Arbeiterschaft die größten Vorteile in diesem System her-

Während der Inflationszeit 1922/23 holten Bankangestellte von der Reichsbankzentrale Geldscheine in Waschkörben mit Möbelwagen ab.

beizuführen; er möchte zu diesem Zweck wohl Reformen vollziehen, ist aber gegen Revolution. Da er aber nicht die gesamte Arbeiterschaft von den Vorzügen seiner Politik überzeugen kann und er mit seiner Auffassung im Widerspruch zu den Lehren der Väter der Arbeiterbewegung steht, ist der Revisionist in seiner Haltung nur selten gefestigt und hat oft so etwas wie ein schlechtes Gewissen als angeschuldigter Spalter der Geschlossenheit der Arbeiterbewegung. Verschlimmert wurde das schlechte Gewissen noch dadurch, daß die räte-kommunistischen Kräfte während der ersten Revolutionswirren und danach die kommunistischen Aufstände nur mit Hilfe der republik-feindlichen Freicorps niedergeschlagen werden konnten.

In den Reihen der demokratisch eingestellten Sozialdemokraten und der marktwirtschaftlich eingestellten Gewerkschaften befanden sich auch viele, die eine Neigung zum orthodoxen Marxismus hatten und Partei und Gewerkschaft gern zum Zusammengehen mit den radikalen Kräften, den Unabhängigen Sozialdemokraten, der Sozialistischen Arbeiter-Partei (SAP) und selbst den Kommunisten bewogen hätten. Die

Rücksicht auf diese Partei- und Gewerkschaftsmitglieder verbunden mit der Unsicherheit in der eigenen Haltung und dem schlechten Gewissen bewirkte, daß die SPD sich entschieden gegen jedes Zusammengehen mit den »Rechts«-Parteien sperrte und die Gewerkschaften sich von der Zusammenarbeit mit den Unternehmern abwandten und wieder eine klassenkämpferische Haltung einnahmen. Ungeschicktes und falsches Verhalten auf seiten der Unternehmer trug ebenfalls zu diesem Wandel bei.

Der Druck der Feindmächte mit maßlos übersteigerten Reparationsforderungen hatte den Wiederaufbau der deutschen Wirtschaft nach den Kriegszerstörungen, Gebiets- und Vermögensverlusten erschwert. Er hatte vor allem eine gesunde Finanzpolitik unmöglich gemacht und die in der voraufgegangenen Kriegswirtschaft eingeleitete Inflation verstärkt. Die Besetzung des Ruhrgebietes durch Franzosen und Belgier im Januar 1923 hatte die deutsche Wirtschaft schwer erschüttert und die Inflation bis zum Herbst des Jahres schließlich zum Überschlagen gebracht. Nachdem der Ruhrkampf eingestellt war, gelang es, mit der Einführung der Rentenmark am 15. November 1923 wieder eine stabile Währung zu schaffen.

Da während des Ruhrkampfes die Reparationszahlungen so gut wie gänzlich aufgehört hatten, wurde auch von seiten der Feindmächte nach einer für Deutschland tragbaren Reparationsregelung gesucht. Der »Dawes-Plan«, der am 1. September 1924 in Kraft trat, war ein wichtiger Schritt auf dem Wege dorthin.

Nach der Währungsreform begann eine erfreuliche wirtschaftliche Aufwärtsentwicklung, die aber schnell in der Privatwirtschaft und noch stärker bei den Politikern eine verhängnisvolle Ausgabenfreudigkeit weckte. Es fehlte an Mitteln zur langfristigen Finanzierung von Investitionen der Industrie. Deshalb wurden im Ausland Kredite aufgenommen. Da nicht genügend langfristige Anleihen zu erhalten waren, wurden kurzfristige Kredite für die Finanzierung langfristiger Vorhaben verwendet. Banken scheuten sich nicht, im Ausland kurzfristig aufgenommene Mittel langfristig auszuleihen.

Noch bedenkenloser handelten die verantwortlichen Politiker. Sie ließen es zu, daß die Haushaltspläne des Reiches, der Länder und der Gemeinden hohe Defizite aufwiesen, die sie zu einem erheblichen Teil mit Auslandskrediten deckten. Die Ausgaben, die zu den Defiziten führten, dienten zum großen Teil durchaus löblichen Zwecken: der Verbesserung der Sozialleistungen, dem Bau von Wohnungen, auch der Verschönerung der Städte und der Errichtung von Sportanlagen und ähnlichem mehr, das der Bürger gern entgegennahm, das aber nicht solide finanziert sondern auf Pump beschafft war.

Hjalmar Schacht, der nach der geglückten Durchführung der Währungsreform auf Wunsch der Demokratischen Partei und der SPD, mit voller Billigung des Reichspräsidenten Friedrich Ebert, Präsident der Reichsbank geworden war, warnte eindringlich vor den Folgen der Auslandsverschuldung, kritisierte die Finanzpolitik der Gemeinden und nötigte die Reichsregierung durch Verweigerung einer Ausweitung des Notenbankkredites, die Verschuldung des Reiches in Grenzen zu halten. Diese Warnungen wurden als lästig, sein Eingreifen als störend empfunden. Seine politischen Freunde wandten sich deshalb von ihm ab, kritisierten ihn und griffen ihn an.

Im April 1929 zeigte es sich schon, wie gefährlich die Auslandsverschuldung war. Damals fand in Paris die Konferenz zur Neuregelung der Reparationsforderungen, die sogenannte Young-Konferenz statt. Die französische Regierung wollte, um ihre Forderungen leichter durchsetzen zu können, die Deutschen unter Druck setzen und veranlaßte die französischen Banken, ihre Kredite aus Deutschland abzuziehen. Da-

durch wurde die Reichsbank zu erschreckend hohen Devisenabgaben gezwungen, so daß ihr Bestand an Gold und Devisen schnell bis knapp über die gesetzlich vorgeschriebene Deckungsgrenze sank.

Schacht griff in dieser Situation mit Zinserhöhungen und Kreditbeschränkungen hart durch und verhinderte das Unterschreiten der Deckungsgrenze, das unabsehbare Folgen für die Kredit- und Zahlungsfähigkeit Deutschlands hätte auslösen können. Doch sein scharfes Eingreifen brachte ihm kein Lob, sondern nur Kritik und Vorwürfe ein, weil es zu unbequemen Einsparungen nötigte. Sein Kampf gegen die Haushaltsdefizite machte ihn immer lästiger. Als er sich dann auch noch gegen die Nachgiebigkeit der Regierung wandte, die sich bereitfand, bei der Young-Plan-Regelung über die ursprünglichen Vereinbarungen hinaus Leistungen zuzugestehen, er aber damit nur auf Unverständnis und Unwillen stieß, gab er – kurz bevor die Regierung Hermann Müller scheiterte – sein Amt auf.

Heinrich Brüning – der den früheren Reichsfinanzminister Hans Luther an die Spitze der Reichsbank stellte – übernahm, von Hindenburg mit der Regierungsbildung betraut, ein schwieriges Amt. Er fand keine Koalition, die ihm eine parlamentarische Mehrheit verschafft hätte, und mußte mit Artikel 48, dem Notstandsartikel der Verfassung, regieren, der für ganz andere Situationen – für Aufruhr und Aufsässigkeit einzelner Länder – geschaffen war. Gegenüber den seit 1929 wachsenden wirtschaftlichen Schwierigkeiten wußte er keine Abhilfe.

Als er am 28. März 1930 zum Reichskanzler ernannt wurde, zählte man in Deutschland 3,04 Millionen Arbeitslose. Ein Jahr später waren es 4,73 Millionen. Und da näherte sich als Folge der Auslandsverschuldung die Katastrophe für die deutsche Wirtschaft. Den Anstoß gab die französische Regierung. Als sie erfuhr, daß Reichskanzler Brüning und Außenminister Julius Curtius mit der österreichischen Regierung ein Abkommen über den Abschluß einer Zollunion vereinbart hatten, wollte sie dies unbedingt verhindern. Schon im Friedensvertrag mit Österreich hatte sie den Anschluß dieses Landes an Deutschland – den das Österreichische Parlament sogleich nach dem Sturz der kaiserlichen Regierung beschlossen hatte – mit Zustimmung der alliierten Staaten verboten, und in späteren Verträgen hatte sie eine engere wirtschaftliche Zusammenarbeit zwischen Deutschland und Österreich ausgeschlossen.

Um wieder Druck auszuüben, wies die französische Regierung die Banken ihres Landes an, Kredite aus Österreich und Deutschland abzuziehen. Die Wirkung dieser Maßnahme war jetzt viel schlimmer als im April 1929 während der Young-Konferenz, da die

Verschuldung inzwischen höher gestiegen und energische Eingriffe, wie sie Schacht vorgenommen hatte, nicht erfolgten. Die größte Bank Österreichs, die Österreichische Creditanstalt, die kurzfristige Auslandskredite im eigenen Lande und in den Balkan-Ländern langfristig ausgeliehen hatte, stellte am 11. Mai 1931 ihre Zahlungen ein. Darauf zogen auch amerikanische, englische, holländische und Schweizer Banken ihre Kredite aus Österreich und bald danach auch aus Deutschland ab.

Reichsbankpräsident Luther hatte es nicht wahrhaben wollen, daß deutsche Banken ähnlich wie österreichische – der Credit-Anstalt waren noch andere nachgefolgt – zusammenbrechen würden. Seinen Mitarbeiter Karl Blessing – den späteren Präsidenten der Deutschen Bundesbank –, der ihn warnen wollte, hatte er ausgelacht. Und doch hätte er auf das nahende Unheil vorbereitet sein sollen. Im Jahre 1929 war der Zufluß ausländischer Kredite schon etwas geringer geworden. Nach den Reichstagswahlen vom September 1930, die einen großen Erfolg der Nationalsozialisten gebracht hatte, nahm der Kreditzufluß noch stärker ab, während eine Kapitalflucht aus Deutschland einsetzte.

Nach dem Zusammenbruch der Österreichischen Creditanstalt nahmen die Kreditabzüge des Auslandes ein besorgniserregendes Ausmaß an. Hinzu kamen Schwierigkeiten im Inlande. Als ein großes Industrieunternehmen, die Norddeutsche Wollkämmerei am 3. Juli ihre Zahlungsunfähigkeit erklärte, kam ihr größter Kreditgeber, die Darmstädter und Nationalbank, genannt »Danatbank« – die drittgrößte der deutschen Banken – in Bedrängnis. Am 8. Juli teilte sie der Regierung mit, daß sie nicht länger zahlungsfähig sei. Jetzt setzten fieberhafte Beratungen ein: zwischen der Danatbank und der Regierung, innerhalb der Regierung, zwischen der Regierung und der Reichsbank, mit Vertretern der Banken und der Industrie, zwischen dem Kanzler und der Zentrumsfraktion. Sitzung folgte auf Sitzung; es wurde verhandelt und geredet, aber kein Ergebnis erzielt. Es kamen keine Beschlüsse zustande.

Auf internationalem Feld hatte es ebenfalls an rechtzeitiger Einsicht und schnellen Entschlüssen zur Abwehr der heraufziehenden Katastrophe gefehlt. Die Bank von England hatte für Österreich zwar Kredite bereitgestellt, um eine Kettenreaktion zu verhindern, sie sah sich danach aber nicht mehr in der Lage, Deutschland noch größere Beträge zur Rettung aus seiner Devisennot zu bieten.

In Washington erkannte man endlich die Gefahren, und Präsident Herbert Hoover erklärte sich am 20. Juni bereit, mit einem Moratorium für ein Jahr auf die Zahlung sämtlicher Fälligkeiten aus den Kriegsschulden und Reparationen zu verzichten, wenn die anderen Gläubiger damit einverstanden seien. Die französische Regierung sträubte sich zunächst, auf deutsche Reparationszahlungen zu verzichten, und versuchte, dafür noch politische Zugeständnisse auszuhandeln, zum Schluß aber lenkte sie ein. Am 7. Juli wurde das »Hoover-Moratorium« (nach dessen Ablauf die Reparations- und Kriegsschuldenzahlungen bis auf kleine Reste aufgegeben wurden) akzeptiert. Doch da war es bereits zu spät – zumal die deutschen Zahlungen für die Dawes- und Young-Anleihen nicht unter das Moratorium fielen.

Am Montag, dem 13. Juli 1931, blieben in Berlin die Schalter der Danatbank geschlossen. An den Türen des Hauptgebäudes und der Filialen hingen Blätter mit dem Hinweis: »Die Reichsregierung wird aufgrund einer im Laufe des Tages heute ergehenden Notverordnung des Herrn Reichspräsidenten durch volle Garantieleistung für alle Einlagen für eine ruhige Abwicklung der Geschäfte der Danatbank Sorge tragen.«

Wie ein Lauffeuer verbreitete sich die Nachricht durch Deutschland und über Börsennachrichten durch die ganze Welt. In Berlin und anderswo liefen besorgte Sparer zu den Banken und Sparkassen, um schnell ihre Einlagen abzuheben, bevor die Kreditinstitute vielleicht gleich der Danatbank ihre Zahlungen einstellten.

Die Folge war, daß bei fast allen Banken die Barbestände nicht mehr ausreichten. Die Berliner Institute zahlten seit der Mittagsstunde den Kunden nur noch höchstens zwanzig Prozent ihrer Einlagen aus, und die Sparkassen setzten einen Höchstbetrag von hundert Reichsmark fest.

Um zwei Uhr nachmittags trat in der Reichskanzlei unter Vorsitz von Brüning das Kabinett mit den Staatssekretären der für Wirtschaftsfragen zuständigen Ministerien zusammen, um ein Gesetz zur Überwindung der Danatbank-Krise zu beraten. Um vier Uhr nachmittags erfuhren die Teilnehmer, daß nahezu alle Banken und Sparkassen durch den Ansturm der Einleger in Zahlungsschwierigkeiten geraten waren.

Zur Bankenkrise kam noch eine andere, ebenso schlimme Sorge: Durch den Abzug von Auslandskrediten hatte sich der Gold- und Devisenbestand der Reichsbank alarmierend verringert. Es fehlten die Devisen, um die zum 15. Juli fällige Rate der Young-Plan-Anleihe zu zahlen und um den Importeuren die Mittel für die Bezahlung ihrer Käufe zur Verfügung zu stellen. Reichsbankpräsident Luther war nach London, Paris und schließlich in die Schweiz gefahren, um eine Devisen-Anleihe aufzutreiben. Um neun Uhr abends rief er aus Basel die Regierung an

Wer sich in der Hansestadt nicht ernähren konnte, bediente sich der Freitische, die der Arbeiterrat Groß-Hamburg eingerichtet hatte.

Das »Stempelgeld« wurde bei der Zahlstelle des Arbeitsamtes abgeholt.

und teilte ihr mit, daß seine Bemühungen fehlgeschlagen waren.

Bis vier Uhr morgens dauerten die Beratungen an. Endlich beschloß man, die beiden nächsten Tage, den 14. und 15. Juli zu »Bankfeiertagen« zu erklären, an denen die Kreditinstitute geschlossen blieben und der Zahlungsverkehr mit dem Ausland unterbunden war. Als dieser Beschluß bekannt wurde, kündigten die meisten ausländischen Banken sofort ihre in Deutschland noch ausstehenden Kredite.

Die Regierung sah keinen anderen Ausweg, als am 15. Juli durch eine Verordnung den gesamten Zahlungsverkehr mit dem Ausland einer strikten Kontrolle und Reglementierung zu unterwerfen, die drei Tage später mit einer Notverordnung gegen Kapital- und Steuerflucht noch verschärft wurde. Für Devisenvergehen drohten Strafen bis zu zehn Jahren Zuchthaus.

Dem Übergang Deutschlands zur Devisenbewirtschaftung folgten bald andere Staaten. Als erster Ungarn, dann am 22. September (mit der größten Auswirkung) Großbritannien, das am Tage zuvor das Pfund vom Gold gelöst hatte. Die skandinavischen Länder schlossen sich schnell an, wenig später auch die Tschechoslowakei, Jugoslawien und Österreich sowie die baltischen Staaten. Ende 1931 hatten nur noch acht europäische Länder, darunter als bedeutendste die Schweiz und die Niederlande, einen freien

Zahlungsverkehr mit dem Ausland. Das ließ den Welthandel, der schon seit Ende 1929 stark rückläufig war, noch mehr zusammenschrumpfen.

Überall in der Welt sanken Produktion und Handelsumsätze. Die Arbeitslosigkeit wuchs in einem erschreckenden Ausmaß. In Deutschland erreichte die Zahl der Arbeitslosen im Februar 1932 mit 6,13 Millionen ihren höchsten Stand. Jeder dritte Arbeitnehmer verlor seine Stelle. Das war wohl der krasseste Ausdruck dieser schlimmen Krise, die zugleich die Existenzgrundlagen vieler selbständiger Unternehmer, von Einzelhändlern und Handwerkern bis zu den Eigentümern großer Industriewerke, vernichtete. Der Kurssturz der Wertpapiere brachte die Leute, die nach dem Verlust ihrer Ersparnisse in der voraufgegangenen verheerenden Inflation wieder angefangen hatten, Rücklagen zu bilden, um einen erheblichen Teil ihrer Ersparnisse; er beraubte sie der Hoffnung, sich noch einmal aus eigener Kraft gegen Notfälle sichern zu können und für das Alter Vorsorge zu treffen.

Die große Krise von 1931 hatte tiefgreifende Wirkungen auf die Menschen. Die deutsche Bevölkerung spürte, daß die Staatsführung, Regierung und Parteien ihr hilflos gegenüberstanden, unentschlossen schwankend nach Auswegen suchten und nicht wußten, wo sie zu finden waren. Hier entstand der Nährboden, auf dem die Propaganda der Nationalsozialisten Wurzeln fassen konnte.

Nachdem das Verhängnis hereingebrochen war, faßte die Regierung jetzt harte Beschlüsse zur Beseitigung der Haushaltsdefizite. Die Ausgaben, vor allem die Gehälter der Beamten wurden scharf gekürzt. Doch jetzt wirkten sich die Sparmaßnahmen verhängnisvoll aus. Sie verschlimmerten den wirtschaftlichen Rückgang noch mehr. Brüning und Luther haben diese Politik später damit verteidigt, daß ihnen aufgrund der gesetzlichen Bestimmmungen und der vertraglichen Verpflichtungen gegenüber dem Ausland kein anderer Weg offen stand, daß sie damit den Beweis für die Unerfüllbarkeit der Reparationsforderungen gaben und so die Voraussetzung für das Ende der Reparationen geschaffen hätten.

Wie immer man zu dieser Auffassung stehen mag – die Not in Deutschland wuchs. Immer mehr Unternehmen brachen zusammen. Viele Betriebe wurden geschlossen, andere mußten ihre Tätigkeit einschränken. Viele der Arbeitslosen hungerten, und es kam in mehreren Städten zu Hunger-Revolten mit der Plünderung von Lebensmittelgeschäften. Auch ein großer Teil der Bevölkerung, der noch beschäftigt war, hatte ein Einkommen, das nur knapp über der Hungergrenze lag.

Das Schlimmste aber war, daß die Regierung und die Führer der zur Demokratie stehenden Parteien keinen Weg zur Besserung der Lage zeigen konnten, daß sie keine Hoffnung bei den Notleidenden und Verzweifelten wecken konnten. Es wurden zwar Programme entworfen, veröffentlicht und diskutiert. Aber keines wurde in Angriff genommen. Nachdem Brüning am 30. Mai 1932 gestürzt war, verkündete sein Nachfolger Franz von Papen ein Programm zur Bekämpfung der Arbeitslosigkeit, den »Papen-Plan«. Doch über schwache Ansätze zur Durchführung kam dieses Programm nicht hinaus.

Während Tausende und Abertausende von arbeitslosen Arbeitern und Angestellten und verzweifelten Angehörigen des Mittelstandes sich den Organisationen Hitlers, der Partei, der SA und der SS anschlossen, gleichzeitig auch die Kommunisten mit ihrer Kampforganisation Rot Front starken Zustrom erhielten, begannen auch manche führende Wirtschaftler sich zu fragen, ob ein anderer Politiker als der Führer der Nationalsozialisten noch eine Wendung zum Besseren bringen und im Ernstfall die kommunistische Gefahr abwehren könnte.

Das Programm der NSDAP mit seinem utopischen Sozialismus sahen sie als unsinnig an. Sie gaben sich aber dem Glauben hin, daß Hitler, wenn er zur Macht käme, eine vernünftige Wirtschaftspolitik betreiben würde. Sie wurden in diesem Glauben durch Hitler selbst bestärkt, der seinen Gesprächspartnern aus der Wirtschaft versicherte, daß er ihren Ratschlägen folgen wollte. Damit gewann er etliche Wirtschaftler, die angesichts des Versagens der demokratischen Regierungen und des autoritären Regimes Brünings und seiner beiden Nachfolger, von Papen und von Schleicher, keinen anderen Ausweg mehr sahen, als einen Versuch mit Hitler zu wagen.

Eine Gruppe führender Wirtschaftler schrieb deshalb an den Reichspräsidenten von Hindenburg einen Brief, um ihn, wie es in diesem Schreiben hieß, »ehrerbietigst zu bitten, daß ... die Umgestaltung des Reichskabinetts in einer Weise erfolgen möge, die die größtmögliche Volkskraft hinter das Kabinett bringt.« Das sollte heißen, der Reichspräsident möge Hitler mit der Regierungsbildung betrauen. Die Mehrheit der Wirtschaftler, wie auch andere breite Bevölkerungskreise, schauderten zurück vor der Vorstellung, daß die Nationalsozialisten die Macht in Deutschland übernehmen sollten. Aber sie wußten nicht, was sie dagegen unternehmen konnten. Die wirtschaftliche Not, mitverschuldet durch die Hilf- und Ratlosigkeit der Regierungen und das Versagen der Parteien hatten die Hoffnung auf einen anderen Ausweg sterben lassen.

»Der Reichstag brennt!« Der 27. Februar 1933 signalisierte für viele die Tatsache, daß die Nationalsozialisten alles tun würden, um ihre Macht im Inneren des Landes unerschütterlich zu machen.

Rolf Italiaander
Wie unsereiner kulturell aktiv sein konnte

Die Brockhaus-Enzyklopädie unterrichtet uns unter dem Stichwort Weimarer Republik: »Auf kulturellem Gebiet kam es trotz wirtschaftlicher Not und politischem Zwist zu bedeutenden Leistungen. Expressionismus, Neue Sachlichkeit, Bauhauskunst konnten sich in der ›Weimarer Zeit‹ frei von staatlicher Bevormundung entfalten. Auch die deutsche Wissenschaft war mit Erfolg bestrebt, ihr internationales Ansehen zu wahren und auszubauen.« Darüber ist in zahlreichen Büchern abgehandelt worden, und wer mehr darüber erfahren möchte, kann sie zu Rate ziehen. Sie sind allerdings voller Widersprüche. Was die einen als »kulturelle Leistung« preisen, verwerfen andere als »Ausbund der Dekadenz«. Es ist von einem »Weimarer Parteienbrei« geschrieben worden; es gab freilich auch einen »Kulturbrei«, wobei nicht übersehen werden sollte, daß höchste kulturelle Leistungen der jungen Republik zur Zierde dienten, so Max Reinhardts Deutsches Theater in Berlin, philharmonische Konzerte unter Wilhelm Furtwängler oder die Wiederaufnahme der Wagner-Festspiele in Bayreuth, um nur drei Beispiele zu nennen. Nicht unerwähnt bleiben sollten die spektakulären Ausstellungen der bildenden Kunst und damit das Hervortreten neuer Künstler und neuer Stilrichtungen.

Indes, ist je untersucht worden, wie weit die »neue Kunst« die breitere Öffentlichkeit erreicht hat, wie sie überhaupt rezipiert worden ist? Es wird heute manchmal so getan, als wären alle »Weimaraner« quasi in einer Art kulturellem Taumel gewesen. Es war nicht an dem! Gewiß, die neuen Opern, neuen Dramen, neuen Kompositionen wurden in den Medien diskutiert. Auch die Ausstellungen der Maler und Bildhauer. Aber wer bezog all das Neue in sein Dasein ein und wandelte sich gar dadurch? In der bürgerlichen Welt, in der ich schicksalsmäßig aufwuchs, nahm man zwar Kenntnis, hielt aber auf Distanz. Ein Kommilitone von mir schaffte sich eine schwenkbare Bauhaus-Leselampe an. Seine Freunde hatten für »das neue Ding« kein Verständnis. Bei Willy Haas gab es einen Bauhaus-Sessel, der in diesem nostalgischen Haushalt wie ein Fremdkörper wirkte. Dieser Sessel war nur eine Art Demonstration dafür, »modern zu sein«. Benutzt wurde er nicht.

Willy Haas, der Chef der Literarischen Welt, pries schon damals alles Neue in der Kultur, wenn auch gelegentlich mit Vorbehalten. Nach 1945 gehörte er zu jenen, die mit Vorliebe über die »goldenen zwanziger Jahre« schrieben. Mir selbst kamen bereits vor 1933 Zweifel, ob die Bewunderung des sogenannten Fortschritts nicht übertrieben wurde. Und kam denn all das kulturell Neue nicht nur einer privilegierten Schicht zugute, die durch Protektion ihre Rolle spielte? Als Sekretär von Haas erfuhr ich mancherlei.

Wie oft wurde Jüngeren gesagt, daß künstlerischer Erfolg nur »durch die Betten führe«. Wer sich nicht prostituieren könne, hätte keine Hoffnung auf Aufstieg. Zynisch nutzte mancher Theaterchef oder Redakteur seine Machtposition aus, vor allem in der Reichshauptstadt, die auch deshalb keineswegs bei allen populär war. Berlin war niemals derart Mittelpunkt des Landes wie etwa Paris oder London. Trotzdem war Berlin vielleicht die führende Kunststadt der Welt. Viele Künstler drängten sich nach Berlin, wollten »Berliner werden«. In München und Hamburg und anderen Städten sah man das nicht gern, und so wurden die Berliner unbeliebt. Aber das alles ist ein anderes Thema.

Jedenfalls bezweifele ich, daß die Zustände damals ideal waren, denn ich erlebte doch in meiner eigenen bescheidenen Umwelt, wie schwer es die meisten Intellektuellen und Künstler hatten. Als ich das erste Mal Lessings »Emilia Galotti« auf der Bühne sah und den Ausruf »Prinz, die Kunst geht nach Brot!« hörte, applaudierte ich spontan, und junge Leute, die mit mir im »Olymp« einen Stehplatz für 50 Pfennig hatten, applaudierten mit. Tatsächlich, wenn ich an die Weimarer Zeit zurückdenke, dann höre ich im Geiste immer wieder den Klageruf »Kunst geht nach Brot«. Genau das bewegte mich, früh selbst aktiv zu werden, um Verhältnisse, die mir verbesserungswürdig schienen, zu verändern. Auch wenn meine Möglichkeiten beschränkt waren.

In seiner Autobiographie »Die Ur-Szene« schreibt Ernest Borneman »Wenn ich vertrottelte Schwätzer heute im Fernsehen von den ›goldenen‹ zwanziger Jahren faseln höre, dreht sich mir noch immer der Magen um. ›Golden‹ waren sie für die Schieber, die Kriegsgewinnler, die Spekulanten, die an der Inflation verdienten. Das war eine Minderheit, und sie war so klein, daß man sie kaum wahrgenommen hätte ... Es ist eines der am besten gehüteten Geheimnisse der bürgerlichen Nostalgieproduktion, daß alle diese Charleston tanzenden, Sekt trinkenden, Kaviar fressenden Geschöpfe der ›goldenen‹ Zwanziger ihr Gold aus der ins ungeheuerliche verschärften Ausbeutung

der Armen bezogen. Das macht ihre Arroganz, ihre Schamlosigkeit, ihre Protzerei um so ekelhafter.«
Man sprach seinerzeit von den »Raffkes«, von den »Plutokraten«, von unangenehmen »Ausgeburten der Wirtschaftsmisere«. George Grosz hat sie immer wieder in seinen provokativen Zeichnungen (z. B. im Spießer Spiegel) dargestellt. Ungeachtet ihrer Unbildung wollten die Raffkes überall »mitmischen«, obwohl sie von den brennenden Wünschen der jungen Intellektuellen und Künstler keine Ahnung hatten. (Sind die Neureichs in der Bundesrepublik viel anders?) Der Unterschied zwischen reich und arm war 1918–1933 noch größer als zur Kaiserzeit. Die »Altreichs«, die bis 1918 in Erscheinung traten, übten meistens Zurückhaltung. Das penetrante Auftreten der ungeistigen Weimarer Parvenüs trug dazu bei, daß die Extremisten rechts und links immer mehr an Zahl zunahmen. Sogar solche Deutschen, die selbst jüdisch versippt waren, bedauerten, daß sich bedenkenlose Juden vordrängten, was auch der gleichfalls jüdisch versippte Thomas Mann in seinen Tagebüchern geißelt. Wenn wir jetzt der Presse gedenken, so sollte erwähnt werden, daß die hauptstädtische jüdische Presse bereits im Kaiserreich starker Kritik ausgesetzt war. Jüdische Verwandte und Freunde warnten uns junge Leute oft, uns zu sehr mit der »Muschpoche« einzulassen, so wie heute doch weltweit Juden gegenüber Menachem Begin auf Distanz gehen.

Die Wissenschaft beweist, daß bereits Kinder sehr sensibel für äußere Erscheinungen sind. Obwohl ich damals nur 5 Jahre alt war, erinnere ich mich an das brennende »Volkshaus« in Leipzig (1918) und daß ich mir die Frage stellte, »warum ein Haus angebrannt werden muß, wenn man anders denkt«. Als ich böse Worte über einen Senegalesen hörte, der eine blonde Sächsin geheiratet und mit ihr ein Kind gezeugt hatte, war ich genauso empört – obwohl ich erst Volksschüler war. Meine Klassenkameraden schmökerten mit Begeisterung Karl May und Friedrich Gerstäcker, die mir nichts bedeuteten. Die damals von Jungen viel gelesene Novelle »Wanderer zwischen zwei Welten« von Walter Flex war mir zu romantisch, mein Weg führte zu Jack London. Hier fand ich die exzentrischen Abenteuer, nach denen ich mich sehnte, Abenteuer, die geistig etwas auslösten: soziale, intellektuelle Verantwortung, Sympathie für die Armen und Unterdrückten.

Sehr früh schon las ich Romain Rolland, Henri Barbusse, Heinrich Mann, Ernst Toller. Heinrich Manns publizistisches Engagement für die Republik inspirierte mich seinerzeit mehr als die Ästhetik seines Bruders Thomas. Ernst Tollers Porträtfoto, das er mir persönlich schenkte, habe ich durch alle Fährnisse bewahrt. Ich schrieb als Gymnasiast ein Drama über Tol-

Der Dichter Ernst Toller, ein dem Autor gewidmetes Bild aus dem Leipziger Atelier Genthe. (1932)

ler. Er war »Edelkommunist«, ich war es nicht. Für mich zählte Toller als Humanist. Wir korrespondierten noch, als er am spanischen Bürgerkrieg teilnahm. Ein jüdischer Individualist von hohem Rang, in der Weimarer Republik selbst ein »Leitbild« für Bürgerliche.

Wie sehr ich für die Segelfliegerei begeistert war, habe ich anderenorts erzählt. Die Konfrontation mit der Flugtechnik beeinflußte mich: mit dem Ergebnis, daß ich skeptisch wurde gegenüber jenen, die sich »Literaten« nannten und vom Volk (nicht nur von den Nazis) »Asphaltliteraten« geschimpft wurden.

Auch betrübte mich immer mehr die Einsicht, im Elternhaus nicht all die Anregungen zu finden, nach denen ich hungerte. Deshalb wandte ich mich der Bündischen Jugend zu, allerdings nicht, um hier etwa in einem imaginären Märchenwald »die Blaue Blume der Romantik« zu entdecken. Ich hatte vielmehr Sehnsucht nach Gemeinschaft mit Gleichgesonnenen, nach Mitmenschlichkeit, geprägt von Wärme, Zärtlichkeit, Besorgtheit – wie viele meiner Generation, die sich dem Elternhaus entfremdeten.

Es gab Jungen, die sich einem bestimmten Bund anschlossen und immer bei ihm blieben. Ich zählte zu den unablässig Suchenden. Da ich mich auch stark für »exotische Völker« interessierte, wandte ich mich zunächst dem Kolonial-Pfadfinder-Bund zu. Hier hörte ich viel über Afrika, was andere begeisterte, mich aber abstieß, weil mich der Blickpunkt schockierte. Niemand erzog mich in der Weimarer Republik zum Antikolonialisten, sondern vom Instinkt her war ich schon als Heranwachsender gegen Unterdrückung und Ausbeutung »unterentwickelter Völker«.

Ich wandte mich dem Wandervogel zu, hospitierte bei dieser und jener Gruppe, war freilich auch hier wenig begeistert. Die Wandervögel zogen als »Fahrensleute« umher. Ein Junge oder ein Mädchen trug eine Laute oder eine Gitarre (von ihnen Klampfe genannt) mit bunten Bändern, und bei jeder passenden und unpassenden Gelegenheit sang die Gruppe ihre romantischen Lieder aus dem »Zupfgeigenhansl«, der »die fahrenden Gesellen auf ihren Wegen« begleiten sollte. Im Vorwort hieß es: »Die Zupfgeige sei dein Genoß, und wenn ihr gute Freunde seid, wird eure Reise fein lustig werden ... Erwandert euch, was deutsch ist ... Werdet Männer, fest zu stehen und euren Platz auf der Erde zu behaupten! Das ist die heilige Pflicht vor euren Brüdern, die gefallen sind ... Und eure Arbeit sei ihr Denkmal.« Ja, dieses Pathos stieß mich ab.

Ich wollte doch modern sein! Was allerdings modern war, wußte ich selber nicht zu definieren. Aber ich spürte intuitiv, daß gerade die Jugend von einem »neuen Geist nach vorn« durchdrungen sein müßte. Zur deutschen Jugendbewegung gehörten bald Gruppen junger Arbeiter. Dadurch wurde die Bündische Jugend ein wichtiger kultureller Faktor innerhalb der Gesellschaft der ersten deutschen Republik. Herbert Weichmann, selbst ein ehemaliger Jugendbewegter, hebt im Vorwort zu einem Reprint von Walter Hammers Zeitschrift Junge Menschen (1920–1927) hervor, daß die Jugendbewegung »ein wichtiger historischer Faktor« war.

Vor amerikanischen Studenten sprach Ernst Toller 1929 über die Konflikte der Jugend in der Weimarer Republik: »Diese jungen Menschen hatten eine vage Sehnsucht nach einem anderen und besseren Dasein. Auch in allen äußeren Lebensformen wollten sie sich bewußt von den Eltern unterscheiden. Alkohol und Nikotin waren verpönt, Spottlieder wurden gesungen auf die Spießbürger, die in ihren Erholungsstunden nichts anderes wußten, als Bier zu trinken und Skat zu spielen ... Diese Jugend bekämpfte mehr einzelne Erscheinungen der Welt der Eltern als das Fundament der Gesellschaft.« Folgende Aussage Tollers ist besonders aufschlußreich. Diese Jugend »wußte nur mangelhaft, was sie bekämpfte, und noch weniger, für welches Ziel sie sich einsetzte«. Warum war das so? Gewiß, es gab eine neue geistige Elite, sie lebte allerdings in einem gewissen Ghetto und erreichte kaum breite Schichten, daher auch nur wenige Jugendliche. Obwohl ich kein Arbeiterjunge war, bewunderte ich die Arbeiterjugend, die im Gegensatz zur bürgerlichen Jugend motiviert war, sei es sozialdemokratisch oder kommunistisch. Da dies nicht meine Motivation war (wiederum gefühlsmäßig), konnte ich mich bei aller Sympathie der Arbeiterjugend nicht anschließen.

Schließlich allerdings fand ich in der von Eberhard Köbel (tusk) gegründeten d. j. 1. 11. einen Jugendbund, der mir gefiel. In der Deutschen Jungenschaft war der »Zupfgeigenhansl« verpönt, natürlich auch der bei den Wandervögeln so beliebte Hermann Löns aus der »Lüüüneburger Heide«. In der d. j. 1. 11.sangen wir Bert Brechts Songs. Während andere romantische Träume hegend »durch die Wälder, durch die

Auen« zogen, alte Burgen und Schlösser erfurchtsvoll besichtigten, suchten wir neue Realitäten. Wir schlugen unsere Zelte am Stadtrand von Halle-Merseburg, gegenüber dem Leuna-Werk (ein riesiges Chemiewerk), auf und lasen im Schein des Lagerfeuers Walter Bauers Gedichte »Stimme aus dem Leuna-Werk«, die im kommunistischen Malik-Verlag erschienen waren. Jungen-Idealismus in der technisierten Welt ... Ja, wir spürten gesellschaftliche Verantwortung keimen. In der Weimarer Republik ein »progressiver Bündischer« gewesen zu sein, hat mich bereichert. Daß jenes Engagement in der Zeit des Nazi-Regimes für mich zur 12 Jahre anhaltenden lebensbedrohenden Belastung wurde, ist eine Geschichte für sich. Wenn die ehemaligen Bündischen von den Nazis derart verfolgt wurden, wie es geschah, hatte das viele Gründe. Ein überzeugter Bündischer war liberal, weltaufgeschlossen, demokratisch, Gegner aller Dogmen und damit auch Gegner der NS-Ideologie. Wie viele Bündische der Weimarer Republik wurden nach 1933 von Verbrechern zu Tode gehetzt!

Romain Rolland hatte 1916 geschrieben, was ich etwa 10 Jahre später las: »Die europäische Zivilisation atmet Leichengestank ... Sie schreit nach dem Totengräber.« Weil ich seismographisch auf vieles reagierte, was um mich herum geschah, empfand ich diese Worte als prophetisch, und ich begab mich auch deshalb auf die Pirsch nach möglichst vielschichtigen geistigen Anregungen. Als 15jähriger (1928) sah ich erstmals »Die Dreigroschen-Oper«. Die Botschaft Brechts, in für uns damals hinreißende neue Musik gesetzt von Kurt Weill, wühlte mich zunächst auf. Aber da hatte ich Erlebnisse, die mich skeptisch werden ließen gegenüber der Rezeption alles Geistigen. (Eine Skepsis, die verstärkt wurde, als ich den damals von jungen Leuten gern gelesenen Essay von Ludwig Klages »Der Geist als Widersacher der Seele« unter die Augen bekam.) Ich mußte erleben, wie betrunkene Spießbürger im »Thüringer Hof« oder bei Club-Abenden Brechts Lieder grölten. »Mackie Messer« galt für sie als eine Witzfigur, und wenn sie »Und der Haifisch, der hat Zääähne« blökten, verspotteten sie die Brechtsche Botschaft. Seitdem konnten wir jene Lieder in der d. j. 1. 11. nicht mehr singen. Ich fragte mich: Wie weit kann überhaupt der Geist allein eine Gesellschaft verändern? Ich wurde skeptisch gegenüber den Wörtern, gegenüber der Literatur, obwohl sie doch meine künftige Domäne werden sollte.

Was tun? Der Geist muß aktiviert werden, sagte ich mir. Geist und Tat haben sich wechselseitig zu ergänzen. Damit schwenkte ich auf den Kurs von Heinrich Mann ein. Alle paar Tage äußerte er sich über die Weimarer Republik besorgt in der Presse, obwohl er wußte, daß Deutschland nicht Frankreich war, das er so liebte: »Sie haben es leicht gehabt, die Literaten Frankreichs, die, von Rousseau bis Zola, der bestehenden Macht entgegentraten: Sie hatten ein Volk.« Der Geist sei kein luftiges Gespinst, lehrte er, er sei vielmehr das Leben selbst. Und wenn die Wahrheit an Abgründe führt? Sei's drum!

Sehr früh begann ich zu schreiben. Viel Unausgegorenes, Einfältiges war darunter. Nun, man war in den Anfängen. Erinnern wir uns der Worte Ernst Tollers. Damals, in der Weimarer Republik, wußten wir Jüngeren zu wenig, welches Ziel wir eigentlich hatten; wenigstens wußten wir jungen Bürgerlichen das nur vage. Wir waren zwar guten Willens, aber hilflos. Immerhin, daß Neues zu geschehen habe, ahnten wir. Mir persönlich war neben anderem bewußt, daß es vor allem darauf ankam, die lernwillige Jugend zu engagieren.

Ich ärgerte mich über die Schullesebücher, welche in der Weimarer Republik auf den meisten Schulen gelesen werden mußten. Ich meinte, es sei völlig falsch, daß sie – wie das damals üblich war – nur von »Schulmeistern« gestaltet wurden. Schriftsteller müßten hinzugezogen werden, die Schulbuchmisere zu lösen! Heute ist ein solcher Einfall nichts Ungewöhnliches, damals galt dieser Einbruch in das paternalistische Schulsystem als eine Art Revolution. 16 Jahre alt, schrieb ich im Herbst 1929 einen kecken Brief an den Dichter Walter von Molo, Präsident der Dichter-Akademie. Übrigens hatte ich den Vorgang jahrelang vergessen, und ich wurde erst durch Inge Jens daran erinnert, die sich meiner damaligen Aktion dankenswerterweise in ihrem Buch »Dichter zwischen rechts und links« angenommen hat. Sie hat in Archiven herausgefunden, daß ich nicht nur einen Zeitungsartikel zum Thema schrieb, sondern mich also an Molo wandte, der allerdings dem »kühnen Jüngling« eine Absage erteilte:

»Ich selbst kann dieses Lesebuch nicht machen, denn ich bin mit der eigenen dichterischen Arbeit maßlos beschäftigt, so eine Arbeit endet nie und eine Gruppe von Menschen, verschiedenster Anschauungen, verschiedenster Spielart, wie sie die Akademie ist, ist nicht geschickt, eine solche Arbeit zu machen ... Das kann nur ein Einzelner tun. Meine Aufgabe ist es, Dichtungen zu geben und die Ziele für andere zu zeigen. Mein Schritt zum verlangten Ziel sind meine Bücher.« Ich antwortete in meinem Zeitungsartikel im Berliner Tageblatt: »Wenn sich schon der Präsident dieser Staatsanstalt, die der Förderung der Dichtung gewidmet ist, so absagend zu der Angelegenheit stellt, wer soll denn dann noch diese Arbeit leisten?« Ich resignierte. Wie schade! muß ich heute hinzufügen. Was wäre denn aus der Jugend der Weimarer Republik geworden, wenn der Plan des 16jährigen – trotz Walter

Walter von Molo, 1928–1930 Präsident der Preußischen Dichterakademie, 1933

von Molo – realisiert worden wäre? Wenn es mir gelungen wäre, die Jugend mit den geistigen Repräsentanten der Republik zu konfrontieren? Diese arme Jugend, die später mit dem »Schriftgut« von Autoren wie Hans Grimm (»Volk ohne Raum«) verblendet wurde.

Wenn ich solche Vorgänge zitiere, so deshalb, um mehreres zu dokumentieren. Schon wir 16jährigen in der Weimarer Republik waren stark engagiert für eine Veränderung der Gesellschaft, hier nur symbolisiert durch den Vorschlag, Schulbücher in republikanischem Geiste zu gestalten. Aber die Zeit für eine «Jugendrevolte« war augenscheinlich noch nicht gekommen. Die Konvention war wissend oder unwissend dagegen, und wir waren wirklich noch hilflos, jedenfalls »unsereiner«. Und die Republik war auch erst 10 Jahre alt.

In Sachsen geboren, mit niederländischen Eltern, wurde mir zusätzlich die Tatsache bewußt, daß ich quasi zwei Nationen angehöre: Deutschland und den Niederlanden, wo zahlreiche Verwandte von mir leben. Bereits als Kind kam ich nach Holland und empfand die nationalen Verschiedenheiten. In Deutschland regte sich niemand auf, daß ich als Bündischer in kurzen schwarzen Samthosen sogar ins Gewandhaus ging, um Toscanini zu hören. In Holland wurde ich deshalb als »unanständig« gebrandmarkt. Ein Onkel kaufte mir lange Hosen, »um die Schande nicht länger zu erleben«. Dagegen das heutige Holland mit all den Extravaganzen der revoltierenden Jungen! Welcher Wandel ...

Die Nationalisten mochten es schon damals nicht, daß ich einen niederländischen Paß hatte! Aber meine Familie in Leipzig dachte nicht daran, die Nationalität zu wechseln. Mein Vater vertrat den Standpunkt: »Man bleibt das, als was man geboren ist«, womit er instinktiv recht hatte – und was uns im Dritten Reich vor dem KZ bewahrte. Das Erlebnis Holland – als Knabe – ließ mich die Weimarer Republik aus neuer Perspektive sehen. Ich dachte nach über »Mutter Europa«. Wiederum las ich dazu die Schriften Heinrich Manns.

Richard Graf Coudenhove-Kalergi, der Begründer der Paneuropa-Bewegung.

Die Zeitschrift Paneuropa des Grafen Coudenhove-Kalergi kam mir durch Klaus Mann unter die Augen. Bei Coudenhove-Kalergi las ich bewegten Herzens: »Europa einigt sich in Staatskanzleien und Parlamenten, aber nicht in den Herzen der Europäer!« Genau das empfanden doch wir Jungen! Außer den lokalen Blättern las ich Die Literarische Welt, Die Weltbühne, Das Tagebuch und die Sozialistischen Monatshefte (die meine ersten Gedichte veröffentlichten). Mit der Zeit empfand ich die kulturelle Szene in der ersten deutschen Republik immer mehr als gefährlich zwiespältig, vor allem beunruhigte mich immer mehr der um sich greifende Nationalismus. Freilich, befreien konnte ich mich davon nicht selbst, so weit war ich – leider! – noch nicht. Besonders durch die von Nationalisten geprägte deutsche Fliegerei dachte ich, nicht reflektierend, selbst gelegentlich in nationalistischen Kategorien. Immerhin, ich wollte ihnen entkommen!

Ich trat mit Coudenhove-Kalergi in Verbindung und gründete in Leipzig die erste Studentengruppe der Paneuropa-Union in der Weimarer Republik. Hier einige Worte meines ersten Aufrufes, den ich als 18jähriger der Öffentlichkeit übergab. Wohlgemerkt: ich selber und meine Kommilitonen, die ich zu Rate zog, wir waren alle ohne jegliche politische Erfahrung oder gar Schulung, nur aktivierter Idealismus führte meine Feder:

»Der Weltkrieg, der Erfolg von hundert Jahren politischer Romantik, muß besonders die Studenten zu der Entscheidung zwingen, ob eine neue und furchtbare Katastrophe durch verantwortungslose Irreführung herbeigeführt werden soll oder ob eine zur Führung berufene Schicht endlich einsieht: Die Neuordnung Europas ist nur auf der Grundlage der Vernunft und der politischen Erkenntnis möglich. Stärker als bisher ist es Pflicht aller, die Besonnenheit und Klarheit ihres Denkens bewahrt haben, sich zu Willenszentren zusammenzuschließen mit dem Ziel einer Aktivierung der außenpolitisch sympathisierenden Studenten ohne Rücksicht auf ihre innenpolitische Bindung. Dar-

über hinaus ist es notwendig, als Keil, als Zelle unter den heute zum großen Teil reaktionären Studenten zu wirken. Mit Aufklärung gegen politische Romantik, mit Sachlichkeit gegen unzeitgemäße Sentimentalitäten! Die paneuropäische Studentengruppe sieht ihre Aufgabe darin, das Problem Paneuropa zu klären und von drei Seiten her umfassend zu umreißen. Paneuropa als geistiges und sittliches Postulat, politische Forderung, wirtschaftlicher Zwang.«

Zusammen mit Schulfreunden und Kommilitonen bemühte ich mich, zumindest in unserem bescheidenen Rahmen, ein Schrittmacher für das Ideengut zu sein, das heute u. a. die Europäische Gemeinschaft mit all ihren Institutionen (Europarat, Europäisches Parlament usw.) arbeitsfähig macht. Nein, wir haben Hitler nicht verhindert und das stimmt elend. Immerhin, wir jungen Republikaner arbeiteten schon vor über 50 Jahren für ideale Ziele. Es ist für unsereinen betrüblich, heutzutage immer wieder Europa-Politiker zu begegnen, die so tun, als habe es vor ihnen keine europäischen Einigungsbestrebungen gegeben, was eine Verfälschung historischer Tatsachen ist.

Man kann zwar viele Einwände gegen die »Techniker der Macht« in der Weimarer Republik haben, aber man sollte anerkennen, daß man uns Junge gewähren ließ, wenn wir hartnäckig waren. Vielleicht belachte man uns hinter vorgehaltener Hand, immerhin, wir Jung-Europäer hatten hochrespektierte Förderer. Unsere erste Paneuropäische Studentengruppe veranstaltete an der Leipziger Universität Vortragsabende, die in der ganzen Republik Beachtung fanden, denn wir gaben Denkanstöße. Der erste unserer Redner war der Herausgeber der Literarischen Welt, Willy Haas, in dessen Hause ich in den Semesterferien als Bibliothekar und Sekretär tätig war. Sein Thema: »Der deutsche Parteienstaat und Paneuropa«. Privatdozent Werner Schingnitz behandelte »Max Schelers Europa-Idee«. Der weit über akademische Kreise hinaus bekannte Biologe und Philosoph Professor Hans Driesch, zu dessen Seminaristen ich gehörte, sprach über »Die geistigen Voraussetzungen Paneuropas« im überfüllten Central-Theater-Saal. Driesch charakterisierte Paneuropa als das wichtigste Thema des Jahrhunderts überhaupt. Er widmete seinen Vortrag speziell den ethnischen Aspekten. Sein Ausgangspunkt war die Bergpredigt. Driesch legte dar, daß es eine Differenz des Wesens der europäischen Völker nicht gäbe, sondern nur Differenzen zwischen einzelnen Menschen. Eigentümlichkeiten sollten in einem geeinten Europa keineswegs preisgegeben werden. Wenn indessen der Friede nur dadurch zu erreichen wäre, daß diese Eigentümlichkeiten aufgegeben würden, so müßte das in Kauf genommen werden; denn die Befreiung vom Kriege sei wichtiger als alles andere. Hans Driesch wurde – für damalige Verhältnisse! – radikal, als er erklärte: »Wer für sein Volk arbeiten will, der muß für Paneuropa arbeiten, und wer sich gegen Paneuropa stellt, der arbeitet gegen sein Volk.« Diese Rede Drieschs, die wir herausgefordert hatten, war ein besonders nachhaltiger Erfolg für unseren geliebten Lehrer – und für Paneuropa. Wir wußten nun: Es galt, den eingeschlagenen Weg weiterzugehen.

Ich schrieb an den Verleger Paul von Zsolnay in Wien, den ich persönlich kannte, und bat ihn um eine Empfehlung an seinen Autor Heinrich Mann, den ich allerdings auch schon flüchtig kannte. Er empfing mich sehr bald gütig, herzlich und hilfsbereit in Berlin in der Uhlandstraße 126. Ohne Zögern sagte er zu, für uns in Leipzig zu sprechen. (Wir erstatteten nur Spesen, zahlten keine Honorare, was auch keiner erwartete. Vom Eintrittsgeld, 50 Pfennig pro Person, mußten wir alle lokalen Kosten bezahlen.) Thema des Vortrages von Heinrich Mann: »Krieg oder Paneuropa«. Untertitel: »Deutsch-französische Verständigung als Grundlage einer Neuordnung«.

Heinrich Mann sagte in seiner immer wieder von Beifall unterbrochenen Rede: »Das erste bleibt immer: Kein Krieg! Ohne Krieg vorwärtskommen! Die Zukunft Europas, und das heißt: die Zukunft unserer Kinder sichern ohne Krieg.« Zum Verhältnis Deutschland-Frankreich führte er aus: »Die Antwort, auf die ganze Generationen einfach nicht verfallen sind, jetzt tritt sie klar zu Tage. Keines der beiden soll herrschen, aber beide zusammen sollen den anderen Ländern, die noch nicht ganz wie sie die Lebensnotwendigkeit der europäischen Einigung begriffen haben, ein Beispiel geben. Wenn die beiden Hauptländer des Kontinents angenähert, versöhnt, verbrüdert, geeint sein werden, folgen zweifellos auch die anderen, und Europa ist gerettet und hat seine Zukunft wieder, die vorläufig noch ungewiß ist.«

Der damals schon sechzigjährige Schriftsteller wendete sich vom Pult her an uns blutjunge Veranstalter, die wir alles offenbar zu seiner Zufriedenheit arrangiert hatten – über 1000 Menschen in einem wegen Überfüllung polizeilich geschlossenen Saal! – und sagte: »Ich begrüße es herzlich, daß es Studenten sind, die hier als paneuropäische Gruppe diesen Abend veranstalten. Junge Leute, die nicht absichtlich falsch oder schlecht belehrt werden, stehen ungebunden und vorurteilslos vor den Aufgaben, die ihren Vätern nach allem Erlebten und Erlittenen nur zu schwer fallen. Verbreitet den guten Geist in der Jugend, tut es, junge Leute, und helft doch eher den Gutwilligen unter uns als den Unbelehrbaren von der anderen Seite! Wir müssen endlich tun, was zu lange versäumt worden war!«

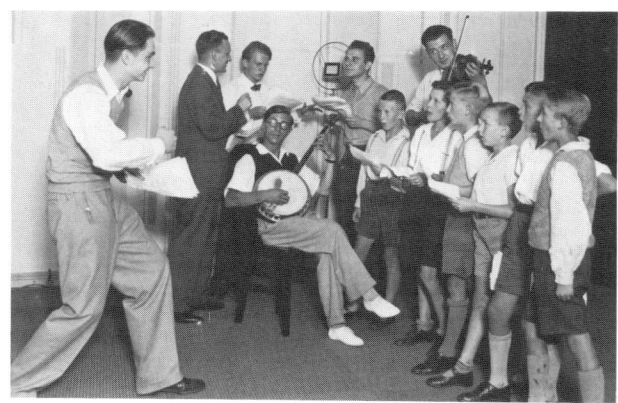

Im Leipziger Rundfunk versuchte sich der Autor 1930 als Regisseur eines Kinder-Ensembles. Dies war ein Anfang des fortschrittlichen Kinder- und Jugendfunks.

Die Begeisterung für seinen Appell, die sich in einem frenetischen Beifall der Studenten äußerte, ging Heinrich Mann und uns Verantwortlichen ans Herz. Verwirrt und glücklich zugleich stolperte ich aufs Podium und dankte dem Redner mit einer artigen Verbeugung. Reden konnte ich nicht. Und das war also im März 1932. Elf Monate später mußte Heinrich Mann aus seinem Vaterland fliehen, weil er bei den Nazis verhaßt war. Er mußte sein Leben als Emigrant in Santa Monica (California) fristen. Schicksal eines unübersehbaren europäischen Denkers, Aufklärers und Moralisten, der sich vergeblich abmühte, geistige Impulse in der Weimarer Republik wirksam werden zu lassen.

Was hätten wir denn anders machen sollen, um durchschlagenderen Erfolg zu haben? Wir wußten es damals nicht, und auch rückblickend fällt es mir schwer, zu erklären, was wir Jungen alles falsch gemacht haben. Augenscheinlich war die Zeit noch nicht reif für ein geeintes Europa. Freilich liegt es nahe zu fragen, ob die Zeit heute dafür reif ist. Sind wir in der Gegenwart – nach 50 Jahren – in der europäischen Einigung viel weiter? Können wir nicht noch immer feststellen, daß sich Europa nicht in den Herzen der Europäer einigt? Oder will etwa einer behaupten, der Europagedanke sei populär? Wie kann er es sein, wo es einerseits an profilierten europäischen Leitbildern fehlt und andererseits »kleinkariertes Denken fröhlich Urständ feiert«, wie Alt-Bundespräsident Walter Scheel, heute Präsident der Europa-Union, in einem Gespräch zum Autor sagte. Die Europäische Gemeinschaft ist seit 1973 in der Bundesrepublik noch nie so unpopulär gewesen wie 1981. Eine Enquete ergab: Nur 49 von 100 befragten Deutschen sehen jetzt in der EG eine gute Sache. 1980 waren es um 65. Wehe Eu-

Um Anfang der dreißiger Jahre den Buchverkauf zu beleben, veranstaltete der Autor in Leipzig erstmals einen volkstümlichen Wettbewerb, der auf der Straße durchgeführt wurden. Bekannte Protagonisten von viel gelesenen Büchern wurden von arbeitslosen Schauspielern dargestellt, so (von links nach rechts) der »Gneisenau« von Ekkehart von Naso, Wilhelm Busch's »Fromme Helene«, der Detektiv aus Kästners »Emil und die Detektive« und »Abel mit der Mundharmonika« von Manfred Hausmann. Bei einem Treffen signierten die Dichter ihre Bücher. Andere Städte ahmten die Aktion nach.

ropa, wenn dieser Mangel an europäischer Solidarität nicht schleunigst behoben wird.

Ich schrieb, daß uns Lessings Wort von der Kunst, die nach Brot geht, sehr bewegte. Nachdem ich bereits als Gymnasiast eifrigst publizistisch tätig war, durfte der literarische Eleve – »ausnahmsweise« – Mitglied des Schutzverbandes deutscher Schriftsteller in Leipzig werden. Was die erste Republik von der zweiten angenehm unterschied, war die Tatsache, daß man damals (ich hoffe, mich nicht zu irren) gegeneinander toleranter war als heute. Vorsitzender dieses Schriftstellerverbandes war der liberale Direktor des Stadtgeschichtlichen Museums in Leipzig, Dr. Friedrich Schultze, Ehrenvorsitzender der deutsch-nationale Romancier Franz Adam Beyerlein, der aufgrund seines patriotischen Romans »Jena oder Sedan?« der »Vorkriegs-Remarque« genannt wurde. Friedlich saß er bei unseren Sitzungen neben Heinrich Wiegand (Freund von Hermann Hesse) und Hans Otto Henel (»Eros hinter Stacheldraht«). Diese beiden Männer waren Sozialisten, Mitarbeiter der kommunistischen Volkszeitung. Aber sie waren jederzeit zu Gesprächen mit uns »Bürgerlichen« bereit, zu denen der Lektor des Insel-Verlages, Friedrich Michael, genauso zählte wie Erich Ebermayer, der von Thomas Mann protegierte Kurt Martens sowie Hans Natonek, Feuilletonchef der Neuen Leipziger Zeitung, Lehrherr von Erich Kästner und Felix Lützkendorf.

In Berlin sah ich im Romanischen Café den Kommunisten Bert Brecht mit dem Chauvinisten Arnolt Bronnen friedlich debattieren, also ohne daß sie sich gegenseitig anbrüllten. Ging man in seiner Toleranz zu weit? Hätte man schon damals gegen die Extremisten rechts und links hohe Barrikaden aufrichten müssen? Im nachhinein ist natürlich ja zu sagen. Weil die meisten die drohende Polarisierung unterschätzten, agierten sie mit Samthandschuhen statt mit Gefängnisschlüsseln. Theodor Heuss sagte zu mir: »Wir hätten viel mehr hinter Schloß und Riegel sperren sollen.« Späte Einsichten verhindern keinen Brand.

Immerhin, gewisse Gemeinsamkeiten, die uns in jener Republik genehmigt wurden, erlaubten uns, sozial tätig zu werden – aus der Überzeugung heraus, daß sich der Schriftsteller zu engagieren habe. Die Folgen der Inflation und der Arbeitslosigkeit verspürten wir Jungen allerorten, sei es, daß im Elternhaus bei jeder Gelegenheit gespart wurde, sei es, daß wir die blutigen Straßenkämpfe der Radikalen beobachteten, – ein Spiegel der wachsenden Unzufriedenheit in der Bevölkerung. Aus meiner Skepsis gegenüber den begrenzten Möglichkeiten des Geistes entwickelte ich den Plan, kulturell für jene etwas zu leisten, die sich aus Armut am Kulturleben nicht beteiligen konnten. Es gab seit dem Winter 1930 eine soziale Einrichtung, die sich »Winterhilfe« nannte. Diese Institution verhalf Hungernden zu Gratis-Mahlzeiten. Sie richtete Wärmehallen ein, wo diejenigen Zuflucht suchen konnten, die kein Geld für Kohlen oder Koks hatten, sie sorgte für ärztliche Betreuung der Kranken und Alten.

Ich besprach mich mit meinen Kollegen der verschiedensten politischen Richtungen innerhalb des Schutzverbandes deutscher Schriftsteller und bekam 1931 als

Einladung des Arbeitsausschusses für geistige Winterhilfe des Schutzverbandes deutscher Schriftsteller 1932, vom Autor organisiert und formuliert.

Unterhaltungsabend!

Freier Eintritt!

Für
alle arbeitslosen Männer, Frauen und Jugendlichen
veranstaltet die geistige Winterhilfe bei freiem
Eintritt ihren sechsten Unterhaltungsabend am

Mittwoch, 16. März, 20 Uhr, im Saale der Ostwaldschule
(Kohlgarten- Ecke Dresdner Str.)

Wieder sind alle erwerbslosen Familien herzlichst eingeladen!
Es entstehen **keinerlei Unkosten!**

Arbeitsausschuß für geistige Winterhilfe
im Schutzverband deutscher Schriftsteller.

Die Vortragsfolge des sechsten Abends sieht wiederum Darbietungen namhafter Künstler vor: Moderne Klaviervorträge ∞ Gesang ∞ Eine Erzählung. ∞ Lieder zur Laute ∞ Fünfzehn Minuten heitere Dichtungen in Vers und Prosa ∞ Geigensolo.

18jähriger die Erlaubnis, einen »Arbeitsausschuß für geistige Winterhilfe« zu gründen und wurde einstimmig als dessen Vorsitzender gewählt. Gemeinsam mit dem Museumsdirektor erließ ich einen »Aufruf zur geistigen Winterhilfe«, in dem es hieß: »Unbeeinflußt von politischer Meinung ist überall die Einsicht vorhanden, daß ganz besonders in den nächsten Monaten etwas für die Erwerbslosen getan werden muß, um sie aus dem müßigen Dahinbrüten in dieser wirtschaftlichen Krisenzeit herauszuziehen.« Wir sammelten öffentlich Gelder, um unsere gemeinnützigen Vorhaben zu finanzieren. Wir veranstalteten alsdann in Wärmehallen, kirchlichen Gemeindehäusern, Altenheimen, Krankenhäusern und Sälen jeglicher Art – selbstverständlich bei freiem Eintritt – Unterhaltungsabende für alle arbeitslosen Männer, Frauen und Jugendlichen. Dichter lasen aus eigenen Werken. Es wurden Lieder vorgetragen, Konzerte gegeben, Vorträge gehalten usw. Alle unsere Veranstaltungen waren »gerammelt voll«.

Wir erließen weitere Aufrufe mit der Bitte um Abgabe von der Weiterbildung dienenden Zeitschriften sowie von Büchern, die wir an Minderbemittelte verteilten. Alle diese Aktivitäten waren ein sehr großer Erfolg, und wir fanden bei den Betroffenen selbst nichts als Anerkennung und Dank. Indessen hatten wir die Rechnung ohne die Parteien rechts und links der Mitte gemacht. Sie bezichtigten uns in rüdem Ton der bewußten Ablenkung von den politischen Realitäten. Der Erwerbslose brauche nicht Kultur, sondern Wohnungsgeld, Heizungsgeld, Lebensmittelgeld und eben vor allem Arbeit, Arbeit, Arbeit. Wir gingen mit dieser Auffassung absolut konform. Warum jedoch sollte das Aktionen wie die unseren ausschließen? Bestand in der verarmten, verdrossenen Bevölkerung nicht auch seelischer, geistiger Hunger? Ja, warum nicht die Kultur an die »Unterprivilegierten« herantragen? Es waren namhafte Intellektuelle und Künstler, die sich honorarfrei zur Verfügung stellten, eben weil sie sich nützlich erweisen wollten. Aber nein, die Parteien liefen immer gezielter auf Konfrontationskurs. Wenn uns Naziblätter angriffen, so nahmen wir das gelassen hin, zumal wir kaum annahmen, daß sie je zur Macht gelangen würden. Was uns sehr traf war, daß uns die linken Gazetten attackierten. Dabei hatten wir gehofft, gerade bei ihnen Verständnis, wenn nicht sogar Förderung zu finden. Also mußten wir unsere »Geistige Winterhilfe« einstellen, auch wenn die Erwerbslosen selbst das bedauerten. Mir scheint der Vorgang fast typisch zu sein für die weitverbreitete Einstellung in der Weimarer Republik: *negieren!* Dabei sehnte sich jeder Bürger nach Impulsen zum Positiven. Der Mann aus Braunau und seine braunen Gesellen wußten die Situation zu nutzen. Er erweckte Hoffnungen

und verstand es zu kaschieren, daß es trügerische, ins Verderben führende Hoffnungen waren. Nun, schließlich fiel auch das Ausland auf ihn herein.

Einer anderen Bemühung möchte ich gedenken. Vorher muß ich anmerken, daß ich nach einer »Begabtenprüfung« mit 16 Jahren auf der Leipziger Universität immatrikuliert wurde. Auf der Leipziger Alma mater sah ich nun auch vielerlei Miseren, so daß viele Studenten kein Geld hatten, sich Bücher anzuschaffen. In der Zeitschrift Die Leipziger Studentenschaft veröffentlichte ich 1930 den Aufsatz »Die billige Fachbüchersammlung des Akademikers«. Ich schlug vor, daß alle Studierenden in den Buchhandlungen einen Rabatt erhalten sollten, etwa wie die Buchhandels-Angestellten. Daß das die Buchhändler verstimmen würde, ahnte ich nicht, aber ich hatte doch vorsorglich darauf hingewiesen, daß sich dank des Rabatts wahrscheinlich der Umsatz steigern würde. Im entscheidenden Schlußabsatz meines Appells forderte ich billige Ausgaben der Bücher für die Studenten: »Sie kann eine dauerhafte, unkomplizierte Broschüre sein. Wer Goldaufdruck und Ganzleinen wünscht, gibt Geld für Dinge aus, die gegenwärtig in Deutschland als Luxus zu bezeichnen sind. Es geht nicht an, daß von 400 Hörern nicht einmal 20 ein eigenes Buch ihrer Fachwissenschaft besitzen!« Einer, der das damals las, war der Verleger Ernst Rowohlt, der später meinte, man hätte mich als den »Vater des deutschen Taschenbuches« anzuerkennen. Wie viele Verleger meinen Vorschlag aufnahmen, weiß ich nicht. Immerhin wurde er landesweit diskutiert. Aber die Zeit des Taschenbuches kam erst nach 1945, und der Protagonist war Ernst Rowohlt.

Irgendwann im Herbst 1933 besuchte mich in Leipzig der erwähnte Walter Hammer, dessen Zeitschrift Junge Menschen ich mit Begeisterung gelesen hatte. Wir kannten uns von bündischen Treffen. Bücher seines Fackelreiter-Verlages standen auf meinem Bücherbord. Hammer erzählte, daß ihm die Gestapo (Geheime Staatspolizei) sein Lager geräumt habe. Sein alter Verlag wäre am Ende, er müsse einen neuen gründen. Er brauchte jetzt junge Autoren. Ich hatte das Manuskript eines Jugendbuches fertig. Hammer las die »Flußzigeuner« bei mir, nahm sie sofort an und gründete mit diesem einen Buch die »Uhlenhorster Buch und Bild G. m. b. H.« in Hamburg. Indes blieb ich der einzige Autor dieses getarnten Verlages, denn Hammer war durch die Nazis finanziell ruiniert und wurde politisch verfolgt. Von unserem Buch wurde m. W. kein Exemplar verkauft, sondern die ganze Edition beschlagnahmt. Meine Mitarbeit bei Walter Hammer belastete mich sehr, und bis 1945 wurde ich immer wieder seinetwegen polizeilich verhört, vor allem als er über 4 Jahre im KZ war. Nun, die meisten von uns

Walter Hammer, Herausgeber der einflußreichen Zeitschrift »Junge Menschen«, nach seiner Entlassung aus dem Konzentrationslager.

waren eben politisch unerfahren, ahnten in ihrer Einfalt noch immer nicht, womit sie in einer Diktatur zu rechnen hatten.

Bruno, ein jüdischer Freund von mir, war Assistenzarzt an der Psychiatrischen Klinik. Er wurde im Februar 1933 aus dem städtischen Dienst entlassen und machte eine Privatpraxis auf. 1918 hatte er als »Zeitfreiwilliger« gegen die »Roten« gekämpft. Das war zunächst ein Pluspunkt für ihn. Bruno ließ sich auf dem Augustus-Platz fotografieren, als er nach Stiftung einer Mark einen Nagel in ein Hakenkreuz einschlug. Mit diesem Foto versuchte er bei den Behörden Eindruck zu erwecken. Bruno wollte nur bekunden, daß er ein guter Deutscher sei. Ich dagegen empfand es als tief tragisch, daß er sich derart erniedrigen mußte. An heraufdämmernde »Judengreuel« glaubte er nicht, ebenso wie tausende anderer Juden. 1934 mußte Bruno fliehen; er wurde Partisan bei Tito. Nach 1945 kam er zurück und wurde Arzt in Berlin-West.

Die meisten Juden in Deutschland nahmen die Drohungen der Nazis bezüglich ihres künftigen Schicksals nicht ernst. Mancher versuchte zunächst mit den neuen Machthabern zusammenzuarbeiten, wie dieser, der auf dem Leipziger Augustusplatz für eine Mark einen Nagel in eine Hakenkreuztafel einschlug. Das Foto verwendete er, um Behörden klar zu machen, daß er doch der »Bewegung« gegenüber loyal sei. Aber nach einigen Monaten mußte er fluchtartig sein Vaterland verlassen.

Ein »arischer Kollege« von ihm trug ab Februar 1933 zum weißen Arztkittel am Arm eine leuchtende Hakenkreuzbinde. So behandelte er auch die psychisch gestörten Patienten! Der übereifrige Parteigenosse schrieb genetische Hetzartikel und wurde dessen ungeachtet nach 1945 in der Bundesrepublik ein Starpsychiater und Millionär.

Mein bester Freund, mit dem ich in der d. j. 1.11 war, brachte 1933 anti-nationalsozialistische Plakate aus Prag nach Leipzig, wurde erwischt und ins KZ Buchenwald verschleppt. Ulrich war Kommunist und der tapferste von all den NS-Gegnern, die ich persönlich kannte. Wenn wir auch politisch unterschiedlicher Meinung waren, so mochten wir uns doch als Kameraden sehr gern. Ich tat alles, um sein Schicksal zu erleichtern. Vorher bugsierten wir unseren gemeinsamen Lehrer in Japanologie, Professor Überschaar, vom Tennisplatz direkt in den Zug ins Ausland; ein letzter Besuch zu Hause hätte im KZ geendet. Ulrich wurde nach 1945 Wissenschaftler und Funktionär in der DDR. Drei deutsche Lebensläufe . . .

In jenen Tagen las ich einen Satz des Leipziger Historikers und Geschichtsphilosophen Karl Lamprecht: »Die allgemeinen historischen Bedingungen sind stärker als die stärkste Persönlichkeit.« Das wurde mir im Laufe der Jahre immer bewußter. Einer der Fehler der ersten Republik war, daß wir Jungen nicht systematisch zu verantwortungsbewußten Staatsbürgern erzogen wurden. In der Bundesrepublik läßt man auch die Zügel schleifen. Die Jungen laufen jenen nach, die – wie sie meinen – mehr Charakter haben als sie selber, aber tatsächlich antidemokratisch denken. Ob das auf die Dauer gut gehen wird? Gerade die heutigen Heranwachsenden bedürfen allerbester Erziehung unter Berücksichtigung der Grundwerte. In der Weimarer Republik (wie in der Bundesrepublik) mangelte es an moralischen Fundamenten.

Dies sind nur wenige, zudem höchst subjektive Randbemerkungen über kulturelle Aspekte in der Weimarer Republik. Diese Aperçus können vielleicht ein wenig all die gründlichen Darstellungen ergänzen, die bereits vorliegen. Es ist geschrieben worden, daß seitens der Intellektuellen und Künstler in der Weimarer Republik mancherlei versäumt worden ist. Es wurde nicht nur dies und jenes versäumt, sondern verheißungsvolle Ansätze zur Formierung einer funktionierenden Demokratie wurden sinnlos zerschlagen. Lag es an der brennenden wirtschaftlichen Not? An der fehlenden politischen Führung? Zum Freiwilligen Arbeitsdienst wurde bereits in der Weimarer Republik aufgerufen, und es waren gewiß die schlechtesten jungen Leute nicht, die sich hier selbstlos und gemeinnützig betätigten. Jugend will gefordert werden. Jugend muß lernen zu dienen, heute wird das Bedientwerden gefordert. Das Herumgammeln lag damals vor allem den Besten nicht, und so engagierten sie sich an falschen Plätzen. Es war oft ein Akt der Verzweiflung, wenn sie Anhänger der KPD oder NSDAP wurden. Sie wünschten sich eine Führung – wie die meisten jungen Menschen. Sie erhielten sie weder in den Schulen noch vom Staat. Also wendeten sie sich denjenigen zu, die am kräftigsten schrien.

Nein, nein, die zwanziger Jahre waren insgesamt gesehen keineswegs unbestritten »goldene Jahre«. Wenn ich nun heute sehe, daß z. B. gewisse Opernhäuser und Staatstheater für die Wohlstandsgesellschaft hoch subventioniert werden, während so viele kulturelle Anstrengungen deshalb nicht weniger wichtige Institutionen keine Stützung erhalten, also Künstler abermals »um Brot betteln müssen«, so stimmt mich dies höchst nachdenklich. Auch diese beklagenswerten Tatsachen lassen mich für die Zukunft nicht das Beste erwarten. Ja, was fördert man denn heute in der Bundesrepublik? Kunst für eine finanzkräftige Elite, die sich Kunst zu jedem Preis erlauben kann. Aus Protest dagegen entsteht all das, was unter dem neuen Begriff Sub-Kultur zusammengefaßt wird. In ihr sammeln sich die Unzufriedenen, Verdrossenen, Enttäuschten, Utopisten, Phantasten, und ihre Stimmen erklingen immer lauter und fordernder. Wieder einmal soll die Gesellschaft umgekrempelt werden: »Wir sind für alles, was gegen ist.« Wir Älteren hörten als Heranwachsende solche Parolen bereits in der Weimarer Republik.

War es oft nicht nur ein Zufall, daß wir nicht auch radikal wurden, rechts oder links? Eine Freundin von mir war 1918 zunächst kommunistische Funktionärin, später heiratete sie einen prominenten jüdischen Schriftsteller. 1930 (sic!) schenkte sie mir ihr erstes Kinderbuch. Es enthält Zeichnungen, auf denen Hakenkreuzfahnen zu sehen sind, denn ihr Verleger schlug sich rechtzeitig zu den Nazis. Ich war über die Bebilderung empört. Die Freundin sagte: »Aber laß doch, wenn der Verleger das so will.« 1933 mußte das Paar emigrieren. Die Kommunistin und der Jude, die jene Warnung »Mene tekel upharsin« («Gewählt, gewogen und zu leicht befunden«) nicht beachteten, die schon einige Jahre zu sehen war für jene, die sehen konnten. Der Babylonier-König Belsazar übersah sie auch und wurde gestürzt, wie die demokratische Regierung Weimars.

Menetekel gibt es heut nicht nur für die Bundesrepublik, sondern für das freie Rest-Europa. Wir haben wahrlich allen Anlaß, aus der Geschichte zu lernen. Wer das verschweigt, wird mitschuldig an neuen Katastrophen, die heraufdämmern. Wenn jeder an jedem Platz zu jeder Stunde mehr als seine Pflicht täte, könnte der Bundesrepublik ein Ende, wie es der Weimarer

Republik beschieden war, erspart bleiben. Der französische Historiker Pierre Gaxoth schrieb: »Deutschland ist das Land der wunderbarsten Aufstiege und apokalyptischen Katastrophen.« Die Realitätsferne der Deutschen wird von Ausländern beklagt; es fehle den Deutschen der Sinn für das Maß. Muß das immer so sein? Die Kraft der Gemeinschaft und Schicksalsverbundenheit sollte sich bewähren, sagte 1930 Thomas Mann in seiner »Deutschen Ansprache«, die von den Nazis gestört wurde, weshalb der Redner nicht zu Ende sprechen konnte, sondern den Saal durch eine Hintertür verlassen mußte. (Erleben wir nicht solche und ähnliche Ereignisse jetzt wieder?) Thomas Mann sagte weiterhin, was auch heute noch (nach über 50 Jahren!) gilt:

»Die abenteuerliche Entwicklung der Technik mit ihren Triumphen und Katastrophen, Lärm und Sensation des Sportrekordes, Überschätzung und wilde Überzahlung des Massen anziehenden Stars, Box-Meetings mit Millionen-Honoraren vor Schaumengen in Riesenzahl: dies und dergleichen bestimmt das Bild der Zeit zusammen mit dem Niedergang, dem Abhandenkommen von sittigenden und strengen Begriffen wie Kultur, Geist, Kunst, Idee. Entlaufen scheint die Menschheit wie eine Bande losgelassener Schuljungen aus der humanistisch-idealistischen Schule des neunzehnten Jahrhunderts, gegen dessen Moralität, wenn denn überhaupt von Moral die Rede sein soll, unsere Zeit einen weiten und wilden Rückschlag darstellt.«

Abermals und abermals, ja, wir haben allen Anlaß, aus der Geschichte zu lernen, wenn wir freie, unabhängige Menschen in rechtsstaatlichen Demokratien bleiben wollen.

Praktische Politik ein Geschäft?

Viele machten sich in jenen Monaten Sorgen um den Bestand der Republik und um die Fortdauer der demokratischen Ordnung unseres Staates. Aber wir »Gebildeten« hielten praktische Politik für ein Geschäft, das jene zu betreiben hätten, die sich aus Ehrgeiz oder anderen Gründen in ihren Dienst gestellt haben. Unsere Sache sei die Studierstube, der Beruf, das Amt, die Bibliothek und nicht das Forum. So nahm das Unheil seinen Lauf.

Carlo Schmid (»Erinnerungen«)

Kurt Sontheimer
Antidemokratisches Denken in der Weimarer Republik

Fast immer sind große historische Zäsuren das Ergebnis einer Verkettung von Umständen, persönlichen Entscheidungen, strukturellen Gegebenheiten – doch selten wächst das Geflecht der historischen Verkettungen zu solcher Dichte an wie beim Prozeß des Untergangs der Weimarer Republik. Die Vielzahl der Faktoren, die Deutschland in die Diktatur Hitlers führten, macht darum die Synopsis, die Zusammenschau aller beteiligten Phänomene durch den Historiker immer schwierig. Hier soll nun von einem gesonderten Aspekt berichtet werden, von der Rolle des antidemokratischen Denkens in der Weimarer Republik.

Antidemokratisches Denken ist nicht gleichbedeutend mit nationalsozialistischem Denken, sondern ist ein Denken, das auf die Ablösung der Weimarer Republik durch andere politische Gestaltungsformen gerichtet ist. Indem es den bestehenden Staat geistig unterhöhlt und für einen anderen wie auch immer gearteten Staat eintritt, bewirkt es eine Art geistiger Auszehrung der Demokratie und vereitelt den Konsens der Staatsbürger, auf dem die Verfassung eines demokratischen Gemeinwesens beruhen muß, wenn es einigermaßen funktionieren soll.

Der Terminus »antidemokratisches Denken« ist somit nur eine Art Klammer, welche jene vielfältigen Gedankenrichtungen zusammenfaßt, die sich in den vierzehn Jahren der Republik entfalteten und insgesamt die Weimarer Demokratie ohne ausreichenden geistigen Zuspruch von seiten der gebildeten Schichten ließen. Weil es so viele geistige Strömungen gab, die, wenn auch untereinander zerstritten, in der bestehenden Republik ihren Feind sahen und nicht den Gegenstand ihrer staatsbürgerlichen Verantwortung, darum wirkte das antidemokratische Denken letzlich negativ auf die Weimarer Republik. Viele von denen aber, die ihre Unzufriedenheit mit der bestehenden Staatsform und dem bestehenden Staat ständig durch antidemokratische Traktate und Pamphlete nährten, ohne daß sich fürs erste eine Möglichkeit der Realisierung ihrer Sehnsüchte kundtat, setzten schließlich auf die nationalsozialistische Massenbewegung. Sie taten es vielfach nicht, weil sie mit dem Gedankengut der Bewegung voll sympathisierten, sondern weil in Hitlers Partei die politische Kraft heranwuchs, der man mit einiger Hoffnung zutrauen durfte, daß sie die brüchige Weimarer Demokratie vollends zum Einsturz bringen könnte. Das antidemokratische Denken schuf somit auf der einen Seite die Voraussetzungen dafür, daß ein großer Teil seiner Anhänger schließlich für Hitler optierte, auch wenn die Identität der Weltanschauung nicht voll gegeben war, auf der anderen wirkte es auch dann noch negativ auf die Republik, wenn eine unmittelbare Gegnerschaft zwischen der antidemokratischen Gruppe und der Hitlerbewegung bestand. Seine historische Bedeutung für die Republik wie für das, was nach ihr kam, tritt nur dann voll in den Blick, wenn man beide Seiten berücksichtigt.

Die geistige Umschichtung zu Beginn des Jahrhunderts, die in den heute so vielgerühmten zwanziger Jahren ihren Höhepunkt erreichte, war gewiß nicht auf Deutschland allein beschränkt, hatte aber doch hierzulande ihre größte Wirkung. Sie läßt sich am allgemeinsten charakterisieren als eine Gegenbewegung gegen die auf den Ideen der Französischen Revolution und des Liberalismus basierende bürgerliche Welt und ihre politischen, ökonomischen und gesellschaftlichen Formen. Philosophisch fand die neue Geisteslage ihren Ausdruck in der Lebensphilosophie, die durch die Entdeckung des Fließenden, Nicht-Berechenbaren und Irrationalen in allen Lebenserscheinungen zur Widersacherin des philosophischen Rationalismus und der mit Descartes eingeleiteten neuzeitlichen Wissenschaftsbewegung wurde. Künstlerisch fand

Zu den großen Staatsmännern der Weimarer Republik gehörte Gustav Stresemann, Gründer der Deutschen Volkspartei: Reichskanzler (1923) und Reichsaußenminister (1923–1929). Ein außenpolitisches Ereignis war der Besuch der französischen Minister Aristide Briand und Pierre Laval in Berlin im Jahre 1930.
(Stresemann 2. von links, Briand 4. von links)

diese Geistes- und Lebenshaltung ihren Ausdruck im expressionistischen »Lebensschrei«, politisch-ökonomisch im zunehmenden Widerstand gegen die politischen und ökonomischen Formen des Liberalismus, das heißt gegen den demokratischen Parlamentarismus und den Kapitalismus.

Der Irrationalismus ist ein durchgehender Grundzug des antidemokratischen Denkens der Rechten. Hatte die Lebensphilosophie in ihrer anspruchsvollen Gestalt einen echten und sinnvollen Reaktionscharakter gegen die in der zweiten Hälfte des 19. Jahrhunderts erfolgte Übersteigerung des Rationalen und die beginnende massive Technisierung des gesamten Lebens gehabt, so schlug das Pendel durch die weitgehende Popularisierung und damit einhergehende Primitivierung dieses Denkens doch viel zu weit aus. Der Irrationalismus wurde nicht zur an sich notwendigen Korrektur eines dürr und lebensfeindlich gewordenen Rationalismus, sondern er wurde zu einer modischen Obsession, die nichts anderes mehr gelten lassen wollte. Ludwig Klages' großangelegte polemische Untersuchung über den »Geist als Widersacher der Seele« wurde in formelhafter Verkürzung zum Credo vieler deutscher Intellektueller, die als Intellektuelle nichts Besseres zu tun wußten, als den Intellekt als kalt und lebenswidrig zu verhöhnen und durch die Verherrlichung des Lebens an sich, der Instinkte, des Blutes, der puren Vitalität, der Gebundenheit des Menschen an das »Mütterlich-Erdhafte« etc. zu geistverachtenden »Geistesmenschen« wurden.

All dies hätte noch hingehen mögen, wäre es bei einer Art philosophischen Irrationalismus geblieben, aber da sich das neue Lebensgefühl, wie es sich beispielsweise in der Jugendbewegung als Protesthaltung gegen die bürgerliche Gesellschaft des Wilhelminismus manifestierte, mit einem oft hektischen Tatwillen verband und sich keineswegs mit Kontemplationsübungen begnügte, wurde aus der populären Geistesströmung schließlich der Nährboden für gesellschaftliche Bewegungen und Utopien. Sie traten mit dem keineswegs geringen Anspruch auf, die leitenden Ideen des 20. Jahrhunderts zu sein, nachdem man sich allzu schnell bereit erklärt hatte, die durch das Stichwort »Liberalismus« symbolisierten Ideen des 19. Jahrhunderts zum alten Eisen zu werfen. Diese Kombination von irrationaler Geistesströmung, Lebensgefühl und politischem Tatwillen ist die Geburtsstunde des antidemokratischen Denkens, wie es für die Weimarer Republik bezeichnend wurde.

Das antidemokratische Denken ist Ausfluß einer polemischen Haltung. Es zielt auf Überwindung der liberalen Demokratie und richtet sich darum zunächst kritisch gegen ihre Erscheinungsformen und den sie bestimmenden Geist. Auf diese Weise konnte es vie-

len Deutschen die demokratische Republik verekeln. Im Hintergrund solcher Polemik stand jedoch jeweils ein neues, anders geartetes Staatsbild, das in vielen Varianten propagiert wurde: als autoritärer oder totaler Staat, als Ständestaat, als deutscher Volksstaat, als völkisches Gemeinwesen. Die umfassendste Formel, mit der man polemisch der Weimarer Republik und ihrer Verfassung entgegentrat, war die Behauptung, daß dieser Staat ein Produkt *westlichen* Staatsdenkens sei. Die westliche Demokratie jedoch könnte für ein Land der Mitte, für Deutschland zwischen West und Ost, niemals die geeignete Staatsform darstellen, vielmehr sei es die Aufgabe der Deutschen, ihre eigene Staatlichkeit zu finden, sich vom, wie man es verächtlich nannte, »faulen Westlertum« loszusagen und aus der Kraft des deutschen Volkstums, aus den Quellen deutschen Blutes und den besonderen Bedingungen der deutschen Lage ein eigenständiges Staatsgebilde zu schaffen. Die Anpassung an die westliche Demokratie und ihren Liberalismus bedeute nichts anderes als den fortschreitenden Untergang Deutschlands, den Verzicht auf die Idee des Reiches als der ihm gemäßen staatlichen Form, die Preisgabe der Kultur an die Zivilisation. Spengler vertrat in geradezu wütenden Artikeln die Meinung, daß jedes Land seine eigene staatliche Form finden müsse, – nichts sei darum törichter als die Nachahmung fremder Vorbilder. England wisse sehr wohl, warum es den Ländern seinen Parlamentarismus empfehle, denn er sei für die fremden Völker wie ein Gift.

Die kritische Einstellung gegenüber dem westlichen Denken fand in anderen polemischen Begriffen ihren Niederschlag. Dem westlichen Demokratismus wurde die Idee eines deutschen, volkhaft gegliederten Gemeinwesens gegenübergestellt, der Idee der Gleichheit die Forderung nach Hierarchie und Wertigkeit, dem Individualismus der Universalismus. Andere gebrauchten mit Vorliebe die Antithese Individualismus und Sozialismus. Doch der Sozialismus dieses Typs war nicht identisch mit dem internationalen Sozialismus aus der Schule von Karl Marx, den man dem liberalen Denken zurechnete, sondern war ein Sozialismus der Gemeinschaft. Die massenhaft auftretenden Ideologen des Gemeinschaftsgedankens wollten die Massengesellschaft wieder in organische Gemeinschaften zurückverwandeln, die Städte entvölkern

Die »Wahlschlachten« nahmen in den 14 Jahren der Weimarer Repu- ▶ blik immer mehr an Heftigkeit zu. Häufig gab es blutige Auseinandersetzungen. Das förderte Staatsverdrossenheit, die sich schließlich auch in antidemokratischer Gesinnung äußerte.

Wahlplakate aus dem Jahre 1932 nach dem Sturz des Kabinetts Brünings

und die ländlichen und bündischen Formen des Zusammenlebens auch politisch zur alleinigen Richtschnur machen. Die Idee eines deutschen oder nationalen Sozialismus war letztlich synonym mit der Idee der Volksgemeinschaft, die das Endziel der Erneuerungsbewegung war. Volkhaft zu denken war denn auch für die Antidemokraten das Gebot der Stunde. Doch die Begriffe berührten sich sehr schnell. »Volkhaft denken« war vielen gleichbedeutend mit »deutsch denken«; deutsch war aber für die sogenannten »Völkischen« in erster Linie das Nichtjüdische, so daß die Idee des »Völkischen« in vielen Gruppen und Zirkeln zu einer primitiven antisemitischen Ideologie gerann, die in dieser barbarischen Form auch den Nationalsozialismus beherrschte.

Brachte man nun noch diese polemischen Begriffe mit den Vokabeln der Lebensphilosophie in Verbindung, so ergab sich eine außerordentlich suggestive Wirkung. Die vulgäre Lebensphilosophie arbeitete mit Leitwörtern wie »kalt«, »starr«, »tot« im Gegensatz zu »lebendig«, »organisch«, »blühend«. Die politisierte Lebensphilosophie übertrug nun solche Adjektiva auf die politischen und sozialen Phänomene der Zeit. Die demokratische Regierungsform galt als »mechanisch« oder »mechanistisch«, weil sie auf dem Prinzip der gleichen und freien Wahl beruhte, das Parlament als eine Abstimmungsmaschinerie ohne wirkliche Beziehung zum Volke, die Regierung als eine weitgehend anonyme, verantwortungslose Herrschaftsapparatur – das ganze »System« galt als »starr«, »unorganisch«, »mechanistisch«. Die Menschen, die unter ihm lebten, waren in individualistische Atome zerspalten ohne jegliche Bindung an ein übergreifendes Ganzes, ohne die Einbettung in eine von einheitlichem Willen erfüllte Volksgemeinschaft.

Es war diese Mischung von Lebensphilosophie und politischer Ideologie, die die bestehende Staatsform so verächtlich, nichtswürdig und untauglich erscheinen ließ, während die eigenen, noch so unwirklichen Staatsbilder mit dem Glanz des Vollkommenen sich schmückten. Wenn aber das Leben das Erste und Letzte war, wie Spengler einmal sagte, und die bloße Vitalität und Kraft zum Maßstab seiner Fülle und seines Wertes wurde, dann war die äußerste, im Natio-

Zu den auch von jungen Akademikern bewunderten politischen Persönlichkeiten der Weimarer Republik gehörte Außenminister Walter Rathenau, der am 24. Juni 1922 in Berlin ermordet worden war. Dies ein Selbstporträt des Sonntagsmalers Rathenau.

nalsozialismus zu grausiger Realisierung kommende Konsequenz jene Vernichtung lebensunwerten Lebens im Namen des Volkes.

Wenn wir heute mit den Schriften, Aufsätzen, Pamphleten konfrontiert werden, die in den Jahren der Weimarer Republik gegen diesen Staat verfaßt wurden, so erscheint uns Heutigen manches unverständlich und verblendet. Ein tieferer Blick in die geistespolitische Situation der Zeit zeigt jedoch, daß die antidemokratischen Ideen weit verbreitet waren. Die Unterwerfung eines großen Teils des geistigen Deutschland unter die dann zur Staatsreligion erhobene nationalsozialistische Weltanschauung ist nicht denkbar ohne die vorausgegangene antidemokratische Geistesbewegung. Sie hatte in ihrer Verachtung alles Liberalen die Geister stumpf werden lassen gegenüber den unveräußerlichen Rechten des Individuums und der Wahrung menschlicher Würde. Sie hatte die Idee der Humanität geopfert, weil ihr heroischer Sinn sie als eine Schwäche empfand, sie hatte den Freiheitssinn gelähmt, weil sie die Bindung an ein Ganzes für das Primäre und Wesentliche hielt.

Die antidemokratische Geistesbewegung der Rechten war eine bürgerliche Bewegung, doch sie verachtete das Bürgerliche und seine politischen Errungenschaften des 19. Jahrhunderts. Aus der ursprünglichen Politikfremdheit des deutschen Bürgers, für die Thomas Manns »Betrachtungen eines Unpolitischen« einst ein großartiges Plädoyer waren, wurde in hektischer Umkehrung der Verhältnisse das wütende Hineinstürzen in die Politik, das romantische Abenteuer mit einer Sphäre, von der man nicht allzuviel wußte. Reich an Ideen, kraftvoll an geistiger Energie wurde die »Konservative Revolution« schließlich doch kaum mehr als ein Handlanger des Nationalsozialismus, weil sie über dem Schwelgen in Ideen und dem Erzeugen wilder Polemik gegen den liberalen Verfassungsstaat versäumt hatte, sich der Realitäten des politischen Lebens und des Menschen in der Gesellschaft genauer anzunehmen. Ernst Jünger schrieb einmal, es sei ein hoher Genuß, am Hochverrat des Geistes gegen den

Geist beteiligt zu sein. Die Quittung für diese Haltung war schließlich die weitgehende Ohnmacht des Geistes gegenüber der Macht des im Nationalsozialismus triumphierenden Ungeistes.

Gewiß müßte man erwähnen, daß die Republik glanzlos war, ohne Attraktivität, daß sie schwach und uneinig dastand, daß ihr also nahezu alles fehlte, was junge Menschen zu begeistern und einsatzwillig zu machen vermag. Aber war nicht ihr Elend auch Grund, die Idee mit der Wirklichkeit zu versöhnen? Hätte man ihr nicht auch geistig helfend beispringen können, anstatt sie fortgesetzt zu verteufeln und damit geistig immer wehrloser zu machen?

Es gab wenige Intellektuelle im damaligen Deutschland, die zu solcher Haltung bereit waren, jedenfalls zu wenige. Die intellektuelle Linke war zwar republikanisch in ihrer Gesinnung, aber stand kaum weniger kritisch zum bestehenden Weimarer Staat als die Rechte. Diese wähnte sich im Besitz der Leitideen des zwanzigsten Jahrhunderts und träumte von einer Sondermission Deutschlands für die Welt. Ihre entscheidende Schwäche, die auch der beste Wille nicht wettzumachen vermochte, war ihr Irrationalismus. Nichts ist problematischer im politischen Leben als die Preisgabe der Vernunft. Der Geist muß die kontrollierende und regulierende Instanz des Lebens bleiben. Die antidemokratischen Intellektuellen der Weimarer Zeit verrieten den Geist an das Leben – sie verachteten die Vernunft und fanden mehr Wahrheit im Mythos oder im Rauschen der Ströme des Blutes.

Blicken wir zurück auf diese Ideenwelt, so erscheint sie bei all ihrer Kraft und Intensität wie ein – politisch freilich verhängnisvoller – Griff ins Leere. Nach 1945 mußten – besser: durften – wir zurückkehren zur liberaldemokratischen Verfassung, und Thomas Mann hatte vollkommen recht, wenn er noch vor der Machtergreifung den Satz schrieb: »Die antidemokratisch-nationalistische Bewegung beurteilt das Jahrhundert vollkommen falsch, wenn sie es allein durch ihre eigenen Tendenzen bestimmt glaubt. Denn sie übersieht, daß die jetzt von ihr verachteten und verpönten Strebungen für dieses Jahrhundert mindestens so lebenswichtig bleiben wie sie, und daß ohne die seelisch-sittlichen Inhalte, die das Wort Freiheit birgt, der Mensch nicht Mensch ist und nicht auf menschliche Art zu leben vermag.«

KURT SONTHEIMER
Geb. 1928. Evangelisch.
1934: Schüler. Heute Professor der Politologie an der Universität München.

Das Ende der Weimarer Republik und das Aufkommen des Nationalsozialismus schadete dem Ansehen Deutschlands in aller Welt. Noch heute haben selbst Kinder einen falschen Eindruck von Deutschland. Im Rahmen eines Malwettbewerbs »Japanische Schüler sehen uns – Deutsche Schüler sehen Japan«, veranstaltet vom Institut für Auslandsbeziehungen Stuttgart, malte der 14jährige Schüler Makoto Sato aus Tokio dieses Bild. Es muß unaufhörlich daran gearbeitet werden, daß alle Welt einen neuen und gerechteren Eindruck vom deutschen Volk erhält.

J. L. Borges
Nazismus ist Irrealität

Nazi zu sein, ist auf Dauer geistig und moralisch unmöglich. Der Nazismus krankt an Irrealität, wie die Höllen Erigenas. Er ist unbewohnbar; die Menschen können an ihm allein sterben, in seinem Namen lügen, morden und Blut fließen lassen. Niemand kann in der innersten Kammer seines Ichs wünschen, daß er siegreich sein möge.

Der Argentinier Jorge Luis Borges (»Essays«)